冷戰、本土化與現代性

《蕉風》研究論文集

編者編輯文集一覽

◎張錦忠與黃錦樹合編

《別再提起：馬華當代小說選(1997-2003)》，麥田出版，2004

《重寫臺灣文學史》，麥田出版，2007

《回到馬來西亞：華馬小說七十年》[與莊華興合編]，大將，2008

《故事總要開始：馬華當代小說選(2004-2012)》[與黃俊麟合編]，寶瓶文化，2013

《我們留臺那些年》[與李宗舜合編]，有人，2013

《膠林深處：馬華文學裏的橡膠樹》[與冰谷、廖宏強合編]，大河文化，2015

◎李樹枝編

《時代、典律、本土性：馬華現代詩論述》[與辛金順合編]，拉曼大學中華研究中心，2015

冷戰、本土化與現代性

《蕉風》研究論文集

Cold War, Localization and Modernity

Essays on Chao Foon *Literary Magazine*

張錦忠、黃錦樹、李樹枝（編）

離散／現代性研究室
Diaspora | *Modernity*

國立中山大學人文研究中心
Center for the Humanities, NSYSU

ISBN: 978-986-06276-9-5

前　言

李樹枝

　　《蕉風》文學雜誌創刊於一九五五年十二月,它雖一度面對一九九九年五月暫時停刊的挑戰,然又於二〇〇一年由南方大學學院承辦出版,迄今經歷了六十六年的進程,堪為馬華文學場域最具歷史性且最重要的文學刊物。若我們以上世紀五〇年代全球冷戰的歷史時期、美援的政治經濟教育文化策略等來檢視《蕉風》,位居東南亞的馬華文學場域的《蕉風》參與了馬華文學的建制。確切而言,《蕉風》在彼時居馬華文壇主流位置的現實主義文學觀點與書寫外,開展了現代主義的文學取向與書寫認知,更動了馬華文學的場域結構,進而於七〇年代後至今仍影響馬華文學深遠。

　　拉曼大學中華研究中心、馬來西亞留臺聯合總會、國立中山大學人文研究中心於二〇一六年八月二十日至二十一日成功聯合主辦了「文學、傳播與影響:《蕉風》與馬華現代主義文學思潮」國際學術研討會。會議的六項議題為:一、《蕉風》的時代性與文藝刊物性角色;二、《蕉風》文學雜誌與馬華現代主義文學思潮的演繹和影響;三、《蕉風》編者、作者／詩人羣研究;四、《蕉風》與馬華現實主義文學的關係;五、《蕉風》文學雜誌的階段性探討及二〇〇一年後與新《蕉風》的關係問題;六、《蕉風》文學雜誌與馬華文學集體記憶。會中,曾任《蕉風》編輯的李有成老師發表主題演講〈溫祥英小說的文學史意義〉;十四位學者發表前述議題相關的《蕉風》研究論文。會議的主題演講及論文初步累積了《蕉風》研究的

成果。又，歷屆《蕉風》編輯、《蕉風》作者與讀者如李有成老師、張錦忠老師、川谷先生、莊若先生、林春美老師、紫一思先生、許友彬先生、許通元老師、賴瑞和老師、李宗舜先生等和一眾與會者亦在研討會的「追懷白垚座談」與「圓桌會議」共同回溯《蕉風》的歷史，發表精闢的見解與觀點。此外、李錦宗先生與李宗舜先生亦在會場擺設《蕉風》期刊與《蕉風》出版品小展區，與會眾歡欣交流《蕉風》的出版歷程。

「蕉風研究論文集」出版計畫小組為了能結合並延續研討會的初步研究成果，企望在學術上深化研究《蕉風》與馬華現代文學場域的結構影響、思潮演變、集體回憶、以及在文學史位置等的論述研議，以公開徵稿的方式邀約學者據上述的六項議題撰寫相關的《蕉風》研究論文，期望能將《蕉風》研究論文集結成書以作為學術研究之階段性成果。

「卻顧所來徑」，謝謝辛金順老師擬出「文學、傳播與影響：《蕉風》與馬華現代主義文學思潮」國際學術研討會的緣起與議題大綱。感謝拉曼大學中華研究中心、馬來西亞留臺校友會聯合總會、國立中山大學人文研究中心三個單位協力籌辦會議。謝謝李有成老師和十四位學者的大會主題演講及會議論文研究成果。感謝馬來西亞留臺校友會聯合總會、潘健成先生領導的臺聯電子股份有限公司及陳傑運先生的智富集團慷慨襄助會議活動經費。感謝曾任《蕉風》編輯的國立中山大學人文研究中心張錦忠老師，留臺聯總會長方俊能先生、張濟作先生、李宗舜先生、李錦宗先生，南方大學學院《蕉風》執行主編許通元老師，拉曼大學中華研究院與中華研究中心張曉威老師、黃文斌老師以及鄭文泉老師等所給予的指導與鼓勵。謝謝中華研究中心現代華文文學研究組的葉蕙老師、黃麗麗老師、黃禧燕同學、馬大中文系陳顯恩同學以及拉曼大學中文系畢業校友林麗華女士、駱世俊先生、李瑋淞先生等共同參與了會議繁重的籌辦工作，系友學友情深意重。也要感謝曾在《蕉風》寫稿的繼程法師熱心資助馬來西亞版《冷戰、本土化與現代性：《蕉風》研究論文集》的出版經費，銘記於心。最後，謹向「蕉風研究論文集」出版計畫小組成員（張錦忠老師、黃錦樹老師、李樹枝老師、葉福炎同學）及三三出版社高慧鈴女士付出的辛勤心力致謝。正是基於前述的單位、學者、《蕉風》編輯、師友、同學、

研討會與會者等的指導與協助，《冷戰、本土化與現代性：蕉風研究論文集》方得以成功出版；「卻顧所來徑」，「蒼蒼橫翠微」！

二〇二一年九月十三日　金寶山居

緒 論

冷戰、馬來亞化與現代主義

黃錦樹

　　《蕉風》對馬華文學的重要性至少持續了三十多年，九〇年代後方漸趨黯淡，面貌模糊。它創刊於馬來亞建國前，其時中華人民共和國建國不過六年，鐵幕拉下不過十年、冷戰正火熱。流亡的反共知識菁英嘗試在域外重建文化基地，民國殘骸落腳的臺灣之外，英殖民地香港、及有大量華人定居的英屬馬來半島，也是重要選項。

　　彼時，正積極朝向建國之路的馬來亞，國家意識在凝聚中，華文教育和華文文化卻正面臨愈來愈嚴酷的考驗。雖然如此，三〇年代以來華人社會內部隱然形成的「國共之爭」即便在中共建國之後，也還在殖民地星馬延續著，激烈的爭奪著文化主導權。《蕉風》創辦之年，因韓戰而甫站穩陣腳的民國臺灣，也在不久前方重啟僑教政策，吸引南洋華裔青年到臺灣，以免被中共吸引而左傾。那當然不乏文化冷戰的戰略意味，但也因此開啟了馬華文學的另類可能。遠離當地熱熾的左翼紅潮，但也難免可能受一種返祖誘惑的風險。《蕉風》的創辦則等同直接進駐到文化鋒火的前線，企圖火中取栗。它和它的對手，都是冷戰的產物；倘要談政治，沒有哪一方更高尚些。如果沒有《蕉風》和相關文化代理人的努力，很難想像，那二十多年（直到文革結束），除了濃郁的政治硝煙味，紅潮下的馬華文壇還會給我們留下甚麼。

　　戰後的馬華文學，不論有無國籍，都不能不考量冷戰下的地緣政治，也不能對民族國家形成後的文化政治避而不談。《蕉風》正處身在這複雜

權力場中，馬、中、臺、港的華文文學（及翻譯的世界文學）在那裏交織，因此透過它，或許可以寫一部視角獨特、異於左翼史觀的馬華文學史。

處於那樣的交錯的位置，讓它在數十年的歲月裏，不得不時時嘗試回應時代的需求和挑戰。整體來看，圍繞《蕉風》的重大主題大概可以概括為幾個關鍵詞：馬來亞化（本土化）、現代性（現代主義）、文學的自主性、大眾化。重中之重的，是馬來亞化及現代（主義）。這兩者都關涉《蕉風》自身存在的正當性，前者回應的是馬來（西）亞的建國，文學的認同政治，寫作者及其作品的政治歸屬。從馬來亞化到「馬華文學的國籍」或籠統的「本土化」甚至「終結離散」，異名而同實。後者則是文學存在的理由，究竟是為了它自身（美學上的完成），還是當下（掏錢購買雜誌）的讀者。

收入本論文集的文章分別從不同的立場，時而交錯於共同或相似的議題；提供了不同的觀察視角。

《蕉風》創刊之初就直面了「馬來亞化」這「一個大問題」，林春美的〈獨立前的《蕉風》與馬來亞之國族想像〉處理了一九五五至五六年間，「從《蕉風》的編輯主張與輿論、編輯理念之實踐，及創作文本此三方面，探討編者作者們，對即將誕生的新興國族的集體召喚與想像」，她注意到編者大量刊用本地風光的寫作或譯作，彼時對即將到來的共同體的召喚是樂觀的；賀淑芳〈方天與《蕉風》的寫實主義書寫〉處理了《蕉風》創刊人方天本身在小說寫作上的「純馬來亞化」實踐。在短短的兩年間，方天以一個外來者身份，下鄉考察星馬各行業，以寫實的手法、適量的方言土語，生活化的對白，寫了十一篇小說，發表在自己主編的《蕉風》上，爾後結集為馬華文學史上的小經典《爛泥河的嗚咽》。這不只是和其時甚為喧囂的馬華現實主義者爭奪話語權，而毋寧是企圖在實踐上和他們徒手對決——作品才是真正的戰場。方天也由此無意中開創了一個傳統——《蕉風》的編者常同時是創作者，甚至是不凡的寫作者（白垚和牧羚奴[陳瑞獻]是兩個最出色的例子）。他們不只是有理念、鑑賞力，同時能以實作應證其理念。對讀者而言，那讓他們的主張顯得更具說服力。

關於馬來亞化，黃國華的〈蕉風、采風、食風：論馬來亞獨立前夕物體系與國家認同的重構〉從物的再現的角度具體的考察了獨立前《蕉

風》上「純馬來亞化」的具體化。南來文人的熱帶體驗，從奇花異果到異
民族的風俗、飲食，也一向是竹枝詞抒寫、采風的對象。《蕉風》早期這
些密集的風土書寫，南來文人身體五官感知上的初體驗，「吃風」的紀錄，
和「蕉風椰雨」一樣，都是最表層最直接的「馬來亞化」。同樣的「馬來
亞化」問題，鄧觀傑的論文則以編輯時間最長的黃崖為個案，一直追溯到
他被令人沮喪的偏狹的國籍論擊垮為止。

　　「馬來亞化」問題，當然也和冷戰戰略有關。

　　長期致力於東亞文化冷戰研究的王梅香教授，從文化社會學和史學
的角度（〈香港友聯與馬華文化生產：以《蕉風》與《學生周報》為例(1954-
1969)〉），詳細疏理了《蕉風》與《學生周報》的美援背景。以那樣的背
景為參照，「馬來亞化」可以說是相當精細的文化戰略，對應的是一九五
五年萬隆會議後，南洋華人面臨的、在即將成立的新興民族國家中國籍身
份的選擇。那也可說是為了對抗自有馬華文藝以來普遍存在的「雙重任務
說」，也就是（如鐵抗指出的）因為華僑的中國身份，馬華文藝應同時屬
於馬來亞和中國，是一種邊疆文學、地方文學，具備雙重任務。[1] 朝向建
國之路的「馬來亞化」戰略，或許即蘊含著對華人政治上的中國認同的抑
制。

　　另一方面，因為冷戰年代的華語也因冷戰被劃分為兩個世界，「自由
世界」港臺星馬是聯通的，構成一個共通的「文學世界」。在中共出版品
在「自由世界」被嚴格管控後，港臺的文學資源常在《蕉風》流通，其中
最重要的或許當屬現代主義，及非左翼的「世界文學」。

　　同樣著眼於冷戰，莊華興〈戰後馬華（民國）文學遺址：文學史再勘
察〉別出心裁的把一九四九以後南下星馬的非左翼文人的文化建構統統
視為「民國遺址」，流亡民國知識人的價值理念的投射，一種右翼的、流
亡文化建構。這種觀點延續且深化了星馬左翼對《蕉風》和《學生周報》
的長期政治批判，[2] 那種嚴分敵我（國／共，美／中）的政治批判無疑讓

1. 鐵抗(1979)〈馬華文藝是甚麼？〉[1940]，方修（編）：《鐵抗作品選》（上海書局），91-95。
2. 批判的現場狀況，可參考莊華興(2021)〈冷戰在馬來與馬華文學場域的介入與衝擊(1950-1969)〉，《文化研究》no.32 (Apr.): 47-72。

冷戰在馬華文學場域內部化更形顯豁了。對左翼而言，文學不過是宣傳的工具（向大眾傳達「正確的思想信念」），「文學自身」（尤其是箇中的審美特性）不過是右派的、個人化的小資品味，是頹廢、不屑一顧的、沒有價值的，當然不值得費心經營、勞神閱讀。

然而《蕉風》一貫的立場，那被左翼激烈否定的，卻是文學之所以為文學的基本條件，也是馬華文學現代性的必要條件。現代主義的引介推動正是《蕉風》最主要的貢獻之一。因此本《論文集》所收這方面的論文偏尤多。

然而，文學的「馬來亞化」和它的現代感性是相衝突的嗎？郭馨蔚認為，「純馬來亞化」退燒和臺版現代主義的引進之間不純是時間上的更迭選，而是有著因果關係，二者是不相容的（〈臺灣、馬華現代主義思潮的交流：《蕉風》的第一波現代主義〉）。該文著重談論《蕉風》中的現代主義推動、《蕉風》對港臺現代主義文學引介，從白垚的「新詩再革命」到余光中的登場。

黃琦旺的〈反叛文學運動誰反叛？談戰後馬來亞的新寫實及獨立前後《蕉風》的「現代」〉間接反駁了馬來亞化和現代（主義）的不相容，她直探馬華文學現代感性的起源，指出五、六〇年代與左翼現實主義對抗中的另類「寫實」、浪漫調子所營造的馬華文學現代性，和《蕉風》創刊十年間逐步營構的「反叛文學」的現代性基本上是一致的，因此不難合流。馬華有自己的「本土現代主義」的可能性。

另外，幾個現代主義的重要推手都有專論。白垚，陳瑞獻（牧羚奴）、黃崖之外，被天狼星詩社奉為神祇的余光中也各有專論。[3] 林春美的〈身世的杜撰與建構：白垚再南洋〉和張錦忠的〈想像一個前衛的共同體：陳瑞獻與馬華現代文學運動 2.0〉仔細討論了兩個最富聲名的《蕉風》編輯和作者，前者集中考察的是白垚的創作成就；後者勾勒了有多方位創作能力的陳瑞獻、憑其外語能力開啟了迥異於港臺的華文現代主義路徑。從這

---

3. 郭馨蔚的碩士論文《臺灣、馬華現代主義思潮的交流：以《蕉風》為研究對象 (1955-1977)》（2016，國立成功大學臺灣文學研究所）對這些代理人和過程也有詳細的討論。這應是臺灣學界唯一以《蕉風》為對象的學位論文，雖然臺灣本土意識投影相當重，但用力頗勤，相當難得，三篇附錄也都做得很用心。

兩個個案不難窺見,《蕉風》長期標榜的個人主義、尊重個性、獨異的個人,方可能容許獨創性的創造。反之,左翼的集體主義、教條主義並沒有給行動者留下那樣的空間。

張錦忠和林春美也曾是《蕉風》編輯,也是出色的寫作者;或許緣於對《蕉風》的深情,讓他們對《蕉風》研究投入的心力,也比一般馬華文學研究者多得多。

相較於白垚、牧羚奴的高度現代主義路徑(菁英、小眾、不考慮讀者),鄧觀傑的黃崖論勾勒了個不同的路徑(〈大眾化、反共、馬來亞化:黃崖與六〇年代《蕉風》現代主義〉),因黃氏本身的不同選擇,而顯得或許比白、牧個案更為曖昧複雜。因為這個案必須在現代性/馬來亞化之外加上另一個向度:大眾化——考量作品能不能為大眾接受。大眾化其實有兩個不同的意涵,左翼的大眾化是大眾啟蒙,為的是「覺民」,讓他們認清自身所處的被剝削、被壓迫狀態,以期被動員反抗。黃崖的大眾化是朝向另一個方向,左翼所不齒的方向——通俗化,商品化,因而向類型小說、資本主義邪惡的商品機制靠攏。觀傑同時追蹤黃崖這位「《蕉風》友聯時間在任最久的編輯」的編輯與寫作,仔細探究他對現代主義的迎拒、片面接受心理描寫卻捨棄語言與文體的實驗,以致其馬來亞化和現代主義的綜合實踐終究不免流於浮淺,而為「大眾化」所馭。這個案也可以看做是:在馬、用華文寫作而努力迎合讀者的,一個悲傷的寓言,那很容易就走上港臺、甚至民初上海通俗文學的老路,普遍流俗而淺薄。而拒絕大眾化,單純焊接現代主義和馬來亞化,一樣處境困難。菊凡、溫祥英、宋子衡這三位年輕時頗被期待的《蕉風》現代主義作者,中年後陷入的長期寫作困境充份揭示了這一點。

李樹枝的〈升起現代文藝的大纛:《蕉風》、余光中與馬華現代主義文學〉則梳理那位對馬華文學影響最大的民國—臺灣作家長達三十年的馬華投影,這是獨一無二的,這多少也反映了華社本身文化體質的脆弱。余光中開啟的路徑既現代而中國,既中國而現代,那中國是文化中國,是江湖,當然無關乎蕉風椰雨。對開端的「馬來亞化」意圖而言,那無疑是一大反諷。在冷戰的年代,藉由臺灣海峽旁「不沉的航空母艦」,祖國幽靈

還是登堂入室的回來了。那也因為，馬來（西）亞民族國家的種族主義之牆的高和厚遠超乎當年南來文人的想像，甚至危及了中文寫作的正當性。

　　張光達的〈當代詩作的變異及其限度〉討論的是後期《蕉風》上發表的若干詩作，它們和早已更其小眾化、邊緣化、南方化的《蕉風》本身的關係其實不那麼大。此時的《蕉風》或許就只不過是個文藝平台而已。

卷壹

冷戰與國族想像

香港友聯與馬華文化生產

以《蕉風》與《學生周報》為例(1955-1969)

王梅香

壹、前　言

　　冷戰時期臺港星馬的文學與文化研究，迄今已經累積相當豐碩的成果，可以歸結以下幾點較為顯著的研究趨勢。首先，冷戰時期美援文藝體制的相關研究。二○一二年，陳建忠以「美援文藝體制」一詞概念化美國在東亞的文化宣傳，[1] 開啟美援文藝體制在東亞不同國家的相關研究，例如王梅香(2015, 2020)對於臺港及星馬美援文藝體制的研究；翁智琦透過檢視國民黨報紙副刊，考察冷戰時期的反共修辭，及其對於臺港泰三地文化宣傳的研究(2020)。其次，著重跨地域文化交流，例如臺港（馬）文化交流，須文蔚關注臺港文壇之間現代詩、現代繪畫的交流。以〈余光中在一九七○年代臺港文學跨區域傳播影響論〉(2011)、〈葉維廉與臺港現代主義詩論之跨區域傳播〉(2012)和〈一九六○至七○年代臺港重返古典的詩畫互文文藝場域研究：以余光中與劉國松推動之現代主義理論為例〉(2015)為代表。王鈺婷關注美援文化的相關刊物，尤其是臺港文化生態下的女作家，及其書寫的多重面向(2015, 2015a, 2019)。

　　再者，美援文化相關刊物的分析，也是三個趨勢中數量最多者。二○

---

1. 美援文藝體制一詞，由陳建忠(2012)於〈「美新處」(USIS)與臺灣文學史重寫：以美援文藝體制下的臺、港雜誌出版為考察中心〉一文中提出，所謂美援文藝體制相對於國民黨的國家文藝體制（剛性體制），是自域外移入的「軟性體制」，促使臺灣文學的發展導向有利於美國（或西方）的世界觀與美學觀。

一七年，沈雙(Shen Shuang)在其論文中指出香港、《中國學生周報》作為訊息帝國(empire of information)在東亞所扮演的角色，以及香港友聯相關的刊物研究，說明亞洲基金會(The Asia Foundation)透過《中國學生周報》如何進行訊息的控制。此外，部分研究延伸探討香港友聯在馬來亞的文學傳播與文化活動，主要的兩份刊物即是《蕉風》(1955-1999，2002 年復刊)與《學生周報》(1956-1984)，一九六〇年代至一九七〇年代，這兩份刊物是馬來西亞國內僅有的兩份定期文藝和文學雜誌，也是目前針對星馬友聯研究的重點。例如馬來西亞、香港和臺灣的學者，也肯定出版品的重要性，如《蕉風》(方桂香 2010；伍燕翎、潘碧絲、陳湘琳 2010；林春美 2011-2012；賀淑芳 2013；金進 2010、2015；郭馨蔚 2016)和《學生周報》(王梅香 2016)。綜上所述，目前的研究以文學刊物作為基底，尤其側重《蕉風》的相關議題，包含《蕉風》與星馬現代文學的討論等。二〇二一年，林春美在其新出版的著作《蕉風與非左翼的馬華文學》一書中，爬梳《蕉風》歷年的研究圖譜，指出《蕉風》兩條主要的研究主線：一是集中對現代主義的討論；一是對於《蕉風》的冷戰論述(2021:16)。

進一步聚焦本文的觀察主體——香港友聯，探討其與《蕉風》、《學生周報》的關係，可以歸結出「文化宣傳」和「文化使命」兩種論述。前者從冷戰體制出發，後者則透過行動者口述歷得知。就前者而言，根據林春美回顧《蕉風》的相關研究，一九五〇年代出版的刊物，已經指出《蕉風》和《學生周報》暗地接受美方的幫助，傳遞反共意識和反華思想(2021:45)。香港友聯是美元資助的出版社之一，主要負責出版反共報刊和文藝書籍，這些「綠背文學」輸出海外，成為海外華人想像共產中國的憑藉，論者認為，這是美元文化操縱反共宣傳的本意(趙稀方 87-88)。莊華興在〈冷戰前期馬新華人文化的解構與重構〉(2019)一文中，從美國政府與民間單位對於馬新的圖書傳播進行剖析，說明美國冷戰戰略透過圖書、友聯書報發行公司對於馬新各方面的深遠影響。

前述論述乃從冷戰結構、美援文藝體制的框架判斷、定位香港友聯，香港友聯知識分子如同「文化十字軍」(cultural crusades)遠征東南亞。從結構面向分析友聯的文化行動，會造成美援文藝體制的全面性和固著性

的誤解，認為接受金援就等於完全接受美方的思想和指示，進而完全影響其後續的文化活動。英國歷史學者史考特・路克斯(W. Scott Lucas)論述文化冷戰在西歐的狀況時，便試圖與將在地文化人視為「文化十字軍」的論述對話。[2] 路克斯認為，將美國權力底下的各地文化人視為文化十字軍並不準確，事實上，文化人或文化組織「並非」由美國所創造，有些早已存在於當地(Lucas 57)。美國歷史學者大衛・普萊斯(David H. Price)更具體使用前導(front)、傳送通道(conduit/pass through)和接送端(recipient)來定位美國中情局、非政府組織和在地文化人的關係。他將亞洲基金會視為前導組織，藉此傳送資金予傳送通道（如友聯）(Price 165)。就像本文所探討的香港友聯，始於「民主中國青年大同盟」（Youth Union for a Democratic China，簡稱 YUDC），由於該組織需要經濟資助，美方與友聯在某個歷史時間點，透過人際網絡的運作各取所需。

此外，從行動者的角度，我們可以得出與結構分析截然不同的論述。根據香港友聯社的創辦人之一陳思明，他提到香港友聯赴星馬的動機，乃是為了散播文化的種子，友聯人以「文化事業者」(cultural entrepreneur)自居。陳思明如此描述：「我們像風樣的來，像風樣的去，像風樣的傳播，傳播早春的種子」（白垚 2007:27）。又如奚會暲所言：「那邊的工作[筆者按：友聯在星馬的文化活動]主要還是對華僑青年宣揚民主思想與保存中華文化」(60)、「創辦『友聯』不是為了服務美國，而是為了自己的理想及抱負」(66)。從友聯相關文化人的口述歷史，應該進一步思考的是，行動者如何認知自己在馬來亞的行動？為甚麼如此思考？而非一味地以美援結構框架框限他們，以後見之明批評他們「昨是而今非」。真實的歷史情境，往往不是僅從結構面或是行動者角度就能完全解釋。

綜上所述，第一種論述偏向以結構框限行動者的個別意志，第二種著重個別行動者的意志，而忽略結構所給予行動者的不由自主。因此，本文嘗試提出理解香港友聯、《蕉風》與《學生周報》這兩份刊物的新觀點，

---

2. 根據沈雙(2017)的研究，亞洲基金會的前身自由亞洲協會與美國政府的理念是一致的，在此情況下，美國中情局透過「自由十字軍」(Crusade for Freedom)支援自由歐洲電臺，此處的十字軍代表這些人基於某種特定的理想而奮鬥，而在此處的理想即是自由(594)。

從文化中介者的角度觀察，嘗試在結構與行動者的斷裂、文化十字軍和文化事業者的爭議中，重新評析友聯在馬來亞的文化實踐。易言之，香港友聯在戰後馬華文化生產中扮演甚麼角色？這一切如何可能？文化中介者的角度可以連接結構與行動者，重新理解作為跨國知識分子的香港友聯，其在星馬的相關活動是在怎樣的框架（網絡）下行動，及其行動背後所呈顯的意義。

貳、香港友聯作為文化中介者

在探討香港友聯如何在《蕉風》、《學生周報》扮演文化中介者(cultural intermediaries)的角色之前，先針對「香港友聯的相關背景」與「文化中介者相關理論」進行回顧。

一九五一年，許冠三（筆名于平凡）、陳思明（筆名薛洛，又名陳濯生和陳維瑲）、余德寬（筆名申青）、胡欣平（筆名司馬長風）、邱然（筆名燕歸來）、徐東濱（筆名岳心）、史誠之等人，在香港成立了「友聯社」(The Union Press)，並創辦「友聯文化事業有限公司」，其前身是「民主中國青年大同盟」，是自由出版社，是香港反共又反蔣的第三勢力，友聯是其文化上的延伸，主張「政治民主、經濟公平、文化自由」（何振亞 11）。整體而言，在成立友聯社之前，這羣知識分子已在不同的組織集結。友聯的成員大多來自新亞書院，而新亞書院便是以反共著稱，因此可以看出其成員的政治態度和認同傾向。一九五二年，香港友聯出版《中國學生周報》，除了香港本版之外，《中國學生周報》還配合海外的狀況，出版了馬新版、印尼版、緬甸版，並設立通訊部，廣徵各地的通訊員，報導各地的學生活動，其中「學生周報的分版，以印尼版的銷數最多，其次才是新加坡和馬來亞的星馬版」（姚拓 562）。透過這些刊物，一九五〇年代的海外華人青年，得以透過印刷資本主義，建立起他們對於自由世界的共同想像。

一九五四年，香港友聯的部分成員，包括余德寬、陳思明、燕歸來與奚會暲等人前往新加坡，創辦《蕉風》與《學生周報》。從行動者的角度，友聯文化人的南進的原因是：一、由於馬來亞在一九五〇年代尚在剿共，梁宇皋（獨立後馬六甲第一任州長）透過燕歸來，希望香港友聯派文化人

到馬來亞從事青年文化活動和傳媒活動。二、因為香港和馬來亞同是英國殖民地。因此,同屬於英國殖民地的香港人,進出馬來亞顯得便利,如姚拓表示:「那時候星馬兩地和香港一樣,都是英國殖民地,在香港申請一張出入准證,就可以隨便在新加坡或馬來亞登陸和居留」(姚拓 562)。三、友聯內部的分裂:香港友聯內部一直存在「文化派」和「企業派」的爭議,前者認為友聯應該追索高深的道德思想,後者認為文化工作者也必須自力更生,內部分裂也促成友聯南進的部分原因。

然而,當時香港的友聯文化人,大部分的人並不願意遠走馬來亞,因此,香港文化人的移動,主要受到「在地人際網絡」的影響,包括黃崖、黃思騁,以及後來影響時間較長的姚拓和劉國堅(筆名白垚)。例如白垚之所以到馬來亞,就是受到姚拓的牽引。白垚自述:「在大學時,因為投稿香港的《中國學生周報》,與姚拓通信。……後來姚拓問我,明年(按:一九五七年)畢業後,是否願意隨他去南洋發展。那時找事不易,便先答應下來」(白垚 2007:28)。對於香港的文化人而言,他們從香港到馬來亞,就像陳思明所講的「散播早春的種子」,或是「想讓年輕一代認識這個社會、華文教育」(何振亞 22),這羣文化人以「文化傳播者」自詡。直到一九六五年,《學生周報》慶祝創刊九週年,再次重申「我們只可以說:九年來仍是在做著播種的工作。尤其是文化工作,不能以利害來計算。『只問耕耘,不問收穫』,才是文化工作者應有的態度」(學生周報社 1965)。若依後見之明,友聯南進的發展是成功的,甚至友聯在馬來亞的發展還比香港好,包括出版教科書事業的成功,以及舉辦文化活動受到熱烈歡迎等。

因此,本文將以香港友聯前進馬來亞之後的文化實踐作為觀察對象,其牽涉的時間範疇是一九五四年至一九六九年「五一三事件」。整體而言,星馬友聯的文化活動主要分為三類:一是創辦《蕉風》與《學生周報》;二是成立「學友會」、舉辦「生活營」;三是發行華文教科書「友聯活葉文選」,藉此凝聚馬來青年對於自由世界、自由中國和馬來亞的認同。針對上述星馬友聯的文化活動,後來的研究者和友聯人具有不同的觀點:沈雙將其文化實踐放在美國媒介帝國的網絡下檢視,認為友聯的計畫在美國

官僚(bureaucratization)的「預先審查」(preprocessions)，[3] 強調美方對友聯「由上而下」的強制性(604)；莊華興將其置放在文化宣傳的圖譜下反思。另一方面，友聯人將自身的行動詮釋為「文化事業」，赴星馬傳播文化種子。對於星馬友聯文化實踐的不同評價，來自於結構和行動者角度不同所造成的不同定論（莊華興 2021）。

進一步，透過相關文獻回顧，可以定位友聯在整個戰後星馬文化發展的特殊位置。有別於過往論述針對美援背景，而對友聯進行道德指控或批判的立場，本文認為，文化社會學中對於文化中介者的討論，可以再思香港友聯在戰後馬華文學與文化的關鍵角色。

在文化社會學的討論中，藝術與社會的關係、文化中介組織（文化中介者）一直為不同的研究者所探究。寫作《藝術世界》(*Art Worlds*, 1982)的霍華德·貝克(Howard S. Becker)認為，文化產品受到生產與行銷它的人或體系篩選和影響。因此，我們必須將文化活動視為「集體活動」(collective endeavor)，友聯的文化活動亦是美援文藝體制下的集體行動，易言之，我們應該從社羣而非單獨創作者來思考。貝克在該書中留意創作者與作品接受者之間存在中介的經銷體系(distribution system)，經銷體系可再細分為三種類型：自我支持型(self-support)、贊助型(patronage)和公開販售型(public sale)。自我支持型意味創作者必須尋求創作之外的謀生管道，往往是與藝術無關的職業（作為正職），以支持自身的創作。贊助型意味接受來自公私組織和個人的援助，創作者在不同程度必須回應贊助者。公開販售型採取市場的行銷經濟，其中代理商、演出經理人扮演重要的角色(Becker 95-129)。就本文的個案，首先，友聯文化人以出版社工作作為主要的謀生工具；其次，友聯接受亞洲基金會的贊助，但這是階段性(1950s-1960s)的支持，到了一九七○年代，可以看到友聯雜誌來自市場的利潤逐漸上升。最後，也是個案與貝克不同之處，在於部分友聯成員扮演

---

3. 所謂的「預先審查」(preprocessions)意指香港友聯文化人先提出工作項目和預算表，再由亞洲基金會逐年商討、審查預算和撥款，其後，香港友聯還要繳交工作報告（林悅恆 178-179）。根據何振亞的經驗，因為友聯提出的經費很少，而且盡量用事實來說明，所以在他的印象中，「美方從來沒有不支援，或說我們的預算數目太大，沒有」（何振亞 27）。

跨國中介者的溝通角色，協調友聯和美國非政府組織之間的事務，由此可知，友聯的個案和貝克三種類型之間的異同。

除了貝克留意生產者與消費者之間的中介體系，皮耶・布爾迪厄(Pierre Bourdieu)在他的《區分》(*Distinction*, 1984)一書中，指出一羣新興階級——新小資產階級(new petite bourgeoisie)，與另一些出身高等階級，因缺乏教育資本而轉向新興的介紹和展示的工作，包括廣告代表、公關、時尚、裝飾專家和藝術工作者等，這羣人提供文化產品和相關服務，卻也形成自身階級的品味和風格，扮演生產者和接受者之間的中介角色，他們擁有一定的文化資本與社會關係（社會資本），即為布爾迪厄所說的「文化中介者」(359)。到了《藝術的法則》(*The Rules of Art*, 1995)一書時，布爾迪厄透過場域理論解析藝術與文化作品生成的社會脈絡，然而，對於文化中介者究竟在其中扮演何種角色，還有待討論。李令儀也認為，「雖然Bourdieu (1993, 1996)在分析文學與藝術場域時，曾探討出版人、藝術經紀人、批評家等中介者與創作者的關係……但較少處理文化中介者的實作」（102；引者著重）。同樣地，本文討論的文化中介者——香港友聯在星馬的實作狀況亦需要進一步討論。沈雙剖析亞洲基金會和香港友聯的關係(Shen 2017)，但香港友聯在星馬的文化「實作」面向則相對欠缺，而這是本文主要關注的重點。

繼而「文化菱形」的討論，雖未直接使用文化中介者，但其實到了後期已經留意文化中介者的角色。該概念最早由英國社會學家溫蒂・格里斯沃爾德(Wendy Griswold)提出，文化菱形有四個端點，分別指涉藝術產品(artistic products)、藝術創作者(creators of art)、藝術消費者(consumers of art)和社會脈絡(social context)(1986)。四個端點彼此連接，同時，每個點與點也彼此聯繫，顯示出四個面向彼此之間的關聯性（見圖一）。

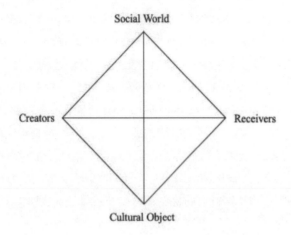

▶ 圖一：文化菱形（資料來源：Griwold 1986）

由此可知，到了文化菱形階段，藝術社會學家嘗試從「關係性」的角度審視文化中介者。在格里斯沃爾德之後，維多利亞・亞歷山大(Victoria D. Alexander)繼續修改、深化文化菱形，在四個端點彼此鑲嵌的體系中，亞歷山大認為在文藝和社會、創作者和接受者之間，存在經銷系統(distribution system)的中介角色，突破過往文藝與社會的單一對應關係，更為關係性地討論文藝創作者和接受者之間的關係(2008)。見圖二：

▶ 圖二：文化菱形的中介者（資料來源：Alexander 2008）

　　值得討論的是，理查德・帕特森(Richard Peterson)更具體界定討論中介者所扮演的角色和功能：一、守門人(gatekeeper)：決定在此體系中作品去留的問題(Peterson 1994)。易言之，中介者在中介思潮或作品時，同時扮演篩選作品的角色，不論他的過濾作品是基於編輯刊物的準則，或是個人的美學品味。其次，酬賞制度(reward system)例如創作者獲得某種獎項，或是作品在經濟上或象徵層次（例如聲望的肯定）獲得效益；三是市場結構取向，亦即為了市場需求而進行的文化生產。最後則是藝術家的生涯，帕特森以現代科技如何改變藝術家的創作為例，點出藝術創作如貝克所說的並非一人可獨力完成，創作者在生產和消費的網絡關係中形塑自身的創作(Alexander 73-76)。就某個程度而言，香港友聯扮演類似前述的三種角色，其在不同的文化範疇，例如《蕉風》、《學生周報》文學作品的選擇，教科書「友聯活葉文選」內容的編纂，類似刊物「守門人」的角色。其次，這些出版品帶有不同於共產陣營宣傳的色彩，而被賦予自由文藝的象徵性價值，投稿這些刊物的知識分子，也在馬華文學場域獲得某種程度的象徵權力，此即為酬賞制度帶來象徵層次的肯定。相對於兩份雜誌，教科書是更接近市場需求、迎合市場需求的存在，也是香港友聯發展得最好的文化事業。由此可見，在不同的文化生產範疇，香港友聯的角色、介入程度也存在不同層次的影響力。

參、文化自由大會在亞洲：香港友聯、亞洲基金會與美國中情局

　　本文將友聯視為文化中介者，亦即友聯處於訊息的發出者和訊息的接收者之間，作為美方、馬來西亞在地僑界與其他自由世界的中介。此處所謂訊息的發出者，臺面上，主要是美國的非政府組織——亞洲基金會，而在臺面下則有美國中情局透過 DTPILLAR 反共計畫挹注亞洲基金會(Central Intelligence Agency 2015)，對於亞洲、非洲國家圖書的捐贈(Price 169)在美援文藝體制的運作下，東亞各國甚至全世界，都有駐該國的美國新聞處(United States Information Services, USIS)從事新聞與文化宣傳的任務，而其屬性是美國官方的機構，在新加坡和馬來亞也不例外，根據歷史材料，我們可以得知新加坡美新處、吉隆坡美新處、檳城美新處等三處。

然而，由於馬來亞共產黨於二次戰前即已在馬來亞積極從事各項活動，因此，戰後馬來亞的左翼力量較為強大，就馬來亞的政治社會現實，左翼的力量較右翼（自由陣營）來得歷史悠久。為了避免遭遇到左翼力量的衝突，馬來亞的美援文藝體制較其他國家更為明顯之處是「非政府組織」扮演更為重要的角色，而且在宣傳策略上，以「非共」(non-Communism)取代「反共」(anti-Communism)。換句話說，亞洲基金會並非直接對抗共產主義，而是站在為共產主義提供另一種可能，強調間接對抗勝過直接宣傳。此時，非政府組織便在此過程扮演有別於官方但和官方密切的「間接中介」。

亞洲基金會的前身是「自由亞洲協會」（Committee of Free Asia，簡稱「亞協」，1951-1954），一九五一年五月於美國加州舊金山成立。因應戰後美蘇對立的新政治局勢，共產世界推動思想改革計畫(thought reform program)，包括工人階級、大學生和中產階級，自由陣營也展開反宣傳，由美國若干銀行等私人組織所組成的民間基金會，以「聯合亞洲反共知識分子驅除亞洲的國際共產黨勢力」作為宗旨，在亞洲十二個國家設有分部，並發行《亞洲學生》(*The Asian Student*)週刊，協助美國人認識亞洲。一九五四年十二月，亞協更名為「亞洲基金會」，仍是冷戰時期重要的中介機構，更名是為了「從事更廣泛之反共活動」（王梅香 2020）。易言之，亞協的更名乃是為了與政治保持距離，而更有效地從事宣傳(Shen 594)。

邱然(Maria Yen)和徐東濱(William Hsu)是香港友聯和亞洲基金會詹姆斯·艾維(James Ivy)中間重要的中介者，尤以邱然最早、最頻繁。[4] 由於邱與徐倆人的英語能力較佳，提計畫、寫報告，同時負責與美國人溝通、聯繫。換句話說，倆人同為香港友聯和亞協之間的聯絡中介者。[5] 此外，香港友聯也為亞協和星馬文化活動的中介者，到了星馬之後，陳思明與奚會暲較常與亞協的人接觸。然而，作為友聯和亞洲基金會之間的跨國中介者，其人數非常少，這也是為何除了跨國中介者外，友聯人對於友聯的背

---

4. 根據奚會暲的訪談，他說：「很少人知道邱然是第一個與亞洲協會建立業務關係的人。她父親的老友桂中樞介紹她認識該機構的負責人詹姆斯·艾維，他們都很欣賞這羣年輕人的理想及努力，就開始在經濟上給予支持」(66)。
5. 根據奚會暲的訪談，亞洲基金會資助友聯，有時會透過其他單位轉交，例如雅禮協會(24)。

景並不十分清楚。根據香港友聯人何振亞的說法，香港的友聯刊物都接受亞協的支持和贊助，然而，還留下的謎題是，赴星馬之後的狀況為何(2014)？根據亞協的香港檔案，我們可以看到友聯赴星馬之後的文化活動，其中受到亞協在「文化」(culture)支持的類別和項目如下：

Number	Title	
1001	Union Press Chinese-Malayan Scholarships	友聯馬華獎學金
4301	Youth Activities	青年活動
4302	*Student Weekly* (Malayan Edition of the Chinese Student Weekly)	《學生周報》[6]
4303	Organizational Centers and Headquarters	學生周報之友社
4304	Vacation Life Camps and Picnic Camps	生活營、野餐會
6001	Union Press Circulation Company	友聯經銷處
6005	Malayan Chinese Young Writers	馬華作家
8501	*Chao Foon*	《蕉風》
8502	Dramatic Art Socities	藝聯會

▶ 資料出處：*Chinese Student*, Inventory of the Asia Foundation Records: Program Hong Kong, Hoover Institution Archives, 1957.

　　從檔案中可得知，星馬版的《中國學生周報》創立於一九五四年十二月十七日，第一期和《中國學生周報》的第一二六期同時出版。一九五四年一共出版三期：第一期的《中國學生周報》印刷兩千五百本，第二期成長到三千五百本，第三期四千本本。一九五五年一月七日，第一期和《中國學生周報》改為十二頁。在亞洲基金會星馬版的《中國學生周報》文件中指出：「為了使得《中國學生周報》更有趣，同時更加符合星馬學生的

---

6. 前身是星馬版《中國學生周報》，創立於一九五四年十二月十七日，一九五五年的行銷量每期超過五千本。

需求，因此星馬版的《中國學生周報》有其必要性。星馬版的《中國學生周報》在初期階段「不需要」激烈反共(not to be pungently anti-Communist)，反而應該呈現出對年輕人是有益(beneficial)、全面的(wholesome)和有趣的(interesting)刊物，至少不能少於六頁（全部十二頁）是星馬學生感興趣的資訊或文章」。[7] 由此可知，星馬版的《中國學生周報》設置目標和針對的目標羣體。繼而，檔案中指出：「一開始，星馬版的《中國學生周報》將於香港編輯和印刷，但是，我們將階段性地把編輯、印刷業務移到新加坡，首先從印刷的事務開始，然後是編輯事務，最後目標是採用當地的文章，讓星馬版的《中國學生周報》成為一份星馬獨立的學生刊物」。[8]

一九五五年十月二十日，文件中亞洲基金會羅伯特‧葛瑞(Robert D. Grey)提到《蕉風》的經費來源主要有二：主要來自亞洲基金會的香港計畫(mainly from H.K. program funds)，另一部分是來自新加坡計畫(in part from Singapore program funds)。[9] 一九五五年十一月十六日，艾維提到《蕉風》的任務，包括幫助讀者認識馬來亞，並藉此獲得馬華青年更廣泛的認同。對於艾維而言，獲取更多人對於自由陣營的支持是更重要的任務。一九六三年，《蕉風》的費用除了來自亞洲基金會的贊助，還有來自販售雜誌的所得，可見亞協從扶植刊物、贊助刊物到期望刊物能夠自給自足的發展策略。

除了刊物的支持外，友聯在星馬的青年活動——生活營，也是其有別於香港友聯之處。奚會暲、古梅、王健武等人赴星馬，主要支援當地的動態活動，如表一所顯示的野餐會、生活營和其他學生活動。某個程度上來說，這些活動吸引馬華青年傾向自由世界的文化，而非共產主義。在此過程中，友聯和馬來西亞當地僑領保持良好關係。根據何振亞、奚會暲的回憶，馬六甲州長梁宇皋是馬來西亞的僑領，也是非常虔誠的天主教徒，透過香港天主教徒 Anna，與香港友聯人相識，顯然，梁宇皋與邱然的天主教信仰一致，梁宇皋對於友聯的這些年輕人非常支持（奚會暲 61）。此外，

---

7. 資料出自 "Plan of Malayan Edition of Chinese Student Weekly" (1955)。
8. 資料出自 Stewart (1955)。
9. 資料出自 Grey (1955a)。

香港友聯協助亞協成立馬來西亞辦公室，主要透過奚會暲建立與馬來西亞當地政府的關係。根據這段口述歷史，可以看到友聯除了與美方保持合作的關係，也與馬來西亞政府官員、在地僑領保持友好的人際關係。

　　此外，香港友聯也作為連結其他自由世界國家的重要中介者。在亞洲基金會的文件中，我們看到友聯人邱然作為和美方聯繫的重要人物，是香港友聯的代表人，同時也負責香港友聯和其他文化自由大會分部聯繫。一九五五年前後，邱然赴緬甸仰光參與「文化自由大會在亞洲」(Conference on Cultural Freedom in Asia)。根據弗朗西絲‧桑德斯(Frances Stonor Saunders)對於文化自由大會的研究，該機構主要由美國中情局負責，在全世界三十五個國家設有辦事處，透過文化工作從事政治思想的宣傳(2020)。同時，邱然在緬甸也檢視了緬甸版的《中國學生周報》，並和當地的編輯團隊討論目前刊物的問題和未來的發展計畫。文件中指出，該次會晤提到緬甸目前最需要的是「中文、非共的圖書館」(a modest library of non-Communist books)，亦可以作為日後緬甸華人學生活動的聚會場所。燕歸來在會面中承諾，香港友聯將會協助緬甸設立非共的中文圖書館。事後，亞洲基金會代表葛瑞亦承諾會協助邱然。根據檔案的描述，「中國學生周報社」(Chinese Student Weekly Society)是亞洲基金會贊助下的社羣，而香港友聯人邱然作為其文化中介者，協同美國中情局、文化自由大會，協助媒合香港、星馬、緬甸等國和亞洲基金會的合作事宜。[10]

　　其後，奚會暲承接邱然在馬來西亞的業務，負責與亞協相關人員接觸。一九六三年，奚會暲代表香港友聯到維也納參加國際青年會議（奚會暲 69）。根據這些例子，可以看到香港友聯人如何在自由世界作為文化中介，一方面，提供香港文化出版事業的經驗給其他東南亞國家；另一方面，他們也作為美方與在地文化人溝通的媒介。

---

10. 《中國學生周報》除了原有的香港版，在文件中被稱為 general edition，尚有印尼版、緬甸版和星馬版，若根據一九五五年一月的發行數量，一般版一期發行一萬一千本，印尼版發行五千本，緬甸版發行一萬一千本，星馬版則是三千本。資料出自 Grey (1955)。

肆、文化中介與介入：香港友聯在星馬的文化實踐

在亞洲基金會的檔案中提到，香港友聯在馬來亞最重要的任務主要有二：一是教育(education)；二是出版(publication)。[11] 前者以「友聯活葉文選」作為代表，後者可以出版《蕉風》與《學生周報》為例，後者延伸為「《學生周報》之友社」（一九六〇年代後簡稱「學友會」）、野餐會和生活營。

香港友聯主要的兩份刊物即是《蕉風》與《學生周報》，從一九六〇年代至一九七〇年代，這兩份刊物是馬來亞／馬來西亞國內重要的華文定期文藝和文學雜誌，尤其關於馬華現代主義的興起，相關的研究指出，「馬華現代文學大約崛起於一九五九年。那年三月六日白垚在《學生周報》第一三七期發表了第一首現代詩〈蔴河靜立〉」（溫任平 1980:65）。根據溫任平的看法，馬華第一波現代主義的運動始於白垚《學生周報》發表的現代詩，該說法也相繼為後來馬華現代文學的研究者所引用。「五〇年代中期開始，許多文學刊物陸續介紹有關西方現代主義的理論、作品。報章雜誌提供的平臺，讓本地的作家有了更多的發表園地。在眾多雜誌當中，《蕉風》與《學生周報》扮演著功不可沒的角色」（蘇燕婷 139-150）。抑或是，馬來西亞的現代主義文學運動可以分為三個時期：「第一波是一九五〇年代末年至一九六七年，林也也把它稱為現代主義文學的萌芽期。最早宣傳現代主義觀念和吸納現代主義作品的營寨是《蕉風》與《學生周報》」（許文榮 26）。前述評價都是確認《蕉風》與《學生周報》在戰後馬華文學與文化發展的定位。

本文的重點不在追溯馬華第一波現代主義的起點，也不是分析個別刊物的作品，而是探究《蕉風》與《學生周報》與香港友聯的關係，以及作為文化中介者的友聯扮演甚麼角色？中介了甚麼？介入了甚麼？

首先，友聯社作為文化中介者，對於《蕉風》與《學生周報》的理念與編輯原則，就某個程度而言，有較為相似的堅持，這是由於在兩份刊物創辦初期，刊物的文字編輯都是由香港友聯領導層派任，邱然、徐東濱等

---

11. 資料出自"The Chiao Feng Society (Ref. SX-HK-946)" (1955)。

人決定誰編《周報》，誰當總編輯，誰做甚麼（孫述宇 120）。白垚說：「友聯社是《蕉風》與《學生周報》的母體」(2007:35)。在談論友聯在馬來亞的發行刊物時，《蕉風》與《學生周報》經常被相提並論，一九五八年，兩份刊物從新加坡遷到八打靈再也之後，更位於同一棟辦公大樓內；同時，因為兩份刊物的社長都是余德寬，編輯都有姚拓、甘美華（姚拓之妻）、彭子敦、原上草、岳文才和白垚等，所以兩份刊物的編輯會議也是一起舉行的。根據白垚的說法，在友聯的編輯會議上，社長陳思明只是聆聽，不會介入兩份刊物的編輯政策，堅守「友聯自由文化的理念」（白垚 2007:64）。姚拓曾經說過：「我們的創作態度必須嚴肅，我們反對以政治標準代替藝術標準」（白垚 2007:74-75）。因此，即便陳思明本人會寫詩和散文，而且他的風格是與當時馬華文壇主流的寫實主義一致，但是，他並不介入編輯事務。準確的說，兩份刊物在文學和寫作的風格取向，與刊物編輯者的個人學思生涯更為相關，反而傾向現代（主義）文學。例如白垚在臺灣留學期間(1953-1957)，所接觸的是《文學雜誌》等刊物，在現代詩方面，他較傾向藍星，這些都顯示編輯白垚與社長陳思明在文藝上的取向不同，儘管如此，陳思明樂見《蕉風》與《學生周報》刊登現代文學的作品，文化自由、文學自由的精神，為友聯的文化人所稱道和堅持。

就《蕉風》與《學生周報》而言，前者為文藝性的刊物，後者為綜合性的學生刊物。若以編輯部想像的潛在讀者來區分兩份刊物，前者屬於大學生或是在地作家閱讀的雜誌，而後者則明顯地針對中學生。但總括來看，兩份刊物就是針對「海外華人青年」(Overseas Chinese)，這羣人也是美援文藝體制宣傳中的「目標羣體」(target group)，換句話說，目標羣體就是接受訊息者，也是再傳遞訊息的載體。以下就其實際中介的內容進行論述：

一、中介臺灣作家的作品

在沈雙的研究中，她認為《學生周報》和臺灣的關係較小(Shen 2017)。關於此觀點，本文嘗試重探《蕉風》和《學生周報》之間的關聯性。

友聯中介臺灣文學的作品主要透過留臺學生作為文化中介者。一九

五○年，中華民國公佈「僑生投考辦法」；一九五一年，國民黨全力投入
僑教事務，其主要目的是促進中國文化在海外延續與發揚，因此制訂「僑
生回國就學及輔導辦法」，鼓勵海外華人回到自由中國升學，然後畢業之
後返回僑居地發展。誠然，戰後的自由中國與共產中國同時競爭海外華
人，而馬華青年便在此脈絡下前往自由中國求學。不少留臺畢業生回到星
馬之後，友聯便成為其從事文化工作的選擇之一。例如白垚在《我們留臺
那些年》中提到，他在中學時已經開始寫詩，那時仰慕香港的力匡、夏侯
無忌、梁文星，後來在臺北求學，對於余光中的格律詩、藍星詩社多有偏
愛（白垚 2014:23-24）。對於余光中和藍星詩社的愛好，也反映在白垚返
馬之後的編輯事務上，例如一九五九年，他發表〈新詩的再革命〉一文於
《蕉風》（第七十八期）上，文中提到關於新詩的四個議題：「一、波特萊
爾論純詩意。二、梁宗岱論內容與形式。三、胡適五四運動的自由精神（韻
腳與格律的廢除，也涵蓋了臺北詩戰中橫的移植與主知）。四、唐詩宋詞
中生死相許的情和義」（白垚 2014: 25）。可以看到臺灣新詩的經驗給予他
的啟發，並影響他之後的編輯和創作。

　　此外，臺灣作家作品亦常出現於《蕉風》之上。根據郭馨蔚的研究，
在《蕉風》第七十八期改版之前，何方和謝冰瑩等出現次數最多。前者以
詩作為多，而謝冰瑩的引介則以小說為主。例如謝冰瑩在《蕉風》中發表
過〈文竹〉（第五十一期）、〈母親的生日〉（第六十六期）和〈伙夫李林〉
（第六十九期）（郭馨蔚 60）。值得注意的是〈伙夫李林〉寫的是中國對
日抗戰的經驗，某個程度也符應馬來亞讀者的抗日歷史記憶。

　　另一方面，在《學生周報》上亦可以發現中介臺灣作家與作品的現象，
可以分為詩、小說和寫作技巧三個部分。

　　第一部分，從一九六○年一月一日開始（第一八○期），在每個月的
最後一週，與香港的《中國學生周報》一樣，出現「詩之頁」版面，刊登
現代詩作。在首次刊登「詩之頁」的版面，編者以〈給詩人們〉勉勵大家，
從耕耘「詩之頁」開始，將詩的種籽播送到全星馬。比較香港《中國學生
周報》的「詩之頁」，該版是該刊重要的文藝版面，該版於一九五三年創
版（第五十七期），原來設置的目的是為了消化學生的新詩來稿。前期的

作品以香港南來作家詩作為主，如力匡和夏侯無忌等人；一九五八年之後，黃崖審編「詩之頁」，他極力邀請臺灣詩人來投稿，包括瘂弦、余光中、羅門、蓉子、周夢蝶、夏菁等人，主要集中在臺灣藍星詩社的詩人作品。究其原因，原來與瘂弦有關，因為當時香港的稿酬比臺灣高，瘂弦常將詩作投稿到香港《中國學生周報》，因此而結識了黃崖，牽起了臺灣詩人和香港編輯的文學因緣，也促成臺港現代詩人交流網絡的發展。一九五九年，黃崖遷居星馬，但同時仍為香港《中國學生周報》寫稿，於是臺灣詩人、香港編輯和星馬讀者，藉由文化人的移動、作品的轉載，臺港馬三地的文學場域被納入友聯文化事業的運作之下。於是，黃崖在香港「詩之頁」引介臺灣藍星詩人的現象，也反映在馬來亞《學生周報》的「詩之頁」上。

第二部分，友聯轉介臺灣作家的小說作品。《學生周報》的「金輪版」主要刊登臺港作家的作品，直到第三九二期之後（一九六四年一月二十二日）該版面結束。根據編者的描述，該版面的設置，主要是刊登成熟作家的作品，以作為讀者寫作小說的參考。何謂成熟作家？甚麼是成熟作品？根據編者的用意，金輪版小說作品主要作為寫作小說的範本，向馬來華人青年說明成熟作品的樣貌，臺港作家所佔的比例高達百分之九十，在臺灣作家的部分，主要以軍中作家司馬中原，和女性作家童真為代表。整體而言，除了司馬中原幾篇關於戰爭的描寫，其他作品主要圍繞在愛情、家庭和婚姻等議題，在文字的使用上，都是傾向淺白、流暢，不會帶有過多臺港在地色彩的書寫和詞彙，以方便馬來亞華人閱讀，該現象除了反映出編輯者的選文和讀者的品味，更是編輯者邀稿人際網絡的表現。

第三部分，主要作為青年學子寫作的範本和學習模仿的對象。例如曾任中國文藝協會、中國青年寫作協會理事的季薇（本名胡兆奇），在〈最重要的一個字：談文學上技巧的綜合運用〉（第一七〇期），主要談文藝作品內人物、時間、地點和事情之間的關係。另一位曾任中國青年寫作協會總幹事的宣建人，寫作多篇關於文章結構與題材的文章，例如〈談寫作的結構：從大觀園說起〉（第一八一期）一文，談到文章結構的重要性，他認為所謂的結構（起承轉合），就是作者在寫作時，考慮如何將自身的思

想傳遞給讀者，並且感動讀者的方法，並說明以前寫文章強調「起承轉
合」，可是小說的結構更為複雜，用舊思維來寫小說顯得呆板，小說可以
單線發展，或是雙線並行發展等。又或是〈題材與剪裁〉（第一八六期）
一文，說明寫文章最要緊的是感動人，而不是在記流水帳，身為作者，要
懂得針對不同的創作體裁進行剪裁。

除了中介臺灣作家與作品，友聯人也扮演馬華青年寫作的導師，此一
訓練與引導，也培育一批馬華青年在文化場域中佔位。馬華青年透過他們
本身所具備的文化資本，雖然他們不一定得到經濟上相應的報酬，但是對
於文化資本的累積和象徵性的報酬（symbolic reward，如聲望），具有一
定的幫助，也影響馬華青年未來的生涯發展。例如姚拓在《學生周報》扮
演「魯閣王」的角色，評閱讀者寄來的作品，可以看出友聯人主動介入讀
者的作品，並將自身的文學品味和寫作技巧透過批閱的過程傳遞給讀者。
馬華詩人周喚認為，姚拓特別珍惜擁有文學創作才華的人，也一直想方
設法為這些人才製造更多發表的平臺與機會（〈懷念〉2009）。馬崙曾
說，將近百分之六十的馬華文壇作家，都曾在《蕉風》或《學生周報》上
投稿，而《學生周報》也提供當時的馬來亞學生一個鍛鍊文筆的園地（馬
崙 90）。

二、中介西方現代文學作品

香港友聯除了中介臺灣作家的作品外，也引介西方現代文學。一九五
七年，黃思騁在〈國際筆會第廿九屆年會〉文中說明馬華文學對於西方現
代文學的認識、汲取不足，此後，在《蕉風》上，我們可以看到西方現代
文學的介紹，在姚拓擔任編輯的時期，可以看到〈自然主義的法國文學〉
(1958.5)、〈法國現代文學的動態與特色〉(1958.8)和〈存在主義與沙爾特〉
(1958.11)等思潮的譯介。到了黃思騁擔任主編的時期，可以看到更多西方
現代文學作品的介紹，一九六一年，刊登〈簡介艾略特和《荒原》」〉、葉
維廉譯《荒原》（上）、《荒原》（下）和〈談「意識流」小說〉等。以葉維
廉翻譯艾略特的《荒原》作品談起，可以看到一部作品如何串起臺港馬三
地的現代文學因緣。

葉維廉是第一個翻譯艾略特詩作的翻譯者,他曾經自述第一次看到艾略特的詩,是香港詩人崑南、王無邪邀他參與《詩朵》這份詩刊的時期(1955)。那時葉維廉才開始寫詩,他從崑南、無邪的藏書裏猛讀三、四十年代的詩人和法國、歐洲象徵派以還的詩,也是在崑南的藏書裏,葉維廉首次看到楊憲益的《英國現代詩選》裏艾略特的一首詩,於是,他們三人便開始翻譯艾略特的詩作,崑南後來翻了〈空洞的人〉("The Hollow Men"),無邪翻了〈普魯福克的戀歌〉("The Love Song of J. Alfred Prufrock")。那時葉維廉已經從臺灣大學畢業,他決定翻譯《荒原》,最後作品先在臺灣的《創世紀》(1960)上發表。一九六一年,葉維廉翻譯的《荒原》,在馬來亞的《蕉風》(第一〇三至一〇四期)雜誌上再次刊出。總的來看,香港詩人葉維廉在臺灣求學、翻譯艾略特,最後作品先在臺灣發表,然後在馬來亞的《蕉風》上再次刊登。作家和作品流動的軌跡,正反映出美援文藝體制下作家和作品跨國流動的可能性。在《蕉風》上,我們除了看到葉維廉翻譯艾略特,也可以讀到聶華苓翻譯美國現代主義小說家威廉·福克納(William Faulkner)的〈熊〉(第一〇八至一〇九期),或是朱乃長翻譯卡繆(Albert Camus)的〈薛西弗斯的神話〉(第一一二期)。某個程度可以說,香港友聯作為文化中介者,透過《蕉風》雜誌,扮演臺港跨地域的翻譯傳播,也可以說,星馬在接收現代主義文學時,透過臺港作為文藝思潮的媒介,接觸西方現代主義文學。

三、中介馬來亞的文化與語言

「馬來亞化」是《蕉風》和《學生周報》相同的使命,兩份刊物都強調馬來亞的在地認同。對於一羣來自香港的知識分子,為甚麼會在馬來亞主張馬來亞化?此與整個冷戰時代的背景有關。相對於馬共、左翼透過各種宣傳方式,鼓吹馬來亞的華人青年「落葉歸根」,回歸共產中國的懷抱;香港友聯和美國官方、非政府組織強調馬華青年「落地生根」,成為「馬來亞華人」,也因此,我們可以看到兩份刊物中呈現馬來亞的元素。根據郭馨蔚的研究,《蕉風》於一九六〇年代推出「馬華新詩選」,然而,馬來亞化不一定為香港作家所接受。例如香港詩人馬覺認為《蕉風》改採本地

作家作品，是一種狹隘的地方主義。然而，對於本地作家來說，能夠擁有自身特色的文學是相當迫切、重要的事情（郭馨蔚 128）。

相較之下，《學生周報》強調馬來語的學習，該刊稱馬來語為「巫語」，從第一七一期開始，將該刊的刊名從原本的 *Student Weekly*，再增加 *Mingguan Penuntut*（馬來文），可見該刊希望同時呈顯對於在地語言的關注。關於此點，在其他國家的《中國學生周報》上，也存在雙語(bilingualism)或多語言(multilingualism)的現象(Shen 603-604)。在〈給全世界作個好榜樣〉一文中，指出馬來亞剛脫離英國時，各民族之間的確存在語言的芥蒂，包括究竟要以何種語言作為教育語文的媒介。到了第一八三期，在〈世界文化的生力軍〉一文中，直指「巫文」就是「國語」，原本帶有貶抑意涵的巫文，屆此成為發展馬來文化的生力軍，並肯定新加坡將「巫文」訂為「國語」，並指出馬來亞是多元文化的國家，學習各種語言是必然的趨勢。第二〇五期開始，讓巫語／國語並列，在專欄中使用「如何學好巫語——國語」，可見《學生周報》對於語言的基本態度，就是將學習巫文作為各族羣瞭解的第一步，並在《學生周報》設有「巫文專欄」，與該刊的「英文專頁」佔據相同的篇幅。最後，在馬來亞聯邦教育部主辦免費國語進修班時，《學生周報》也特別針對該事加以報導，從這些例子中，可以看出《學生周報》對於巫文（馬來語、國語）的支持態度。

此外，兩份刊物均強調馬來亞在地文化，包括馬來人的飲食習慣、習慣禁忌和宗教信仰等。《學生周報》指出華人對於馬來亞在地文化應該的態度：「我們既然承認自己是馬來亞的公民，是建設馬來亞的一份子……目前我們華人要做的第一件工作，就是如何去瞭解其他民族的風俗習慣以及他們內心深處的祈望」（學生周報社 1959）。 有「我們的馬來亞」單元，上面刊登語馬來亞有關的各種文化現象，例如〈美味小吃：沙爹〉（第一七〇期）、〈有關馬來人的：誕生禮節〉（第一七〇期）、〈和馬來朋友相處不能不知：入國問禁、入鄉問俗〉（第一七二期）等。作為美援文藝體制下的刊物，《學生周報》強調在地性，認同本土文化的風格最為強烈，這應該與馬來亞特殊的歷史發展背景有關。一九五七年八月三十一日，馬來亞正式脫離英國殖民統治，並在吉隆坡宣佈馬來亞聯合邦成立。一九六

三年九月十六日，則是馬來西亞建國日，由馬來亞聯合邦、砂拉越、英屬北婆羅洲（今沙巴）以及新加坡（後於一九六五年獨立）組成。易言之，本文所觀察的《學生周報》範圍，正好包含馬來亞脫離英國，但是馬來西亞尚未正式建國的這段時間（一九五七至一九六三），從《學生周報》的馬來亞相關篇章，可以看到該刊對於馬來西亞邁向「國家」的過程，強化華人認同馬來亞的決心。

伍、結語

本文主要與既有香港友聯論述的兩大主流進行對話，一是將香港友聯文化人視為「文化十字軍」的文化宣傳者，強調這羣知識分子受限於「由上而下」的結構性力量，或受制於美國官僚體制的預先審查，並對香港友聯文化人進行道德性的批判；二是研究者嘗試透過文化信念的「文化事業者」論述，著重香港友聯人「由下而上」、推廣文化的自主意願，忽略結構性的羈絆與限制。本文從文化中介者的角度切入，釐清行動者在結構中的具體文化實踐，既非由上而下的結構力量所能框限，也非文化人由下而上的力量所能完全自主決定，相較於此，本文強調行動者作為主體的自主性，友聯文化人被各種結構性的力量形塑，結合行動者自身具備的各項資本，與衡量各方利益後做出權宜和選擇的生存策略，從美國新聞處、美國中情局、亞洲基金會、香港文化出版界到星馬的官方與海外華人，分析香港友聯人在其中所扮演的「跨國中介者」、「文化守門人」和「酬賞系統建立者」的多重角色。

其次，本文強調香港友聯是「異質性的羣體」，唯有如此，才可理解不同友聯人對於美國官方、亞洲基金會和美國中情局的歷史記憶各不相同的論述。因為友聯人在羣體中扮演不同的角色，影響他們日後對於友聯這個羣體的認知。擔任跨國中介者與文化守門人分別是不同的個體，以及他們具備不同的語言與文化資本。就跨國中介者而言，主要負責友聯和美方之間的聯繫事宜，他們具備英語語言資本，同時，熟稔友聯與美方的溝通和互動，是友聯羣體中極少數與美方接觸的菁英，如邱然和徐東濱，以及赴星馬之後的陳思明和奚會暲。正因為實際和美方接觸者非常少數，也

因此大部分的友聯人在當時並不十分清楚友聯機構的真實背景。

就文化守門人的角色而言，香港友聯人承接來自美國官方和非官方的經濟援助，美方期待香港友聯在政治追求民主、經濟追求平等、文化追求自由。美方掌握文化發展的大方向，至於細部的發展，可以看到文化人在其中的自主性，文化人以預先提案方式向美方提出申請，而美方主要扮演資金提供者和資訊傳播者的角色。本文認為，《蕉風》與《學生周報》的編輯者對於外來文化的接收和轉介具有關鍵性的影響，而且其接收與轉介往往與編輯者自身的學習歷程和生命經驗更為相關。例如白垚等人因為赴臺留學對於現代主義文學、藍星詩社的偏愛，尤其著重於詩和小說；或是香港作家黃崖因為結識臺灣詩人瘂弦，而牽起臺灣文壇與香港編輯在星馬文壇合作的因緣，轉介臺灣作家作品到星馬。

最後，香港友聯作為星馬文壇象徵性酬賞的提供者。文化自由的理念被具體地落實在《蕉風》和《學生周報》，星馬海外華人青年透過前述兩份刊物，接收來自西方的最新思潮和文學，而這些刊物中「現代」的內容，則是來自臺灣的現代文學刊物，可以說，戰後馬華文學的現代淵源，部分是來自於臺灣經驗（留臺學生）。另一方面，臺港作家透過兩份刊物所傳遞的文學寫作技巧，形塑馬華青年的文學品味，這套文章品評和運作模式，成為馬華青年鍛鍊文筆、發表作品的平臺，他們也是透過該平臺肯認自身作品，獲得象徵性的酬賞。後來星馬的編輯人或發行者，很多出自《蕉風》和《學生周報》，由此可見香港友聯在馬華文學發展過程中所扮演的多重角色。

徵引文獻

Alexander, Victoria D. (2008)《藝術社會學：精緻與通俗形式之探索》
　　(*Sociology of the Arts: Exploring Fine and Popular Forms*)[2003]。張
　　正霖、陳巨擘（譯）（臺北：巨流圖書公司）。

白垚(2007)《縷雲起於綠草：白垚的五十年文學功業》（八打靈再也：大
　　夢書房）。

白垚(2014)〈行過的必留痕跡〉。黃錦樹、張錦忠、李宗舜（編）：《我們留
　　臺那些年》（八打靈再也：有人出版社），22-27。

Becker, Howard Saul (1982) *Art Worlds* (Berkeley: University of California
　　Press).

Bourdieu, Pierre (1984) *Distinction: A Social Critique of the Judgement of
　　Taste* (Cambridge, Mass.: Harvard University Press).

Bourdieu, Pierre (1995) *The Rules of Art: Genesis and Structure of the Literary
　　Field* (Stanford, California: Stanford University Press).

Central Intelligence Agency (2015) "DTPILLAR Vol.1_0097." *Internet
　　Archive* (archive.org/details/DTPILLAR).

陳建忠(2012)〈「美新處」(USIS)與臺灣文學史重寫：以美援文藝體制下的
　　臺、港雜誌出版為考察中心〉。《國文學報》no.52 (Dec.): 211-242。

"The Chiao Feng Society (Ref. SX-HK-946)" (1955). *Chinese Student*,
　　Inventory of the Asia Foundation Records: Program Hong Long,
　　Hoover Institution Archives, 29 June.

方桂香(2010)《新加坡華文現代主義文學運動研究：以新加坡南洋商報副
　　刊〈文藝〉、〈文叢〉、〈咖啡座〉、〈窗〉和馬來西亞文學雜誌〈蕉風
　　月刊〉為個案》（新加坡：創意圈出版社）。

Grey, Robert D. (1955) "Chinese Student Weekly, Local Editions." *Chinese
　　Student*, Inventory of the Asia Foundation Records: Program Hong
　　Kong, Hoover Institution Archives, 28 Sept.

Grey, Robert D. (1955a) "Chiao Feng Society." *Chinese Student*, Inventory of
　　the Asia Foundation Records: Program Hong Kong, Hoover Institution
　　Archives, 20 Oct.

Griswold, Wendy (1986) *Renaissance Revivals: Revenge Tragedy and City
　　Comedy in the London Theatre, 1576 – 1980* (Illinois: University of
　　Chicago Press).

郭馨蔚(2016)《臺灣、馬華現代主義思潮的交流：以〈蕉風〉為研究對象
　　(1955-1977)》。碩士論文，國立成功大學臺灣文學研究所，臺南。

何振亞(2014)〈何振亞〉。盧瑋鑾、熊志琴（編著）2014: 8-47。

賀淑芳(2013)〈《蕉風》的本土認同與家園想像初探(1955-1959)〉。《中山人文學報》no.35 (July): 101-125。

〈懷念姚拓先生(下篇)：文學推手抱憾未獲公民權‧延續中華文化〉(2009)。《光明日報》，21 Oct.。

金進(2010)〈臺灣與馬華現代文學關係之考辨：以《蕉風》為線索〉。《中國比較文學》no.79 (June): 130-142。

金進(2015)〈冷戰與一九五〇、一九六〇年代星馬文學：以《大學論壇》（新）和《蕉風》（馬）兩大期刊為討論對象〉。《臺灣東南亞學刊》10.2 (Apr.): 41-79。

李令儀(2014)〈文化中介者的中介與介入：出版產業創意生產的內在矛盾〉。《臺灣社會學》no.28 (Dec.): 97-147。

林春美(2011-2012)〈獨立前的《蕉風》與馬來亞之國族想像〉。《南方華裔研究雜誌│Chinese South Diaspora Studies Journal》vol.5:201-208 (chl.anu.edu.au/chinese-southern-diaspora-studies-publications)。

林春美(2021)《蕉風與非左翼的馬華文學》（臺北：時報出版公司）。

林悅恆(2014)〈林悅恆〉。盧瑋鑾、熊志琴（編著）2014: 175-213。

盧瑋鑾、熊志琴（編著）(2014)《香港文化眾聲道 I》（香港：三聯書店）。

Lucas, W. Scott (2003) "Beyond Freedom, Beyond Control: Approaches to Culture and the State-Private Network in the Cold War." *Intelligence and National Security* 18.2 (June): 53-72.

馬崙(1997)〈《蕉風》揚起馬華文學旗幟〉。《馬華文學之窗》（新加坡：新亞出版社），90。

Peterson, Richard A. (1994) "Culture Studies Through the Production Perspective." Diana Crane (ed.): *The Sociology of Culture: Emerging Theoretical Perspectives* (Cambridge, MA: Blackwell), 163-190.

"Plan of Malayan Edition of Chinese Student Weekly" (1955). *Chinese Student*, Inventory of the Asia Foundation Records: Program Hong Kong, Hoover Institution Archives, 14 Sept.

Price, David (2016) *Cold War Anthropology: The CIA, the Pentagon, and the Growth of Dual Use Anthropology* (Durham, NC: Duke University Press).

Saunders, Frances Stonor (2000) *The Cultural Cold War: the CIA and the World of Arts and Letters* (New York: New Press).

Shen Shuang (2017) "Empire of Information: The Asia Foundation's Network and Chinese-Language Cultural Production in Hong Kong and Southeast Asia." *American Quarterly* 69.3: 589-610.

Stewart, James (1955) "Letter from Stewart to James Ivy." *Chiao Feng*, Inventory of the Asia Foundation Records: Program Malaya & Singapore, Hoover Institution Archives, 16 Nov.

蘇燕婷(2009)〈跨出的步伐：從姚紫的小說看一九五〇年代馬華「現代小說」〉。潘碧華（編）：《馬華文學的現代闡釋》（吉隆坡：馬來西亞華文作家協會），139-150。

孫述宇(2014)〈孫述宇〉。盧瑋鑾、熊志琴（編著）2014: 106-139。

王梅香(2015)《隱蔽權力：美援文藝體制下的臺港文學(1950-1962)》。博士論文，國立清華大學社會學研究所，新竹。

王梅香(2016)〈東南亞區域政治下的臺灣文學傳播：以馬來西亞《學生周報》為例(1959-1966)〉。「臺港文藝與跨文化交流」工作坊，9-10 Dec.，國立清華大學，新竹。

王梅香(2020)〈當圖書成為冷戰武器：美新處譯書計畫與馬來亞文化宣傳(1951-1961)〉。《臺灣社會研究季刊》 no.117 (Dec.): 1-46。

王鈺婷(2015)〈五〇年代臺港跨文化語境：以郭良蕙及其香港發表現象為例〉。《臺灣文學學報》no.26 (June): 113-152。

王鈺婷(2015a)〈美援文化下文學流通與文化生產：以五、六〇年代童真於香港創作發表為討論核心〉。《臺灣文學研究學報》no.21 (Oct.): 107-129。

王鈺婷(2019)〈冷戰時期臺港文化生態下臺灣女作家的論述位置：以《大學生活》中蘇雪林與謝冰瑩為探討對象〉。《臺灣文學學報》no.35 (Dec.): 99-126。

溫任平(1980)〈馬華現代文學的意義與未來發展：一個史的回顧與前瞻〉。溫任平（編）：《憤怒的回顧》（美羅：天狼星出版社），63-86。

翁智琦(2020)《反共所繫之處：冷戰前期臺港泰國民黨報紙副刊宣傳研究》。博士論文，國立政治大學臺灣文學研究所，臺北。

伍燕翎、潘碧絲、陳湘琳(2010)〈從《蕉風》(1955-1959)詩人羣體看馬華文學的現代性進程〉。《外國文學研究》32.2 (Apr.): 50-57。

奚會暲(2014)〈奚會暲〉。盧瑋鑾、熊志琴（編著）2014: 48-81。

許文榮(2012)〈馬華文學中的三位一體：中國性、本土性與現代性的同構關係〉。馬來西亞留臺校友會聯合總會（編）:《馬華文學與現代性》（臺北：新銳文創），19-50。

須文蔚(2011)〈余光中在一九七○年代臺港文學跨區域傳播影響論〉。《臺灣文學學報》no.19 (Dec.): 163-190。

須文蔚(2012)〈葉維廉與臺港現代主義詩論之跨區域傳播〉。《東華漢學》no.15 (June): 249-273。

須文蔚(2015)〈一九六○至七○年代臺港重返古典的詩畫互文文藝場域研究：以余光中與劉國松推動之現代主義理論為例〉。《東華漢學》no.21 (June): 145-173。

學生周報社(1959)〈給全世界作個好榜樣〉。《學生周報》[no. 172]，6 Nov.。

學生周報社(1965)〈播種的工作：為本報創刊九週年作〉。《學生周報》[no. 475]，25 Aug.。

姚拓(2005)《雪泥鴻爪：姚拓說自己》（吉隆坡：紅蜻蜓出版社）。

趙稀方(2006)〈五十年代的美元文化與香港小說〉。《二十一世紀》no.98 (Dec.): 87-96。

莊華興(2019)〈冷戰前期馬新華人文化的解構與重構：以禁書令與民眾圖書館為中心〉。「馬華文學、亞際文化與思想」跨國學術論壇，18-19 Oct.，國立中山大學人文研究中心，高雄。

莊華興(2021)〈冷戰在馬來與馬華文學場域的介入與衝擊(1950-1969)〉。《文化研究》no.32 (Apr.): 47-72。

戰後馬華（民國）文學遺址

文學史再勘察

莊華興

壹、前　言

　　戰後國共大分裂促成了第三勢力的誕生，內戰形勢進一步促成了第三勢力文人與知識分子流亡香港，並在香港創辦各種文化機構。在綠背文化的推動下（王晉民 1998），第三勢力參與者成立的出版社接受美元資助，配合美國的外交政策進行反共，同時也出於在中國以外維繫與發揚中華文化道統的目的。這些為人熟知的出版社有自由出版社、人人出版社、高原出版社、友聯研究所、友聯出版社、正文出版社等，其創立宗旨從友聯出版社冊子上的介紹略見端倪：「影響華僑社會，教導自由世界（尤其東南亞）的中國青年，使他們認清共產主義和共產統治的真相，與東南亞其他人民全心合作，以對抗共黨的顛覆活動」（也斯 65）。

　　香港友聯出版社旋於一九五四年在新加坡設立分部，出版中文出版物和文學雜誌。香港友聯機構創辦人包括史誠之、徐東濱、燕歸來、[1] 余

---

1. 燕歸來，另署燕雲，原名邱然。一八二八年在北京出生，祖籍江西。兄弟姐妹五人，她排行第三。她的父親當年拿清華獎學金赴美深造，歸國後在師大與北大任教授。一九五〇年，燕歸來在北大只念了半年英文系，就離開北京到香港。她以《紅旗下的大學生活》(*The Umbrella Garden: A Picture of Student Life in Red China*, 1956)的版稅，與朋友創辦了友聯出版社，以後的經費也是由她籌得。盛紫鵑稱她是「友聯真正的旗手」，又說「沒有燕歸來就沒有友聯」，足見她在友聯的地位。五〇年代，燕歸來曾在吉隆坡近郊八打靈居住，常到各地華人新村演講，宣揚反共，立場激烈。後來移居德國攻讀天主教神學博士學位，邊教中文，也曾在瑞士蘇黎世大學執教，退休後在瑞士居住（盛紫鵑 2011；黃梅雨 2006）。

德寬和陳濯生，[2] 他們在民國時期在中國做事或唸書，在中國赤化前後來
港。他們的第一本書都在中國以外的地區出版，帶著民國人的觀念與感知
寫出中國在紅旗下的生活。他們在香港寫作、出雜誌、成立出版社，讓民
國的思想、品味與價值在香港與海外華人圈得以延續，並在一九五〇、一
九六〇年代有著左右對立嚴峻挑戰的香港與海外華人社會中，逐漸形成
新的華人文化版塊。這有異於戰後初期左翼色彩濃厚的星馬華人社會與
文化特質。究其實，它無非為民國文學在海外的重建奠定了基礎，且於爾
後獲得南下文人的充實與加強。可以說，民國文學在海外的傳承與延續，
在一九五〇年代中期至一九六〇年代末期的馬華文學發展過程中，構築
了一道奇特的文學風景——馬華（民國）文學，其中，馬華為表象，實質
是民國文學，以及民國文人或民國遺民的參與與主導。

　　這裏討論的馬華（民國）文學，是指在思想觀念上帶有中國民國的遺
緒或情懷的寫作與思想觀念。在個人的創作上，它嘗試遠離政治，獨立不
羣，但在個人的立場與態度上，則不排除有反共或恐共的心理。在時間上，
它繼承了一九三〇年代民國作家的遺風，尤其是從抗戰結束／國共內戰
開始，至一九四九年下旬國民政府遷臺為止這段時間。馬華文學在戰前雖
已處身民國文學之中，然而，報章編輯路線不是偏左（如陳嘉庚創辦的
《南洋商報》），就是受當時的左傾編輯所主導（如《星洲日報》編輯郁達
夫）。易言之，中國左翼勢力在抗戰時期馬新兩地文化界的影響頗為顯著，
特別是在普通民眾階層，民國影響只限於地方華人僑領與其勢力範圍，如
若干華校和社團。這種現象持續到戰後一九四八年方有改觀。

　　這一年的六月二十日，英殖民統治者頒佈緊急法令，強力鎮壓左派力
量，部分左翼人士則選擇返回中國，為新政權效力。民國作家除了一般熟
知的一九三〇年代的中國作家外，作為一個時間與政治概念，民國文學固
然只到一九四九年，一九四九年以後它離散在臺，但同時亦出現在馬華。

---

2. 余德寬，河北天津人。早年當過大學助教。南下香港後跟友人共同創辦友聯出版
社與《中國學生周報》，擔任社長。一九五四年到新加坡擴展業務，在新加坡紅燈
碼頭溫徹斯大廈租賃辦事處，並在賢路設立編輯部。隨行者除了夫人劉波，尚有
王安納、陳稚農、彭子敦等。一九五五年年底，在新加坡創辦《蕉風》半月刊，以
筆名申青寫作，著作有雜文集《扯麻集》（以上資料參考馬漢2007）。

馬華文學一開始並非自足的文學系統，它有中國文學的淵源（尤其是戰前馬華新興文學與中國革命文學的聯繫），也有殖民體制下產生的混雜的文化血緣。二戰之後，受意識型態對立與殖民者的反共政策，新興獨立國之馬華文學從離散民國文學吸取滋養乃自然不過。本時期在民國文學體制下養成的作者離散南來，被稱為馬華（民國）作家，具體說是離散民國作家。馬華和離散民國文學的聯繫雖有國別文學關係的意味，卻無法否認兩者之間潛在的辨證關係。

在國共內戰這段時期，中國社會階層的分化愈顯著，思想也跟著發生急劇變化。在政治上，左翼革命思想日益獲得羣眾的支持；在知識分子階層，擁護自由主義思想的卻不少。自由主義的基礎是個人主義，西方理論家波普(Karl Popper)認為自由主義與集體主義相對立，個人主義強調，個體的存在先於集體的存在，個體的性質決定集體的性質，個人的利益高於集體的利益，任何集體最終都是為了服務於個人利益而發展起來的（李強142-143）。格雷(John Gray)總括出自由主義的四個基本特點，包括個人主義、平等主義、普遍主義與改良主義（江宜樺 102）。這些因素或顯或隱滲透到文學文化觀念中，並結合民族主義精神與菁英主義思想，直接影響美學風格、價值與審美旨趣，其中以知識階層在民國文學留下的痕跡最為顯著。在形式上，民國文學一方面表現摩登，另一方面並未脫離守舊的一面。換句話說，它是現代與保守的結合。[3] 這個文學形式在冷戰大背景下，以香港為中介，影響戰後一九五○、一九六○年代的馬華文學場域生態，文人推崇的自由主義思想為現代主義文學做了鋪墊，使它得以在一九六○年代初順利登陸馬華文壇。其中，還包含了冷戰時期殖民地政府對左翼思潮嚴密監督下所促成的「詭異的自由空氣」。前述兩種現象在現有討論馬華現代主義文學起源的研究中，往往有意無意地被忽視或略而不談，或簡單地把它視為文學傳統的內部反叛，而忽視了冷戰氛圍下的外在推動

---

3. 中國自由主義作家包括《現代評論》派、「語絲派」、「新月派」、「第三種人」、「自由人」、「京派」、「海派」、「九葉詩派」等。這些作家抱著遠政治近藝術的創作態度，作品則注重人性的發掘。它擁有現代作家中的龐大陣營，如周作人、林語堂、梁實秋、聞一多、徐志摩、李金髮、戴望舒、胡秋原、蘇汶、施蟄存、穆時英、劉吶鷗、朱光潛、蕭乾、師陀、宗白華、梁宗岱、李健吾、沈從文、錢鍾書、張愛玲、穆旦等（劉川鄂 40）。

作用。[4]

作為民國文學在海外的陣地,《蕉風》雜誌在草創時期打出了「純馬來亞化」口號,此無非是南來民國人在失國去鄉後,跟左翼文化人在海外展開的一次建國話語競爭的縮影,惟此國已非彼國,故園更渺不可及。在被左翼和現實主義文藝雜誌包圍的一九五〇、一九六〇年代的星馬,[5] 友聯出版社旗下出版的刊物,特別是《蕉風》和《學生周報》,從誕生至生存和持續出版,可說近乎奇蹟,它背後的文化政治(cultural politics)與冷戰的關係令人關注。

馬華(民國)文學版圖,大約橫跨一九五〇至一九六〇年間。一九四八年,英國在馬來亞實行緊急法令,查封左翼政團,逮捕左翼人士。同一時間,中國共產黨在戰爭中逐漸取得勝利,滯留南洋的南來左翼文人紛紛北返,留下的左翼人士在緊急法令實施後不得不轉入地下,文學文化界留下的空缺遂由香港南來的第三勢力文人填補。一九五二年,劉以鬯從香港南下新加坡,加入初創辦的新加坡版《益世報》。比他更早抵達新加坡的同行有總編輯李星可、副總編輯劉問渠、編輯主任鐘文芩、副刊主任徐訏、採訪主任趙世洵。因此,一九五〇年作為馬華(民國)文學的起點大體正確。

一九五四年,有美元背景的香港《中國學生周報》社長申青到新加坡

---

4. 這種說法先後出現在白垚、張錦忠和鍾怡雯的論述。一九五九年三月,《學生周報》刊出白垚的〈蔴河靜立〉,是為第一首馬華現代詩;同年,《蕉風》月刊第七十八期改版,白垚發表〈八達嶺的早晨〉,並另署筆名凌冷,發表〈新詩的再革命〉,掀開了第一波馬華現代文學運動。事隔多年,白垚把這一波運動稱為「反叛文學運動」,而根據〈新詩的再革命〉一文,馬華現代詩的反叛,是相對於五四之前重格律與韻腳,以及形式重於內容的詩歌傳統。

5. 粗略統計,五〇年代出現的現實主義雜誌陸續有《文藝生活》(1950.10 創刊)《萌芽》(1958.08)、《蜜蜂》(1958.11)、《東方報》(1958.11)、《行動週刊》(1959.07)、《大學青年》(1959.09)、《螞蟻》(1959.10)、《長堤月刊》(1959.12)、《荒地》、《耕耘》、《人間》、《時代報》等,當時新加坡的工人運動和學生運動勢力洶湧澎湃,出版的雜誌皆帶有濃厚的現實主義社會主義色彩。六〇年代以後受中國文化大革命的影響,出現內容更為激進的刊物如新加坡的《新青年》、《建設》;吉隆坡則有《半山月刊》(1964.01)和《浪花》(1965.05)。五、六〇年代雖有現代主義刊物如《荒原》(1962.05)和《銀星》(1962.10)、《獵戶》,以及受友聯諸人推動而出版的青年作者刊物如《新潮》(1962.05)和《海天》(1962.05),惟壽命都不長,相比之下,《蕉風》、《學生周報》的出版就更顯特殊。

擴展書刊銷售業務。翌年杪，《蕉風》半月刊在新加坡創刊，打破了長久以來被左翼文學壟斷的馬華文學，這是馬華文學場域生態變化的起點。一直到一九六八年冬，香港友聯機構的核心人物司馬長風南來，他是友聯出版社第三勢力最後一位南來文人。司馬長風在吉隆坡的工作並不順遂，不料卻在此時親眼目擊一九六九年的五一三種族騷亂事件。[6] 是年七月，他辭職返港。翌年，馬來西亞政治進入馬來—土著—單元主義時代，國家文化的設計朝向單元（馬來）民族—國家的方向發展。星馬友聯機構創辦的學友會於一九六○年代末解散，「一九六九年後，接下來的悠悠三十餘年間，劉戈便不再發表詩作」（梅淑貞 11）。黃崖於是年離開《蕉風》，自創《星報》周刊。戰後南來民國文人建立的馬華（民國）文學版圖終告式微，這條分界線隨著《蕉風》第二○二期於一九六九年八月推出革新，主編易人，[7] 以及以友聯人為骨幹的馬華（民國）文學版圖在司馬長風返港而終結。馬華現代文學開始有本地作者參與，半島有李蒼、周喚和冷燕秋，新加坡則有牧羚奴和完顏藉推動與鼓吹。[8] 雖然後二者的現代文學滋養來自西方，但兩人都曾經藉著《蕉風》提供的場域發聲。

南來文人流動現象到了一九六○年代末正式終止，《蕉風》、《學生周

6. 返港後他於八月十九日於創建書院講述馬華的處境。演講筆錄經整理後，以秋貞理的筆名發表於《盤古》雜誌第二七期（一九六九年十月十日），文章題目為《星馬華人的前途》。他在文中敘述了五一三騷動的導火線，其中一個原因歸咎於左派政黨因沒人支持而杯葛大選，引起執政聯盟骨幹巫統極端派的激烈反應。根據他的觀察，騷亂之後，馬來西亞華人已無法利用民主制度，擴大公民權、伸張權利。這現象顯然違背了他極力擁護的自由、民主建制，不久後選擇返港（秋貞理 7）。
7. 《蕉風》第二○二期由姚拓和白垚執編，李蒼和牧羚奴從旁協助，第二○三期開始李、牧兩人正式參加編務，編輯人的名字也刊登出來（見第二○三期風訊）。當時，白垚三十六歲，姚拓四十八，可謂正值壯年時期，完全有能力繼續推行《蕉風》原有的編輯方針，即大量採用外稿。然而，七○年代以後馬來西亞發生很大的變化，政經文教各領域推行馬來—土著議程（至一九七四年馬來西亞進一步與中華民國斷交），友聯與《蕉風》的骨幹如姚拓和白垚不會不注意到時代的變動。是故，李蒼和牧羚奴加入編輯陣容，可視為《蕉風》現代主義運動有意識地告別民國影響而向本土化轉型。
8. 張錦忠在《南洋論述：馬華文學與文化屬性》多處論及牧羚奴（與完顏藉）與馬華現代文學的關係，包括〈文學史方法論：一個複系統的考慮；兼論陳瑞獻與馬華現代主義文學系統的興起〉、〈陳瑞獻、翻譯與馬華現代主義文學〉，還有緒論與兩篇附錄(2003)。

報》此後轉向本土化／馬華化方向發展。[9] 回應讀者要求,《蕉風》多刊
登本地作家詩人的作品,編者在第二〇六期風訊回應:《蕉風》自革新以
來,刊登的作品幾乎全是星馬作家詩人的創作與翻譯,南來文人的作品不
是減弱,就是退居幕後。鑑於此,本文討論的馬華(民國)文學以新加坡
友聯出版社旗下刊物《蕉風》的創立為起點,以最後一位南來文人司馬長
風為終點,除了以文學發展為參照,亦不無現實政治的寓意。

貳、馬華(民國)文學的形成

　　國民政府於一九四九年隨國民黨遷臺以後,標誌著民國已離境在外,
而家國的漂移也意味著文學文化場漂移異地。在這時候,有一批中國民國
末期的年輕作者與文人離開故土,來到香港,有的則是繼續漂移到更遠的
南洋。他們離開中國,不僅因戰後中國內部權力格局的改變,「落難」香
港以後,同樣面對國際權力新格局。這時候,國際冷戰方掀開序幕,站在
自由主義陣營的香港南來文人反共的戰場就不限於香港,以資本主義為
首的美國在東亞和東南亞地區厲行圍堵共產中國的政策。[10] 位居美國東
亞戰略地位的香港獲得美國高度重視,中國政權易幟以後,美國透過香港
的機構,如美國新聞處(United States Information Service, USIS)、美國之
音、亞洲基金、文化基金會等機構,推行文化冷戰戰略,這為香港的第三
勢力組織提供了經費援助。而友聯研究所、友聯出版社、人人出版社、亞
洲出版社的成立,不僅解決了流亡居港文人的生活問題,也為一九五〇、
一九六〇年代的香港注入了一股文化氣息。[11] 雜誌書刊的出版,如《海

9. 一九五四年十二月十七日,香港《中國學生周報》星馬版在新加坡創刊,申青擔任
　　社長,姚拓出任主編。三年後(1957)遷到吉隆坡出版,取名《學生周報》,後來又
　　改為《學報》,一九八四年底停刊。
10. 根據歷史學界對冷戰史的研究指出,戰後英國邱吉爾政府並未制定冷戰政策。實
　　際上,邱氏戰時內閣贊同美國總統羅斯福提出的戰後英美蘇三大國體制的想法,
　　由三大國合作主宰世界。在二戰結束前,邱氏和斯大林就巴爾幹半島劃分勢力範
　　圍達成祕密協議,並對斯大林政權的合作誠意充滿信心。艾德禮繼承邱吉爾出任
　　首相後,仍沿襲前任首相的對蘇政策,同時對聯合國維護世界和平寄以極大希望。
　　冷戰政策實際來自杜魯門治下的美國政府。杜魯門繼承羅斯福出任總統後,即表
　　示要改變對蘇政策(李世安 38-40)。
11. 周愛靈在論述戰後冷戰時期香港的專上教育時,提出了外來資助的因素:到了一

瀾》、《祖國周刊》、《學生周刊》、《大學生活》、《中國學生周報》等，形成一九五〇至一九七〇年代香港文學的蓬勃景象，我們可以說，這是「落難」香港的文人、知識分子在中國以外建立的第一個民國文化文學場域。它固然充滿烏托邦色彩，卻讓民國文學文化得以在海外延續。而馬來亞是它的第二個場域，馬華（民國）文學伴隨著馬來亞的獨立建國而出現，馬華是表象，而文學本身所表現的趣味、風尚與精神等才是實質。易言之，馬華身後有一個民國的影子。此家國影子自國府遷臺以後便隨著文人出走而流散在外。最初，這些遺民嘗試在海外重建文化中國，以挽救業已瀕臨瓦解的民國國家想像。日久之後，面對殖民者推行的反共與在地化措施，以及當地高漲的反殖民與建國訴求，遺民者的文化重建亦逐漸轉向，並與在地化取得認同。民國遺緒到了一九七〇年代以後向後遺民過渡，當年國家想像猶在，只不過換了對象，他鄉成了故鄉，想像的民國文學場域自此成為遺址。如此的結局，誠令人始料不及。黃崖在一九八〇年代以後在寫實派副刊（如甄供主編的《星洲日報·文藝春秋》）與雜誌寫稿，[12] 姚拓選擇留下來，為華文文教謀出路。後遺民寫作之變與不變，於此可見一斑。本文更重視的是，在一九五〇、一九六〇年代紛擾的時代背景中，民國文學隱身並主導馬華文學的文教發展約二十年，為現代主義登陸馬華文壇扮演著導航角色此一事實。

　　然而，在現有的馬華文學史撰述中，上述這段文學史實是缺席的。方修在《戰後馬華文學史初稿》一書中只寫到一九五六年(1991)。他晚年出版的《星馬華文新文學六十年》雖增補一九五七至一九六七年和一九六七至一九七六年兩個階段，但前者仍談反黃運動，後者囿限於寫實主義史

九五〇年代初期，美國主要的非政府組織都已經把重點放到培訓海外領袖上去，著意培養一羣全球性的知識菁英；這羣菁英不但有共同的技能、共同的知識，也會有共同的價值觀。在教育領域的情況如此，同樣的情況也發生在文化藝術領域。五〇年代的友聯出版社，無論在香港或星馬，其方向與工作方式亦大致相同，而當時東南亞華人不僅在教育上非常貧乏，在文化養分的汲取上也非常依賴中國。作為一個文化出版組織，特別是針對年輕人，友聯出版社便承擔出版具備中國傳統文化價值的書籍，借以阻遏青年作者學習共產中國出版的書籍，文學書刊的出版亦相應相隨(周愛靈 84)。

12. 他於六〇年代後期已參與當地華人政黨活動。有說因此而引起《蕉風》編輯部的不滿而最終選擇離開。

觀，討論重心在寫實主義作品，其他流派或思想意識的作品分量不多，對
於現代詩的理解，僅止於「關心世道人心」、「言之有物」而已(2008)。在
「追求創意」的前提下，評論限於作品分析，輯入討論的現代詩僅為點綴
或充數。即便是姚拓撰寫的史料文章〈馬來西亞獨立後馬華文學的發展〉，
對戰後二十五年間的文學發展敘事跟方修亦步亦趨，對戰後民國南來文
人及其作品的討論完全闕如（姚拓 1986:22-29）。下文將嘗試從文人羣、
文學場與文化教育場探討馬華（民國）文學的具體內容。

參、南來民國文人羣與文教場

　　《蕉風》創刊時，在創刊號封面上最顯眼的是「純馬來亞化文藝半月
刊」這幾個字，[13] 且一直維持至一九五七年四月號第三十六期。在獨立
建國年代，馬來亞化(Malayanization)是星馬華人普遍追求的目標，在左翼
華人知識圈經常引起討論，翻開當時南大生出版的刊物便不難看到。從字
面究其深意，《蕉風》提倡的「純馬來亞化」概念，其反面恰恰是「不純
正的馬來亞化」。由此可進一步追問，誰是不純正的馬來亞化？當時流行
的左翼刊物，是否都在不純之列？不純的馬來亞化是否暗指中國化？冷
戰年代的殖民當局最顧忌的正是共產中國在華人社會的影響或中國化。
星馬友聯出版社一開始便與英殖民政府極力推行的在地化措施一致，並
不令人意外。《蕉風》社長申青在《蕉風》三週年時，不無深意地寫道：

> 記得，在蕉風創刊之始，我們除了要把這份純文藝的刊物
> 保持一定的風格之外，還有一項更大的願望，就是希望能
> 把華文文藝馬來亞化，使馬華文藝能在馬來亞的原野上生
> 根苗長……想要把這些成熟的文藝移植到馬來亞來，使其

---

13. 黃崖初抵馬來亞時編《虎報·原野》便打出「純文藝週刊」字樣。《虎報》是胡文
　　虎侄兒胡清德主持的華文報。它的前身是新加坡英文《虎報》，倒閉後胡清德將印
　　刷機遷至吉隆坡，與友聯機構合作，改出華文《虎報》，一九五九年八月十五日於
　　吉隆坡創刊。因它和友聯機構的關係，自然的，不少友聯的編輯人員也在《虎報》
　　任職，如陳思明任《虎報》常務董事，姚拓任該報《處女林》副刊編輯，黃崖任
　　《原野》編輯，其他還有彭子敦等等。因胡氏家族和報社編輯高層背景，該報一直
　　被視為右傾的反共華文報。

適合於馬來亞的土壤，適合於馬來亞的氣候，以做到新興
的馬華文藝必然與過去華文文藝有所不同。（申青 1958）

申青所指的「過去的華文文藝」顯然是受中國革命文學影響的馬華左翼文學，「華文文藝馬來亞化」無非是相對於左翼陣營提出的馬來亞化理念。文藝的馬來亞化即本土化，這個問題早在一九四七至一九四八年左翼南來文人羣中已提出討論，當時涉事雙方是左翼本土派和僑民派，爭論焦點都被文藝的在地關照（書寫此時此地）所遮蔽。八年後，《蕉風》同仁提出「純馬來亞化」概念，不僅是將申青所謂的「把成熟的華文文藝移植到馬來亞來」，「純」馬來亞化文藝之訴求顯然有進一步的指涉。易言之，在純與不純的思維結構中，它實際上已突顯了問題本質，即冷戰脈絡下的左右對立與英屬馬來亞的反共策略。標榜「純馬來亞化」的《蕉風》雜誌在此時出現，它自我宣示的「純性」，再配合當時的冷戰氛圍，即不言自明了。冷戰史研究者也毫不諱言地指出：「整個五〇年代，東南亞華人一直是香港新聞處最重要的工作對象」（翟韜 2013）。

作為馬華（民國）文學場，《蕉風》的鼎盛期是在一九六〇年代上半葉，民國文學在馬華的版圖達至空前的繁盛。姚拓在該刊慶祝二十五週年時寫道：「蕉風銷量最好的時期，是一九六〇到六五年之間，因為每期除蕉風月刊外，還附送一份中篇小說，那時候每期銷數在五千左右」(1980:5-6)。

作為民國文學的海外陣地，《蕉風》、《學生周報》獲得多位香港南來文人的助陣，如申青（原名余德寬）、方天（另署高路、辛生、林風，原名張海威，又名張維翰）、姚拓（另署張兆、魯莊、金輪、魯文，原名姚天平）、燕歸來、彭子敦、黃思騁、黃崖（另署葉逢生、林音、莊重）、白垚（另署名劉戈、凌冷、林間、苗苗等，原名劉國堅）等，在先到文人如李汝琳、陳振亞（白蒂）、馬摩西（另署興周，原名馬俊武）的支持下，《蕉風》在創刊之初即獲得新加坡文化界人士與作者的支持。

馬華（民國）文人，少部分是國民政府官僚，餘者為友聯中人或第三勢力者，他們在中國期間原是走中間路線的自由主義者，到了香港之後，

部分參與第三勢力並與美元政策產生了關係。學界把一九四〇年代後期
自由知識分子的心態與政治取向分成七種類型，其中的第四類頗為恰當
地描述了出走香港的這羣文人與知識分子：

> 第四種是失望出走類，主要是指那些對國民黨極度失望，
> 又不贊成共產黨，被迫離開中國大陸，去香港或美國等國
> 家和地區的知識分子。一九四八年十二月十五日，胡適留
> 下兒子思杜並遺留下數十年的大量通信、日記，匆忙飛離
> 北平；次年四月六日他又乘克利夫蘭總統號離開上海去美
> 國。他走前對國民黨政府有強烈的批評，說：「這樣的國
> 家，這樣的政府，我怎樣抬得起頭來向外人說話！」唐君
> 毅與錢穆等一起移居香港。「他對共產黨雖有自己的看法，
> 但對國民黨也不敢太恭維。還是留在港島這個既非『共』
> 也非『國』的中間地好。」（宋曲霞 331）

一般自由文人與知識分子的情況也大致相同，他們都有一定的政治
態度，美元背景使他們的第三勢力身份更形突顯。張愛玲的《赤地之戀》
由香港友聯出版社出版，其時，任友聯董事長的燕歸來為它寫導論。麥卡
錫(Joseph Raymond McCarthy)接受高全之訪問時，直言不諱：「友聯出版
社由一羣熱衷『第三勢力』的年輕人組成。他們不喜歡國共兩黨，燕歸來
屬於那個團體」（高全之 2011）。

燕歸來約於一九五六年南來，在吉隆坡近郊的八打靈友聯出版社做
事，兩年後返港。作為友聯機構的先鋒人物，燕歸來透過學友會生活營歌
塑造了迥異於當時流行的左翼文藝調調，[14] 在澎湃的心情與翼動的青春
之餘，卻難掩心中的失落與悵惘：

---

14. 在當年，《中國學生周報》在新加坡和怡保設有兩個辦事處，辦事處設有通訊員組
　　織。根據一九五六年的通訊，兩地通訊員組織共六百餘人，人數比起港九還要多。
　　「各通訊組除經常舉行各種聚會外，他們的各文藝組，尚開闢了一個寫作園體，
　　取名《海嘯》」（張景 1956）。

我們生活在大自然裏
大自然是我們的榜樣
我們的心地像太陽、像太陽一般磊落明亮
我們的意志像巖石、像巖石一樣的堅固剛強
我們的活力像松柏、像松柏一樣勁拔青蒼
來，來吧，年輕的兄弟姐妹們
讓我們一同工作，一同生長。

我們的情誼，像不枯的泉水
永遠，永遠不相望
我們的抱負像雄偉的堡壘
聳立在馬來亞的高原上
我們是真理的追求者
誘惑打不動我們的心
打擊不能令我們退縮仿徨
來，來吧，年輕的兄弟姐妹們
讓我們一同工作，一同生長，工作生長
在這廣闊的大自然裏
緊緊團結，團結
來實現我們的理想。（白垚 2007）

燕歸來的性格與政治態度再鮮明不過了。白垚做了中肯的描述：

> 一九五八年，她離開吉隆坡一年後，從歐洲回到馬來亞，在生活營中講了兩個專題，其中一個是〈甚麼是民主？〉……她分析，她說明，她解答，她舉例，理路清明，說民主不限於政治，也是一種生活方式和生活態度。
> （白垚 2007）

白垚這番話，為戰後南來民國文人的價值觀念做了最好的詮釋，燕歸來的
觀點無非是冷戰年代的典型反共話語。在馬來亞爭取獨立的紛擾中，燕歸
來也發揮了她一貫的性格：

> 有一次，蕉風社長申青談到他和薛洛[原名陳思明；筆者
> 按]、燕雲在馬來亞獨立途中，燕歸來三辯新村羣眾大會的
> 經歷……燕歸來的知性和理性，讓無數的街頭標語顯得淺
> 薄，讓無數狂呼的口號啞然失聲。她讓村夫知理，讓村婦
> 知權，讓徬徨的知判斷，讓躊躇的知抉擇，讓他們用自己
> 的手，投下自主的一票，掀開這塊土地的歷史新章。（白
> 垚 2007）

對於燕歸來在馬來亞播下的自由思想種子，白垚的詮釋揭示了戰後香港
南下文人在特殊時代的文化政治情懷：

> 如果往文學思潮發展的深層想，燕歸來與馬華文壇的關係，
> 不在於是否寫過以馬來亞作為背景的作品，而在於她對馬
> 華文學思潮的深遠影響。歷史已經證明，她為友聯社闡述
> 的文化自由理念，在生活營播下的文學自由創作精神，通
> 過《學生周報》和《蕉風》的實踐，豈只跨進馬華文學的
> 門檻，且直入馬華文學的殿堂，扳倒神祇，改變了二十世
> 紀馬華文學的整個精神面貌。（白垚 2007）

　　白垚這番話，點出了自由主義與現代主義之間的聯繫，也借他人酒杯
澆自己胸中塊壘。馬華文學在一九六〇年以後，經過了三波的現代主義文
學運動，在一九七〇年代初與天狼星詩社同仁的合力推動下，終於順利接
上現代主義文學大潮。《學生周報》和《蕉風》舉辦的活動為現代主義的
降臨做了不少鋪墊的工作，生活營和野餐會是為其一。
　　學友會與野餐會是友聯人和星馬青年學生直接聯繫的管道，[15] 既可

---

15. 其他設於星馬各大城鎮的通訊部和圖書部，如新加坡、馬六甲、怡保、江沙、太

以聯誼與激盪寫作熱情，文學品位也透過這些活動得以傳達給青年學子。當時，《蕉風》主編黃崖也在南、北馬與青年作者見面。首先，他鼓勵青年作者集資成立出版機構，出版個人著作。一九六二年，在他協助下，成立了新綠出版社，出版了六位青年作者的作品，即馬漢《美好的時刻》、陳孟《小羊》、梁園《喜事》、慧適《橡樹花》、集文《流星》與魯莽《希望的花朵》，列為新綠文藝叢書。同時，他鼓勵組織文社，海天社、荒原社、新潮社分別在北馬、中馬、南馬成立起來，並出版《海天》、[16] 《荒原》[17] 和《新潮》。[18] 之後，他進一步鼓勵青年組織文藝團體，以推動文藝運動。一九六九年一月十八日，霹靂文藝研究會正式註冊成立，同年九月三十日，南馬文藝研究會相繼成立。黃崖更於該年四月到東馬砂拉越和沙巴兩地，走訪了古晉、美里、亞庇、山打根等地的文藝組織，並報告西馬文藝界的情形。[19] 黃崖在全馬走動，拉攏和鼓勵青年成立文社、出版著作等，在文風低靡的一九六〇年代發揮了積極的作用，亦體現了這幫南下作者企圖在海外重建中華文化傳統的理想。

其他非友聯機構的民國南來作者有劉以鬯、楊際光、馬摩西與黃潤岳，後二者分別是國民政府派駐新加坡與吉隆坡的使節人員，中國易幟後，他們都選擇在馬來亞定居。楊際光的背景和其他作者的境況一樣。一九五〇年代初，他從上海抵港，在《文藝新潮》寫詩，一九五九年南遷吉隆坡，一住就是十五年。劉以鬯於一九四一年自上海聖約翰大學畢業後，離開上海孤島到內地重慶《國民公報》和《掃蕩報》編副刊，勝利後，回

平、檳城、亞羅士打等地。一九六九年五一三騷亂事件之後，官方不輕易發出聚會準證，學友會和野餐會活動才取消。姚拓在《雪泥鴻爪》中回憶說，「《學生周報》的最大用處，……是《學生周報》的學友會組織。……像這樣的生活營，前後舉辦有十九次之多。比生活營小一點的，則叫做野餐會，多由各地的學友會主辦，次數之多，無法統計」(2005:566-568)。

16.《海天》創刊於一九六二年五月，一九六七年六月停刊，共出了二十一期。

17. 一九六二年五月創刊，出版《荒原》月刊，主編為魯莽，其他成員有王俊傑、沙燕、林方、溫祥英。

18. 新潮社成員為馬漢、年紅、馮裕華（華山）、王詩富（晉斌）、林慶文（洛人）、秋朗、黃華光、陳美楓、夢華九人，並於一九六二年五月五日出版《新潮》雜誌創刊號，至一九六四年八月停刊，共出版十期。

19.《蕉風》第一九九期刊出黃崖的〈加強東西馬文藝界聯繫：在山打根青年文藝協會的談話〉，提起當時該文社有會員四百餘人，小城市的鼎盛文風令他吃驚且感動(7)。

到上海創辦懷正出版社（後擴大業務範圍，改為懷正文化社）。上海易手前夕，他離開上海南下香港，入《香港時報》擔任編輯，一九五二年再選擇南渡新加坡參與剛創立的新加坡版《益世報》，在新加坡與現任妻子羅佩雲邂逅而於一九五七年返港。這批文人南來的時間或有先後，但大抵以一九五〇年代下半葉為起點，無論逗留多少時間，均在馬華文壇構築了屬於他們這個羣體的文學場域，拉近了馬華和民國文學的距離。

此外，民國文學遺跡可從當地華文文教事業基礎看出。在那個特殊年代，它在建構當地華文文化格局與塑造文學品味上發揮了不小的作用；在特殊歷史情境下——表面平靜（人們仍可自由行動與旅行）、內部屬行剿共，形成了馬來亞建國初期詭異的馬華自由文化場。

為了發揚祖國文化遺產，華校出現了一批民國遺民作家文人，如謝冰瑩、黎東方、王恢、任雨農、彭仕麟等。由香港友聯出版，趙聰主編的《友聯活葉文選》六百十四篇（一九五三至一九七〇編註），[20] 在很長的一段時間內，成為馬來西亞國民教育體制內中學華文科古文教學的主要教材，在推動星馬的中國語文教育上發揮積極的作用。[21]

肆、馬華（民國）文學的思想內涵與精神實質

《蕉風》和《學生周報》成立以後，一九五〇、一九六〇年代的民國南來文人的作品皆以傳統的現實主義方法，書寫去國懷鄉的題材，例如：黃崖的多部小說以及姚拓對童年的回憶著作如《彎彎的壁岸》，皆以故鄉為場景。最值得注意的是，黃潤岳連續撰寫多部自傳體著作，例如：《黃

---

20. 趙聰為友聯首席高級研究員，字慶餘，筆名鍾華敏，山東人，著名作家和文藝批評家。他的語文與文學研究著作、寫作輔導著作深受星馬青年學子的喜愛，影響了一兩代人，如《談寫作方法》、《語文語法講話》、《評註語譯古文觀止》（上下冊）、《五四文壇點滴》、《中國文學史綱》、《三十年代文壇點將錄》、《中國文學作家小傳》、《中國四大小說之研究》等。他是友聯中堅人物，在香港文化界極負盛名，一九八六年病逝於香港。姚拓在港期間亦參與編輯工作。

21. 一九八二年，由馬來亞出版社、泛馬出版社、教育供應社、大馬出版供應社及文化供應社五家出版商組成馬聯出版社，編纂華校教科書。在總編輯姚拓的主持下，編輯出版馬來西亞國民型 3M 制華語、數學、道德教育、人文與環境教科書、馬來西亞師訓學院文學讀本（四冊）等華文教材，繼續發揮影響，惟本時期的出版已完全跟本土結合，正式告別民國時代。

金時代》（包括記敘童年時期的《騎馬的將軍》、少年時期《科學家的夢》和成年時期《花灘溪之戀》），以及記敘大學畢業後人生階段的《熬煎》。黃潤岳的自傳體寫作，無論是散文體或小說體，皆縈繞著故園與故人。自傳體成為現代中國離散文人的特有文體，似乎揭示著書寫文體的選擇與個人生命史之間的關係。面對自己的人生處境，黃潤岳如此形容：

> 我的工作地址，便是我的家園，我沒有老家，我沒有故園，連湖南省籍的人都沒有組織一個同鄉會，到了我沒有工作時便變成沒有根了。我幾乎像是從天而降在大馬似的，上一輩沒有人，平一輩不在，無親無戚，無依無靠，除了我們夫妻兩人，近兩年連下一代也分散在天涯海角。……於是，我再寫詩就不免表現出這一點蒼涼。（黃潤岳 173）

這些戰時離散南來文人，雖身處馬來亞，卻無時不心繫故國，文體的選擇似乎早已有定。

一九四九年以後，為了賡續與發揚文化傳統與學術思想為職志，星馬成為南來文人落腳之地。其時，兩地華裔人口接近總人口半數，為民國文學建立海外基地提供良好的條件。在傳揚文化傳統上，香港有王道、王恢、陳謀煊等人創辦的人生出版社，寫稿的作者皆為大學教授如錢穆、唐君毅、張丕介等，也有以青年學生為對象的友聯出版社，這些出版社的書籍都嘗試銷售到星馬。

除了反抗其時高漲的社會主義寫實主義的文學階級化與意識型態教條，一九五○、一九六○年代的馬華（民國）文學在鼓吹現代主義信仰之際，也有鮮為人知的政治目的與使命，即透過現代主義貫徹個人主義與自由民主的思想，在那紛亂的時局，這是文人的淨土和烏托邦所繫。從這角度看，反左翼意識型態的現代主義何嘗不是另一種意識型態。這些在楊際光的詩歌與觀念中，「純境」、「淨土」是最佳的詮釋（莊華興 2011:327-340）。

民國思想以自由主義為基礎。學界普遍認為自由主義是五四啟蒙運動留下的遺產，也是指一種新的生活價值和新的建國理念。然而，對第三

勢力文化人而言，母國的建國理想已成過眼雲煙，唯有寄託在南洋異域的文化重建之上。縱使易地而處，惟不變的是，堅持以自由主義、民主思想為建制的基柢。政治上：

> 從一九四三年下半年開始，中國出現了一股強大的自由主義運動，圍繞著國民黨的「還政於民」、戰後中國政治秩序的安排等熱點問題，開展得轟轟烈烈，不僅在公共傳媒上佔據了輿論的制高點，而且進入了實際的政治操作程序。（許紀霖 32）

中國民主政團同盟（簡稱民盟）成為廣受歡迎與國共以外的第三股勢力。離散香港的文人、學者，無論在觀念上或行動上，或多或少都受到本時期自由主義思想的衝擊與影響。它為一九六〇年代馬華現代主義文學的生成提供良好的條件，其中最主要的是《蕉風》出現為數不少的民國作家的文章，一直到一九六〇年代中期以後才減少。其作者除了香港友聯機構核心人物外，其他有劉藹如、王恢、凌冷、秋貞理、葉珊、朱西寧、林北、聶華苓、趙淑俠、劉念慈、皇甫光、羅門、林方、林以亮、陸林、趙康棣、徐速、唐承慶、岳騫、瘂弦、王平陵、郭衣洞、蔡文甫、王敬義、孟瑤、覃子豪、周夢蝶、林泠、陳容子、謝冰瑩、郭良蕙、管管等。

從這批文人的寫作觀也可約略看出其對自由主義思想的追求。譬如姚拓對小說功能與教育群眾的關係提出如下看法：

> 小說是文學作品的一環，文學的功用是多方面的，我們不能只用一種功用去衡量文學作品的優劣，文學作品可以有教育價值，也可以沒有教育價值……教育價值只是文學功用的一環，假如過於強調，未免給作者加上束縛，限制了他的想像力和才華……創作是千古不朽的事業，不必計較得失。（沈安琳 13）

這些道理雖然淺顯，卻不難見他的自由思想的淵源。

現代文學和自由主義思想相通的另外一點是反傳統與創新。黃崖在《蕉風》第一七五期針對文學的「創新」提出看法：

> 一路來，我都是主張「創新」的。最近兩年來，我對「創新」的問題有較深一層的看法。我們要求意境新、內容新，這是一百巴仙應該的，但若要求形式新、表現新，那卻是有保留的，所謂「保留」，說得明白些，就是逐漸求新；一方面傍依傳統鍛鍊文字的表現能力，另一方面漸漸的在這個基礎上「創新」，伍爾芙夫人、喬治哀、卡繆、福克納……等，它們都具有深厚的文學基礎，語彙之豐富，令我們驚嘆。假如我們連簡單的字句也寫不通，如何去「創新」呢？（黃崖 101）

這就是馬華第一波現代主義發出的第一炮，而它是在馬華（民國）文學的場域中出現的。

《蕉風》原擬取名「墾拓」，帶有「友聯諸人到華僑社會『發展文化工作』之寓意」（林春美 203）。從最初的取名，可看出友聯機構諸子南渡辦刊物推展文化，不外於在南洋建構有異於左翼的文化建制。後來，取名《蕉風》，在刊物定位上朝向「本土化」發展，但並不因此放棄最初的意圖。在日後的編輯理念與風格中，可以看到《蕉風》逐步朝向與當時的左翼刊物互別苗頭，特別是在一九五九年以後，《蕉風》開始進行改革，從一九五九至一九七二年，在黃崖、姚拓、白垚、周喚、牧羚奴等人經手編輯下，《蕉風》更於一九七〇年代初開始與現代主義接軌，成為名副其實的馬華現代雜誌。

馬華（民國）文學實質一方面體現在它的思想內涵、趣味與風尚上，在冷戰時代氛圍中，它也把國共的勢不兩立帶到星馬來，並以現實主義與現代主義的對立形式出現。在《蕉風》第二〇二期以前，出現不少文章涉及對現實主義教條的批駁，這些都是國共對立在海外的餘緒（詳參莊華興 2021）。

伍、餘論

民國文學佔據戰後馬華文壇二十年期間，培養了馬華建國後第一代作家，這一列名字後來都成為馬華文壇的中堅，如馬漢、山芭仔（溫祥英）、年紅、梁園、冰谷、慧適、游牧、魯莽（陳水源）、張寒、陳孟、溫任平、憂草、飄貝零、黃戈二、端木虹、梁紀元等，還有後來留臺的李蒼、冷燕秋、林綠……這個作家世代的出現，除了少數受外來現代主義風潮影響，大多數都是意識型態思想並不顯著的作者，這些人既不被固有的現實主義傳統所容納，更不被現代派稱許。這些第一代本土作家，有些沒有及時吸收外來滋養，最終證明成果有限，有些則赴臺深造，以後繼續在學術界發展，如李蒼和冷燕秋。留下來繼續筆耕的青年作者的作品大多見於《蕉風》與《學生周報》，跟蹌前行，進行著馬來亞化的實踐。

馬漢在〈懷念方天〉一文中指出，《蕉風》主編在第四期開始採用青年作者的作品，其中有他本人、[22] 梅井、黃枝連、李定華、靜華、朱焰明，山芭仔、零丁、江汎（另署邱亞皎、夢平、馬崙）等。馬漢第一本小說散文集《聽來的故事》有多篇作品都是在方天編輯《蕉風》期間發表的作品。當時他們都是中學生，馬漢自己只是初二、初三的學生(1977:95)。另外一個給他鼓勵的是黃崖。他在回憶中說：

> 黃崖在擔任《學生周報》總編輯及《蕉風月刊》主編的期間，曾大量採用當年我國的一批青年作者的作品，譬如張寒（張弓）、梁園、慧適、年紅、夢平、溫祥英、梁誌慶、于青、陳孟、麥留芳（冷燕秋）、魯莽、沙燕、秋朗、徐持慶、陌上桑、雅波等人，這些青年作者當年都曾受到他的鼓勵與提攜。（馬漢 2002）

一九六九年之後，國家朝向土著主義方向發展，馬華文學的民國遺緒終於來到終點而進入後五一三時代。在單元民族主義政策下，馬華文學

---

22. 除了為人熟知的『馬漢』之外，他的其他筆名還有求勤、丁湘、夜之炎、西林、士默、丁乙、習者。

逐步走向小文學的方向，特別是在國家文化大會召開以及國家政策土著伊斯蘭化之後，馬華文學的疆界化、文學的政治寓言性、書寫姿態的抵抗與悲情性彌漫一九七〇年代的作品。馬華（民國）文學在失去相對自由的客觀條件後，終於來到了尾聲，卻在海外馬華文學場留下了民國文學遺址。這批在南洋的民國文化遺民在南洋孜孜矻矻二十年有餘，嘗試在海外貫徹理想，恢復或重建中華文化道統，最終因面對當地民族主義的排擠而告終。現實中，《蕉風》第一任主編方天在馬匆匆三年，最終返港再移居加拿大，卻在壯年時期命喪他鄉；自詡中國契可夫的黃思騁編過《蕉風》，在華校（華仁中學）教過書，最終選擇離馬返港；擔任《蕉風》主編最久的黃崖，最終離開《蕉風》和友聯出版社，[23] 自立門戶，晚年悄然遷居曼谷，六年後病逝於喃甘杏醫院⋯⋯。時代已逝，榮枯依舊，留下的是民國文學遺跡以及與之相伴的縷縷輕煙與芳草。

---

23. 文藝圈說他熱心參與政黨活動（指馬華公會），編輯工作分了心，引起《蕉風》同仁的不滿。然而，筆者注意到，這時候的黃崖，跟六〇年代初執編《蕉風》時已不同。當年，他以莊重、林音、葉逢生等筆名熱切介紹現代主義文學。進入八〇年代，他開始在馬華寫實主義評論健將甄供主編的《星洲日報・文藝春秋》副刊寫稿，文學信仰明顯產生了變化，南來之初推動現代文學的熱誠與理想已不復見。

徵引文獻

白垚(2007)〈當年雲燕知何處〉。《星洲日報‧文藝春秋》，2 Dec.。

白垚(2007a)《縷雲起於綠草：白垚的五十年文學功業》(雪蘭莪：大夢書房)。

方修(1991)〈再版序〉。《戰後馬華文學史初稿》(加影：馬來西亞華校董事聯合會總會)，iii-iv。

方修(2008)《新馬華文新文學六十年》，上下冊 (新加坡：青年書局)。

高全之(2011)〈張愛玲與香港美新處：專訪麥卡錫〉。《張愛玲學》(臺北：麥田出版)，249-258。

黃梅雨(2006)〈「似曾相識」燕歸來〉。《南洋商報‧商餘》，18 May。

黃潤岳(2007)《恩雨潤岳》(吉隆坡：文橋傳播中心)。

黃崖(1967)〈蕉風日記〉。《蕉風》no.175 (May): 99-102。

黃崖(1969)〈加強東西馬文藝界聯繫：在山打根青年文藝協會的談話〉。《蕉風》no.199 (May): 7。

江宜樺(1998)《自由主義、民族主義與國家認同》(臺北：揚志文化)。

李強(2007)《自由主義》(長春市：吉林出版社)。

李世安(1999)〈英國與冷戰的起源〉。《歷史研究》no.4 (Aug.): 38-51。

林春美(2011-2012)〈獨立前的《蕉風》與馬來亞之國族想像〉。《南方華裔研究雜誌｜*Chinese South Diaspora Studies Journal*》vol.5:201-208 (chl.anu.edu.au/chinese-southern-diaspora-studies-publications)。

劉川鄂(1996)〈自由主義文學概觀〉。《現代中文學刊》no.4 (Aug.): 40-43。

馬漢(1977)〈懷念方天：文學因緣之一〉。《當代文藝》no.144 (Nov.): 92-99。

馬漢(1977a)〈憶徐速之南行：文學因緣之二〉。《當代文藝》no.145 (Dec.): 136-141。

馬漢(1978)〈「綠洲」的「園丁」曾鐵忱：文學因緣之三〉。《當代文藝》no.146 (Jan.): 100-114。

馬漢(2002)〈黃崖：新車北上南下推動文藝〉。《南洋商報‧商餘》，11 Apr.。

馬漢(2007)〈老照片說舊事：申青，友聯的先鋒隊長〉。《南洋商報‧商餘》，2 July。

梅淑貞(2007)〈敢將花葉託煙雲〉。白垚(2007a): 7-14。

秋貞理[司馬長風](1969)〈星馬華人的前途〉。余晃英(記錄)，《盤古》no.27

(Oct.): 8-10。

申青(1958)〈展望馬華文藝的遠景：為《蕉風》三週年而作〉。《蕉風》no.72 (Oct.): 4。

沈安琳(1992)〈我眼中的姚拓〉。《蕉風》no.457 (Dec.): 12-15。

盛紫鵑(2011)〈燕歸來──邱然〉。《文學評論》no.15 (Aug.): 96-97。

宋曲霞(2008)〈一九四八年前後中國自由知識分子的心路歷程〉。《安徽師範大學學報》（人文社會科學版）36.3 (May): 328-333。

王德威(2007)《後遺民寫作》（臺北：麥田出版公司）。

王晉民(1998)〈香港「綠背文化」思潮評介〉。《廣東社會科學》no.2 (Apr.): 87-91。

王連美、何炳彪、黃慧麗（編）(2008)《新加坡華文期刊五十年》（新加坡：新加坡國家圖書館）。

許紀霖(1997)〈現代中國的自由主義傳統〉。《二十一世紀》no.42 (Aug.): 27-35。

姚拓(1980)〈二十五年話家常：為蕉風出版二十五年而寫〉。《蕉風》no.333 (Dec.): 4-6。

姚拓(1986)〈馬來西亞獨立後馬華文學的發展〉。《蕉風》no.394 (Aug.): 22-29。

姚拓(2005)《雪泥鴻爪：姚拓說自己》（吉隆坡：紅蜻蜓出版公司）。

也斯(1997)〈解讀一個神話？試談《中國學生周報》〉。《讀書人月刊》26.4 (Apr.): 65-75。

翟韜(2013)〈美國對東南亞華人宣傳政策的演變〉。《美國研究》27.1 (Mar.): 117-137。

張景(1957)〈星馬怡保辦事處通訊員非常活躍〉。《中國學生周報》[no.187] (Feb.): 8。

周愛靈(2010)《花果飄零：冷戰時期殖民地的新亞書院》（香港：商務印書館）。

莊華興(2011)〈落在香港、吉隆坡和紐約的雨：楊際光的離散現代性〉。《中國文學學報》no.2 (Dec.): 327-340。

莊華興(2021)〈冷戰在馬來與馬華文學場域的介入與衝擊(1950-1969)〉。《文化研究》no.32 (Apr.): 47-72。

獨立前的《蕉風》與馬來亞之國族想像

林春美

壹

　　創刊於殖民地時代的文學雜誌《蕉風》，是馬華現代文學的重要資產。它一九五五年由文化機構友聯文化事業有限公司（以下簡稱友聯）所創辦，至今已出版超過半個世紀，是全世界最長壽的中文文學刊物之一。[1]

　　友聯在一九五〇年代初期成立於香港。雖然其內部同仁對其「背景」諱莫如深，然而許多學者相信，它是冷戰年代「美元政策」的產物，曾經接受美國新聞處、亞洲基金會等美國機關的資助，通過文化工作以進行反共活動。其最終目的，是促進與團結民主力量，影響中國大陸政局，促使中共政權結束。友聯曾先後在香港辦過多種不同性質、[2] 以不同年齡層的讀者羣為對象的刊物，其中較具代表性的包括《祖國周刊》、《中國學生周報》以及《兒童樂園》。[3]

　　一九五〇年代中期，友聯的事業由香港擴展至南洋。他們在東南亞諸邦之中選擇了與香港同屬英國殖民地的新加坡與馬來亞，作為拓展其文

---

1. 現在仍然發刊的《蕉風》，一九九九年曾一度休刊。它二〇〇二年復刊至今，由民辦教育機構南方學院承擔出版事務；在那之前，則一直是友聯機構的屬下刊物。
2. 有關友聯的背景，可參考金千里(2007)；鄭樹森(1996)；也斯(1997)。
3. 友聯創辦人之一徐東濱將友聯的工作性質定位為文化工作，而非政治工作。他在一篇回憶文章中指出，友聯移師星馬的目的，乃在「發展文化工作」詳岳心(1997)；亦可參考林起(2009)。

化事業的基地。[4] 在新加坡創刊、而後遷移到馬來亞出版的《蕉風》，即為這批香港南來文人所創辦。然而，作為以馬華社會為對象，並實際上在此編輯、出版與發行的刊物，馬來亞的政治與社會文化狀況，以及該刊所必須藉助的本地編者、評論者與作者等等因素，必然都影響著這本刊物的基本面貌，致使它不可能只是友聯在香港的刊物的「馬來亞版」而已。從其實踐效果而言，在馬來亞邁向獨立、在地華裔社羣面對國族認同抉擇的關鍵時刻，《蕉風》的風格及此刊所發表的諸多作品，在某個程度上可說體現了當時相當層面的華人知識分子的思想訴求。本文即從《蕉風》的編輯主張與輿論、編輯理念之實踐，及創作文本此三方面，探討其編、作者們，對即將誕生的新興國族的集體召喚與想像。由於《蕉風》在馬來亞獨立後漸次呈現不同的編輯面貌，故本文僅將範圍鎖定在獨立之前的情況。

貳

　　二戰結束後，英殖民政府先後推出兩個影響日後馬來亞國族建構深遠的計畫，即一九四六年的馬來亞聯邦計畫(Malayan Union)，與一九四八年的馬來亞聯合邦憲制(Federation of Malaya)。前者寬鬆的公民權條件，不意激發了馬來社會強烈的族羣國族主義(ethno-nationalism)精神；後者的實施則意味著英國人被迫認可此地為「馬來邦國」(Malay State)，並承認馬來人的特別地位(Cheah 2007)。出於對前者的反彈，四〇年代末期的馬來文學界表現出前所未有的反殖鬥爭精神；而進入五〇年代，這種強烈的情感更進一步表現為對獨立的呼喚、與對馬來民族主權的呼籲(Kamaruzzaman 1982)。這正是一九五五年《蕉風》創刊時的社會語境。

　　《蕉風》雖由友聯出版，然其編輯事務卻由一個編輯委員會負責。編委會成員除了創辦人申青、執行編輯方天之外，其他人皆非友聯成員。他們包括馬摩西、陳振亞、范經和李汝琳。在受邀成為編委時，他們已在殖民地馬來亞的文化界或教育界活動將近十年之久，多少經歷過由馬來

---

4. 根據其後長期成為《蕉風》主要負責人姚拓的說法，那是基於英殖民政府給予他們單憑一張準證，即可隨意出入與定居之便利的緣故。詳氏著〈三十四件行李〉姚拓(2005)，頁 561-564。

亞聯邦計畫與馬來亞聯合邦憲制所掀起的馬來民族主義熱潮。他們在馬
來亞生活的切身經驗，某種程度上彌補了新來乍到的友聯諸人本土認知
之匱乏。[5] 刊物之名經編委討論之後，定為「蕉風」，而非早期所擬的「拓
墾」。「拓墾」頗有友聯諸人到華僑社會「發展文化工作」之寓意；而出自
形容熱帶地方色彩的成語「蕉風椰雨」的「蕉風」，則更能突顯其「地方
性的風格」。[6] 友聯集團欲使東南亞華人社會與共產黨中國保持距離的理
念，固然在一定程度上促成這本刊物「純馬來亞化」概念之提出；然而，
捨「拓墾」而取「蕉風」，也不無過濾掉此刊物背景原有之政治意圖的作
用，使它從根本定位上朝向「本土化」發展。

　　《蕉風》創刊之時，馬來亞已舉行過地方與全國選舉，這等於是英
殖民政府即將撤離半島，並準備將政權移交予當地民選政府的訊號。從早
期《蕉風》所刊輿論可知，其編作者更關注的是脫離殖民統治之後，馬來
亞在其國族與文化建設上，是否能實踐真正意義上的「獨立」的問題。由
於友聯的反共背景，抑制左翼勢力成為「新殖民地統治潛勢力」之可能
（沙里明 1957），自是成其首要關懷。在第二期的一篇特邀評論〈此時此
地的文學〉中，作者李亭經已非議「失卻獨立性與自尊心」的「附庸文學」
（李亭 1955）。在第四期中，李亭在〈文學的現實性〉中直接表明，「反
殖民地主義」，正是此時此地文學之所需。將此二文與李亭在第五期的另
一文章〈封建主義的文學〉一起閱讀，即可明白李亭之「殖民地主義」，
其實與附庸心態、缺乏獨立性、甚至封建思想，是互為表裏的。李亭之文，
很難讓人不聯想起二戰前後本地文壇關於「馬華文藝是否中國文藝之附
庸」的論爭。其主張不附庸於其他文藝／政治勢力之說，可為《蕉風》國
族構思的基調。這種想法在第四十四期，為配合國家獨立而特約蔣保撰寫
的一篇文章中，得到更進一步的申明：

---

5. 馬摩西於二戰結束後奉派來星馬領事館做事，在大陸易權後投入教育界服務。 陳
　振亞一九四六年南來，范經與李汝琳則是一九四七年抵星。關於他們的更多介紹，
　見馬崙(1984)。
6. 申青在《蕉風》創刊四十二年後的一篇回憶文字上，首次提到刊物原擬取名「拓墾」
　之事。詳見申青(1998)。

馬來亞的獨立，不只是政治上的解放，也應是文化上的解
放，使馬來亞的文藝更具有獨立的性格。它不只不受政治
壓力的鉗制，不受思想教條的束縛，不作政治的附庸；並
且逐漸擺脫外地文化的影響，形成馬來亞的獨立文藝。

（蔣保 1957:5）

　　《蕉風》編作者們對政治解放不一定等同於思想文化解放的洞察，
讓我們有理由相信，他們其時已經清楚意識到，國族，並不必然伴隨主權
國家的形成而誕生。他們一方面防範即將成為新興國族之一員的本邦華
族成為中國政治之附庸，另一方面也反對他們成為馬來族羣之從屬。當時
馬來亞境內的主流論述，是以馬來亞為馬來人屬地，因此主張賦予馬來人
對新生國族的支配權。《蕉風》編作者不認同這種論述，原因之一在於他
們並不認為馬來人如他們自己所宣稱的，是馬來亞的大地之子，而是與華
人一樣，都是外來的。一九五六年，當憲制談判在倫敦積極展開之際，《蕉
風》刊登了幾篇文章，明確表明「馬來亞化不等於馬來化」的看法，並質
疑此地既叫「馬來亞」，即為「馬來」人的國家的邏輯。慧劍在〈馬來亞
化是甚麼〉一文中提出，不能因為此地叫馬來亞，就認為它「自然是馬來
人的國家」。他從到中國經商的阿剌伯人的遊記中提及的"Malaya"，以及
中國古代到天竺求法的高僧的記載中所謂的「摩賴耶」一地，推測現今
「馬來亞」之名，其實是脫胎自印度東部一個叫 Malaya 的地方。 言下之
意，即「馬來亞」並非得名自「馬來」民族，因此後者不應該將馬來亞視
為他們之專有，繼而壟斷對馬來亞政治乃至文化等各層面的決定權。他認
為，以「馬來化」與「馬來亞化」混同，只是馬來政客利用一般人對馬來
亞的無知與錯覺，企圖將獨立後的國家變成「純馬來化的馬來聯合王國」
的手段而已（慧劍 1956）。他更指出，馬來亞其實亦只是馬來人的「第二
家鄉」，他們其實在十二世紀時方才從蘇門答臘的巨港和佔卑移民至此。
他與另一作者海燕俱認為，若論移殖之先後，則華人並不晚於於馬來人
（海燕 1956:4-5）。而根據《蕉風》編者，則華族「曾開發這土地三四百
年」（蕉風社 1956）。對於華人移民馬來半島的時間及其歷史，《蕉風》編

者與作者顯然沒有達成一致的說法。然而，值得注意的是，在他們的認知當中，馬來亞的華人移民史並非如馬來亞的主流社會一般所認定，始自英國人輸入大量外勞以開發馬來亞天然資源的十九世紀末期，而是更早之前；而且華人對本地的物質建設有著一定的貢獻，與激進的馬來民族主義者所刻畫的本土財富的掠奪者、殖民剝削政策的同謀者的形象，因而有極大的差別。既然華人居住此地已有數百年的歷史，因此在國家即將獨立之際，華人對於國家的認同，應該作出更明確的選擇。

許多學者已經指出，從戰後至建國之間的十餘年，星馬華人社羣在政治認同上產生巨大變化。許多人都已意識到轉變國家認同的重要性，並開始積極關注本地事務的發展（崔貴強 1989；黃賢強 2008）。姑且不論土生土長者，即使是在戰後方才南來的部分華人，在經歷馬來亞聯合邦憲制之實施與其後的政治發展之後，對本地政治亦不無覺醒。《蕉風》編委兼活躍的作者之一馬摩西，就極不認同馬來亞華人過去不問政治的態度。他指出，「若果我們只把馬來亞當做賺錢的地方」，其結果是「只有步前人的後塵讓政治的壓力所支配」（馬摩西 2）。華人對馬來亞聯邦計畫反應遲鈍與冷淡、以致最終自食其惡果的歷史，顯然促使馬摩西作出深刻反省。因此他主張華人將馬來亞「當做永久居住的家鄉」，積極參與建設，以「建立名符其實的獨立的馬來亞」（馬摩西 2）。另外一名編委陳振亞，也非常反對華人的僑民心態，提出應該取消諸如「流落／落籍／流亡番邦」的心理（陳振亞 1956）。而《蕉風》編者更早就在交流欄目裏呼籲華人放棄其「客居」的心態（蕉風社 1956），而負起「主人的責任」。 換言之，即在共同建設本土文化的過程中，華人與其他宣稱自己擁有主權、或被認為是真正的土著的「馬來亞各民族」之間，是「精誠的合作」的關係，而非主從的關係。從許多文章可知，《蕉風》的編委與主要評論者們在文化思想或用語之習慣上，還不能完全割捨「中國人」的身份；儘管如此，在國族面貌之抉擇上，他們明確主張融入在地的社羣與文化，而摒棄離散、流放的心態。

參

安東尼‧史密斯(Anthony D. Smith)在其《民族主義：理論、意識型態、歷史》(*Nationalism: Theory, Ideology, History*, 2006)中指出，國家(state)與國族(nation)是兩個不同的概念。前者與制度行為相關，而後者則指「被感覺到的和活著的共同體，其成員共享祖國與文化」(12)。[7] 在作為國家的馬來亞正式誕生之前，文學雜誌《蕉風》已通過其編輯理念之實踐，讓我們得以窺見其對馬來亞國族共同體的想像。

作為一本中文文學刊物，《蕉風》顯然撥出了「過多」的篇幅來刊登一些或非中文原著、或非創作性質的文章。以其創刊首半年所刊文章為例，其中不屬中文文學的篇目大致可以羅列並分類如下：

一、 與馬來亞相關的民間傳說與軼事：〈蛇的傳說〉（第一期）、〈孕婦島〉（第二期）、〈馬來勇士漢都亞的童年〉（第三、四期）、〈勇士漢都亞的成名〉（第五、六期）、〈漢都亞揚名爪哇〉（第八、十期）、〈漢都亞成仙〉（第二十三期）

二、 馬來亞歷史、傳說、見聞的翻譯：〈捕虎記〉（第一期）、〈百年前的星洲天地會〉（第三、四、五期）、〈馬來人的魔術〉（第三期）、〈鬼獵人〉（第四期）、〈巴豆的故事〉（第六期）、〈富有歷史性的怪石〉（第八期）、〈百年前來自中國的帆船〉（第十期）、〈捕象記〉（第十六期）、〈虎在新加坡〉（第十六期）、〈蟋蟀老人〉（第十七期）、〈百年前的星洲奴隸市場〉（第二十期）

三、 馬來亞社會紀實：〈母土的呼喊——記巫統婦女部遊藝會〉（第六期）、〈光榮的馬來家庭〉（第二十期）

---

7. 本文引用葉江所譯的版本中，nation 一詞，原作「民族」，此處考量所用術語之一致性，故用「國族」。本文選擇使用國族一詞，乃為突顯馬來西亞境內各個不同「族」羣，出於各種原因——或被迫、或自願、或別無選擇，卻因應一個新生的「國」家單位／疆界之建構，而結合成一「共同體」的關係。

四、 馬來亞風土介紹：〈新加坡掌故談〉（第一、二、三期）、〈馬
　　來人的婚俗〉（第六期）、〈椰花酒〉（第八期）、〈馬來甘榜〉
　　（第九期）、〈印度人的婚禮〉（第十期）、〈馬來人捕鱷魚〉
　　（第十一期）、〈馬來人與弄迎〉（第十二期）、〈沙蓋〉（第
　　十三期）、〈馬來人的風俗〉（第十四期）、〈馬來亞的服裝〉
　　（第十五期）、〈馬來人為甚麼忌食豬肉呢〉（第十五期）、
　　〈榴槤季節話榴槤〉（第十七期）、〈我所知道的印度人〉（第
　　十七期）、〈馬來人的生活〉（第十八期）

五、 馬來亞歷史小說翻譯：〈麻六甲公主〉（第六至二十一期）

六、 馬來文學譯介：〈談馬來詩歌「班敦」〉（第三期）、〈馬來民
　　歌選譯〉（第十七期）、〈馬來班頓〉（第二十五期）

　　以上清單顯示，以馬來亞為背景的各類非文藝書寫，以及類似題材的文學作品翻譯，幾乎每一期都出現。在其創刊詞中，《蕉風》曾表示不能苟同以「文化沙漠」來揶揄馬來亞的作法，可是也冀望創辦一份「純馬來亞化的文藝刊物」，以讓此地「滋長出茁壯的文化嫩苗」（蕉風社 1955）。「純馬來亞化文藝」也是《蕉風》的自我定位，這標語自創刊號起連續多期顯著地出現在封面上。而其稿約的第一條，就是「凡以馬來亞為背景之文藝創作……皆所歡迎」。以上清單中的篇目，以及不包括在其中的為數可觀的馬來亞各地的地方書寫與遊記，及較後的馬來亞生活素描之類的文章等，似乎都可說明早期《蕉風》在強調與落實其「馬來亞化」方面，比展現其「文藝性」方面更顯積極與熱切。這些文章內容所涉，從歷史傳說，到民俗風土以及社會文化，包容甚廣。大量刊用的目的，在創刊詞中已有所揭示：「這也許就是我們瞭解環境達到與其他民族和平共處的最好辦法」（蕉風社 1955）。而由以上篇目廣泛涉及馬來亞另外兩大族羣與原住民的內容看來，《蕉風》的「純」馬來亞化文藝之大纛，其實是建立在對馬來亞社會族羣與文化多方面的「多元」性質的認知，及對其的渴求理解之上。在她的理性構想中，馬來亞國族並非由單一族羣構成；而其成員之文化，亦不該由單一族羣文化壟斷。這個由多元族羣組成的共同體既然

即將共用同一個獨立的國家，那麼其成員所共有之文化，借《蕉風》所刊
的輿論來說，也必須是「融合各民族文化的一個新文化」（慧劍 6），「乃
是能夠真正代表馬來亞華、巫、印三大民族及其他少數民族利益的文化」
（海燕 1956a:4）。

肆

　　在獨立前《蕉風》所刊的文學創作中，對國族問題的思考，主要表現
在本身的族羣身份可不可能被主流（馬來）社會認可與接受的書寫上。
其中，以華巫之間的愛情為主線的小說，在很大程度上都是華巫之間族羣
關係之寓言。瓊山〈蘇河之水慢慢流〉中一對異族戀人之間的對話，頗能
表達這種情況：

> 　　「別人常說：赤道上的青年男女很熱情，妳認為這話說得
> 對嗎？ 還有，妳對馬來亞留戀不？ 對我們馬來人的觀感
> 又怎樣？ 」

> 　　「唔，我也這麼說。」 她對第一點表示了同意，接著又
> 說：「我從小就生長在馬來亞，我覺得馬來亞是一個樂園，
> 這都是我們祖先的一滴血一滴汗播種出來的。」

> 　　「為甚麼妳們『支那』有繁榮的祖國不回去，卻要在這遍
> 處蠻瘴的地方居住呢？ 」馬漢的神氣十分的懷疑。

> 　　「我們在這裏投下了血汗，就愛戀著這塊地方。 我們中
> 國人和你們馬來民族都是善良的愛好和平的民族，我們大
> 家合作起來，建立一個理想的獨立國家，你說可能嗎？ 」
> 　　（瓊山 1956:20）

　　以上對白雖嫌顯露與生硬，然而卻明確表現了馬來社會的基本疑慮，
及華人因其移民（或移民後裔）身份而被質疑其對馬來亞之忠誠的問題。

在山芭仔〈太平湖之戀〉（第二十一期）中，華人男主角同樣被其異族戀人的父親懷疑只是將馬來亞當作淘金之地，而遲早都要離棄此地回中國去。雖然兩篇小說的華人主角都堅決表示對這片祖先曾經撒過血汗的土地的熱愛，然而族羣整體的情緒到底比個人情愛更具支配力。前一篇中的女主角，最終因為兩族之間的歷史仇恨（其母在日治時期為馬來浪人殺害），不被允許與愛人結合，而致殉情；後一篇中的一對戀人雖然誓不向狹隘的民族主義妥協，然而在這「黑暗的兒子」未能徹底被擊敗之前，他們還是被逼分離（山芭仔 1956）。

與此同類的作品，還有羅紀良的〈阿末與阿蘭〉（第三十六期）和卿華的〈烏水港〉（第四十三期）。〈阿末與阿蘭〉中的男女主角雖然青梅竹馬，然而華巫二族根深柢固的族羣意識卻始終是他們愛情的障礙，小人的挑撥輕易地就導致他們長久的生離，多年無法衝破的種族藩籬最後更造成他們的死別。〈烏水港〉中的華人男主角雖然為村民所稱讚，然而其戀人的父親終究因為華巫文化之異而反對女兒與他在一起；不合禮法的私奔，於是成了這對戀人長相廝守的唯一出路。

此外，辛生（方天）所著〈一個大問題〉（第十二期），講述的則是當時困擾許多華裔的公民權問題。小說通過華裔老者阿興與兩個馬來顧客的對話，提出非巫裔申請公民權方面所面對的諸多阻礙。首先是面對強勢的馬來族羣政黨巫統對華人出生地公民權的反對，因此阿興的兒子，即使是生在馬來亞，也無法取得公民權。而阿興本人，前後在此地居住了近二十年，理應符合公民權的申請條件，然而日治時期他由於生活困難而暫避居新加坡幾年，致使在半島的累積居住年數出現中斷，因此也喪失申請的資格。然而，阿興的另一同業，即使寸步不離在此居住三十多年，但因為不通曉官方語言，也同樣沒辦法登記公民權。小說藉此三類案例，對公民權授予的公正性提出質疑，並對華人僅有居留便利、而不能依法行使公民權利的不合理處境作出抗議。作者亦借華巫人物的對話，有意無意諷刺了主流社羣在種族主義心理作祟下，一方面不排斥安分守己的華人為公民，另一方面卻對其應否獲得公民權不置可否的態度。

喚雲詩作〈近打河的潮聲〉，亦是對公民權利的呼喚：「近打河底潮聲，

／呼籲著獨立的口號；／猛得革！／猛得革！／每顆人們跳動的心，／熱血在沸騰。／／響亮的潮聲呀！／激起遍野回音：／公民權！／公民權！／人們呀！聲已嘶啞！／怒火爆出心坎！／巫文！／英語！／惡魔似的狂風，／嗤嗤地冷笑，／黃葉紛飄落河床。」（喚雲 1956）。此詩以十八、十九世紀華人移民主要聚落之一的錫礦區近打河為場景，並讓「猛得革」(Merdeka)與「公民權」的激越呼聲響徹其上，一方面既寓意華人對結束殖民統治的殷切盼望，另一方面亦透露華人渴望為新生國家所認同的強烈意願。詩中「巫文」與「英語」所發出的惡魔似的冷笑，亦暗示在殖民主義與種族主義不平等的政策下，華人對自身在此地的政治前景之擔憂。

　　而在堪憂的大環境中，各族能夠接納彼此族羣身份與文化之差異，融合共存，一般被認為是建構國族的最佳途徑。葉綠素即在新詩〈日子〉中，對三大民族「兄弟」聯合力量，足以踩倒「狹窄民族的牆」寄託希望（葉綠素 1956）；而寒行〈三個人〉，則冀望「馬來亞三大民族團結，／共同來增進馬來亞的繁榮！」（寒行 1957）。

　　從國族想像的角度觀之，上述這些作品可說皆表現了對馬來亞多元族羣社會毫無異議的認同，然而卻也無可掩飾地透露了作者集體對本身族羣不為即將誕生的共同體所接納的焦慮。在頗大程度上，此類作品反映了作者對於族羣關係的感受與看法。實際的社會狀況無法讓他們對族羣之間的關係盲目的表示滿意，然而他們對跨越族羣藩籬，建立多元而和諧的社會卻充滿憧憬。幾乎在所有的以愛情寓言的故事裏，生離或者死別都不代表愛情的失敗。在一些故事中，異族男女在分手之際還能互相祝願友誼永固，並對兩族攜手共謀未來的幸福表示極大的企望。而在另一些故事中，至死不渝的愛情更說明真愛足以戰勝一切分歧，個人的犧牲甚至被賦予摧毀偏狹民族意識藩籬的力量，足以促成兩族的和解。這種對多元族羣和睦共處、繼而共同建構新興國族的想望，在「猛得革」的憧憬中，尤顯得熱切。

伍

　　馬來亞（及較後的馬來西亞）之國族建構，在國家獲得獨立逾半個世紀之後，依然是一項未竟的政治議程。一九九一年第四任首相馬哈迪(Mahathir Mohamad)在其「二〇二〇年宏願」下所展望的「馬來西亞國族」(Bangsa Malaysia)激發民間各種不同的反應與詮釋，至二〇〇八年第六任首相納吉(Najib Razak)「一個馬來西亞」(Satu Malaysia)口號引發朝野各政黨對於「馬來西亞人優先」還是「馬來人優先」的爭議，都足以說明這一點。[8]

　　相對於政治話語的模棱兩可，文學雜誌《蕉風》則早在建國前夕，即已通過對「純馬來亞化」編輯理念的宣導與實踐，為馬來亞國族勾勒了輪廓鮮明的素描。其編作者們對真正貫徹「獨立」意義的馬來亞的追求、對馬來亞社會之多元性質的洞察與認可，及對融合族羣與文化差異之根本肯定，構成了其所意圖之國族(nation-of-intent)的精神面貌。 總括而言，這個面貌或許可以一九五六年海燕在其〈馬來亞化與馬來化〉一文中的一句話歸結之，曰：

> 各民族在馬來亞，無論是主要的民族抑或是少數的民族，
> 其地位應該是完全平等的。 各民族對外應合稱為一個「馬
> 來亞民族」。（海燕 1956a:4）

---

8. 這一點可參考 Cheah (2007)與 Shamsul (2007)。

68 □ 林春美

徵引文獻

Abdul Rahman Embong (ed.) (2007) *Rethinking Ethnicity and Nation-Building: Malaysia, Sri Lanka & Fiji in Comparative Perspective* (Kuala Lumpur: Persatuan Sains Sosial Malaysia).

白蒂[陳振亞](1956)〈馬華文藝的精神是反封建的、反殖民地主義的、反頭家主義的、反種族主義的〉。《蕉風》no.20 (Aug.): 5。

Cheah Boon Kheng (2007) "Envisioning the Nation at the Time of Independence." Abdul Rahman Embong (ed.) 2007: 40-56.

崔貴強(1989)《新馬華人國家認同的轉向(1945-1959)》(廈門：廈門大學出版社)。

海燕(1956)〈由《沙漠的邊緣》說起〉。《蕉風》no.9 (Mar.): 10。

海燕(1956a)〈馬來亞化與馬來化〉，《蕉風》no.18 (July): 4-5。

寒行(1957)〈三個人〉。《蕉風》no.31 (Feb.): 21。

喚雲(1956)〈近打河的潮聲〉。《蕉風》no.25 (Nov.): 17。

黃賢強(2008)《跨域史學：近代中國與南洋華人研究的新視野》(廈門：廈門大學出版社)。

慧劍(1956)〈馬來亞化是甚麼〉。《蕉風》no.16 (June): 6-7。

蔣保(1957)〈馬華文藝的時代性與獨立性：寫在馬來亞獨立的前夕〉。《蕉風》no.44 (Aug.): 4-5。

蕉風社(1955)〈蕉風吹遍綠洲〉。《蕉風》no.1 (Nov.): 2。

蕉風社(1956)〈讀者‧作者‧編者〉。《蕉風》no.6 (Jan.): 封底內頁。

金千里(2007)〈五〇至七〇年代香港的文化重鎮：憶「友聯研究所」〉。《文學研究》no.7 (Sept.): 168-176。

Kamaruzzaman Abd. Kadir (1982) *Nasionalisme dalam Puisi Melayu Moden 1933-1957* (Kuala Lumpur: Dewan Bahasa dan Pustaka & Kementerian Pelajaran Malaysia).

李亭(1955)〈此時此地的文學〉。《蕉風》no.2 (Nov.): 3。

林起(2009)〈五六十年代香港文壇的一面旗幟：徐東濱〉。《文學評論》no.2 (Apr.): 154-172。

馬崙(1984)《新馬華人作家羣像》(新加坡：風雲出版社)。

馬摩西(1956)〈馬來亞化問題〉。《蕉風》no.18 (July): 1-3。

瓊山(1956)〈蔴河之水慢慢流〉。《蕉風》no.14 (May): 18-21。

沙里明[陳振亞](1957)〈以文藝反映新時代〉。《蕉風》no.29 (Jan.): 5。

山芭仔(1956)〈太平湖之戀〉。《蕉風》no.21 (Sept.): 9-11。

Shamsul, A.B. (2007) "Reconnecting 'The Nation' and 'The State.'" Abdul Rahman Embong (ed.) 2007: 204-215.

申青(1998)〈憶本刊首屆編委〉,《蕉風》no.483 (Mar.): 84-86。

Smith, Anthony D. [安東尼・史密斯](2006)《民族主義：理論、意識型態、歷史》(*Nationalism: Theory, Ideology, History*)[2000]。葉江（譯）（上海：上海人民出版社）。

姚拓(2005)《雪泥鴻爪：姚拓說自己》（吉隆坡：紅蜻蜓出版社）。

也斯(1997)〈解讀一個神話？：試談《中國學生周報》〉。《讀書人》no.24 (Apr.): 64-71。

葉綠素(1956)〈日子〉。《蕉風》no.12 (Apr.): 2。

岳心[徐東濱](1997)〈回憶學生報的誕生〉。《中國學生周報》[no.470]，2 Sept.。

鄭樹森(1996)〈遺忘的歷史，歷史的遺忘：五、六十年代的香港文學〉。《素葉文學》no.61 (Sept.): 30-33。

蕉風、采風、食風
論馬來亞獨立前夕物體系與國家認同的重構

黃國華

前　言

　　本文透過觀察馬來西亞最長壽的華文文藝刊物《蕉風》(1955-)，草創期若干「純馬來亞化」刊載現象：「采風」欄位的設置、「食風樓隨筆」的連載以及地方傳說、馬來文學的翻譯，試圖說明這一系列稿件，是對華人讀者（特別是具強烈僑民意識的南來移民）物體系的一次調整。[1] 在馬來亞建國獨立前夕，重構自己的「史」，發動自己的「風」，參與獨立建國工程，完成馬來亞國民的想像。

　　《蕉風》出版社與冷戰時期美國「亞洲基金會」(The Asia Foundation)支援的香港友聯出版社有所聯繫。其作家羣不少是參與友聯出版社《中國學生周報》的南來文人，政治立場是反（非）共的（金進 60-64）。《蕉風》初期鼓勵華人讀者不再回望已是中共政權的中國，協助星馬一代的華人

---

1. 鄭毓瑜《引譬連類：文學研究關鍵詞》兩篇文章〈類與物〉和〈舊詩語與新世界〉，論及中國古典文學之中展現類物或類應模式、集體熟知的「物體系」。即使因跨地域而接觸新物，「物體系」也會成為認識新物的基本框架（鄭毓瑜 232-325）。鄭毓瑜所提的「物體系」，與傅柯(Michel Foucault)的「知識型」(episteme)有所聯繫，一種超越個體、人為建構（代表可推倒重來或有所調整）、有一套邏輯運作的知識範式。本文從鄭文得到啟發，想像：南來文人過去知識積累而成「物體系」，如何與陌生的南洋現場產生對話。現實所見風物，如何走進「物體系」，如何被編入位置，共享熟悉的文化意象，或與其他之物組織新關係，重整出中國性和南洋性交融的「物體系」。

讀者，轉移由僑民至國民的認同。如創刊詞所言：「星馬兩地，我們華族後裔佔了全部人口的半數以上，在今後悠長的歲月裏，我們還是與其他馬來亞民族協調的生活在一起。那麼，對於我們生於斯、居於斯、葬於斯的馬來亞，如果不夠理解，豈不被人引為笑談」（蕉風社 1955），編輯強調華人人口大比數，明示馬來亞為「生、居、葬」落葉歸根之處。這「根」的重植，第一步驟是主動「理解」馬來亞，含蒐集、翻譯、書寫馬來亞的地方掌故、歷史故事、風俗隨筆、傳說神話，引導讀者界定「甚麼是馬來亞？」與「何者屬於馬來亞人？」等問題。

　　《蕉風》命名看似隨意：「蕉風二字除去代表南洋風味外，並沒有甚麼特殊意義，用不著引經據典地去為它找註腳。我們只希望：這蕉風不會奏出秋風夜雨的淒涼悲調，而能使馬來亞的沃野在它的吹撫下，滋長出茁壯的文化嫩苗」（蕉風社 1955），實際為蕉「風」貫徹兩種意義：(1)掌握文化資本的南來文人，具有使命感地吹起「文化風」，改善馬來亞「文化沙漠」的境遇；(2)最重要的，是讓「南洋風」成為星馬華人自然而然的本土風味，排斥的是「秋風夜雨的淒涼悲調」，或引申為悲情的懷鄉（中國）之感。從封面至內文，[2]《蕉風》都旨在再現一個純粹的馬來亞，代當地華人表述南洋地方感，將「華人」與「南洋」連結起來。

　　本文要處理的議題為：這種國家認同與地方感的重塑，從中國到南洋，是否有一個緩慢且不可簡化的符號系統重整過程？當這羣風土書寫者或翻譯者，多具有中國經驗，本身有一套認識外物的知識庫，他們如何應對這個「南洋」，並在短時間內將自身包括在「南洋」之內。譬如蕭遙天在《蕉風》所撰寫一系列「食風樓隨筆」，描寫自己作為南來新客，如何重新適應當地的天氣、接觸當地的文化，建構一套「風土」論。蕭遙天並不單純地接受全新的風土，反而以古典詩歌、中國的時序變換經驗來調整「本土」感。前人研究已觀察這些關於南洋風俗的文本，是一次馬來亞

---

2. 前十二期《蕉風》編輯邀請星馬畫家以馬來風格為主題，為《蕉風》設計封面插圖，多出現蕉葉。此外，封面也以各種繪畫形式：油畫、國畫（山水畫）、指畫、粉畫、木刻，記錄各種族的生活圖像，讀者在第一時間接觸這份刊物，即可瞬間啟動南洋視域。參與這些封面、繪圖的創作，包括新加坡南洋畫派先驅人物鍾泗濱、陳文希、陳宗瑞和劉抗等。

國族的想像,「建立在對馬來亞社會族羣與文化多方面的『多元』性質的認同」(林春美 206)。但究竟這想像過程具體如何操作,它將面對怎樣的書寫困境,仍有發揮之處。賀淑芳與鍾怡雯曾與本文發出相近的叩問,也都觸及到蕭遙天的「食風樓隨筆」。惟賀文止於初探,未詳述當「中國象徵系統」遇上「南洋現場」,其形成的落差是如何被處理,本土性如何在南洋性與中國性的糾葛中激盪出來(賀淑芳 2013)。至於鍾怡雯是以蕭遙天作為觀察五十年代南來文人從僑民意識過渡到馬來亞意識的作家個案(鍾怡雯 2017),而本文側重點是南來文人物體系的重組,從蕭遙天的個案帶出《蕉風》內其他與之相似或迥異的文本,研究對象擴及翻譯作品。本文將「蕉風」、「采風」、「食風」三個關鍵詞串聯起來,形成一個探討南來華人如何成為馬來(西)亞華人的議題,觀察五十年代南來華人的地方感、身體感、認同感如何轉化和重構。

　　本文以《蕉風》兩筆材料進行論述:(1)首先聚焦討論《蕉風》連載的蕭遙天「食風樓隨筆」風土書寫情形,旁及刊物內其他馬來亞風俗隨筆(以「采風」欄位名之)。同時對比此「采風」之舉,與左秉隆、黃遵憲等早期南來文人有何差異;(2)除了風俗隨筆,馬來歷史故事、神話傳說、馬來詩歌的蒐集與譯介,也為南洋華人植入一套新的史觀和物知識。我們可從中提問:這些民間文學材料,究竟發揮出怎樣的政治、文化與歷史功能?由馬來語至華語的翻譯過程,又是如何回應當時「華語/國語」的制憲問題?

壹、何以采風?如何食風?
《食風樓隨筆》中「中國性/南洋性」的糾葛

　　《蕉風》創刊之初,就一直鼓勵蒐集馬來亞當地風土資料:「這一期便欠缺了馬來亞土生的傳說與歌謠,而我們所希望有的馬來亞風土與人物介紹也未推出」(蕉風社 1955a:33)。《蕉風》很快引入這些稿件,幾乎每期都有文章去介紹馬來亞其他種族的衣食住行和當地物產,如〈芭蕉的又一性格〉(第二期)、〈馬來人的婚俗〉(第六期)、〈椰花酒〉(第八期)、〈印度人的婚禮〉(第十期)、〈馬來人的捕鱷魚〉(第十一期)、〈馬來人與

弄迎〉(第十二期)、〈沙蓋〉(第十三期)等。值得留意的是,自第十四期起,《蕉風》在目次以及內文專欄中,標上「采風」二字,其中的篇章有:劉強〈馬來人的風俗〉(第十四期)、梅井〈馬來亞的服裝〉(第十五期)、魯秀〈馬來人為甚麼忌食豬肉〉(第十五期)、潮州峇峇〈榴槤季節話榴槤〉(第十七期)、劉強〈馬來人的生活〉(第十八期)以及莫斯存〈馬來民族的習俗〉(第四十四期)。這些「采風」專欄的內容,與過去的風土書寫無差異,包括蕭遙天一系列的「食風樓隨筆」(從第一期至第三十一期,時能看見其隨筆刊載。蕉風出版社更在一九五七年,將這些文章結集成蕉風文藝叢書之一)。因此,我們可說「采風」與「食風」,是《蕉風》描述馬來亞風土的並列詞語。

一、采而食之:《蕉風》中「采風」與「食風」的概念互補

　　「采風」與「食風」這對應詞組,實有語彙的時差。「采風」概念來源甚早,可追溯到周代「采詩」、「采風」制度。透過自民間蒐集的十五「國風」,上位者可觀民風以補政。故,「采詩」、「采風」、「獻詩」、「誦詩」,都是一系列的政治活動,其對象是帝王君子。如《國語》曾記載邵公勸周厲王停止監察人民議論,提出建議:「故天子聽政,使公卿至於列士獻詩,瞽獻典,史獻書,師箴,瞍賦,矇誦,百工諫,庶人傳語,近臣盡規,親戚補察,瞽、史教誨,耆、艾修之,而後王斟酌焉,是以事行而不悖」(徐元皓 11-13)。這種先秦采詩制度,影響漢代樂府的創立,強化《詩經》政教傳統(張強 2010)。中晚唐新樂府運動或是貫徹「真詩在民間」理念、明代馮夢龍編印的《掛枝兒》與《山歌》,都可視為不斷延續的采風傳統。「采風」本身的政治性相當強烈,終極目的是維持「天下」秩序,鞏固中心的政權。這種采風政治觀,在五四運動以來,有另一層次的轉化。因「民族國家」、「民俗學」觀念的引介,掀起民間文學的蒐集熱潮,如一九二二年中國出版第一份民間文學刊物《歌謠》週刊、一九二七年中山大學民俗學會成立。其「采風」,多了「德先生(民主)」與「賽先生(科學)」的現代內涵。采風範圍,從過去主要的歌謠,擴及口傳文學和風俗紀錄。[3]

---

3. 晚清以來,西洋學術和「國家」、「民族」意識的傳播,已促發文士關注民眾文化(鄉

　　杜亞雄與邸曉嫣曾強調民間音樂的蒐集和研究，屬於田野工作，而不是具有傳統「采風」如此具有干涉性和中心主義。他們擔心以這隸屬帝制的古老話語描述民間文藝的蒐集，易形構主流收編邊緣的政治暴力（杜亞雄、邸曉嫣 22）。然而，杜、邸過分執著於「采風」原始義，忽略詞語有所迭變的動態發展。取其「采風」的外在姿態，不必然就完全複製該話語的皇權內涵。且以「采風」古名來詮釋民間風俗蒐集的現代活動，當中所表現文化記憶的承續衝動，是值得細究的。

　　《蕉風》編輯並未說明何以對這些風俗書寫冠以「采風」之名。但此「采風」，仍與傳統采風同樣具有強烈的政治性，不是純然的學術目的。重陽在討論建構「此時此地」的馬華文學時提到：「總結一句，馬華文藝，是應該反映此時此地的華人生活習慣，思想意識等等；而作者必須充分瞭解此時此地的政治、經濟、文化、地理、民族、氣候……等等才可」(3)。獨立建國前夕，這羣以南來新客為主的《蕉風》編輯羣，為了讓華語書寫能夠整編到國家文學，[4] 首要條件是能在短時間內吸納當地風土知識。《蕉風》在這段時間內，積極思考如何進行「屬於這個國家」的文學表述，如何轉化根深柢固的溫帶身體感，蛻變成此時此地的國民。如二戰以後南來的馬摩西（1918-1971，雲南昆明人），在《蕉風》創刊號表示：

> 熱帶人的風氣和生活方式，與溫帶的大異其趣。熱帶人的
> 衣食住行，實給我們有特殊的觀感。你看馬來亞人的沙籠、
> 亞答屋、拖鞋；單調的棕櫚和椰樹，臨風搖曳著；三三兩
> 兩的漁村，漂浮在海面上；沙灘有小孩在拾貝殼，一陣陣

土歌謠、諺語與神話等）。一九一八年起北京大學陸續成立歌謠徵集處、歌謠研究會、方言調查會和風俗調查會，一九二二年編《歌謠》週刊，「編成一部國民心聲的選集」（《歌謠》週刊發刊詞），顧頡剛、董作賓與周作人為這一系列采風活動的主要推手。這除了將民間文藝列為學術課題、納入國學門，也是國民意識的建構、肯定民眾為國家主人（鍾敬文 85-142）。蕭遙天與馬摩西等南來文人在馬來亞以「采風」重建想像的「國風」，或對上述活動有所參照。

4. 建國後，馬來西亞國家文學由於以馬來語寫作作為基本門檻，形成一種單一種族文學，將馬華文學排除在外。但在建國前夕，國語、國家文學的界定，仍在開放討論的階段。

微風送來了歌聲琴韻，這就是我們的寫作體裁。……凡是
生長在溫帶地區的人，在熱帶住上了幾年，頭腦雖已大起
變化了，但觀點總有新奇的反映；我想過再過幾年，到了
見怪不怪的地步，我們的生活也平淡了。

（馬摩西 1955:5）

　　這羣文人正經歷從新奇轉化到平淡的生活體驗，協助他們逐步進入
「見怪不怪的地步」，需仰賴種種以華文記述的風俗觀察。因此，過往「采
風」是為了中央匡正政治而採；而五十年代星馬的「采風」，則企圖建構
新的中心，為全體華人而採。「采風」有了新的政治姿態。

　　選擇「采風」之名，可確立采風者（華族）政治中心的位置。「采風」
本身具「改風易俗」原始動機，存有「華／夷」、「中心／邊緣」的二元想
像。由於采風過程中可進行文化批判，它突顯采風者的主導位置。如丁乙
在〈馬來人與弄迎〉中，指出現下馬來弄迎舞已脫離正宗、不唱班頓而唱
黃色流行歌曲、不再穿傳統的服飾，認為是西風所致(1956a:26)。丁乙既
批判馬來族羣現時文化，也批判即將脫離管制的英殖民政府。書寫者實際
讓自身在南洋反客為主，作為一國主人，有義務為這塊土地改風易俗。這
並不表示編輯羣想讓華族成為唯一中心，作夷夏分野。而是希望自己與馬
來族、印度族、原住民等，成多元中心。《蕉風》編輯羣一直反對辦報理
念「純馬來亞化」，被曲解為「馬來化」，以馬來人作為國民的最高階，唯
一的主人。[5] 縱然多數南來新客仍稱中國為「祖國」，可也視馬來亞為「第
二故鄉」（山東佬 17；何人詩 11），取消「流落番邦」、「落籍番邦」，「流
亡番邦」的心情（白蒂 1956）。

　　「蕉風」的命名提出「純馬來亞化」想像藍圖，「采風」則是實踐這
藍圖的姿態，自中國上古文學和文化傳統中取得靈感。但「采風」仍易招

---

5. 慧劍認為華人移民可能比馬來人移民來得更早，馬來人祖國是蘇門答臘的巨港和占
　　卑，不該以馬來人為土地唯一主人（慧劍 1956）。馬摩西則表示過去的華人缺乏政
　　治活動的習慣，一直被他族視為化外之民。如今必須「加重自己的責任，介紹自己
　　民族優良文化，和尊重各族的文化，以建立名符其實的獨立的馬來亞」（馬摩西
　　1956）。

惹大中國意識的懷疑。這時候蕭遙天標舉的「食風」，是「采風」的在地轉化。

蕭遙天（1913-1990，潮陽棉城人），一九五〇年代從香港輾轉來到馬來亞，定居檳城，從事文學和教育工作（方美富 2015）。蕭遙天參與《蕉風》的「采風」活動，積極書寫當地風俗隨筆，邀請當地華人讀者一起「食風」。「食風」二字，可見晚清黃遵憲留日期間寫的〈不忍池晚遊詩〉：「馬不嘶風人食風。」錢仲聯註為：「粵人以御車兜風為吃風」（黃遵憲 80）。食風意味著旅行、兜風，廣東一帶人的地方話，在馬來成語中，也有 "makan angin"，一樣是出走旅行的意思。

蕭遙天在敘述這個詞彙時，強調那是屬於南洋的特殊文化。在〈食風與沖涼〉提及因為南洋的熱帶氣候，促使南洋人至海濱、高山食風納涼，有錢的「頭家」還會建避暑的「食風樓」。《食風樓隨筆》的自敘，有趣說明自己要模仿傳統文人才子，建構一個齋堂、園堂、寒齋。但在南洋，只能虛構一座紙上樓閣「食風樓」，留下馬來亞氣息的囈語，讓讀者「望風來歸，主人當竭誠以風饗客，談笑既能風生，風餐逾以玉食」（蕭遙天 1957:3），建立一種古典韻味的南洋風土閒聊。

蕭遙天對「風」的詮解，明確指向文化潮流，如在敘文認為「風」是文化行進的象徵。在〈沙漠風〉他對國「風」有一套看法：

> 「國風」的「風」字很有潮流的意味，空氣的潮流就是風，詩經的三部分之一叫做風。但風也有好壞，一方面有「二南」的風化，一方面也有鄭衛的淫風，草上之風必偃的風是好的，隨風而靡的風是壞的。我們不要隨風而逝，要清明在躬，很理智地分別好壞，從壞方面要轉移它的方向，所謂移風易俗；從好的方面呢，要得風氣在先，快步向前，讓風很迅速的吹遍大地。（蕭遙天 1957:113）

蕭遙天的「風」如上述所言，有采風「移風易俗」傳統意涵，同時也強調將風「食而化之」，從口中吹出自己的風，具本土轉化的企圖心（蕭遙天 1957:4）。他並非將南洋的風全盤接收，而須經過一番篩選和消化，才可

創造自己的風。這讓他的「食風樓隨筆」，總見古今對話，複雜而糾葛的適應過程，昔日中國地方記憶與現時南洋地方景觀，常發生微妙的搏鬥，一場互有進退的文化博弈，兩種視域的交疊。

采風，是表達華人進入中心的姿態；食風，則意味風入體內，知識庫與情感結構將有一次增刪、重組的機會。二者組成的「風，采而食之」，是《蕉風》初期「本土化」的文學景緻。下文將以蕭遙天的《食風樓隨筆》為主要對象，佐引其他《蕉風》風俗隨筆，觀察其「中國性／南洋性」的糾纏過程。

二、食而化之？食而不化？:《食風樓隨筆》中「中國性／南洋性」的 辯證現象

（一）揮之不去的中國魅影

當《蕉風》為當時華人重構南洋物體系，讓「南洋」具體可感，是透過文人過去中國文學和文化累積的物知識所轉化。蕭遙天總借助古典詩詞和小說資源，對南洋進行格義。如〈食風與沖涼〉描述熱帶頭家與苦力的分野時，會提到《水滸傳》一段歌謠（蕭遙天 1957:19）。在〈過熱帶年：南遊小簡之一〉描述至檳城的寂寞心境，會提到白居易〈與元九書〉(1957:47)。蕭遙天也透過現代書寫的古典文學，表述他的南洋經驗。如據所閱讀李詞傭〈菩薩蠻〉詞組，想像此時所看見的檳城娘惹(1957:29)。換言之，過往的中國文學和文化記憶，頻頻「干擾」現時面對南洋的蕭遙天。蕭遙天須透過回望過去的傳統，才有描述「此時此地」的能力。如同黃遵憲從中國出使日本，面對新事物之際，古詩語成為他具尺度性質的描述工具（鄭毓瑜 268-324）。不同的是，黃遵憲選用的是民歌風味的竹枝詞，蕭遙天則選用現代白話散文、隨筆。蕭遙天本可更透明地描述南洋，卻在隨筆中展現古典詩歌修養，讀者皇甫光曾如此評價他:「對新舊體，都有湛深的功力。所以他的散文，任何一篇，都是詩的『變形』」（皇甫光 16）。在他的現代文學體式中，能嗅到濃烈的古典氣息，所曝光的南洋事物，始終環繞散不開的中國光暈。

蕭遙天在〈馬來亞的天氣〉坦承自己無法在極端的時間內，由南來新

客轉變為徹底適應南洋的人：

> 我們都像寒帶的植物，偏偏要種植在這熱帶的土壤裏，又
> 偏偏要滿意這種氣候。我們不僅是一枚寒帶種子，而且是
> 一株上有枝柯，下有根荄的經霜老木，飽歷寒暑，有豐富
> 的時序變換經驗。……這株老樹的意識，便不會像高椰低
> 蕉那麼簡單了。它有北國的舊憶和南國的新感。
>
> （蕭遙天 1957:6）

蕭遙天知道融入本土的操作困難，下文可看他與其他文人，如何透過北國的舊憶，體驗南國的新感。

在中國地理文化想像中，常見南北劃分。它不一定代表確切的地理事實，卻左右我們如何界定一個地方的感覺。如認為北方是豪放、空曠、寒冷；南方是溫柔、綺靡、潮濕（田曉菲 245-281）。當蕭遙天面對中國之外的「南洋」，自然把這陌生空間，聯繫中國之內的南方、江南。如在〈馬來亞的天氣〉：

> 中國的文化，向來南北劃成二大分野，「駿馬秋風冀北，杏
> 花春雨江南。」這一北一南，剛柔各具其美；「燕趙多悲歌
> 慷慨之士」，而「吳歈越吟，　荊艷楚舞」，去那種北方的豪
> 俠之道又很遠了。我看馬來亞的生活情愫，把中國向來所
> 分的南北分野，取其屬於南方的來比擬，大體上沒有錯，
> 此土在南方之南，正可代表南方之極則。
>
> （蕭遙天 1957:8）

蕭遙天將南洋看作他所熟悉的南方，並且推向極致，認為比他所認定的南方，更具南方特色。在〈雨〉中，當蕭遙天描寫蕉風椰雨時，馬上聯想到的，就是古人美感經驗「杏花春雨江南」（蕭遙天 1957:99）。還有〈慵懶的秋雨〉提出「舊雨支配新雨」的心境：「江南春雨的根已經在昨夜的枕上生根，更伸向新雨的土壤中，眼前，我已覺得馬來的秋雨春意盎然了」

（蕭遙天 1957:121）。在馬來的「秋」雨中感受往日的「春意」，從而得到氣候的調適。

《蕉風》中其他南來文人，也與蕭遙天一樣，以江南來體驗南洋，或從中對比，在落差中生發一種此地終非彼地的感嘆。如馬摩西〈淡寫新山〉，將南馬新山湖濱，譬喻成杭州西湖。但作者感嘆新山缺乏文人雅士的品評，讓它始終不如中國的西湖那樣，擁有李白和蘇軾的文學加持。直接面對外景，而沒有文學記憶可調動，會落得「山就是山，水就是水」的審美匱乏。馬摩西所憂慮的，是南洋風物未進一步「文學化」，形象總是模糊和難以把握(1956a:31-32)。因此這臺南來文人積極書寫馬來亞遊記、風土介紹，有的風土論述甚至予以情慾化，認為熱帶氣候甘榜風光，容易燃起情慾的火焰（蕭遙天 1957:11）。其目的是讓「南洋」清晰可見，不斷與馬來亞發生「感興」。

中國慶典儀式，往往配合著指導農事的時氣，時間與空間互相帶動。當南來文人在南洋面對傳統節日時，特別容易感受到時空的割裂感。在〈過熱帶年：南遊小簡之一〉一文中，蕭遙天曾做一個譬喻，中國的「年」如古玉，需要寒流的剝蝕才能見古色斑爛。當「年」投向熱帶系統，無論如何酷肖「年」，都還是「現代」的工藝品。這一段「過熱帶年」，讓他所熟稔的中國古典文學，無法對應，承認古典記憶的失效（蕭遙天 1957:47-51）。另一南來文人申青（河北滄州人，原名余德寬）也曾言桂樹在南洋的缺席和當地四季常夏，讓中秋節失去了滋味（申青 1955）。

但這些南來文人，特別是蕭遙天，並未因時氣感的顛覆而措手不及。在〈馬來亞天氣〉最後一節，蕭遙天提出「雪意在寒雲」的應對策略，以唯心的方式支配、調節南洋的氣候：久雨初晴，是無限「春」意；夜涼如水，是無限「秋」意，登上金馬崙高原和升旗山，就得到初冬的味道。最後改造詩句「南天不飛雪，雪意在寒梅」為「南荒不飛雪，雪意在寒雲」（蕭遙天 1957:12-15）。這種改造詩句、轉化時氣體驗的努力，表明他們落地生根的立場，強迫自己滿意此時此刻的溫度、景觀和物產，「看高椰低蕉，搖擺舒卷，風態自然，我們也要學它的風態自然」。五十年代面對兩種時序變換經驗衝突的南來文人，對當地華人（特別是對中國依依不捨

的新客)進行安撫。在保留「文化中國」的想像同時,逐步進入當地,緩衝文化差異而造成的格格不入。

除卻天氣和南北地理,蕭遙天也採取一些方法,讓馬來亞各種新物,可瞬間熟悉、即刻編入他的知識結構之中。

(二)象徵系統的轉化:讓南洋包括中國

從蕭遙天的《食風樓隨筆》以及《蕉風》其他風俗隨筆,頻頻出現「椰子」、「芭蕉」、「榴槤」等象徵南洋的植物。如:瓊山〈椰花酒〉描述印度人在蕉風椰雨的馬來亞,喜飲到處有其原料的椰花酒(瓊山 1956);辛生〈大肚國王與千里香:又名「生命的水」,是椰子的故事〉講述椰子和咖哩的來源(辛生 1956);還有山東佬〈椰樹下感懷〉敘述自己因九一八滿洲事變來到南洋,從椰子的離散(自蘇門答臘至馬來亞),想到自身的離散(山東佬 1955)。蕭遙天的《食風樓隨筆》提出另一種物體系建構的新角度。即基於中國古典文學,將南洋新物重新定位,讓中國與南洋兩地的物集合,作一次交集互涉,南洋新物因而催生舊而熟悉的意義。

如〈紅豆〉一文,蕭遙天就王維「紅豆出南國」,認為該「南國」過往解釋成江南、江浙是有誤的,「南國」應指南洋,紅豆是早期南洋朝貢中國的貢品。他羅列諸多史料(如:《漢書》、《唐會要》、《新唐書》、《本草綱目》等),考掘紅豆來源,更將中國古典、現代文學中出現的「紅豆」一併列示,拉出一段中國紅豆文學史,古今不斷複頌的相思抒情史(蕭遙天 1957:57-74)。蕭遙天的考據未必可信。視南洋之物(紅豆)作中國文學譬喻(相思)的源流,實模糊華夷界限,強調中國文學傳統,早已有南洋風物的介入。如此逆轉了「中心/邊緣」位置,南洋可從邊緣走向中心,因是文學譬喻傳統的發源地。中國和南洋的關係,在蕭遙天的敘述下曖昧起來,讓南洋包裹「中國」。蕭遙天另有一首詩〈番茉莉與番石榴〉,寫道在南洋之地見到番茉莉以及番石榴感到驚訝,以為兩種植物早在中國開花結果,卻忘記南洋才是他們的老家(1957a:13)。再度顯示自以為是中國的物,原來都是來源南洋,鬆動「華」與「番」的「中心/邊緣」位置。強調是鬆動,而不是直接讓南洋成為絕對中心。我們還是可看到《蕉風》

中其他風俗隨筆，讓以為是南洋的特有物，給出源自中國的線索。例如：丁乙在《蕉風》第十一期中的〈馬來人捕鱷魚〉認為馬來亞鱷魚，是因韓愈〈祭鱷魚文〉所驅趕過來(1956)。潮州峇峇〈榴槤季節話榴槤〉則表示榴槤是三寶太監鄭和的屎(1956)。南洋之物的來源，時而來自中國，時而被認為啟動中國悠遠的文學譬喻。南洋與中國，反反覆覆置換「源與流」位置。

　　蕭遙天在〈胡姬〉一文，從胡姬花(orchid)之名，聯想到中國文學中「西域美女」。又因胡姬屬蘭科植物，故將胡姬花納入南來文人熟悉的象徵系統，與蘭花共享「君子花」的譬喻（蕭遙天 1957:75-82）。作為東南亞特有種的胡姬花，之所以能順利編入南來華人的記憶庫裏，激活文人感興的可能，是因它與蘭科同種和聲音近似。據周清海所述，一九九九年新加坡曾議論是否將「胡姬花」規範為「蘭花」。追求華語正統使用的人，支持換名，而另一派則認為「胡姬花」詞彙仍具備它時代印記以及中華詩意，並非毫無根據的音譯（周清海 67）。從這正名論爭中，可見「胡姬花」被翻譯的一刻，就拖著「中國」的文化影子，甚至注入本不屬於它「蘭」的典故和詩語。這並非中國學者曾毅平所言：「『胡姬』全然沒有本土漢語『蘭』的文化圖像，卻負載著新加坡詞源的文化史料信息，頗有域外風采」(109)。胡姬花與蘭花，在蕭遙天南洋物體系構擬中，編入同一位置，透過報刊文字，傳播至南洋華人社會。除了蕭遙天的〈胡姬〉，申青的〈芭蕉的又一性格〉，因發現南洋芭蕉具醫療其他樹木疾病的作用，進而將熱帶芭蕉，譬喻成「外圓內方」的名士君子，與竹子共享這中華象徵(1955a:4)。一再見證，南洋風物如何走進中國譬喻系統中。在保留「華」的認知模式下，啟動南洋的情感模式。建國獨立或本土化，並非一次「去華化」，《蕉風》的編輯羣和蕭遙天，從自己熟悉的中國物體系，亦步亦趨地轉化出屬於南洋的物體系，兼具中國性與南洋性。[6]

　　《蕉風》還有一些風俗隨筆，會對南洋之物進行「香／臭」的辯證。

---

6. 可同步對照《蕉風》第五期曾后希的封面，一個拿著芭蕉扇的中國古典佳人，站立在南洋蕉林前。他的南洋，以清逸高古的筆調描摹出來，製造出「古／今」、「南洋／中國」時空錯置的反差美感。

如：潮州峇峇〈榴槤季節話榴槤〉，不解唐山伯何以對榴蓮有嗅覺抗拒，認為榴蓮一旦被南來華人所吃，會馬上消除對唐山的眷戀，對馬來亞產生擺脫不了的情感（潮州峇峇 1956）。李定華〈小黑人和峇不帶〉，一樣認為馬來亞臭豆「峇不帶」，起初難聞，一旦習慣了它的味道，即轉臭為香，成為無法忘懷的美食記憶（李定華 1957）。香與臭是後天建構，基於我們文化慣性而做出判斷。兩篇風俗短文，嘗試調整南來華人的品味觀，進而達到擱置離散情懷的作用。

　　早在十九世紀末期，左秉隆、黃遵憲、楊雲史等人被清廷派駐新加坡，擔任領事館使節。在面對南洋現場，他們一樣發生過物體系的顛覆。特別是鼓吹民間文學的黃遵憲，積極透過詩詞去記錄南洋風土。但由於出於使節身份，出使南洋具有「再華化」的動機，除了改風易俗，他們還希望連接中國與南洋的關係。這一點與蕭遙天、馬摩西等人鼓吹「純馬來亞化」不同。前者隸屬於中國帝制官僚系統，「采風」是為清帝王而采，並以中原中心的制高點、他者的身份，俯視化外之民的風俗習慣。如高嘉謙所言：「在今日看來，使節漢詩的南洋寫作雖然不算國情訪查或地誌調查筆記，但他們有意無意間試圖將『南洋景觀』帶入中原視域：離散華人的生活處境、殖民地的政治現實、傳統文化習俗與異域風土」(375)。南洋作為一個異域奇觀，被帶入中原視域；至於後者，則將南洋景觀帶入南洋華人視域。作為華人社會佔少數的知識分子，他們以本土文化人的姿態，主動對「南洋」進行一次文字符號上的「去異域化」，讓華人能持久生活在南洋之中。雖兩個世代南來華人，有不同文體和理念的采風，但左、黃早期的南洋漢詩之作，仍引起五十年代馬來亞華人的共鳴。如洛楓〈星洲的舊名‧舊詩‧舊事〉，提及黃遵憲的〈番客篇〉寫盡了南洋華僑的離散心境，古今南來經驗互相對照著，南來不是孤獨經驗，是集體參與的離散史（洛楓 1956）。

　　由於缺乏讀者回應，很難看到其他讀者在閱讀《蕉風》的風俗隨筆，會有怎樣的閱讀反應。暫時找到的，是南來四個月的新客皇甫光，看完南來三年的蕭遙天隨筆後，作出讀後感：「讀完這本集子，突然之間，就獲得四年的閱歷，對這長年皆夏的半島，由生疏而親切了」（皇甫光 17）。

蕭遙天的風俗隨筆，不是純粹他個人適應南洋的過程，是能引導其餘南來華人，理解並接納這即將成為國土的南洋。

貳、馬來文學譯介對南來華人離散與語言問題的回應

倘若「采風」涵蓋民間文學的蒐集，那除了蕭遙天等人的風俗隨筆，《蕉風》大量馬來傳說、歷史故事、歌謠的翻譯，理應納入討論。它們一樣對馬來亞華人物體系有所衝擊，更重要的是讓他們直接接觸「國族」、「國語」、「華語」等建國關鍵詞。這些馬來民間文學，多來自馬來史書《馬來紀年》(*Sejarah Melayu*)、《漢都亞傳》(*Hikayat Hang Tuah*)以及《阿都拉自傳》(*Hikayat Abdullah*)。這是對另一強勢種族文化的承認與認識，「關注本土的他者／異質文化之表示」（張錦忠 105），直面未來永久面對的他者。廖文輝曾梳理獨立前華人身份歸屬的態度變遷，[7]《蕉風》南來文人感受到馬來亞國家認同的勢在必行，紛紛參與馬新史學的重構（廖文輝 2010:121-122）。

這章節分兩部分：第一部分首先針對《蕉風》中的馬來文學翻譯作品，反省歷史傳奇與詩歌的題材特色，如何建立出認同馬來亞的史觀，共享友族的抒情經驗；第二部分則對比翻譯作品與原版的內容，探討譯本內容取捨的目的，以〈百年前的星洲天地會〉（姚鴻聲譯）和馬來班頓選譯（呂卓譯）為例。

一、為何歷史、傳說與班頓？
（一）歷史、傳說與神話：靈異化的土地記憶建構

林春美曾整理一份《蕉風》創刊首半年所刊登有關馬來亞風土介紹和馬來文學翻譯的表格(205-206)。馬來亞歷史翻譯包括：以馬六甲皇朝水師提督漢都亞(Hang Tuah)為主角的〈馬來勇士漢都亞的童年〉、〈勇士漢都

---

7. 廖文輝梳理出一條馬新史學的發展脈絡，如一九三〇年代起《星洲日報‧南洋研究》表現出南來學人對南洋研究的關注、一九四〇年代後南洋學會的創立促使南洋研究蓬勃發展以及一九七〇年代因五一三種族事件，南洋研究轉向探討華族本身的華人研究。《蕉風》草創期發行於南洋研究最興盛的時段，有系統地整理南洋的歷史、文化、語言、宗教、地理等，代表人物包括在《蕉風》書寫掌故的許雲樵。

亞的成名〉、〈漢都亞揚名爪哇〉、〈漢都亞成仙〉，大致出自《馬來紀年》
和《漢都亞傳》；以馬六甲蘇丹馬末沙(Sultan Mahmud Shah)皇朝為背景的
〈馬六甲公主〉，改寫自《馬來紀年》；出自《阿都拉傳》的〈百年前的星
洲天地會〉、〈捕象記〉以及〈百年前的星洲奴隸市場〉。其他不知翻譯來
源多是傳說與見聞，或翻譯自馬來亞社會的口傳，如：〈蛇的傳說〉、〈孕
婦島〉、〈鬼獵人〉、〈巴豆的故事〉、〈富有歷史性的怪石〉、〈虎在新加坡〉
以及〈蟋蟀老人〉等。林春美所忽略的作品，有「馬來亞童話」欄位的〈斷
舌的麻雀〉和「馬來民間故事」欄位的〈太陽神之子〉。其中〈斷舌的麻
雀〉，日本民間故事也有近似之作。這表示流傳已久的「本土」傳說，是
否真的源自當地並不重要。關鍵是在獨立建國之際，需發明大量所謂本土
故事，來往上延長土地記憶，製造悠久感（如地方傳說的開頭，多模模糊
糊的久遠時間）。在這些歷史與傳說中，很少來自中國，縱使當時華人社
會仍流傳來自中國、經過調整的傳說（廖文輝 2012:192）。《蕉風》大量譯
介當地馬來人所熟悉的故事，不代表要清除馬來亞華人的中國記憶，只是
投入更大力氣去補充華族陌生的在地故事，透過接受南洋真假難辨的敘
事，建構新的歷史認同，加強新家園與自身的聯繫。

　　《蕉風》大量介紹馬六甲皇朝時期以及英殖民時期的歷史，與友族共
享同一個民族英雄漢都亞，共同回顧馬六甲皇朝的興衰。華人譯者甚至對
這新的歷史記憶進行改寫。如：《蕉風》漢都亞系列的譯介，原本來自《馬
來紀年》與《漢都亞傳》。余壽浩的翻譯以華文修辭重新描繪馬來英雄的
形象，銜接華族文化。譬如金山公主(Puteri Gunung Ledang)故事中，《馬
來紀年》僅簡單記載漢都亞與兩名隨從到金山代蘇丹向金山公主求婚，最
後因公主提出要王子的血而讓蘇丹取消念頭（許雲樵 232-235）。[8] 余壽浩
在〈漢都亞成仙〉一文描述找到金山公主的漢都亞，最後留在金山成仙，
寫道「他是一個偉大的戰士，又是多麼地忠誠於蘇丹，他將成為神」（余
壽浩 1956:22），作連結中國深山修道成仙傳統的跨文化改寫。[9] 馬六甲皇

8.《漢都亞傳》並無《馬來紀年》這段故事，而金山公主則被虛構為馬六甲皇朝末代
　君主，最後成為馬達國的國王。
9.《漢都亞傳》與余壽浩翻譯略有不同，該書漢都亞最終放棄世俗事務，隱居山崗並
　整天向真主參拜（黃元煥 541-554）。

朝歷史至獨立後，尤其八十年代推行 KBSM 國家教育政策(Kurikulum Bersepadu Sekolah Menengah)成為教科書的主要內容，甚至視為馬來亞歷史的起點。王麗蘭曾述：「欲以馬六甲王朝的興盛作為在這土地上的正當性理由由此開始建構和塑造，而馬六甲王朝的政治、文化也被當作為建構『馬來西亞』的形象和符號的代表」(54)。馬六甲皇朝歷史原本得到《蕉風》編輯的關注，藉此理解他族的歷史。然而這段國土歷史，日後卻成為馬來族羣提倡馬來民族主義的工具，強調馬來人與其他族羣的血統不一，並非對等的國族。

除了歷史故事，馬來民間傳說是更為有趣的創造「集體記憶」的體裁，隱晦而有力地製造華族與馬來亞土地的聯結。這類文學體裁的特色，通常短而生動，多與地理特徵、地方生物命名有關。讀者可從經靈異化修辭的傳奇故事，逐漸將敘事空間中的草木鳥獸，匯入自己知識庫。茲舉數例：《蕉風》第二期辛生譯的〈孕婦島〉，敘述今馬六甲孕婦島(Pulau Besar)的傳說，解釋島名由來，強化讀者的地方印象：「後代人稱這個島為孕婦島，島周終年激盪著洶湧的海浪，飛翔著白色的海鷗；漁人偶或在這裏歇足，他們也許不再記得清這湮遠哀怨的故事，但海風、海浪卻永遠伴隨她，不把她忘記」（辛生 1955:16）。第六期疾風所譯〈巴豆的故事〉則講述生長在當地甘榜、花園、馬路的植物「波克·布頓」，亦稱「巴豆」(Poko Pubeng)的由來。故事所出現跨物種的變異，常見於一般民族的神話傳說，尤其是華人所熟悉《山海經》中精衛填海、夸父逐日故事，代表一種未完意志的補償心理（疾風 1956:12-15）。疾風另一譯作〈鬼獵人〉，講述雙溪利巴(Sungai Lebar)一馬來丈夫因違背神秘老人的諾言，所得黃金全數被魔鬼搶走，最終成為遊盪在森林、飲毛茹血的鬼獵人。其與〈巴豆的故事〉一樣，出現形體變異的書寫，突顯鬼獵人貪婪偏執面。故事場景赤道雨林和蚊蟲、水蛭、老虎、檳榔、大螞蟻等雨林生物元素，激發南洋讀者作恐怖、鬱暗、佈滿禁忌的空間想像，藉由震驚效果加強地方印象（疾風 1955:15-19）。〈鬼獵人〉當期編者還將這些魔幻色彩的本地譯作，連結中國文學史神魔小說經典《西遊記》和《聊齋誌異》（蕉風社 1955b）。

（二）班頓：種族抒情經驗的跨時空對應

　　《蕉風》第一期到第二十八期中，以純文學而言，僅出現馬來古典詩歌和班頓(pantun)的翻譯。如第三期刊登哈密頓(A.W. Hamilton)作、藍天譯〈馬來詩兩首〉、第十七期智集譯〈馬來民歌選譯〉以及第二十五期呂卓譯〈馬來班頓〉。第三期還有馬來班頓詩的介紹文——胡德本〈談馬來詩歌「班敦」〉，並翻譯《馬來編年史》中的幾首詩。

　　獨立前兩年《蕉風》不翻譯馬來現代文學，除缺乏相關譯稿，本文推測馬來古典詩歌翻譯可發揮出國族浪漫想像的作用。《蕉風》所譯的馬來民歌和班頓，主題都相當安全。它沒有回應現時政治與種族等問題，多關於愛情、自我理想、歷史、處世箴言、神之讚美等，將華巫兩族衝突現象隱匿起來。此外，《蕉風》在尋找與中國傳統文化可對應的馬來文學體裁。班頓，因多為四行詩、多處理男女戀慕之情和隔句押韻，讓呂卓認為「有點像中國的客家山歌」(22)。廖裕芳曾提及不少學者探討過馬來班頓與中國《詩經》的關係，因二者民謠特徵，如字句數目、開頭的起興和男女戀情主題，相當類似（廖裕芳 312-321）。故班頓翻譯，容易讓華人讀者羣感受到華巫兩族淵源已久的文化對應，即使其文學發展時空並不平行。

　　馬來民族在班頓的形象，多友善隨和，遮掩住現實中馬來民族主義激進分子的面孔。胡德本雖點到：「固然，不能說是純粹的馬來的表現法，也不是如實的反映馬來人的性格。這種詩歌，認真來說，不能算是完全合乎馬來人的愛好」（胡德本 29），但《蕉風》仍透過這類翻譯體裁，作為認識強勢友族（或一廂情願）的媒介。另外，由於班頓或一般馬來民歌，首兩句引子（或稱「影子」，pembayang），將馬來土地的自然元素或是民族物件一一羅列。如譯作中出現棕櫚、奧芙山、魴魚、大刀魚、江魚、大象、野豚、炎日、紗籠、穀籠、碩莪桐、芭洋、禾田、菠蘿、芒果等熱帶意象。即魯鉈所言：「在『馬來班頓』中常可聞到葉子、香蕉、波羅蜜、稻禾、人參果、素馨花、香草等熱帶植物花卉的濃郁香味，也可以看到海濱月夜的秀麗景色，……這種詩歌是富於民族情調與地方色彩的，吟唱起來或聽起來頗有一種獨特的風味與鄉土愛」（魯鉈 3），契合《蕉風》當時刻意營造馬來亞樂土的想像，擴充華人南洋的物知識。

二、填補與刪除：〈百年前的星洲天地會〉和〈馬來班頓〉的翻譯策略

選擇這兩部翻譯作品分析——姚鴻聲譯〈百年前的星洲天地會〉和呂卓〈馬來班頓〉選譯，原因為：在馬來史書《阿都拉傳》諸多章節中，《蕉風》特選〈百年前的星洲天地會〉（"Darihal Thien Te Hoe dalam Negeri Singapura"），故事中看者（馬來人）與被看者（華人）恰好是馬來（西）亞兩大強勢族羣，可觀察譯者如何處理二者族羣關係。至於〈馬來班頓〉則是若干馬來詩謠的選譯，譯者特附上原文，可供讀者對其翻譯策略進行解讀。

（一）〈百年前的星洲天地會〉：馬來人偷窺下的華人，華人閱讀下的馬來人

姚鴻聲在《蕉風》第三期至五期翻譯文西阿都拉的《阿都拉傳》，其中有描述新加坡民間幫派天地會的篇章。[10] 這段文西阿都拉見聞大致內容為過去天地會成員頻在新加坡海岸，洗劫居民財產。文西阿都拉為查證傳言是否屬實，讓入盟的馬六甲華童帶他進入天地會基地，透過一個牆壁孔偷窺天地會入會儀式。所描述的天地會強迫華人入社，拒絕者將施於私刑或直接殺害。被入會血腥場景震懾的文西阿都拉，把天地會所見所聞告知新加坡駐紮官 Mr Crawfurd，惟即使出動東印度公司的武力鎮壓，仍無法殲滅天地會勢力，持續在新加坡為所欲為。

《蕉風》編輯雖點出文西阿都拉因語言與文化認識的障礙，無法確切報導天地會事實，但仍視為寶貴史料。這段見聞的譯介，讓我們看見兩重的互看經驗。第一重，是文西阿都拉偷窺天地會華人；第二重，則是經翻譯後，由華人讀者閱覽文西阿都拉關於我族的視覺經驗。《蕉風》很少看到馬來人如何觀看華人，多為華人透過風俗隨筆和馬來民間文學，凝視馬來人。翻譯這部作品，可讓讀者代入馬來人的視野。雖是百年前的友族眼光，且所看到的是華人族羣中極端份子，但已不再停留之前所主觀記載華人視域下的馬來人，總有刻板的「番」的印象，神秘而懶散。如蕭遙天曾

---

10. 天地會原為中國反清復明的秘密結社，勢力擴及南洋，支配當地華人生存。原本性質為起義團體，後有的支派演變成犯罪組織，黑幫社團。

言馬來當地人由於物產豐富、氣候炎熱，有好逸惡勞的毛病，「沃土之民不材」（蕭遙天 1957:25）。在這段翻譯的見聞中，逆轉觀看的位置，可看見馬來人對華人的觀感，神秘而殘暴。馬來人因「不相信『拉督』（神明）又不能飲酒和吃血」（姚鴻聲 5），而被天地會所抗拒。從《蕉風》其他風俗隨筆與〈百年前的星洲天地會〉，兩族書寫都視雙方為神秘的，以少數羣體代表全體的族羣偏見。

　　若將《蕉風》翻譯版本，與馬來版 *Hikayat Abdullah* (Abdullah 220-236) 和另一中文譯本（突顯姚本的中譯用心）楊貴誼版本《阿都拉傳》（楊貴誼 149-160）進行比照，有以下三個重點：

一、姚本與馬來版，都保留伊斯蘭教的色彩。如當敘述者呼喚真主阿拉時，馬來版為 "Insha Allah"，姚本譯成「如果天主喜歡」，楊貴誼直接刪掉。當姚本與馬來版寫到「我向天主默禱後」、"Maka tuwakkal-lah aku kepada Allah"，楊本則譯為「一切只好聽天由命了」，以單字「天」帶過。姚本與馬來版寫到「衹有天主知道」、"tetapi Allah sahaja yang tahu"，楊本則是「天哪」。《蕉風》的翻譯保留住伊斯蘭宗教色彩，讓讀者暫時代入一個伊斯蘭教徒的心境，不似楊貴誼將原本故事語言「歸化」(domesticating) 成華人所熟悉的語言。

二、姚鴻聲的翻譯，遇到一些馬來語用詞，通常不會轉譯成華人所熟悉的字詞，而是標上引號，直音翻譯（除了一些例外，如：馬來版 "Enchek (Encik)"，楊本譯為「因仄」，姚本則是「先生」），與前文一樣直接讓馬來語和華語交鋒，不作迴避。如下表：

姚鴻聲 中譯本	楊貴誼 中譯本	馬來譯本／ 一般馬來用語
拉督	拿督神	Datok / Datuk
占不叻	包豐樹	Chempedak / cempedak
里巴	庹	Depa

士拔魚乾	三板魚乾	Sepat dibakar
巴冷刀	長柄刀	Berbatang panjang / Parang
把麻	樹脂	Damar
公班衙	公司	Kompeni / Gombak

三、姚譯本，似乎意識到要區分負面形象的天地會華人與一般華人
   的差別，強調文西阿都拉所見的華人，是少數的極端分子。故
   事中當駐紮官詢問文西阿都拉何以冒險相告關於天地會之事，
   文西阿都拉表示要杜絕天地會繼續猖狂，此時駐紮官深表認同
   的回應，姚本與楊本有不同翻譯。馬來版為"Itu benar, begitulah
   juga orang putih pun punya fikiran"，姚本為「對的，各色人的想
   法也是這樣」，楊本則是「英國人也有同感」。楊貴誼翻譯較忠
   於原版，姚鴻聲則刻意讓大部分華人也與上位者一樣有這正確
   想法，與天地會華人區別開來。馬來版與楊本在篇末批評天地
   會時，時而直接寫統稱"orang China"和「華人」，姚鴻聲仍以「天
   地會人」作區分。這表示，這篇歷史見聞恰好處理到華巫兩大
   族羣的互看關係，在種族議題敏感的時代（建國獨立前夕），譯
   者小心翼翼地暗示讀者，文西阿都拉所見囂張跋扈的華人社團，
   與一般華人不一樣。從翻譯細微的用詞更動，可看出譯者對族
   羣議題的謹慎態度。

〈百年前的星洲天地會〉除了讓讀者看到馬來人眼中的華人外，同時透過
它大部分「異化」的翻譯策略(foreignizing translation)，直接音譯馬來用語，
讓讀者更能投入以馬來人為出發點的故事語境，將華語夷化。「天地會人」
與「華人」的翻譯用詞上嚴加區別，避免種族互相仇視的機會。

（二）〈馬來班頓〉選譯：押韻的默契，語言的本土化嘗試

   呂卓在〈馬來班頓〉選譯八首班頓，且附上原詩，可直接對照語言轉
換的過程。首先，引述馬來班頓的格律要求，作後文譯詩分析的依據：

> 「馬來班頓」每首亦有四行，每行普通是由四個詞兒所構
> 成，而每一行所含的音節，最少是八個，最多是十二個。
> 其韻腳亦是 abab，即第一行與第三行的最後一個音節互
> 相押韻，故「班頓」又稱為「隔句協韻詩」。
>
> （魯鈍 2002: 2）

馬來班頓最明顯的格律是 abab 隔句押韻。在呂卓八首班頓譯詩中，符合
abab 押韻有四首，如該專欄中第一、三、四、八首。有一首改成了 aabb
押韻，如第五首：「月光照在芭洋上(ang)／小鴉兒偷吃穀糧(ang)／哥哥如
果還不信(in)／剖我胸膛看我心(in)」。兩首則二、四句押韻，一、三句不
押韻，如第二與第六首。至於第七首則四行皆不押韻。

　　要完成典型班頓 abab 押韻的翻譯，相當不容易。因為譯者必須在華
文詞彙中，找到與原文馬來字義對應的詞組。找到適當詞彙後，又必須與
隔句句尾、同樣要找出契合馬來文字義的中文字，作出押韻。我們可看出
呂卓那符合 abab 押韻原則的四首譯詩，時作一些取巧動作，如第一首：

　　　　別將希望全寄託穀籠，(ong)
　　　　且抽空去砍伐碩莪桐。(ong)
　　　　別將希望全寄託説夢，(e(o)ng)
　　　　醒來時哪見它的影蹤。(ong)

　　　　Jangan harap ke-pada padi,
　　　　Mari di-tanam dalam gombia.
　　　　Jangan harap ke-pada mimpi,
　　　　Hari siang mana-lah dia.

"Padi"原該翻譯成「稻穀」，但因難與夢(mimpi)押韻，就讓稻穀改成少見
的「穀籠」。特別提及一點，這首譯詩為了緊貼原詩，力求配合原詩的音
節。原詩與譯詩在這裏都是九個音節，雖班頓並未嚴格要求每行詩的音節
相同。呂卓把這首詩放到第一首，應有其道理。這首譯詩是八首詩當中格
律最為完整，且幾乎配合原詩的聲韻和節奏，實驗出華語能完全譯出馬來

文詩感的潛力。同一首詩,兩種語言,能共同發出押韻、節奏皆契合的吟誦,在國族論述紛擾之際,作出浪漫而和諧的雙聲迴盪。

另一首取巧的 abab 押韻的譯詩為:

> 青鳩青鳩,從哪裏飛來?(ai)
> 從那芭洋飛落禾田上。(ang)
> 愛情愛情,從哪裏傳來?(ai)
> 從那眼睛直透心房上。(ang)

> Dari mana punai melayang?
> Dari paya turun ka-padi.
> Dari mana datang sayang?
> Dari mata turun ka-hati.

這首譯詩押韻取巧之處,在於隔行連續重複兩次趨向動詞「來」與方位詞「上」。此譯詩也與原詩的形式貼近,譯詩每行九個音節,原詩則除了第三句是八個音節之外,其他句子皆為九個音節。這首譯詩還有一個特點,即融合了中國《詩經》般的句式,出現「青鳩青鳩」、「愛情愛情」四字複沓的句型,將"punai"這種觀賞鳥翻譯成「青鳩」,也是調動了《詩經》古典意象。更耐人尋味的是,"paya"在這裏翻成「芭洋」。"paya"原本的意思是沼澤,然而南洋習慣說「芭」為「林」,「芭洋」即為「林中的洋」,以此代表沼澤意思。"paya"的"pa"又與「芭洋」的「芭」音近,故「芭洋」是顯現南洋色彩的新詞彙。從此譯詩可看到譯者融合中國與南洋語言特色的用心,似乎是在尋索一種保有二者特質的新式語言,如上一章節所提及的自「中國性/南洋性」糾葛中,轉化出「本土性」。

前文引述過的第五首:「月光照在芭洋上/小鴉兒偷吃穀糧/哥哥如果還不信/剖我胸膛看我心」,完全脫離「每一行所含的音節,最少是八個,最多是十二個」的格律要求。每行七個字,或效法中國的七言詩,但較白話,且不遵守中國古典詩平仄和"43"或"223"的停頓方式。除了讓馬來班頓配合中國古典詩之外(像第三首和第五首),也有幾首譯詩則融入中國浪漫派的新詩風格,如不照 abab 格律的第七首「昨晚我夢見了月亮

／還有成串掉下的椰子／昨晚哥哥出現我夢中，我好似枕在哥哥手臂上」
和第八首「樹波蘿，你要墜落儘管墜落吧／可別捧著芒果的枝椏／眼皮，
你要合上就合上吧／遠方的人，且莫去想他」雖有 abab 押韻，但字句形
式自由，情感浪漫而帶有中國古典氣息，與原詩的質樸氣質有所落差。

　　從上述分析，可知雖然呂卓僅翻譯八首班頓，卻明顯看出他嘗試各種
方式，運用自己所熟悉的中國詩歌特質，再現馬來傳統詩歌。他也創造符
合南洋文化的新詞彙和配合馬來班頓的聲音節奏，達成兩族的語言默契。
獨立前夕，華語與馬來語似乎成了相對立的語言，華族主張將華語也納入
官方語言，[11] 馬來族則主張一個馬來語的國語。《蕉風》支持前者觀點，
透過語言交流的翻譯過程，摸索出一套華語與馬來語共存的可能方案，
「包涵這一地方的文化精神和獨特的表達形式」（子凡 1956）。《蕉風》將
馬來語「采而食之」，脫離「僑民文藝」所主張對中國文化與語言的固守，
華語並不會造成兩族的分離，反而經調整的華語，是可精準揣摩出馬來民
族的抒情口吻，馬來亞國語理應將華語包括在內。

參、結語

　　「國家」的建構，非單靠政權的移交、政治模式的替換，就可在獨立
建國日直接完成。要讓國家成為自然而然的認同，特別當一些華人還攜帶
著難以抹滅的移民記憶，是需要一段時間的適應過程。他們遭逢前所未有
的斷裂——由一個國到另一個國，由一個物體系到另一個物體系，並在極
短的時間內完成斷裂的修復——意義化南洋一切風物，安心領取國家身
份證。《蕉風》過往的文學史定位，看重其所帶動六、七十年代的馬華現
代主義風潮，在冷戰時期與港臺密切的文學交流。獨立前夕《蕉風》的「采
風」文學活動，提呈迎合冷戰局勢的文化與政治的想像，在馬來亞華人社
會發揮積極意義，值得持續觀察與探析。[12]

---

11. 馬摩西和海燕都曾回應國家獨立後的語言問題，曾舉歐洲多元民族國家為例，提
　　出華人與馬來人應該共同學習彼此語言方能有效推動國家發展。參見馬摩西
　　(1956)，頁 1-3；海燕(1956)，頁 4-5。
12.《蕉風》仍有不少譯作值得分析，如一九五六年一月到九月連載的〈馬六甲公主〉，
　　譯自一九四〇年的 G.W. de Silva 的 *The Princess of Malacca: A Historical Romance
　　of Old Malaya*。譯作處理到華巫族羣關係和西方殖民問題，貫徹國家大於個人的
　　愛國理念，間接參與獨立建國的論述。惟譯作是英文翻譯，不在本文討論範圍。

徵引文獻

Abdullah bin Abdul Kadir, Munshi (1907) *Hikayat Abdullah* (Singapore: Methodist Publishing House).

白蒂(1956)〈馬華文藝的精神是反封建的、反殖民地主義的、反頭家主義的、反種族主義的〉。《蕉風》no.20 (Aug.): 5。

潮州峇峇(1956)〈榴槤季節話榴槤〉。《蕉風》no.17 (July): 1。

重陽(1956)〈反映「此時地地」〉。《蕉風》no.22 (Sept.): 3。

丁乙(1956)〈馬來人捕鱷魚〉。《蕉風》no.11 (Apr.): 30。

丁乙(1956a)〈馬來人與弄迎〉。《蕉風》no.12 (Apr.): 26。

杜亞雄、邱曉嫣(2005)〈「采風」還是「田野工作」?〉。《黃鐘:武漢音樂學院學報》no.1 (Jan.): 20-23。

方美富(2015)〈冬蟲夏草:蕭遙天生平與文學考辨〉。莊華興等(編):《變遷中的馬來西亞與華人社會:二○一四年第二屆馬來西亞華人研究國際雙年會論文集》(吉隆坡:華社研究中心):67-88。

高嘉謙(2010)〈帝國、斯文、風土:論駐新使節左秉隆、黃遵憲與馬華文學〉。《臺大中文學報》no.32 (June): 359-397。

海燕(1956)〈馬來亞化與馬來化〉。《蕉風》no.18 (July): 4-5。

何人詩(1956)〈可敬的文化勇士〉。《蕉風》no.8 (Feb.): 11。

賀淑芳(2013)〈《蕉風》的本土認同與家園想像初探(1955-1959)〉。《中山人文學報》no.35 (July): 101-125。

胡德本(1955)〈談馬來詩歌「班頓」〉。《蕉風》no.3 (Dec.): 29-31。

皇甫光(1957)〈我看「食風樓隨筆」〉。《蕉風》no.43 (Aug.): 16-17。

黃元煥(譯)(2006)《杭·杜阿傳奇》(*Hikayat Hang Tuah)*(吉隆坡:學林書局)。

黃遵憲 (1957)《人境廬詩草箋註》。錢仲聯(箋註)(上海:古典文學出版社)。

慧劍(1956)〈馬來亞化是甚麼?〉。《蕉風》no.16 (June): 6。

疾風(1955)〈鬼獵人〉。《蕉風》no.4 (Dec.): 15-19。

疾風(1956)〈巴豆的故事〉。《蕉風》no.6 (Jan.): 12-15。

蕉風社(1955)〈春風吹遍綠洲(發刊詞)〉。《蕉風》no.1 (Nov.): 2。

蕉風社(1955a)〈讀者·作者·編者〉。《蕉風》no.1 (Nov.): 33。

蕉風社(1955b)〈讀者·作者·編者〉。《蕉風》no.4 (Dec.): 32。

金進(2015)〈冷戰與一九五○、一九六○年代新馬文學:以《大學論壇》

（新）和《蕉風》（馬）兩大期刊為討論對象〉。《臺灣東南亞學刊》10.2 (Apr.): 41-80。

李定華(1957)〈小黑人和峇不帶〉。《蕉風》no.32 (Feb.): 13-14。

廖文輝(2010)《馬新史學八十年：從「南洋研究」到「華人研究」(1930-2009)》（上海：上海三聯書店）。

廖文輝(2012)〈馬新民間傳說初探〉。《成大中文學報》no.39 (Dec.): 169-196。

廖裕芳(2011)《馬來古典文學史》，下卷。張玉安、唐慧等（譯）（北京：崑崙出版社）。

林春美(2011-2012)〈獨立前的《蕉風》與馬來亞之國族想像〉。《南方華裔研究雜誌│ Chinese South Diaspora Studies Journal》vol.5:201-208 (chl.anu.edu.au/chinese-southern-diaspora-studies-publications)。

魯鈍（編）(2002)《馬來班頓》（吉隆坡：馬來亞大學中文系畢業協會）。

呂卓（譯）(1956)〈馬來班頓〉。《蕉風》no.25 (Nov.): 22。

洛楓(1956)〈星洲的舊名‧舊詩‧舊事〉。《蕉風》no.28 (Dec.): 17。

馬摩西(1955)〈沙漠的邊緣〉。《蕉風》no.1 (Nov.): 3-5。

馬摩西(1956)〈馬來亞化問題〉。《蕉風》no.18 (July): 1-3。

馬摩西(1956a)〈淡寫新山〉。《蕉風》no.6 (Jan.): 29-32。

瓊山(1956)〈椰花酒〉。《蕉風》no.8 (Feb.): 16-17。

山東佬(1955)〈椰樹下感懷〉。《蕉風》no.1 (Nov.): 17。

申青(1955)〈玉皇大帝發動細菌戰〉。《蕉風》no.1 (Nov.): 12。

申青(1955a)〈芭蕉的又一性格〉。《蕉風》no.2 (Nov.): 4。

田曉菲(2009)《烽火與流星：蕭梁王朝的文學與文化》（新竹：國立清華大學出版社）。

王麗蘭(2010)。〈從百家爭鳴到合而為一：檢視馬來（西）亞國民中學歷史教育與歷史教科書的演變〉。《馬來西亞華文教育》no.10 (Mar): 44-61。

蕭遙天(1957)《食風樓隨筆》（新加坡：蕉風出版社）。

蕭遙天(1957a)〈番茉莉與番石榴〉。《蕉風》no.29 (Jan.): 13。

辛生(1955)〈孕婦島〉。《蕉風》no.2 (Nov.): 14-16。

辛生(1956)〈大肚國王與千里香：又名「生命的水」，是椰子的故事〉。《蕉風》no.9 (Mar.): 11-15。

許雲樵（譯）(2004)《馬來紀年》(Sejarah Melayu)（新加坡：青年書局）。

徐元皓 (2002)《國語集解》。王樹民、沈常雲（點校）（北京：中華書局）。

楊貴誼（譯）(1998)《阿都拉傳》*(Hikayat Abdullah)* [1907]。Abdullah bin Abdul Kadir, Munshi（著）（新加坡：熱帶出版社）。

姚鴻聲（譯）(1955)〈百年前的星洲天地會〉。《蕉風》no.3 (Dec.): 3-6。

余壽浩(1956)〈漢都亞成仙〉。《蕉風》no.23 (Oct.): 21-22。

曾毅平(2008)〈新加坡華語的變異與華文教學：林萬菁《漢語研究與華文教學論集評介》〉。《廣東教育學院學報》28.1 (Feb.): 109-112。

張錦忠(2003)《南洋論述：馬華文學的文化屬性》（臺北：麥田出版公司）。

張強(2010)〈樂府沿革與采詩及教化思想考論〉。《先秦兩漢學術》no.13 (Mar.): 73-93。

鄭毓瑜(2012)《引譬連類：文學研究的關鍵詞》（臺北：聯經出版公司）。

鍾敬文(1996)《民俗文化學：梗概與興起》（北京：中華書局）。

鍾怡雯(2017)〈斑駁的時代光影：論蕭遙天與馬華文學史〉。《中國現代文學》no.31 (June): 185-204。

周清海（編）(2002)《新加坡華語詞彙和語法》（新加坡：玲子傳媒）。

子凡(1956)〈決定文藝的特質是其所代表的精神〉。《蕉風》no.22 (Sept.): 4。

卷貳

編者的身影：從寫實到現代

《蕉風》與方天的寫實主義書寫

賀淑芳

壹、一個國籍

一九五五年，方天隨同申青自港抵新，成為《蕉風》的首任編輯。這年十一月創刊出版的《蕉風》，打著「純馬來亞化」標語，對本地的認同快得驚人。在這一年，中國改變了對待第三世界國家的外交政策，包括承認其周邊國家的中立與不結盟決定。周恩來為與周邊國家示好，與東南亞國家簽約取消海外華人的雙國籍，並鼓勵東南亞各地的華人融入當地社會(Suryadinata 96)。

東南亞的華人開始面臨只能選擇「一個國籍」的局面。在馬來亞，聯合邦的英殖民政府與聯盟達成內部協商，華人有機會獲得公民權、可以投票選舉。星馬聯盟政府掀起馬來亞化運動，口號如「愛馬來亞」、歌頌「種族和諧」等，也頻密地出現在當時的詩歌與小說中。[1] 英殖民政府採取圍堵共產黨的計畫，尤其是把膠林區的華人遷居新村的畢禮斯計畫，成功地削弱了共產黨的力量。新村華人長期疲於緊急狀態，共產黨在此形勢下難以繼續保障華人在本土的利益。對於華社團體而言，左翼的言論與中國色彩變得極其敏感，且需去除、甚或劃清界限以避嫌。《蕉風》認同馬華文

---

1. 這當時也是全民整體性的運動，以建構國族的認同，尤其戰後，聯盟政府鼓吹馬來亞認同、和諧友好的論述，具有修補種族裂縫的作用，馬來人與華人的關係在日據時期加劇分裂。如在聯盟政府結盟之初，翁惹阿化就提到需要重修華人和馬來人的關係，這類話語也貫穿整個爭取獨立時期的愛國運動中(Fernando 2012)。

學有發展「純馬來亞化」的需要，除了是配合冷戰時期圍剿左翼，官方鼓吹之外；觀諸過往，提倡馬華文學應當有本土色彩，早自一九四八年就已蔚為主流論述。[2]

如張錦忠所言，馬華文學的「現實主義」，其實乃是中國文學的社會主義離散南來之後，「減輕其社會主義或淡化中國聯結的『本土化』做法」，以及「這些離散文化人將身體放置到另一個文化與空間，從而試圖（以作為文化政治意識型態的寫實主義）操縱這異文化空間的書寫生產活動」（張錦忠 2004）。不過，在方天的小說裏，卻可以發現，他的「在地化」小說雖然淡化了中國聯結，但社會主義的色彩卻非常鮮明，可說是有在地化的社會主義寫作。在二戰以後，南來文人相繼抵達星馬，適逢「本土化」隨著國族建構而愈發興起。但是，這股熱盼獨立的「國家意識」，既帶來本土意識（以此建構／想像反殖民的主體地位），也帶來壓抑。[3]

在以多（趙戎的筆名之一）的〈現階段的馬華文學運動〉一文，這篇文章回顧一九五一至一九五九的文壇「沉寂期」，提到「由於政治的原故」（即英軍壓制共產黨的行動），使得左翼的文藝空間亦遭約束。該文提及這段時間南來的港派文人，只說他們「乘機南下掘金」、「大寫黃色和準灰色的東西」（以多 12）。然隱去姓名，不知所指為何人。

當時從香港南來的文人除了有隨著申青到來的《蕉風》諸人如方天、姚拓與黃思聘之外，也有非屬《蕉風》的劉以鬯（編輯報章副刊）。黃思聘任《蕉風》編輯時，亦邀在港文人助陣，劉以鬯所編的副刊版位，呈現出香港與南洋兩地的都市生活、消費、娛樂、文化特色，或談男女兩性觀點等軟性文章，其版位的風格較為輕鬆，而難以被具有「愛國意識的現實主義」者納入所認可的「現實」視域當中。

無論如何，閱讀《蕉風》刊物中方天的現實主義小說，怎樣都離黃色文學與灰色文學很遠。檢視英殖民地末期至建國獨立這一時期，出現在非

---

2. 自一九四八年的馬華文藝論爭以後，脫離中國的附屬地位、建立在地的文學主體，變成馬華文學普遍具有的意識（趙戎 192）。本土化的馬華文藝觀點大致「勝出」，「僑民文學」漸失吸引力。因國籍而生的國家意識，廣泛影響文壇，故提倡這觀點的，不只有《蕉風》（潘碧華 2008）。

3. 這裏也參考黃錦樹(2012)批評方北方現實主義侷限的意見，認為方氏的現實主義流於認同國陣宣導的國家主義，而壓抑了歷史意識。其他限制也包括美學縮減(95-114)。

左翼刊物《蕉風》的現實主義小說，不啻為補充長期被馬華文學所忽略的面向。以下本文將以方天的在地現實主義書寫為主要討論範圍。

貳、方天的生平資料

方天（原名張海威），又名張維翰，約於一九二七年生（馬崙 1982），祖籍江西萍鄉，畢業於上海交通大學，是前中共領導人張國燾的兒子，母親楊子烈。張國燾在一九三八年投奔國民黨，一九四八年移居臺北。根據路海江《張國燾傳記和年譜》，張國燾於一九四九年冬天，攜帶全家離開臺灣遷至香港，約於一九四九年底到香港。方天在香港時曾任《中國學生周報》編輯。

在新加坡期間，方天也曾在華僑中學任職。如根據《蕉風》一九五七年五月號第三十七期的文訊版，方天應該是這年離開崗位後，才轉任華僑中學（蕉風社 1957）。他勤於考察星馬兩地華人勞工的生活與工作環境，撰寫多篇現實主義小說，都收進了在短篇小說集《爛泥河的嗚咽》（蕉風出版社，1957）。在更早的時候，也出版寓言劇集《黃鸝與杜鵑》（香港友聯，1955），以及小說集《一朵小紅花》（香港中國學生周報社，1955）。一九五七年二月開始，《蕉風》的編輯工作轉由姚拓接任。那麼，到底方天是何時離開星馬的呢？根據現有的資料，這點無法確定；甚至，到底是先到香港才移居加拿大，還是直接從新加坡直接到加拿大，馬崙與姚拓的說法各異。[4] 根據姚拓，一九五八年《蕉風》搬到吉隆坡時，方天隨父親移民到加拿大教書（姚拓 2005:570）。但姚拓可能把《蕉風》出版社搬遷的日期記錯了。根據《蕉風》雜誌上刊印的營址顯示，《蕉風》要到一九五九年一月才把印務公司遷往馬來亞八打靈區，從一九五九年第七十八期（這一期也是提出自由主義與個體主義的改版號）起開始，其出版社與印務部門才開始在八打靈運作。

根據馬崙，方天先回返香港，然後才移民加拿大（馬崙 1982）。而在一些敘述張國燾晚景淒涼的傳聞裏，則以為方天先到加拿大，而後張國燾

---

4. 馬崙〈方天的寫實作風〉(1982)提到方天在離開新加坡以後返回香港，才移居加拿大。謝詩堅(2009)採馬崙的說法(195)。

與楊子烈才於一九六六或一九六八年時投奔兒子（姚金果、蘇杭 2004）。根據上述兩份資料的說法，一九六〇年代時，方天就已在加拿大的多倫多大學從事研究或教學數理的工作，一直到一九八〇年代期間（姚拓 570）或一九八三年（謝詩堅 195），方天才在加拿大去世。

關於方天，現有的記錄極少，包括方天的生卒年、來去新加坡前後的動向。由於方天本身沒留下多少撰寫個人經歷的文章，僅能從他人（姚拓、白垚、《香港文化眾聲道》）憶述，以及張國燾的傳記裏，搜集零星片斷。但由於張國燾脫離中共之故，關於他的傳記，行文多主觀且未見資料徵引，比如說在一九三〇年代末時，可能隨父母遷移的時間與經歷（應當是從延安遷移到武漢，再至上海），參閱幾本關於張國燾的傳記，均各自不同。[5] 張國燾與楊子烈的自傳，又僅止於他們在中國共產黨時期的敘述，未見孩子出生或養育的家常記敘（張國燾 2004；楊子烈 1970）。較可信的，是在一九四八年時，父親張國燾在上海創辦反共週刊《創進》，其時方天也已經人在上海，是上海交通大學的學生。

據《南洋公學——交通大學年譜》，在一九四八年底下，記有「工業管理系」三七級畢業生姓名（及籍貫，附個人標準照片），其中包括「張海威（萍鄉）」。萍鄉正是張國燾與張海威的籍貫故鄉。但同在一九四八年也有兩筆資料，一是張海威於一九四八年九月初，在上海因演劇被人指控其動作有污辱領袖之嫌，而遭逮捕（〈《南洋公學——交通大學年譜》：一九四八年〉2007；路海江 184）。另一項〈《西安交通大學大事記(1896~2000)》抗戰勝利後的交通大學·一九四八年〉(2004)，記同年「八月廿七日黎明，國民黨特刑庭派人來校拘傳有『共產黨嫌疑』學生三十五人，……上午又拘去張海威一人」之句。張錦忠在一篇文章裏綜合上述兩筆資料，指出其中出入，並以「資深中共黨員邵有民回憶 8.26 的大逮捕」，補充張海威被逮捕入獄的事件，「其中『張海威是這次唯一一位被捕的交大學生，他的父親就是叛徒張國燾』」「十月，他們在獄中絕食抗議。某日

---

5. 這包括路海江、姚金果與蘇杭為張國燾寫的傳記。如根據姚金果、蘇杭(2013)，方天（張海威）在一九三七年五、六月間，隨母親楊子烈與姨媽楊子玉從延安到武漢與父親會合；但根據路海江(2003)，張國燾要到一九三八年四月間才離開延安到漢口(69)。姚金果、蘇杭(2004)，也提及五十年代初，張海威在港教書。

他看見張國燾夫婦帶蛋炒飯來看張海威，勸他進食被拒」（張錦忠 2015）。邵有民(2009)的回憶相當精彩，[6] 但未曾讀過方天或其他人撰寫與此事有關的敘述，詳細實情宜有保留。惟邵有民的回憶，至少補充了張海威曾經就讀上海交通大學的可能性。

邵有民的回憶口述記敘了張海威和同學們一起被捕入獄之事。[7] 惟至今沒看到其他資料可茲佐證。根據路海江《張國燾傳記和年譜》，一九四八年十一月，張國燾創刊的反共週刊《創進》停刊後，舉家移居臺北，一九四九年冬天，張國燾攜帶全家離開臺灣遷至香港（路海江 185）。在大部分關於張國燾的傳記，多沿襲中共的歷史詮釋，突出張國燾背叛後的失敗與狼狽。從中共創黨元老，到中共黨史中的叛徒，張國燾被賦予的負面形象，幾乎深入人心。《香港文化眾聲道》孫述宇的口述回憶，亦以玩笑口吻形容初見張國燾的印象，如見「魔鬼現形」（孫述宇 121）。

擁有一個如此受到矚目且被中共否定的父親，從方天現存的書寫裏，很難看出這對他有甚麼影響。他來到新加坡後，致力於投入書寫「馬來亞化」的現實主義小說，挑筆耕文，觀察周圍、為他人發聲，對自身的經歷、異鄉心境，無一字提及。他完全沒有提到家人與故鄉。在友聯諸人收於《香港文化眾聲道》的歷史口述中，對方天的敘述亦不多。唯一談到較多的，僅有孫述宇；孫述宇接替方天原先在香港《中國學生周報》負責的版位。在孫述宇的印象中，由於方天也是「念數學或甚麼的，彼此有話題」，孫也提到自己在新亞唸書時，即在一九五四至一九五八年期間，方天的父親也住九龍塘（孫述宇 121）。但關於方天何時加入友聯出版社、如何加入，以及身為張國燾之子，為何竟會被派來新加坡擔任第一任《蕉風》主編，所閱資料竟無一字提及。南來新加坡是否為他本人的選擇？抑或受友聯派遣？當時馬來亞聯合邦與馬華公會正如火如荼展開反共，對於前中共領導幹部之子來到，有何反應？此外，在離開新加坡，到了加拿大以

---

6. 邵有民的回憶〈黎明前的獄中鬥爭歲月〉(2009)曾提到監獄中，十月九日當天，張海威與同學一起絕食，邵的敘述相當突出張國燾在年輕人心目中為叛徒的負面印象，以及方天跟隨同學，與父母之間的衝突。

7. 邵有民被捕時尚是中學生，他回憶八月二十六日到二十七日凌晨，國民黨以「危害國民罪」或「奸黨罪」開出了三百五十八張傳票和拘票，對學生實行大逮捕。當時多數學生在牢獄內被關押五個月，但張海威很可能在那期限之前就已被釋放。

後，雖然友聯諸人彼此多年來相互保持聯繫，卻無人知道他後來的狀況，甚至連後人也聯絡不上，由此看來，方天與友聯諸人別離後相當生疏。反而是後來到馬來亞擔任編輯的白垚，以及在地的作家苗秀，對方天的描敘稍生動。白垚〈浮槎繼往船黃石〉寫他與方天見面的印象：「我右邊的詩人蔡炎培，說方天喜歡演戲、寫小說，也寫詩。我左邊的詩人沙基，說方天是將門之後」（白垚 2007:121）。後來到大嶼山附近的梅窩郊遊，他們在船上交談，涉及文學上的問題，白垚認為方天的「匕首文學觀，頗類魯迅」、「他並不雄談，但理路清晰」（白垚 2007:121）。在新加坡出生的本土作家苗秀，則形容方天為「熱愛生活」的寫作者（苗秀 8）。

方天在星馬的時間只有一兩年左右。方天離開新加坡後，他的編輯任務改由南來文人黃思騁、黃崖以及姚拓等先後擔任（謝詩堅 195）。雖然他居留新加坡的時間短暫，然而他在《蕉風》發表寫實主義的作品在質與量都相當可觀，以下首先討論《蕉風》的在地視域與現實主義論述，過後再論方天刊於《蕉風》的作品，以短篇小說為主。

參、在地書寫的方言與混雜的語彙
一、南來文人與異鄉／本土的語言異質性

一九五〇年代寫實主義小說中的多種方言，並非是一個理所當然的現象，尤其是如果考慮到南來作家來自中國南北各處，籍貫與語言各異，要在抵達後的短促時間內，在寫作中攙入在地混雜的方言，其實相當不容易。就這點而言，他們對周遭語言的混雜與異質特性，這理應是異鄉而非本土的語言，表現出相當驚人的學習能力。[8] 當然這在馬華文學久已行之，早就有作者如趙戎以方言音譯，在小說裏大量創造在地感的語彙（賀淑芳 40）。

一九五六年第十六期《蕉風》「讀者來函」裏，有個署名微塵的中學生，曾在題為〈關於用方言寫作的商榷〉文中，提出這種寫作方式會否使中文失去「純正」的問題（微塵 1956）。自創刊伊始，《蕉風》每期刊登

---

8. 黃錦樹（2015）認為，那混雜的在地語言對南來文人而言，與其說是本土，毋寧是異鄉的語言。

的小說中，就常見「在地化」與他族混雜的語言、形形色色的鄉音方言，
尤其是方天與陳振亞的小說。

　　值得留意的是，雖然《蕉風》編輯當中有者如姚拓，不諳廣東話，在
香港的時候，難以用廣東話與中學生溝通。[9] 但是編輯與作者當中也有如
方天與陳振亞者，能夠在小說裏匯聚多種方言（包括廣東話、客家話等
等）。陳振亞祖籍福建南安，在一九四六年就已南來新加坡，他要適應在
地的方言，應該要比祖籍萍鄉的方天來得容易。[10] 然而，方天小說中卻
呈現出更為豐富的方言腔調。白垚曾經形容他寫的小說，「陋巷窮街，俚
言俗語，與升斗小民憂戚與共」（白垚 2007:71）。他的首兩篇小說〈一八
四一年的一夜〉和〈膠淚〉雖未明顯，但從《蕉風》第三期的小說〈豆腐
檔前〉開始，就混雜各色聲響。他南來未及一年，在如此短促的時間內，
就能在小說裏攝入這許多方言的詞彙，除了要歸功於他本身對於這異鄉
語言、這方言土語的開放與接受；可能也由於寫實的信念，著力模擬
(mimic)語言聲腔的音質與口語，得以克服自身籍貫方言經驗的侷限。

　　在〈豆腐檔邊〉，小說以一名在攤檔抹桌子的工人為第一人稱視角，
呈現出都市中的小販攤檔，各色鄉音混雜往來。無論是第一人稱的敘述聲
音、或是各個角色（攤檔老板、顧客、工人）在現場的對白，小說努力揣
摩，選擇恰當的語詞以趨近多種方言的音調，如接近客家話的「轉來」（回
來）、「愛」（要）、「企」（站）、「裏位」（這裏）（方天 1955b:7-8）。在另一
篇以碼頭苦力為背景的〈十八溪墘〉，則有大量福建腔的發音，羔杯烏（咖
啡烏）、汝（你）、勿歹（不壞）、甚麼郎（甚麼人）、令伯（我）、拍誰（打
誰）等等（方天 1956, 1956a）。在以新村華人在錫礦工作為背景的〈暴風
雨〉中，也有很多廣東話，如稟個（誰）、唔該（請）、添日（次日）（方
天 1956b, 1956c）。

9. 姚拓在港居留時亦任《中國學生周報》的編輯，據他回顧，當初編輯《中國學生
周報》，由於不諳廣東話，而香港的中學都以廣東話為教學媒介，「只能紙上談兵，
卻無法和香港的中學生們直接溝通」，所以才遷移到星馬編輯《學生周報》（姚拓
2005: 561-562）。
10. 陳振亞，筆名有洛萍、白蒂、江陵、史進、黃板、賀斧等。祖籍福建南安，一九四
六年來新加坡定居。曾任新加坡《中興日報》、檳城《光華日報》、吉隆坡《虎報》
主筆及總編輯（李清安、李成利 1994）。

這些地方語彙，大都出現在小說對話的句子中，對話以外的敘述部分則是標準正統的中文。純正中文（書寫）與在地的方言（口語），分置於小說敘述與人物對白的兩道音軌。這樣的書寫方式，同時也標示出小說敘述者的本身的身份來源所在，那敘述的純正中文來自北方，那是異鄉人在經歷地理遷移之後，仍然保留自身觀察的視角與敘述的語調。

方天的小說相當用心地依據小說內的時空、人物的身份職業、處在的位置，盡可能選擇符合故事場景會出現的的方言，呈現出一個對作家而言，或許是相當新穎的、陌生且多元紛繁的語言經驗。但是，方天並非每一部小說都出現在地化的混雜語言特色，他在這兩年間撰寫的小說，幾乎遍涉星馬一帶的華裔工人所從事的各行各業，想像他們在謀生求存中所遭逢的各式挫折，成為小說裏小人物跌宕起伏的命運遭遇。他在書寫勞工的身體經驗方面，常展現出獨到的觀察；人們在不同的工作環境中，應該會有怎樣的身體經驗。小說中的語言亦隨著工作場合與人物的文化水平，而加以變化，或特意抉擇。在〈排字女工的日記〉裏，由於排字女工是屬於受中文教育且對文字敏感的階層，故其第一人稱的內心敘述，便多為純正的中文，尤其小說裏的排字部女工，具有拘謹寡言的性格，其敘述多為內心獨白，極少口語（阿瓊 1956, 1956a）。在另一部敘述鞋店店員的小說〈我的博士論文〉，和另一篇寫兩個文人相互調侃對話的〈預感〉中，其內心敘述與對話，均以流暢純正的中文書寫（金然 1956；方天 1957）。

二、「在地」和「僑民」之間競逐的觀點

從《蕉風》早期刊登的文章中，隱約浮現「在地」和「僑民」之間爭議的觀點，「僑民意識」與「在地意識」經常是同時並存。《蕉風》意欲實現的「純馬來亞化」文學觀，必須與盤踞讀者臺中（甚至是編輯與作者臺中）的「祖國」觀念競爭或共存。在文學上認同的本土轉向，並不必然與國家情感的認同一致。

在一篇典型批判資方的小說中，華卿的〈理髮椅上〉，一個來自湖南的中國人與剪髮女工（當地娘惹）之間展開一段對話。小說透過這番對話，揭露當地女工被資本社會剝削的堪憐處境，但箇中也流露出「新客」

觀看在地出生的華人為他者的優勢意識（這優勢同時又與顧客與工人、問者與答者的身份對應）（華卿 1956）。「回歸祖國」與「講好中國國語」為當時普遍深植南洋的觀念，即便是土生土長者，亦不乏把中國當成祖國。[11] 藉由認同「祖國」，文化傳統與跨地的族羣情感被歸屬聯繫為一體，然而以中國性情結來聯繫的「共同體」，也受到祖國（文化起源地）為中心（語法正確）、而南洋為邊緣（語法錯誤）的理解框架所限。

　　《蕉風》試圖接近本地人的視域，經常以回應的方式，來修正上述中心／邊緣的視野。比如在一九五六年二十一期的「蕉窗閒話」版裏，申青的〈唐山何處？〉討論靜子君〈我剛從唐山來〉一文。靜子君的文章收入《南方晚報》所編印的徵文文集《馬來亞之戀》，否定當地「娘惹」將「唐山」指稱「祖國」（即中國）的用語。[12] 申青的反駁雖然僅是略論「當地人腦海中『唐山』的地理概念」，卻也顯見他為《蕉風》策劃馬來亞化，非僅為尋找蕉風椰雨入文聊表其事而已，他必須更徹底的認識、認同當地的語言與語彙。惟有透過語言或語彙，才有可能去光照或加冕「純馬來亞化」的認同觀念（申青 1956）。

三、方天的馬來亞文學視域

　　方天的文學觀點，多見於一系列文藝座談會的記錄（以方天或辛生之名發表），尤其有關詩歌與戲劇的討論特別多。他對「有國籍」的馬華文學以及一個未來能夠融入各族的「馬來亞文學」充滿樂觀之感。[13] 正如

11. 讀者普遍認同馬華文學在地化，書寫在地的事物、地方、生活等等，不過亦有者依然保持對祖國（中國）認同。比如從一九五六年第十二期《蕉風》開始，連續三期刊登遊記，新加坡作者紫燕撰寫〈馬來亞去來〉(1956)，文中提到祖國意識：「我們絕大多數是僑生於南洋，也沒有回過祖國，住在「長年都是夏」的星洲，不知祖國涼爽的天氣是給人怎樣的一個享受」(21)。
12. 有關這本文集的介紹，參見曾鐵忱在該書的〈後記〉，是《南方晚報》為創刊五週年紀念的徵文作品集。亦可見馬漢(2012)〈正經八百：報社舉辦的徵文比賽〉。
13. 「國籍」概念，其實滲透了官方的國族語境。馬華文學獨立後逐漸滑落至國家體制邊緣的處境，卻非當年南來文人所能預見。國籍一方面是當時華人期待獲得公民權，保障安居、有家園歸屬的身份標誌。但國籍對於馬華文學而言，卻未帶來相等的接納意義。國籍雖然不是文學創作本位的要素，但相關資源卻可能有助於擴展、培養讀者羣、作家、出版、發表空間、交流空間與扶助相關的文化機構體系等等。從今天追溯過去，「有國籍」之說毋寧是歷史留下的諷刺。「有國籍」的馬華

方天本身所意識到的，當時馬來亞正面臨「偉大」的歷史關鍵時刻。

他談的不僅是馬華文學，而是馬來亞文學：「至少應該做到，把馬亞與馬印的文學翻譯到馬華文學中來，也把馬華文學介紹到馬亞與馬印文學中去」（方天 1957a）。他認為透過翻譯，可以突破原有的疆界，可從他族的文學成果中找到讓彼此交流、刺激、互動而來的創作可能，幫助作者超越囿限自身族羣的視域，以產生更具在地特性的馬來亞文學。

這也是當時頗能鼓舞南來文人的文學圖景——他們從殖民地的混雜與多元文化互動中，指出了這有別於故地中國文學的創造生機，並以此相勉；相信若能跨越不同種族、語言作品中的視野，便可刺激創作，使之更具獨創生機。對於要在此地另外建立新的文學主體，他們表現得相當樂觀。他們對這區域的文學主體及未來，所抱持的信心，比起今日甚至可說是有過之而無不及，如申青之語：「多產生些飲譽國際文壇的馬來亞文藝作品，正是今日馬華文藝工作者所應該努力的」（申青 1957）。

四、文學語言與殖民地現實經驗

殖民地具有混雜特色的語言，是否適宜「反映」或如何「反映」，曾引起一些主張「純中文」者的焦慮。誠然，當友聯諸人南來時，他們都帶著承傳中華傳統的理念的理念，不過，以方天、申青、陳振亞等人為編委推行的馬來亞化文藝觀來看，他們均認為有必要推行混雜多元的文學語言，一邊推行中華文化，一邊同時也在文學書寫上織入在地的混雜語音，使文學更具在地的語質。方天在一場〈當前華校戲劇問題〉的座談會裏，認為「讀詞法比發音重要」，當時戲劇演員的中文發音多為「南洋國語」或「南洋腔」，但方天以為這樣的腔調乃是生活此地「長年累月的習慣形成」，雖然也提出可能可以改正的方法，但依舊認為，「南洋腔」根本不是決定話劇成功與否的因素（辛生 1956b）。

由是，方天從寫作（書寫文字）到戲劇（發言腔調）都相當重視在地

文學長期與國家體系呈游離狀態，雖然獨立以後，馬華作家多有國籍，但從實質資源而言，馬華文學猶如一直處在「國籍的等候室」，總是強調自力更生、或通過各種文化機構從民間籌款，或爭取政黨層級分配下來的些許恩賜資源。

的音腔特色，甚至致力於收入混雜、普羅或草根的語言，甚且說，《蕉風》所推行的在地化，已不復限圍於反共的政治語境，而進一步延伸向實踐在地文學所需要的語言，就現實主義的美學而言，當取自現實經驗。在方天擔任編輯期間，曾刊登沙里明的文章〈論文學創作的語言運用〉，文中提出，既然文學語言來自現實經驗，文學的語言與語彙應當有區域的獨特性（沙里明 1957a）。

在《蕉風》一九五六年二十二期，有一場「再談馬華文藝座談會」，曾圍繞著馬華文學在地語言的混雜特性，展開辯論。一些作者如重陽提出當地語言「融冶一爐」當為殖民地不可忽略的區域色彩，子凡主張馬華文學需要突顯在地的「區域特性」或「個別性」，以超越中文文藝的「一般性」，皆是當時馬華文學尋求主體性地位、脫離中國文學的主張（子凡 1956）。一旦在文學創作中採用殖民地混雜的語言創作，便已經是在表明，認同本土文學與其文化場域的主體性。

如錢伯斯(Iain Chambers)所言，在後殖民的語境下，遷移者總是在這過程遭逢他人的文化、語言與地理空間等衝擊，主體的認同感與視角也就因此經歷不斷被形塑以及再形塑的過程(Chambers 24)。《蕉風》草創時期對在地充滿正面期盼浪漫的語言色彩，試圖通過培植在地的隸屬感而催促「純馬來亞文化」文藝主體的產生，固然這口號或宣言看似過於確定，然而何謂「純馬來亞化」，乃為多重權力詮釋、形塑而成的結果，尤其遷移者來到新的環境之後，他本身也成為這在地的「混雜」元素之一(Lippard 5-6)。在一九五六年「再談馬華文藝座談會」中，關於在地混雜語言的討論，也使得各種既存的（比如文學語言）被翻新。如張錦忠所言，「地方感性」為馬華文學帶來創新的書寫生機，也塑造了馬華文學的語言特質（張錦忠 2004）。在當時寫實主義的創作中，在地的方言土語滲透到書寫，不啻為從「身體」在地經驗過渡到寫作語言的經驗。

肆、方天的寫實主義書寫：本土化與社會主義傾向

一、社會主義與現實主義

倘若和文學語言的「在地化」比較，要在現實主義的書寫上，反映本土化的真實，以達到馬來亞化的書寫，後者面對的挑戰，更加棘手。那真正能深入「刻劃」馬來亞現實的題材，總不免要涉及政治的禁忌。在寫實主義(realism)的理想中，寫作不同於古典亞里斯多德藝術觀中的模擬(mimesis)，模擬是純粹按照著一個客觀的現實，趨近逼真的描摹，寫作卻具有改變、挑戰社會結構的意義。寫作總是屬於受過教育、具有書寫能力者的活動，尋找那些時代「典型」的形象（比如被逼為娼的女性、無法上學的超齡孩童或被剝削的工人等等），也意味著寫實總是對於他人的觀察、注視著某一階層的生活與經驗，而加以抉擇的再現。即便語言的風格、小說敘事的觀點與結構部署，成功締造恍若來自窮苦階級發聲的效果，它仍然是經過文字、符號佈置、敘事元素與語言風格所修飾虛構，且為特定的意識型態所主導。[14] 馬華左翼現實主義長期以來的觀點，卻是以客觀的現實為反映對象，並要求在客觀反映現實之餘再加以批判。[15]

固然，要求文學反映客觀現實與批判的觀點，並不獨為左翼所有。自清末民初以來，中國文學便背負著改進民族與文化的重大使命，加上長期尊崇的儒家觀點，亦使中國文學常被「習慣性」地賦予社會義務的要求（張誦聖 36）。[16] 倘若沿襲馬森將「現實」與「寫實」區分的定義，[17] 即以背負革命文學政治社會意義者為「現實主義」，那麼，我們究竟可不可

---

14. 西方理論頗多闡述現實主義的特質。寫實主義的反映論視符徵直接等同符旨，「寫實」其實是特定運用語言的方式所產生的效果，往往是其風格、語言與結構的方式，使讀者產生如實的幻覺，對文本信以為真，而忽略它被產生的過程(Coward & Ellis 2000)。

15. 如方修(1976)的觀點，他認為低級的現實主義是止於客觀的現實主義作品，具有批判性的現實作品要高一級(20-31)。

16. 沙里明(1957)〈論小說創作問題〉，開頭就摘引中外諸家，將創作目的在載道、美學之間比較。

17. 「現實」與「寫實」在定義上的區分，始於馬森(2015)，他認為現代中文文學的現實主義歷史，當溯自左聯作家為尋求振興民族，而奉俄國社會主義現實主義為典範。馬森以作品依循社會主義與否，將「寫實」歸為衍自創作內在的美學表現，而「現實」則為屈從政治體制要求的寫作結果，後者亦被稱為「擬寫實主義」或「偽寫實主義」。

以說，方天的小說，是不帶（左翼）意識型態的、發自創作者內在美學追求的「寫實」主義嗎？

白垚在〈浮槎繼往船黃石〉寫方天的筆觸，提到：

> 當時華人的話題，是落地生根與落葉歸根的爭論，《蕉風》
> 創刊號上的「純馬來亞化」，不言自明。方天意識中的馬來
> 亞化寫實主義，是文學反政治污染的立地生根。與落葉歸
> 根為政治服務的寫實主義，完全逆向。（白垚 2007:71）

這裏點明，關於「純馬來亞化」，在「左翼團體」與《蕉風》《學生周報》之間何者，還有何者孰「純」的爭議——哪一方才真正實踐「馬來亞化」。白垚認為，基於左翼的現實主義，乃是以中國（中共）為認同，並非以「此時此地」為重心。白垚這段話裏並沒有提到，當時在現實主義坐大的文壇上，社會主義文學觀帶來的影響可能也已超越了左右分野的界限。方天的現實主義書寫，其實帶有相當濃烈的社會主義特色，小說裏吸收不少社會主義的語彙，且相當貫徹社會主義的關懷。

對於當時的馬來亞華社而言，左右翼的分野，很可能其實不能直接簡化成窮富二分的階層結構(Belogurova 134)。比如一向被認為是右翼團體的馬華公會，它的會員很多來自勞工階層，而馬共的會員也不乏富有的商人，尤其馬華公會興起時，它最初是幫助華人解決各種社會與經濟問題的福利團體，直到一九五一年，才轉型為政黨(Belogurova 134-139)。

因而在當時的情況下，對貧人處境的關懷，並不只來自於左翼陣營。方天跟「左翼團體」的最大分別，在於他貫徹了《蕉風》的本土意識，那是去中共化之後的、更全面認同本土，同時又仍然保持著社會主義階層關懷的寫實主義書寫。

方天小說中確實有相當鮮明的社會主義觀點，不能因為他身在《蕉風》就否定這點。從一九二〇年代開始，社會主義在中國知識分子菁英羣中掀起相當重要的影響力。社會主義關懷大眾的精神，堪受當時知識分子推崇，不限於左聯或後來跟隨毛澤東〈延安文藝談話〉的左翼羣體。具有社會主義意識的現實主義文學，寫作者不一定支持中共，作者可能獨立於

中共政權或左翼政權之外。方天的小說並非沒有發自「創作內在的美學表現」，但也沒少了「反映」貧窮階級和對待苦力的同情。

　　方天曾經廣邀左右不同政治傾向的文人來為《蕉風》助陣。在一九五七年《蕉風》的座談會裏，從方天的發言可以佐證他期望的文學精神：

> 生活像一片浩瀚的海洋，海洋上震盪著無垠的綠波，在綠
> 波的下面有森林，有暗礁，有火燒的摯熱在地殼上震顫著。
> 如果我們滿足，或止於模仿，那麼我們只能掬起一團飄流
> 著的水草木片，或者撿拾一些沙灘上的貝殼，此外甚麼也
> 不能得到了。(方天 1957:20)

　　方天在任期間，《蕉風》刊登的藝評，包括知微〈文藝與現實〉、沙風〈文藝創作的價值〉都批評左翼的文學觀，同時又主張文學有用於社會的功能論。知微(1956)認為文學具有反映、批判與改造現實的三個步驟，文學反映現實並非能客觀得「如同照相」，而是透過「把握社會發展史的未來動向」，以便「對歷史與社會現實有批判」，而後「撼動」讀 者，「改造現實」。沙風(1956)主張寫作必須有「正確的」觀點與角度，才能更好的創造人物真實與典型，又強調文學有三大任務，即「反映」、「揭露」以及為貧窮階層的痛苦與社會問題，「提出解決」的路向。故而，在當時有關現實主義文學的爭辯裏，其中一個需要騰清的問題，在於現實主義的純粹客觀性已不復可能。方天上述的發言「如果我們滿足，或止於模仿，……甚麼也不能得到了」(方天 1957) 就說明他所期許的，乃是要有更多介入和在地獨特視野的現實主義書寫，而非抱持純粹中立客觀的描摹，或延續過往中國大陸觀點的寫實主義。

　　基於方天小說中細膩的美學表現，以及遠離延安文藝的政治規範，他早期的幾部小說，可說是傾向於「寫實」。誠然，馬森為區分現實主義與寫實主義而下的定義，提出了能夠區辨兩種寫作的方法。當時華文文學的現實主義與寫實主義，兩者的思路其實互有滲透 (兩者都無法脫離「振興民族」的責任以及俄國社會主義現實主義的影響，以至於那想像的、清晰可辨的界限其實並不存在)。方天的小說常見內在的心靈表述以及社會主

義的理念相互交織，並不那麼非此即彼。不過，馬森其實也是受到一九五〇年代左右兩翼政治對立的語境所影響，以作品有無受到延安文藝的教條所匡正，來作為辨別現實／寫實主義的依據。然而，寫實主義也不是方天寫作的全部特質。他的小說不乏著墨描敘個體孤獨存世的惘惘感受，這感受總是裹藏著對於體制的反省，方天的小說，同時兼有寫實與現代主義的特質。

二、小說析讀：從階層的身體到政體

在他擔任《蕉風》編輯期間的創作，除了小說之外，也有不少童話創作和馬來亞民間故事。在此僅討論他的寫實主義小說及地方書寫。他筆名除了方天之外，還有「阿瓊」、「辛生」和「金然」，後來都一律以「方天」正名，收錄於一九五七年出版的《爛泥河的嗚咽》短篇小說集內。

小說多描敘華裔低下階層的生活苦況，如〈膠淚〉、〈豆腐檔邊〉、〈暴風雨〉等等，所敘述的對象包括割膠工人、小販、錫礦工人等各行各業的苦力。若按照寫實主義慣常的說法，方天的作品可說是實踐了寫實主義寫作的任務，包括「批判」階級之間不對等的權力，「刻畫」華裔勞工掙扎求存的面貌。在他筆下，低下層階級之間的權力關係更顯複雜。他有幾篇小說也描述在都市消費空間（如百貨公司）裏工作的店員，但他對這些工人的再現，都不若對「苦力」寄寓較多同情。

方天敘述苦力或勞工的小說，都寫得極度細緻，表現超乎《蕉風》其他小說作者的寫實水平。白垚因此稱他的寫實主義小說，是「寫實主義的真品」（白垚 2007: 71）。小說內有大量經由觀察（或考察）而來的細節，無論是對碼頭、街巷小販、錫礦抑或船廠的場景描繪，相當有實在感。寫作技法精緻，如他以筆名「辛生」發表的短篇小說〈爛泥河的嗚咽〉，從開首第四段開始，小說沿著河邊的場景，描敘鋪陳各種紛繁動靜，透過聲音、光線、視覺、物質流動的速度與節奏，構塑出以主人公為中心，所感知到的、河岸兩旁船廠的場景（辛生 1956a）。

方天「刻畫」華裔處境的小說語調，經常沉重悲痛，如他剛來到的第一篇小說〈膠淚〉(1955)，小說裏孤獨的主人公，身在一大片黑漆漆的膠

林裏，樹隙間充滿不可解的雜音，宛如少年膠工對未來就學的前途感到彷徨、迷惘的心靈空間，這惘然的恐懼，也來自於英殖民地政府為剿共而實施的緊急法令控制，「使他最擔心的卻是，為著早一點割膠，而違犯黎明前不准割膠的命令，實在有很大危險」（方天 1955）。對於甚麼原因導致危險，方天在此採取隱藏的寫法，幾乎是以緘默的方式為小說保留了更多空間。雖然這篇是他初來乍到刊登的第一篇小說，寫來卻是意象豐盈、織入了他所觀察到的華人在地生存的問題，其中對心靈徬徨的敘寫卻甚私人，從膠林的諸多動靜，透過白描，凝成瀰漫膠林內的隱蔽感和危機感。遣詞措字，極富個人化的語質。這篇小說，比起他後來諸多描敘華裔勞工痛苦現實的作品，具有更多個體孤獨的存在意識。

〈十八溪墘〉(1956)一開始就從高處俯視碼頭苦力所在的空間，呈現出狹窄凌亂的屋宇、碼頭苦力負載重物疲勞的身體、濕漉漉的街上以及工人賭錢消遣的棧房。沿著骯髒佈滿油污的新加坡河，這道新加坡河除了是穿過都市重要的地理標誌之外，同時也是把這區域的階級加以劃分的界限。[18] 小說以同情的語調，呈現出在物質上一無所有的窮困生活。他們不能不冀望於身體，身體成為窮人唯一的資產。透過男性勞工的敘述視角，注目於年輕女性的身體，雖然其目光盡顯戀慕，然而對女性來說，出於自身階層的貧困挫敗，幾乎也阻礙了婚姻與戀情的可能性；女性的身體引起欲望，男性的身體雖然陽剛，但卻也同時為種種不安的意外陰影所籠罩，未來充滿各種危機。二戰剛結束不久，社會急需勞工來「重建」，卻未賦予勞工任何保護或保障，一次意外就可能摧毀他們唯一的謀生資本，那看似陽剛、實質脆弱的血肉之軀。

從方天的小說中也可以看到現代工業的生產系統，如何劃分兩性的身體及空間經驗。他以「阿瓊」之名發表的小說〈一個排字女工的日記〉，以女性勞工為第一人稱的自述視角，描寫她們如何觀看自己與他人為鉛灰所覆的身體，經由視覺而來的感受，體認到自己隸屬於勞工階層的身

---

18. 新加坡河的周遭地區，在歷史上曾被賦予文化空間與階級的屬性意義。新加坡河本身也是碼頭運貨載送的主要交通路線，也是苦力生活的居處。河流由南至北，把城市劃為東西兩邊。在英殖民地二戰以前，南來苦力多聚居新加坡河周圍，四周圍多是輕工業(Warren 39, 261)。

份：

> 排字的男工雖然他們也是技術工人就愛不起來，因為看慣
> 了他們在字房裏的樣子，就是脫下工房的衣服洗刷得再乾
> 淨，穿著得再整齊，腦子裏還忘不了他們那一身的灰與油
> 墨，而自己給他們的印象恐怕也是工房裏蓬頭灰髮的醜
> 樣。……其實灰與油墨有甚麼可嫌處，一身灰與油墨正是
> 他可敬可愛的標誌。（阿瓊 1956a:9）

　　上述這段，可說是複述社會主義改革的自勵話語，以便抵銷、匡正美
醜觀念。作者同情勞工的立場相當鮮明，可說是不吝讚頌，也突出工人之
間的情誼。從這點來看，方天相當認同社會主義的立場。甚至更進一步
說，方天還極同情那些體力受到剝削、處境較為可憐的勞工階層。他意識
到工人階級並不是均質的，工業生產精工劃分的需要，把女工加以分門別
類地安置在生產單位中，由此帶來差異不等的身體經驗。工業的劃分因此
銘刻在女工身上，在不同的工作場合與崗位上，養成相應的氣質：

> 裝釘部的姐妹衣著比較鮮亮，儀容也比較修整；排字房的
> 姐妹則賽似煤渣堆上打過滾來似的。洋貨店那邊，她們一
> 個個裝束得花枝招展，頭髮是外國明星式的，衣裳是色澤
> 鮮艷濃烈，剪裁得緊身合體，曲線畢呈；……我們這邊的
> 姐妹大半不喜歡多講話，講話也是細細的聲。彷彿長年封
> 在地獄裏的幽魂一旦到陽光裏也不敢充分顯露自己；她們
> 那邊則是有說有笑，各逞兜攬顧客的口才談得高興時嘴裏
> 夾著整串的英文。（阿瓊 1956:9）

　　除了方天（阿瓊、辛生）之外，尚有另一位作者羅紫〈寶寶真累人〉
亦對工人的身體與空間經驗，投以細膩的描述（羅紫 1957）。羅紫的寫實
主義風格與方天頗相似，對勞工的工作情況都仔細考察。他們的小說大都
專注敍寫城市裏的低下階層，往往窮得僅能顧及生活中最基本的 「食」

與「住」。一如方天，羅紫也對女工的身體經驗，敘寫深入。在小說裏，從事製造男裝軍鞋的女工，各自從身體的不同部位感到疼痛，這些不同的疼痛部位，也與工人負責的產品部分相對應，由此折射出分工生產的製造業，猶如把工人的身體分割、工具化地支配。與其他職業的工人相比，在工廠勞作的身體經驗，幾乎無甚愉悅可言。即便賦之以鼓舞勞動的社會主義話語，仍然無法改變身體為鉛灰罩罩而黯淡的事實。然而，又正是那匡正美醜觀念的言語，同時安慰了女性勞工可能會有的自卑感。與此同時，「可敬可佩」之語云云，又悄然施予道德勸諭的訓導。於是，在這些社會主義的觀點與聲明裏，振作鼓舞與壓抑規範，也就同時並存。

譬如方天這篇小說裏透過第一人稱敘述的女工道出反黃觀點：

> 今天撿了一篇稿子的字，越撿越生氣，稿裏寫的是滿紙荒淫無恥之言，讓人看了臉紅，恨不得一把撕碎它。後來問敏姐，才知道是小報的稿，不明白廠方為甚麼要承印這種黃色東西。從前我還以為自己雖是工人，在人眼睛裏雖然低賤，但是所謂推展社會的文化，我們也有一份勞績的。我們是文化線上的無名英雄。今天才知道，散佈黃色毒素，也有我們一份，我們也是毒販子的幫手。我們是這個社會複雜的大機器上的一個小齒輪。（阿瓊 1956a:11）

小說藉女工之口道出對淫黃書寫的道德斥責，在方天這篇小說裏，他賦予排字女工異常獨立的自省能力，意識到在生產的體制裏，任何人都不能置身事外，即便是想要循規蹈矩地服從體制的安排。當排字女工遇上黃色文學，她的抵抗便從「揀字」著手。小說把原來抽象的符徵，具現為中文鉛字，正是這可觸、可摸、可握與可選擇的「字」，彷彿也是集體道德意識的延伸。無可否認，小說結尾，仍帶著流於道德教化的感喟。相對於英殖民地政府對中文的防範，將中文視為培孕共產意識、擾亂馬來亞社會安寧的搖籃，在方天的小說裏，中文的文本產生過程，經過了多重出版機制、包括印刷排字的過程，其中就有各方意識在周旋角力。當各種道德與價值觀念穿越個體，使個體彷彿成為羣體價值觀的戰鬥場所時，個體如何可能

從既有的觀念解放出來？在當時，對華人社會而言，那些宣稱可以幫助窮人拿回資源的話語，無疑最具號召力；然而，從另一方面來說，方天的小說雖然攜帶了社會主義的語彙，並不意味他在政治上就認同左翼。小說似乎較傾向於經由女性勞工之手，體現出一個極為理想的圖景，即把知識與勞工階層相連起來，形成共同申述抵禦腐敗的敘述模式。[19]

在方天的這篇小說裏，雖然鉛字如此具有中文方塊字的意像，但華人社羣在政治上的異議幾乎是靜默的。在諸多意義的軸向上，方天迴避了英殖民地政府對華教的壓抑，而轉向訴諸階級與道德意識的主題。

誠然這使這篇小說的視野有所侷限，但是，從小說選擇的題材來看，通過當時印刷業務的鉛字形象，隱隱碰觸到族羣與文化的問題，其中牽涉的權力衝突，可能甚至超出了方天本身的意識。到底現實主義如何能介入現實、更深入到諸多衝突中去呢？在面對英殖民地的政治控制，友聯文人的寫實主義理念，難道不也受到反共宗旨所抑制與牽制嗎？想要在文學中表達真實的理念，又如何能實現？

方天的小說偶爾也會有超出社會主義之外的觀點。在一九五六年第十七期，他刊登了自己一篇關於錫礦工人的小說〈暴風雨〉，雖然結尾的悲劇似為典型常見的窮人悲歌，不過小說內對於個體與階級之間的內在約束，卻寫得相當隱晦微妙。

小說中來自同一階層的聲音，不斷複述窮人的憤怒與不滿（比如訴說工人們為工作犧牲卻毫無報償），但這同一階級的集體聲音卻與金發看待自我價值的觀點錯開了。在馬華文學寫實主義的小說中，集體共有的遭遇與同情，往往覆蓋了個體內在的衝突與焦慮，同一階級共享的語言，預設了屬於羣體共有的情感，應該要超出個體自我的意識。主人公金發對守護錫礦的任務表現得異常投入，表面上似乎由於家庭負擔所驅，但他對錫礦

---

19. 方天對於女性的情感相當陌生，這使得他的小說裏的女性敘述，僅能有限地止於公共領域。他善於觀察，筆下細節也蠻能細心呈現女性在公共場所中的言談舉止；至於那些在規範底下、更為私密的欲望，雖然在文本偶而也隱隱浮現，但卻始終被阻攔於各種既有的、正當的觀念界線之前。方天的小說讓人看到了欲望，如何為這些正當的、階級關係與其話語所堵塞，卻無法跨出這道界限以外再作探索。故此可以說，正是現實主義那主張為羣體利益服務的書寫理念，反而阻攔了文學去實現深刻書寫他人、為他人發聲的故事。

場出奇強烈的牽掛，卻並非養家活口的需要而產生。由於年紀輕輕就被賦予管班的任務，使他感到自己的幸運，異於同輩，因而在受到賞識的「召喚」中，認同了「盡責」本身即為實現主體（這主體性須為他者所承認）的基礎所在。然而，由於家庭責任的負擔，才使得這位年輕管班無法全心投入，而大自然的暴風雨又非人力與簡陋的技術所能應付，以致於為此飽受心靈折騰。小說中透過金發這角色寄寓自我認同的價值所在，對個體、階級與認同價位的關係，曲折地傳達出頗為複雜的質問。

方天在《蕉風》當編輯的時期，星馬正處於實行緊急法令的狀態。〈暴風雨〉(1956)小說也描述了男主人公金發出入新村的情況。自衛團在傍晚七點關閉鐵門、金發在夜裏離開新村回去礦場，需要獲得好幾個層級批准，包括村長、馬打（警察）和自衛團(13)。新村內外，這層層監控、限制穿越的防備界限，源於殖民者視華族即為共產黨的偏見與懷疑。華裔工人在殖民地生活朝不保夕的處境，以及在面對建國歷史時刻的種種焦慮，在方天的小說中佔據了相當重要的分量。

在方天這些後來收入《爛泥河的鳴咽》的小說中，並無空間留予緬懷家鄉，也沒有鮮明的痕跡顯露出以中國為祖國的情意結。主人公通常無多餘分文，三餐勉強溫飽，無論是國族認同或政治激情，對此貧困交迫的階層而言，都太過遙遠。但為了能夠繼續居留本地與繼續謀生，國籍或公民權遂為不得不去面對、反思的問題。以筆名辛生，刊於一九五六年第十二期的《蕉風》短篇〈一個大問題〉(1956)，時空置於黃昏的甘榜，透過一場在華裔主人公以及兩個馬來友族之間的對話，小說表達了當時華人申請公民權的諸多障礙。他們之間的對話，語音混雜，氣氛幾乎和諧，如同共冶一爐。小說由此回應當時各種質疑華裔能否融入在地的成見，包括他族對華裔落腳地之不以為然（隨時可回唐山），以及通過主人公之口表達華裔不欲回歸，而想落地生根的意願。

「地方感的認同」不一定由「國族認同」而來，兩者也不必然重疊一致。不同於國族認同是由政治話語所建構，地方感則是由日復一日的日常經驗與習慣累積，以及和當地社會成員之間的互動，逐漸對地方產生依戀與認同的感情。然而，即使因為長期居留而對落腳之地產生了依歸的感

情，華裔所面對的仍然是「不被認同」的問題（張錦忠 2003:110）。正如小說主人公阿興伯所言，他認為自己來馬來亞居留且生兒育女已經多年，視自己為本邦人，故此以為被認同為本邦人，本該是天經地義（方天1956）。

《蕉風》標明本土路線的寫實主義，除了顯示這份雜誌去除「中國色彩」的鮮明立場，箇中的本土語境，譬如在方天這篇小說〈一個大問題〉裏，並不迴避當時與官方的馬來亞運動之間，以及華人對於公民權觀點的衝突。若與當時《蕉風》內常見到的歌頌國家、熱烈認同獨立的正面語言相比，方天這篇小說包含更多諷刺與對馬來民族本土主義的質疑。在公民權問題上，各種「交流」其實充滿了一連串需要費盡唇舌、說也說不完的「解釋」。「解釋」雖然可以換來友族友善的「建議」，但最終所有的「建議」還是勸服華人服從國家的建制。小說在回教堂黃昏的祈禱聲中，以一個居高臨下的觀點來俯視國家體制與個體信仰之間的差距出入，伊斯蘭的經文傳達公平博愛之意（「真主教我們公平與善，愛你的鄰人如愛自己」），但實際上政體已經把「國族」劃出等級之分；三方對話在暮色結束後，仍未能獲得滿意的解釋與解決之道，卻仍然以維持和諧關係的方式，互道「猛得卡」（獨立）口號，來結束這場無法解決問題的對話。

小說內外洋溢的愛國意識，其實都對國家愛得不清不楚：愛國與獨立的口號喊得再怎麼聲嘶力竭，底下卻仍然滿腔難言的五味雜陳。哪怕對公民權有諸多意難平，此焦慮也依然得與「愛國意識」的熱情共同起伏在一九五〇年代馬華現實主義的文本中。

對於甫到新加坡落腳的南來文人來說，如此快速地表達自身為馬來亞華人，雖說是出於反共、進而鼓吹本土，但這樣的聲明，亦鮮明地傳遞出告別過往的意味。方天無疑是《蕉風》的作者當中，其身世最為特殊、寫實作風最鮮明的作家。與姚拓、陳振亞等其他作者相比，方天的寫實主義夾帶更多的社會主義特色，到底是甚麼原因使他加入到《蕉風》陣容中呢？白垚在《縷雲前書》中，回憶友聯的前輩提及方天時直稱為「小共產」，語氣卻無不敬之意（白垚 2016:253-258）。書中追憶接觸方天的零星片斷，包括某次方天與文友們在香港出遊，在香港梅窩的沙灘上，方天讚

揚王實味的〈野百合花〉，同時也批評了延安文藝（白垚 2016:255-256）。

伍、非共的社會主義寫實主義

以下這個問題，將會瓦解以友聯為「非左翼」團體的一致性想像：倘若與後來的南來文人（如姚拓、黃思騁）相比，方天小說中的寫實含金量，難道不是遠遠地超出其他人許多嗎？要如何看待方天這些階級關懷、批判資本主義意味鮮明的寫實主義作品出現在《蕉風》裏頭呢？此外，那被目為與《蕉風》對立的「左翼陣營」，是怎麼被想像的呢？

一、左翼精神

在一九五〇年代及之後的馬華文學論述中，所提到的左翼現實主義文學陣營，其「誕生」該是受賜於一九四九年中國的政治變革，毛澤東的文藝觀。中共執政後，將毛澤東一九四二年「延安文藝講話」付諸實踐，再加上多次鎮壓行動，竟然壓制了原先尚能尊崇左翼精神的知識分子。在這之後被中共認同的「左翼」與早前一九二〇年代時期，尚能針對強權（當時主要是國民黨）發言的知識分子，所持的左翼精神，大為不同。[20]這些羣體勢態各異，除開魯迅、蕭紅、蕭軍、丁玲等等具有現實主義作風，部分海派作家如施蜇存、劉吶鷗等表現新感覺派美學者，都不啻為認同革命理念的知識分子（方維保 138）。馬華文學自六十年代開始，才有現代／現實對立的論述。在馬來亞獨立之際，受抗日文學影響下的馬華統戰文學，幾乎全面地跟隨毛澤東《延安講話》的左翼文藝觀。故多數的研究者，

---

20. 一九四九年之後，中共掀起多場整肅與鎮壓，除了清洗異議聲音，也檢舉了各種被認為是小資品味的殘餘習性，包括那些被指為頹廢、消極與流於情慾的書寫。方維保對中國「左翼文學羣體」詞彙定義的變化做了分析，他提出廣泛的左翼文學，應該不受限於加入左聯的作家。即除了左聯之外，那些曾經接受歐洲社會主義與階級理論影響的羣體，包括被稱為京派與海派的部分作家，也當為廣義上體現左翼精神的現代文學羣體。一九四二年的延安文藝講話可說是分水嶺。在一九二〇年代時期，未受延安文藝指導所匡正，文學羣體的革命信念與自由主義同時並行，勢態各異。當中如魯迅，面對國民黨強權，亦無畏於提出批判與異議。 然而，這樣的特質，在毛澤東延安左翼意識型態劃一的政策下，遭到壓制，知識分子那善於用典、精微辨別與闡述細緻的能力，甚至被認為是「小資產階級劣根性」（方維保 52-91）。

針對一九五〇年代時期及過後的「左翼陣營」的指稱，多以跟隨毛澤東延安文藝指導者為標籤。後者對毛澤東文藝觀的遵循，亦見諸於一九五〇年代期間，與《蕉風》對峙的左翼群體，他們杯葛友聯旗下刊物，當時發表的文宣裏，不乏大段引用毛澤東的觀點（謝詩堅 199）。從資料來看，當時與《蕉風》立場敵對的左翼團體，似乎服膺於延安文藝那套將意識型態與藝術劃一之後的左翼文學觀；與此相對，《蕉風》則致力於想要改變或規勸馬華文學裏的新進寫作人，切勿跟隨延安文藝的觀點，而應該轉往文學美學的思考。[21] 不過，「左翼陣營」反對《蕉風》的原因與背景其實很複雜，從針對英殖民的剿共行動，乃至到由於對華教不利的調查報告出爐，為了維護華教而激起眾憤。當時掀起的學生運動，固然主要是針對英殖民者，但也連帶抨擊具有美援背景與反共宗旨的友聯；基於對英殖民者的憤怒，遂把友聯出版社和相關的文人，都視為與英殖民者同路的敵對者。在此，有鑑於當時主要的杯葛起於校園的學潮運動，故此接下來僅以學潮團體，而非左翼群體，來指稱當時的杯葛者。尤其馬華文學的左翼文學群體，譜系亦非一致。馬華文學寫實主義陣營中，不乏認真探索文學美學與實踐傳統寫實主義的作家，包括苗秀、韋暈、姚紫、趙戎乃至到《蕉風》的方天。

　　在中共建國之前，中國的現代文學，曾經出現具有高度自由的現實主義群體。在當時多元的文化生態裏，現實主義甚至能與自由主義並存。[22]

---

21. 至到一九六三年現代主義開始之後，《蕉風》的系列講座裏，這樣的觀點就更加明顯。如在黃崖擔任主席的座談會裏，鮮明地傳遞出反對延安文藝的文學觀，包括「不要不自覺跌入現實主義的陷阱裏，而變成某種集團的『革命現實主義』的工具」、「不應把一種『文藝路線』或一種『教條』緊砸在文藝創作上」、「現實主義已經失去表現的效能，應該是譬喻、聯想、意象、象徵、抽象、超現實主義等表現技巧　共同使用，才能創作出好的作品來」（蕉風社 1963；謝詩堅 398）。

22. 雖然近代論者多指出，經過漫長的時間，清末民初梁啟超、嚴復等引入的自由主義在中國的實踐已宣告失敗，但自由主義也確實曾經有過短暫的蓬勃時期。在梁啟超革命失敗以後，資本主義的自由主義在中國影響轉弱，並不受落。尤其社會主義在一九二〇年代崛起，知識分子多難以接受資本主義。黃克武(2006)在論文裏，提到民初梁啟超的影響轉弱之後，仍然有知識分子與菁英追求一種非與資本主義結合的自由主義，如傅斯年就有「放棄資本主義」，讓自由主義保其「人道主義」的「靈魂」的說法。根據許紀霖(1997)的論文，從一九二〇年代到一九三〇年代，英國拉斯基(Harold Laski)的費邊自由主義在中國走紅。費邊自由主義，據蕭乾解釋，並不必然與資本主義結合，也可以與社會主義結合，甚具個人主義色彩。

隨著延安文藝與革命路線擴展至馬來亞，服務大眾式的現實主義也在馬共與左翼掀起下，蔚為主流，同時一併把過去戰前多元風格的左翼文學，依照「延安講話」來歸納詮釋。為了和左翼展開不同的詮釋，《蕉風》在姚拓擔任編輯之後，從一九五七年三十七期開始，推出一系列名為「文壇雜話」的專欄，每期介紹當代跨越左右翼的中國作家，提出與延安文藝主導的詮釋，全然迥異的當代文學詮釋（謝詩堅 198）。

　　方天擔任編輯的創刊初期，是《蕉風》推行在地化現實主義最重要的時期。這時期刊登關於現實主義的評論如下：

一、李亭〈此時此地的文學〉（一九五五年第二期）提出在地化論述，認為馬華文學需要一個適合此時此地、能夠表現殖民地現實主義的文學。

二、李亭〈文學的現實性〉（一九五五年第四期）的在地化論述，認為馬華文學需要的文學，必須是反殖民地主義、反封建主義、反投機主義。

三、知微〈文藝與現實〉（一九五六年第二十一期）談到文學與現實的互動，認為文學應當有反映、批判與改造現實的三個步驟，文學反映現實，並非是全然中立客觀不帶立場。

四、沙風〈文藝創作的價值〉（一九五六年第二十三期）批評左翼的文學觀，包括左翼常見的教條主義、階級對立。然而他也認為文學不能擺脫社會責任。他不認同那純粹為藝術的寫實，認為思想意識、道德觀念、立場角度必然左右寫實主義的寫作；同時又主張寫作必須有「正確的」觀點與角度。

五、洛萍[陳振亞]〈創作的動機與目的〉（一九五六年第二十八期）他認為文學並不能如鏡子般盡其反映，創作源於作家意欲表達的思想、意識，而意識又來自作家的現實生活。

六、沙里明[陳振亞]〈論文學創作的語言運用〉（一九五七年第三十二期）則論及語言，認為文學語言必須得從現實社會的一般語言去提煉，脫離現實經驗則語彙枯歇。文學的語言語彙應當有屬於區域的獨特性。

上述最後兩篇「洛萍」和「沙里明」皆為陳振亞的筆名。陳振亞的文學觀點較少訴諸於社會改造功能論。在〈創作的動機與目的〉(1956)，他以為文學內容來自作者的意識，作者的意識即為現實的整體經驗，雖然寫實主義不是寫作唯一的美學目的，但文學作品所「想像的人物、題材、故事」，必須「在現實生活中有存在的基礎」(4)。這觀點在他另一篇以「白蒂」發表的〈論文藝創作的內容與形式〉加以延伸，但補充了讀者的角色：文學若要有價值，作家的意識必須能投入到讀者有所感應的心靈裏（白蒂1956e）。

從方天本身撰寫的小說，以及他擔任《蕉風》編輯時，刊用的藝評稿件、登場的作家陣容和同時期刊登的小說來看，《蕉風》確實有如徵稿聲明的，實踐不分派系、多元包容的文藝觀。

仔細瀏覽《蕉風》當時的稿件，方天在任期間，既為《蕉風》推行在地化現實主義最重要的時期，同時亦是社會主義意識的寫作同時並存的時期。一些篇幅短小的稿件，如黃昌虎撰寫的小說〈美麗的小鬥士〉(1956)，體現出解救窮人、拋棄小我愛情的鬥爭敘事模式(18)。在翻譯小說之中，除了馬摩西翻譯的埃及小說之外，還有呂卓翻譯的數篇印尼小說，皆出於印尼抗日與獨立世代的作家之筆，包括孫達尼(Utuy T. Sontani)的短篇小說〈沙末的商品〉(1956)、獨幕劇〈女招待〉(1957, 1957a)，以及蘇狄亞蘇加馬(Rusman Sutiasumarga)的短篇小說〈布加西姑娘〉("Gadis Bekasi," 1957)。〈布加西姑娘〉敘寫被殖民獨立史所拋棄的邊緣畸零人。〈沙末的商品〉與獨幕劇〈女招待〉亦關注低下階層，但不僅止關注物質上的窮困，也探索宗教與精神心靈的關係、虛假與真實、從約束到尋求自由的諸多意義。這些具有左翼傾向的小說，出現在方天編輯的《蕉風》，難道方天其實依舊認同共產主義嗎？

這乍看奇怪，不過在一九四九年以後，香港第三勢力吸收部署的軍政要人，本來就不乏前共產黨員，包括方天的父親。若根據桑德斯(Frances Stonor Saunders)的研究，美國在冷戰時期，吸收頗多前共產黨的左翼分子（桑德斯稱之為「非共左翼分子」，Non-Communist Leftist），這稱謂是從美國外交部的反共視角出發而來。他們發現，能夠瓦解共產主義的敵人，

莫過於前共產黨人或信仰民主自由的社會主義人士(Saunders 53)。對於所網羅的大量左翼作者羣體，美方不會直接干涉或主導，而是相當慎重地對待，資助他們出版刊物，然後觀察、監控其刊物，以防他們變得激進(Saunders 83)。此外，在另一些寫作的個案，如果交上的作品內容超出美方所能接受的限度，就會要求對方重寫，以便能交出「代表美國觀點」之作(Saunders 273)。桑德斯的記錄與整理，幾乎完全重建美國外交部的觀點。甚至部分接近美國資助香港第三勢力時期的部分狀況。當時所延攬的不少都是前中共要人，包括方天的父親張海燾。惟對於作者如方天在文學中顯現的複雜特質，似乎並非能以桑德斯的「非共左翼份子」來概括。但無可否認，方天確實體現了那外在於中共政權的左翼精神，其文學書寫體現出非共左翼作家的社會主義寫實主義理念，甚且也不無包含具有批判意味的現代主義。

桑德斯的「非共左翼份子」這個詞彙源於美國外交部在冷戰中的反共目的，用以概括在某一類所要延攬的目標羣體。然而，從文學羣體本身的實踐方式與視角來看，其身份卻可能比美方的定義更為複雜。方天來到馬來亞之後，可說是被多重的話語所圍繞。桑德斯所揭露的美國外交部的視角與分類方式，其實難以闡釋方天在馬來亞，那聚合了反共（友聯）、剿共（馬來亞聯邦）、本土認同（《蕉風》與馬華文壇）、社會階層關懷的寫實主義作風（個人的出身背景與文學習性）等等，那經由諸多觀點與話語交錯造成的位置。方天小說中對低下階層與苦力持有的濃厚關懷和混雜特性，其馬來亞化書寫也直挑公民權的政治忌諱。後來的寫作文風漸見變化，幾近現代主義，但也仍可見對體制與歷史的思考。他似乎也在竭力實踐，作家王實味對權勢說真話的理念。然而，美新處或馬來亞官方對方天的表現可滿意？方天為何離去？截至目前為止，從白垚的《縷雲前書》或馬崙的零星文章中追憶的方天事跡，都未有說明方天加入友聯的經過，以及他離職的原因。

無論是對方天抑或對當時的馬華文學而言，寫實主義確實被推崇為嚴肅文學的典範。方天在任時期，《蕉風》所刊出翻譯的小說裏，如孫達尼的小說，不僅具有左傾意識，孫達尼本身就是具有左翼意識的印尼作

家。但與〈延安文藝講話〉的教條式寫法不同，這些印尼小說寫來嚴謹沉重，不至流於訴諸鬥爭吶喊的口號，雖然獨幕劇〈女招待〉的「出走」甚具象徵意義，但〈沙末的商品〉與〈布加西姑娘〉依然顯現出嚴格的「寫實主義」美學，但敘述筆法極度風格化。資本主義不僅以物役人，亦從權力結構上支配個體，左翼文學提倡反資與反殖等口號，所求者，當包括維護求知、探索與認識事物的自由。方天本身習得的寫作文學觀，誠然受到社會主義觀點的思路影響。但若為實踐如魯迅般的匕首文學觀，這樣的自由不在中共，亦不在臺灣的國民黨。在一九五六年第七十八期，《蕉風》也翻譯了朝鮮的一篇抗日小說，端木鈴譯、金北鳴著〈帶來死亡的人〉(1956)。抗日文學當為左、右兩翼均有的敘事，不僅僅只是通過翻譯外國文學來遮蔽反共動機，從雜誌的刊用稿件，可看出編輯的文學觀點。方天的文學理路，也確實如同輩人習得寫實主義的脈絡那樣，經由抗日文學、階層關注以及各個流派的寫實主義文學而培養起來。對於在地的馬華文學而言，《蕉風》通過翻譯引入的各地視角，結果也開拓了文學視野，使讀者看見這些不同區域的文學作品，與中國現代文學的寫實主義作品迥異的寫作筆法，在這些各地區的後殖民文學，其本土敘述已有怎樣的成果。

二、殖民地政治禁忌與現實主義的侷限：華教與馬共

根據創刊以來的徵稿宣言，這份刊物應當可以容納、使多種意識型態與藝術形式都同時兼收並蓄，以免抹除其他藝術形式存在的空間。在此，雖言不分派系，仍有其模糊之處，比如它未能解決權力介入的問題，也無法接受同情馬共的觀點。無可否認，一九五〇年代中旬，《蕉風》創刊初期所舉辦的一系列馬華文藝的座談會，確實迴避了政治的問題。除了討論語言風格、在地知識、把生活所見的社會現象加以在地化處理之外，真正阻礙當時的寫作人，在書寫中達致寫實理念的核心意義，正是反共政治導致的排除性。所有敏感的政治問題，也都是闡釋現實至為關鍵的課題，包括關於華教、族羣關係（華巫分裂、公民權問題）、語言政策、身份認同以及包括馬共在內的政治禁忌所在，而其中又以被緊急法令列為禁忌之

處,即馬共的存在問題。按照寫實主義文學的理念,所謂禁忌之處,正是文學該要貫穿之路。裴海燕(Jana Beneová)在《從「現實」到「寫實」:一九八〇年代兩岸女性寫實小說之比較》(2015)書裏指出,文學評論長期以來對現實主義存在著「不證自明的反對立場」(14)。這值得反思,並對於這立場加以檢視、重讀和理解其歷史的必要。

西方的寫實主義文學史演變的過程,很大部分跟「真實」(總是被想像為處於文學外邊)、「反映」(文學怎樣可能把真實反映得更好)的概念變化有關。十九世紀的現實主義,從浪漫主義的文化與文學蛻變而生,當時是極為嚴肅的藝術,想像文學可以真摯地反映真實。喬治・雷萬(George Levine)在《現實的想像》的前言中,為闡明維多利亞時期的寫實主義所寫的一段話,或許可作為寫實主義理念的註腳:

> 寫實主義,作為一種文學的方法,就其名稱而言,可被定義為一種格外具有自覺性的努力,通常是在對於倫理道德精神的尊崇下,力圖道出真實,以及將對人類的同情心擴展、超越限制,使文學的呈現一如現實,而不是其他的語言。故此,一個作者必須盡其所能拋棄那些已成常規的表現手法,並努力創造新的。沒有任何維多利亞的一流作家會真的相信他們是在提供一個不經中介的現實。但即使以他們自己主觀所僅有的知識,仍盡力掙扎以便能接觸、接通那外邊的世界,以及打破那在傳統和語言上形成的唯我主義的侷限。(Levine 8)

上述這段解釋,目的是為了反駁,那種以為「寫實主義就是天真地認同文學是透明的中介」這種偏見指控。小說必然是以意符與一連串結構(敘述觀點、場景、時間等)構塑成彷彿為真的效果,對此作家不可能沒有知覺。寫實主義宣稱的「真實」觀點,是為了打破浪漫主義長久形成集中於上流社會浪漫才子佳人敘事格局的陳規,因此,寫實主義便具有「反對虛假」與「對現實負責」的意義,但也因此在逼近其理念的過程中,會經歷與自身有限經驗的「掙扎」和內在辯證的矛盾(Levine 10)。現實是各種「充滿

矛盾與衝突」的一系列差異，但對現實的觀念卻非固定，而且會「隨著世代和文化觀念的改變而改變」，這是因為文學總是會有「新的方式去深入到現實裏」。維多利亞後期現實主義鮮明的宣言，如喬治・吉辛(George Gissing)所言，乃與為了與那種「文學是寫來取悅人」的「心理習性」抵抗，也為了打破小說須有情節、應該要有歡快結局的固有觀念。然而，喬治・雷萬也指出，諷刺的是，維多利亞時期冒起來的寫實主義，後來也陷入當初所反對的「心理習性」窠臼，而遠離了衷於現實的理念(Levine 10)。

　　中國文學現實主義承自十九世紀歐洲的寫實主義，最初它對於知識分子而言，是可資傳遞革命真理的新聲（王德威 20）。然而自魯迅以降的寫實主義書寫，卻也顯示了那寫實主義內在定律與真理之間的斷層，意欲以文學再現革命的真理更是不斷被意符抹消（王德威 20）。而在馬來亞於一九五〇年代施行緊急法令的時期，寫實主義或現實主義意欲詮釋的真實，被迫安頓在受到監控的「安全」或「正當範圍」、在政治禁忌之外;然而所迴避不提的，便會以匱乏或缺失的形式，從而否決了書寫所宣稱的真實反映。由此寫實主義或現實主義無法達成使命，書寫得不斷逼近那禁忌之處，然而毫不顧禁忌逾越限制地書寫，又會意味著作者連同其空間的整體存在，都會冒著被強權拭滅的危險。

　　在緊急法令時期，如此嚴厲的管制下，寫實主義如何可能實踐呢？當時在馬華文學現實主義的討論裏，那些講究典型、反殖、反資、反種族主義這些近乎教條的口號構成的議題，如何可能探入馬華社會現實的內在核心？關於寫實主義文學該寫甚麼，這問題總會走向何者具有書寫的價值。譬如說，刻劃勞工、窮苦大眾與在地多元族羣總有文學價值，但是反映多元族羣卻又優先於殖民者分而治之的權力結構，而道德批判又優先於政治上的探觸。盡管在寫評論與討論發言時，他們總提醒應該要批判殖民者，可是在小說作品裏總是難以辦到。大部分陳振亞的小說就體現出這點批判殖民與同情窮苦階級的兩難。[23]

---

23. 陳振亞以白蒂或江陵為筆名發表的小說，雖然有部分觸及到在地華人，從英海峽殖民華人到商界的光怪陸離現象，然而小說的二元對立，訴諸於道德化的教訓。

　　無可否認，方天小說裏確實迴避了馬共與華教的問題，儘管他的小說對於緊急法令時期的勞工遭遇，總是懷抱濃郁的同情心。這固然是因為在緊急法令時期，馬來亞移民南來的華裔，甚至包括在本地出生的第二代，仍多為苦力勞工，教育水平低，孩子失學的問題也很普遍。另一方面，諷刺地說，以窮苦對比壓迫者的二元對立寫法，具有掩護功能——免於把矛頭指向殖民歷史中更尖銳的政治問題。誠然，這對居留在地僅有一兩年的方天，可能也太困難。但從這方面來看，難道不正是華文文學的現實主義文學觀，那以階級關懷優先於其他差異、差別的敘述模式，遠離了在地的現實？

　　把中國社會主義現實主義的反封建、反殖、反封建、反階級的元素，搬到馬華文學挪借為觀察的框架，對剛抵達在地的南來文人而言，是相當自然的，因為要在抵達數年內，立刻產生在地視野與獨特視角並不容易。除了方天之外，在《蕉風》創刊初期，和他一起勤於供稿的南來文人陳振亞，幾乎亦有相似的寫作路徑。

　　陳振亞也是創刊早期的編委之一，在最初兩年，他以洛萍為筆名發表評論〈小說題材的處理與運用〉(1955)和〈創作的動機與目的〉(1956)，稍後又以白蒂、沙里明為筆名發表了一系列文藝評論。這些評論大致偏向創作理論的討論，包括經驗、語言、內容與形式。雖然如此，當他在座談會中談到馬華文藝觀點以及本土文學創作的問題時，仍不免挪借五四文學的語彙來概述他對於馬華文藝的心得，其發言題為〈馬華文藝的精神是反封建的、反殖民地主義的、反頭家主義的、反種族主義的〉：

> 中國的文藝精神自五四以來是反封建的反帝國主義的，後來封建體制是被推倒了，但還留下了封建的殘餘精神。在馬來亞，反封建依然是文藝中一個重大的題目。但馬來亞的封建殘餘是和洋化精神——也就是殖民地主義，結合成一體的，因此馬華文藝的特殊精神是反封建的，反殖民地主義的，反頭家主義的。拿目前獨立聲中出現的種族問題，它又應是反偏狹的種族主義的。（白蒂 1956d:20）

　　雖是借用五四文學運動拯救民族、匡正弊俗的語彙，卻還是能夠挑出在地的問題。關於反種族主義之必要，自是不在話下。不過關於反殖民地主義，卻不免含糊其辭，並無更進一步闡述，僅從小說裏才可窺見他的想法。在陳振亞以白蒂署名發表的多篇小說裏，也融入了各種在地華人社會的議題，包括種族猜疑、族羣偏見、崇洋問題以及傳統遺留的糟粕習俗等等。華裔社會中的傳統陋俗，竟荒謬地為殖民地法律所維護。

　　陳振亞以白蒂為筆名撰寫的〈還我的孩子來〉(1956)、〈渣滓〉(1956a)這些小說傳遞鮮明的反殖意識，對積弱成病的民族感到焦心，主題圍繞在憂心過度現代化會使移民華人社會內部的文化變遷、道德價值崩解等等，小說〈還我的孩子來〉如此批評英殖民地政府的法律制度：

> 在一個奇異的地區既然有許多不可思議的法律，可以使許
> 多好人的生活獲得保障，也可以保護壞人為匪作歹，自然
> 就有許多依靠這種不可思議的法律為生的傑出人物。
>
> （白蒂 1956:2）

　　法律的問題在於，「這地區奇異法律最精彩的一部分就是『尊重各民族的傳統習慣』」即准許鴉片公賣與三妻四妾（白蒂 1956:2）。他批評殖民者的法律漏洞假現代與尊重之名，實際上卻庇護了傳統的糟粕，予民族弊病繼續孳長的空間。在小說〈渣滓〉中他敘述了一場荒謬的鬧劇，在新加坡開始納入民主體制之際，煙館也意欲推出「黃皮書」，借用民主包裝不倫不類的名堂，試圖為吸食鴉片的文化在現代國家的體制中保留合法的位置。其中對國家與建國的諷刺，不言而喻。在另一篇以白蒂筆名發表的〈第二代〉(1955)，小說也梳理在地華人階層或社羣的不平等現象。小說從一個受英文教育的海峽殖民地家庭開始敘述，試圖呈現一個世代居留在地的家庭成員，一對姊弟接受不同的教育系統，具有不同的個性氣質，由此分述兩人不同的發展與經歷，作者顯然意在維護中華文化，抨擊英文教育，認為後者喪失傳統薰陶，導致年輕一代風氣敗壞，敘事方式相當戲劇化，在中英文教育、富有人家與窮苦人家、主人與傭人、壓迫與弱勢者，形成了一系列二元對立且極富道德化的教訓。當時在海峽殖民地與新加

坡的華社裏，使用華文與英文的羣體，彼此文化背景隔閡，幾乎互為他
者。在觸及華教、華文文化與華文文學的問題時，華文寫作羣體亦可能把
受英文教育（且輕視華文教育）者，視為背祖忘宗，是和英殖民政府一樣
的壓迫者。

　　然而要在短時期內，展開全新的在地文學視野，是非常困難的。過往
五四新文學的影響，長期壟罩馬華文學，使得寫作者以五四的新文學經典
的敘述、觀點、技巧為典範，而難以從自身的生活經驗開發新的觀點與新
的寫作技巧，如王潤華所論，那是寫作人為了獲得認同，遂而依循已成典
範主流的敘述模式（王潤華 66）。於是，本土化的寫作，便具有摸索、突
破這些「境外」的典範文學影響的意義。然而，無論是方天、陳振亞，都
無法不挪用五四運動中的語彙和觀點——那亦是當時為華文文化界所熟
悉的，一個世代共享的語言地表——以此延續、銜接、植入，以探尋在地
文學的出路。由於《蕉風》的自由主義作風，能夠容納與開放多元觀點，
其實有助於南來文人斠拓在地書寫的各種可能性。然而，當小說不得不繞
過在地歷史與政治上禁忌的尖銳問題，以另一個在政治話鋒上稍少尖銳
與危險的情境置換，文學是否還能夠有效地對應現實經驗，便成為疑問。

陸、結論：一點輕微的剝離

　　方天在一篇評論戲劇的文章〈評「劇作選輯」中的諸劇〉(1956)裏，
提出對寫實主義藝術與技巧的要求，比如故事需在鋪排情節與細節上入
情入理等等。他在剛抵達時發表的寫實主義小說，尚且得藉助戲劇性的元
素，比如在結局時透過撕心裂肺的吶喊表達窮人的悲慘處境（如〈暴風
雨〉(1956)），但在後來的小說相當節制表達悲痛，將悲憤轉以更深沉的
方式，譬如〈爛泥河的嗚咽〉小說結尾的方式（辛生 1956a）。

　　在他最後一篇發表的小說〈預感〉篇裏，向來應該位居旁觀的敘述者
在小說中現身，使得小說與過去往常貼近工人的視角不同。在辦公室工作
的主人公與友人，針對「不幸預感」這話題，展開一場辯駁。透過主人公
與友人對「不幸預感」充滿調侃的話題，使得往常在方天的寫實小說中那
不可或缺的敘事元素「厄運」，被抽離出來，成為一個可被加以審視、反

省的對象。這篇小說，可能是方天最少社會主義現實主義元素，幾乎近於現代主義，探索在個體命運、生存威脅惘惘的陰影。

一九五〇年代馬華文學現實主義所要「再現」的現實，乃是一套釀製高潮與同情心的敘事模式，「厄運」往往是主人公不可避免的悲劇，故事往往要把主角推往無助的境地以引起悲憤。在〈預感〉這篇小說裏，主人公對厄運的注意，也是在殖民地都會中對險境的感知，「一切世界上可能發生的事都有發生的可能」（方天 1957:封底內頁）。受意外陰影籠罩的，不僅是勞工，可以是任何人，在任何時刻與任何地方。標誌現代性的機械技術已經來到，但對殖民地的子民來說，那還是無法自主、凡事都還沒有保障的時代。厄運雖未發生，卻已被認定了遲早要發生，成了等待應驗的預言，在現實的意識中根深柢固，就像它已經寫在寫實主義的故事中那樣，這種對悲慘下場的期待，竟然成為方天的現實主義書寫中、一種可預期的、體會現實的模式。

方天的寫實主義，不免受到整個文壇離散南來的社會主義式的現實主義觀點所限：沒有厄運，則沒有故事。沒有階級，就沒有現實。在國籍與邊界長成之際，語言與文化疆域也立起圍籬，離散者的飄泊或游離狀態必須盡快結束。如果沒有一個國家作為可以認同的對象，這樣的存在幾乎是不可思議也不正當的。這一切是如此地理所當然，幾乎難以想像還有其他可能：沒有國家認同，則沒有文學主體；文學主體，竟不得不依附在對國家主體的認同上。當現實主義書寫為迎接獨立正面、樂觀的意識所包裹，對這地區的敘述同時植入了國家政體與階級關懷的話語。一方面，對階級問題的討論，都得寄寓於譴責殖民者的不公（殖民者有如統治／資本階級），才能表達出文學的關懷，另一方面，對國家建制的問題卻又得藉助愛國意識才能展開敘述。

方天所能達到的突破，是在一些非常微小的細節上著手，比如把厄運與悲劇經營得更為內斂潛藏，在少數的短篇小說裏，敘述者發現主人公是極為孤獨的個體，個體的意識浮現，與階級的共同體意識便拉開了距離。但這距離太過微小，旋即在集體話語的浪潮中消失。這樣的跨越，在他的小說中時而浮現，非常珍貴，卻也在受到階級意識與愛國意識主導的現實框架中，有所侷限。

　　方天兩年來在現實主義的小說中，從小說的戲劇張力、階級關懷，對厄運與悲劇的反覆書寫，直到一九五七年第三十期〈預感〉(1957)，終於累積成對「厄運」這觀點的反思與凝視。這可能是方天最少社會主義現實主義意味的小說，其幽密未語、深沉之處，幾近現代主義之作。

徵引文獻

阿瓊[方天](1956)〈一個排字女工的日記〉。《蕉風》no.21 (Sept.): 6-8。

阿瓊[方天](1956a)〈一個排字女工的日記〉。《蕉風》no.23 (Oct.): 9-11。

白蒂(1955)〈第二代〉。《蕉風》no.2 (Nov.): 18-23。

白蒂(1955a)〈第二代〉。《蕉風》no.3 (Dec.): 21-26。

白蒂(1956)〈還我的孩子來〉。《蕉風》no.9 (Mar.): 2-5。

白蒂(1956a)〈渣滓〉。《蕉風》no.14 (May): 12-16。

白蒂(1956b)〈渣滓〉。《蕉風》no.15 (June): 19-22。

白蒂(1956c)〈渣滓〉。《蕉風》no.16 (June): 18-23。

白蒂(1956d)〈馬華文藝的精神是反封建的、反殖民地主義的、反頭家主義的、反種族主義的〉。《蕉風》no.20 (Aug.): 5。

白蒂(1956e)〈論文藝創作的內容與形式〉。《蕉風》no.34 (Mar.): 3-4。

白垚(2007)《縷雲起於綠草：白垚的五十年文學功業》（八打靈再也：大夢書房）。

白垚(2016)《縷雲前書》（上冊）（八打靈再也：有人出版社）。

白垚(2016a)《縷雲前書》（下冊）（八打靈再也：有人出版社）。

Belogurova, Anna (2015) "The Malayan Communist Party and The Malayan Chinese Association: Internationalism and Nationalism in Chinese Overseas Political Participation, c.1920-1960." Leslie James & Elisabeth Leake (eds.): *Decolonization and the Cold War: Negotiating Independence* (London: Bloomsbury), 125-144.

Chambers, Iain (1994) *Migrancy, Culture, Identity* (London: Routledge).

Coward, Rosalind & John Ellis (2000) "From Language and Materialism:

Developments in Semiology and the Theory of the Subject." Michael McKeon (ed.): *Theory of the Novel: a Historical Approach* (Baltimore: Johns Hopkins University Press), 593-599.

方天(1955)〈膠淚〉。《蕉風》no.1 (Nov.): 25-28。

方天(1955a)〈膠淚〉。《蕉風》no.2 (Nov.): 26-28。

方天(1955b)〈豆腐檔邊〉。《蕉風》no.3 (Dec.): 7-9。

方天(1956)〈十八溪垙〉。《蕉風》no.7 (Feb.): 2-6。

方天(1956a)〈十八溪垙〉。《蕉風》no.8 (Feb.): 13-17。

方天(1956b)〈暴風雨〉。《蕉風》no.16 (June): 1-5。

方天(1956c)〈暴風雨〉。《蕉風》no.17 (July): 13-17。

方天(1956d)〈評「劇作選輯」中的諸劇〉。《蕉風》no.25 (Nov.): 20-22。

方天(1957)〈克服現有缺陷，擴大已有建樹〉。《蕉風》no.29 (Jan.): 5。

方天(1957a)〈預感〉。《蕉風》no.30 (Jan.): 13-14; 封底內頁。

方維保(2004)《紅色意義的生成：二十世紀中國左翼文學研究》（合肥：安徽教育出版社）。

方修(1976)《馬華文學的現實主義傳統》（新加坡：洪爐文化公司）。

Fernando, Joseph M. (2012) "Elite Intercommunal Bargaining and Conflict Resolution: The Role of the Communities Liaison Committee in Malaya, 1949-51." *Journal of Southeast Asian Studies* 43.2 (Apr.): 280-301.

賀淑芳(2016)〈關於在地書寫的翻譯〉。柯思仁、許維賢（編）:《備忘錄：新加坡華文小說讀本》（新加坡：八方文化創作室），40。

華卿(1956)〈理髮椅上〉。《蕉風》no.13 (May): 23-24。

黃昌虎(1956)〈美麗的小鬥士〉。《蕉風》no.26 (Nov.): 18。

黃錦樹(2012)《馬華文學與中國性》（臺北：麥田出版公司）。

黃錦樹(2015)〈香港—馬來亞：熱帶華文小說的兩種生成，及一種香港文學身份〉。《香港文學》no.365 (May): 8-15。

黃克武(2006)〈西方自由主義在現代中國〉。黃俊傑（編）:《中華文化與域外文化的互動與融合》（臺北：喜瑪拉雅研發基金），341-378。

蕉風社(1957)〈風訊〉。《蕉風》no.37 (May): 封底內頁。

蕉風社(1963)〈我們對馬華文壇的看法：第三屆全馬青年作者野餐會文藝座談會紀錄之二〉，《蕉風》no.133 (Nov.): 3-4。

金北鳴(1956)〈帶來死亡的人〉。端木羚（譯）。《蕉風》no.28 (Dec.): 8-9。

金然[方天](1956)〈我的博士論文〉。《蕉風》no.28 (Dec.): 21-23。

李清安、李成利(1994)《中新南安籍作家作品選》(香港:華星出版社)。

Levine, George (1981) *The Realistic Imagination: English Fiction from Frankenstein to Lady Chatterley* (Chicago: University of Chicago Press).

Lippard, Lucy R. (1997) *The Lure of the Local: Senses of Place in a Multicentered Society* (New York: The New Press).

路海江(2003)《張國燾傳記和年譜》(北京:中共黨史出版社)。

羅紫(1957)〈寶寶真累人〉。《蕉風》no.52 (Dec.) :16-18。

洛萍[白蒂] (1955)〈小說題材的處理與運用〉。《蕉風》no.3 (Dec.): 2。

洛萍[白蒂] (1956)〈創作的動機與目的〉。《蕉風》no.28 (Dec.):3-4。

馬漢(2012)〈正經八百:報社舉辦的徵文比賽〉。《南洋商報‧商餘》,16 June。

馬崙(1982)〈方天的寫實作風〉。《南洋商報‧寫作人版》,16 Apr.。

馬森(2015)〈從寫實主義到現實主義:擬寫實主義與革命文學〉《西潮東漸:第一度西潮與現實主義》(臺北:印刻出版公司),498-510。

苗秀(編)(1971)《新馬華文文學大系(五):小說》(新加坡:教育出版社)。

〈《南洋公學—交通大學年譜》:1948 年—戊子年(民國三十七年)〉(2007)。《西安交通大學檔案館》,14 June (archives.xjtu.edu.cn/info/1023/1871.htm)。

潘碧華(2008)〈馬華文學中的國家認同與文化反思〉。《河南科技大學學報》社會科學版 26.5 (Oct.): 62-67。

裴海燕(Jana Benešová) (2015)《從「現實」到「寫實」:一九八〇年代兩岸女性寫實小說之比較》(臺北:秀威資訊)。

Saunders, Frances Stonor (2000) *The Cultural Cold War: The CIA and the World of Arts and Letters* (New York: New Press).

沙風(1956)〈文藝創作的價值〉。《蕉風》no.23 (Oct.): 3-4。

沙里明[白蒂] (1957)〈論小說創作問題〉。《蕉風》no. 31 (Feb.): 3-4。

沙里明[白蒂] (1957a)〈論文學創作的語言運用〉。《蕉風》no.32 (Feb.): 3-4。

邵有民(2009)〈黎明前的獄中鬥爭歲月〉。周奕韻(採訪)。《上海黨史與黨建》(Mar.): 14-16。

申青(1956)〈「唐山」何處?〉。《蕉風》no.21 (Sept.): 5。

申青(1957)〈雙重使命〉。《蕉風》no.29 (Jan.): 3。

Sutiasumarga, Rusman [蘇狄亞蘇馬加] (1957)〈布加西姑娘〉("Yang Terempas dan Terkandas")。呂卓(譯)。《蕉風》no.29 (Jan.): 6-7。

許紀霖(1997)〈現代中國的自由主義傳統〉。《二十世紀雙月刊》no.42 (Aug.): 27-35。

孫述宇(2014)〈孫述宇〉。《香港文化眾聲道 I》（香港：三聯書店），121。

Sontani, Utuy T.[孫達尼] (1956)〈沙末的商品〉。呂卓（譯）。《蕉風》no.21 (Aug.):17-18。

Sontani, Utuy T. [孫達尼] (1957)〈女招待（獨幕劇）〉。呂卓（譯）。《蕉風》no.25 (Feb.): 17-20。

Sontani, Utuy T. [孫達尼] (1957a)〈女招待〉（獨幕劇）。呂卓（譯）。《蕉風》no.33 (Mar.): 20；封底內頁；8-9。

Suryadinata, Leo (2007) *Understanding the Ethnic Chinese in Southeast Asia* (Singapore: Southeast Asia Studies).

王德威(2009)《茅盾、老舍、沈從文：寫實主義與現代中國小說》（臺北：麥田出版公司）。

Warren, James Francis (2003) *Ah Ku and Karayuki-san: Prostitution in Singapore, 1870-1940* (Singapore: Singapore University Press).

微塵(1956)〈關於用方言寫作的商榷〉。《蕉風》no.16 (June): 32。

〈《西安交通大學大事記（1896～2000）》抗戰勝利後的交通大學・1948年〉(2004)。《西安交通大學檔案館》，1 Dec (archives.xjtu.edu.cn/info/1052/2024.htm).

謝詩堅(2009)《中國革命文學影響下的馬華左翼文學(1926-1976)》（檳城：韓江學院）。

辛生[方天] (1956)〈一個大問題〉。《蕉風》no.12 (Apr.): 3-7。

辛生[方天] (1956a)〈爛泥河的嗚咽〉。《蕉風》no.24 (Oct.): 20-22。

辛生[方天] (1956b)〈當前華校戲劇問題〉。《蕉風》no.27 (Dec.): 7。

楊子烈(1970)《張國燾夫人回憶錄》（九龍：自聯出版社）。

姚金果、蘇杭(2004)〈張國燾叛逃後的生活〉。《中國地名》no.116 (Feb.): 23-24。

姚金果、蘇杭(2013)〈張國燾叛變投敵後的狼狽境遇〉。《北京農業》no.8 (Mar.): 39-43。

姚拓(2005)《雪泥鴻爪：姚拓說自己》（吉隆坡：紅蜻蜓出版社）。

以多[趙戎] (1959)《現階段的馬華文學運動》（新加坡：南洋大學創作社）。

張國燾(2004)《我的回憶》（北京：東方出版社）。

張錦忠(2004)〈重寫馬華文學史，或，離散與流動：從馬華文學到新興華文文學〉。張錦忠（編）：《重寫馬華文學史論文集》（南投：國立暨

南大學東南亞研究中心），55-67。

張錦忠(2015)〈文學史料匱乏之窘境：以方天為例〉。《南洋商報・商餘》，
　　28 Sept.。

張誦聖(2015)《現代主義・當代臺灣：文學典範的軌跡》（臺北：聯經出版
　　公司）。

趙戎（編）(1971)《新馬華文文學大系（八）：史料》（新加坡：教育出版社）。

知微(1956)〈文藝與現實〉。《蕉風》no.21 (Sept.): 3-4。

子凡(1956)〈採用方言〉。《蕉風》no.22 (Sept.): 4。

紫燕(1956)〈馬來亞去來〉。《蕉風》no.13 (May): 20-22。

身世的杜撰與建構

白垚再南洋

林春美

討論像白垚一般在馬來西亞建國前後南來、爾後復又離去的作家的定位問題，國籍似乎是難以迴避的一個重點（黃錦樹 2016）。白垚早在八〇年代初即已移居美國，並且日後居美的時間遠勝於當年在馬的日子，然而二〇一六年當他的遺作《縷雲前書》獲選為《亞洲週刊》年度十大小說時，他普遍被各地文化界定為「馬來西亞華文作家」。[1] 擁有美國國籍的白垚可算是馬華作家嗎？他的作品可算是馬華文學嗎？

壹、「我混龍蛇濁水邊」[2]

白垚一九三四年生於中國廣東一個國民黨官僚權貴之家，一九四九年因中國政局動盪而舉家流亡香港。因遇船難，從此家道逐漸敗落。在兄弟眾多的貧困家庭中，他幸為長子，得享較多資源，終能在弟妹或失學、或寄養於親戚處的拮据境況中，順利完成在臺灣大學的學業。然而此後的責任與負擔亦相應的大。一九五七年臺大歷史系畢業後，他應聘南下新加坡參與友聯機構以反共為目標的文化工作，一方面固然因為自身理想志趣與之相契，另一方面也有養家重擔、謀事艱難的經濟考量。離鄉背井、孤身飄泊，因而既是一種選擇，也是一種別無選擇。這讓白垚某種程度上

---

1. 來自大陸、臺灣，甚至鄰國新加坡的報導皆紛紛稱白垚為馬華作家。相關報導分別可見《福建新聞資訊網》的報導(2017)、李芸(2016)、黃涓(2017)。
2. 參見白垚(2007)，頁 176。

仿似薩依德(Edward Said)的放逐者：被切斷根源、故土、過往，而成一種斷裂的存在狀態。對薩依德而言，這種因斷裂而生的心理創傷，是無可治癒的(Said 2000)。然而難以解釋的是，在白垚前半生的作品裏，上述的創傷卻淡得近乎難覓痕跡。

作為飄泊者，白垚與其同代人極為不同的是：筆下少有故國之思。引薦他進入友聯、同時亦與他一樣有著大陸—香港—南洋的飄泊經歷的姚拓，在南下未幾即已在小說中回顧在大陸時的從軍生涯，而後更有系列散文書寫「美麗的童年回憶」。然而在白垚同一時期的作品中，（故）國與家卻俱皆缺席。家人，作為與「根源」最直接、最有具體血緣關係的存在，大概只能見於遺作《縷雲前書》——而這已是距他離家半個多世紀以後的事了。在這本前後共十三卷、厚八百頁的自傳體小說中，以家人為核心的只有寥寥兩小節，而寫得最多的竟是貧困：父親失業，母親持家，弟妹們輟學工作，誰誰誰賺取多少錢，又拿多少回家；父親對即將遠行的他說：「去咁遠，手錶都冇個」（白垚 2016:159）尤為令他無言以對。家庭生活的沉重，多少也是他不堪回首的原因之一吧？這也許也同時解釋了為甚麼在他以抒情見長的現代詩中，情詩是其中為數最多的。

作為居留者，負責《學生周報》通訊部以及較後學友會活動的白垚，雖然跑遍了馬來亞南北二城三村六鎮，然而其文字卻始終不曾真正「到民間去」。其友聯先行者，比如方天，雖然在此地只停留了短短兩三年的時間，但小說集《爛泥河的嗚咽》所錄十多篇小說，卻向讀者揭示他對不同層面的「民間」——碼頭、礦場、工廠、膠林、甘榜等等——的關懷。他一九五六年發表的短篇小說〈一個大問題〉，講述公民權法令對華人的不公平，矛頭更是尖銳地指向本土現實根源：族羣政治，與馬來民族主義。其他友聯中人，如被認為像商人多過文人的申青，與常被評為謹小慎微的姚拓，亦多少曾曲筆探向諸如此類無可迴避的現實問題。前者借本地三大族羣對一塊〈無字天碑〉之爭奪，批判各族圖以先輩移民之先來後到作為擁有國家主權之判準的荒謬性；後者借〈七個世紀以後〉國家、民族、語言、宗教等盡將歸無之事，譏諷眼前族羣糾紛之了無意義（林春美 2016）。

「從民間來，到民間去」，是揭竿自由文化的香港友聯努力的目標（白

垚 2007: 33-34）。隨友聯之移師馬來亞，「到民間去」之具體化，自然就是《蕉風》創刊初期的文學主張：「馬來亞化」。從其自傳體小說看來，白垚對此有充分的認知，也曾對第三十七期提出「新功能表」之後的《蕉風》不再標舉「馬來亞化」作過委婉批判。然而，相較於其上述幾名友聯同仁，他以作品落實的「民間」或「馬來亞化」，卻未免顯得浪漫有餘。

白垚五、六〇年代在馬來西亞發表的詩作，以情詩占多數，此外則是寫人、詠懷之類。他那時最為「馬來亞化」的詩歌，可能就只是觸及現實之地表——地貌勾勒。比如描繪八打靈城郊景象的〈八達嶺的早晨〉：「聽聖堂的鐘聲幽幽／看修女們淺淺的白／日子這般美好／太陽在風向針和十字架上發光／姑娘　你不來啦／有人戚戚地走進拱門／歌聲四起　思潮遂決堤而奔了」（白垚 2007:201），以異域色彩反顯南洋，「呈現了一個過去馬華文學裏從未展現過的」、「殖民史改變了的街景城貌」（賀淑芳 2016）。又如〈長堤路〉：「而此刻很靜，很悠長／北行的星隆快車剛進站／鈴聲正響起／我見新山碼樓的燈亮了，而你我正在橋上」（白垚 2007:206），以新柔長堤的本土景觀構建情人物語。再有如〈麻河靜立〉：「撿蚌的老婦人在石灘上走去／不理會岸上的人／如我　她笑／卻不屬於這世界／／我愛此一日靜／風在樹梢　風在水流／我的手巾飄落了／再乘浪花歸去／一個迴旋／／沒有誰在岸上　我也不在／這個世界不屬於我／那老婦人　那笑　那浪花／第八次在外過年了／而時間不屬於我／日落了呢　就算元宵又如何」（白垚 2007:197）。此詩如《馬華新詩選讀本一九五七—二〇〇七》編者所言，「似乎不一定要思考太深刻的東西」（鍾怡雯、陳大為 2010），但其中亦不免有「我」在時間之流（體現為風、水流、浪花，以及日落、元宵）裏，與空間／現實（體現為老婦人、麻河、世界）之間的關係的隱約思索，但更多的卻是對時光流變的些微悲涼無奈的意緒。

〈麻河靜立〉向被認為是馬華現代主義詩歌的肇始之作。從白垚作於〈麻河靜立〉前後的詩歌來看，作者自言自此詩而始的「詩心突變」（白垚 2007:86），其實更體現在詩歌形式方面，而詩人之情感基調卻顯然未有變異。比如發表於其前的〈變〉與〈老屋〉，不論是男女情愛抑或是人

世繁華,都有滄海桑田之嘆。而作於其後的〈酋長之夜〉哀酋長鬚髮成灰、權威不再;〈古戰場〉則寫與日月爭輝的刀光劍影,在千百年後都難逃復歸塵土的命運。時年二十四、五歲,曾經離散的白垚,對如流歲月中諸般人世變幻,自是難免有所謂嘆。[3]

同樣在其「詩心突變」的一九五九年,白垚以筆名凌冷發表了〈新詩的再革命〉,這是日後極為論者所重視的「馬華現代詩宣言」。在這篇文章中,作者首先如此標識自己的身份:

> 我不會忘記自己是華人,我也知道我是馬來亞的華人。甚
> 麼樣的土地,甚麼樣的陽光和水分,就結甚麼樣的果子。
> 放眼縱觀以往詩的路線,橫視今日馬來亞華文的環境,我
> 願意提出五點再革命的意見……(凌冷 1959:19)

張錦忠以此為「突顯馬來亞華人與華文的主體性以宣導新詩再革命運動的宣言」,並認為白垚當時「已以『我是馬來亞的華人』自居」(張錦忠 226)。可是,儘管這個革命宣言充分顯示青年白垚懷抱著「中國新詩運動的歷史,完結於馬來亞華人的手裏」之豪情壯志(凌冷 1959),「馬來亞華人與華文的主體性」云云,體現的卻恐怕還是友聯的集體政治主張。白垚此處身為馬來亞華人的「我」,與馬來亞友聯先驅人物陳思明〈馬來亞的黎明〉一詩中的「主體」其實殊無二致。無論作者是以個體的「我」(〈新詩的再革命〉)抑或羣體化的「我們」(〈馬來亞的黎明〉)為能指,都無有所異的乃為久居此地的華人共同體之代言,而非本身真實經驗之自況。這毋寧可視為有美援背景的友聯在冷戰年代的政治氛圍中,為防止馬來亞之「自由世界」向共產中國傾斜的文化策略。這一點我曾在別處提過,此不贅言。[4] 我們不妨以一九六四年白垚發表在《學生周報》上的四首詩作/歌詞,為他本身立場作進一步參照。在他以劉戈、林間這兩個常用的筆名分身發表的作品裏,他高調歡呼「我們是馬來西亞的兒女」,「這

---

3. 白垚〈變〉、〈老屋〉、〈酋長之夜〉、〈古戰場〉等四詩,皆收錄於《縷雲起於綠草》。
4. 詳〈非左翼的本邦:《蕉風》及其「馬來亞化」主張〉(2016)。我在同篇文章中亦對陳思明以薛樂為筆名發表的〈馬來亞的黎明〉進行具體分析。

是我們的家，／這是我們的家。／我們在這裏出生，／在這裏長大」，（就
算是）「最傻的人，／也會保護他的家。」「我們要盡忠，／作個沒有名字
的英雄」。[5] 這些詩以生長於斯作為「我們」——馬來西亞的華人——盡
忠於新生國家的必然前提，因此杜撰「身世」變成不得不然的手段。這與
《蕉風》創刊詞中編者所說的「我們華族後裔」「生於斯，居於斯」，甚至
還預設了將來的「葬於斯」是相同的（蕉風社 1955），都是以落地生根為
考量的政治呼籲。而類似的勸喻性修辭，刊登於以學生為主要閱讀對象的
刊物《學生周報》上，其教育意圖，更是不言而喻。

　　然而，這並不表示白垚寓居吉隆坡的二十餘年間，不曾對自身——作
為離散華人——在南洋—馬來亞—馬來西亞的歸屬性，作過真實的思索。
我以為，這種關切自身的思索，或不存在於上述規勸意圖甚為彰顯的議論
性文章抑或「愛國」歌曲中，而是迂迴出現在以他人身世敷演的戲劇裏。

　　寫於六○年代中期的歌劇《漢麗寶》與《中國寡婦山》，所述故事皆
有所本。前者改寫自馬來文學歷史著作《馬來紀年》(Sejarah Melayu)中明
朝公主遠嫁麻六甲蘇丹的故事片斷，後者則改寫自以民間傳說為藍本的
說唱故事《龍舟三十六拍》。

　　《馬來紀年》中漢麗寶的故事始於中國與麻六甲兩國統治者的國力
比試與權力對峙。在雙方勢力不相伯仲的情況下，中國皇帝即想招麻六甲
蘇丹為婿，以換取後者對他的稱臣納貢。就這樣，漢麗寶公主在一百艘船
艦的護送下，遠嫁麻六甲。蘇丹驚艷於公主之美貌，賜她與五百名陪嫁的
大臣之子及五百宮娥同住於一座山崗，那座山崗後來被稱為中國山。做了
中國皇帝女婿的蘇丹於是向前者稱臣納貢。不料就因為接受蘇丹的稱臣
納貢，中國皇帝竟患上了奇怪的皮膚病，必須喝下蘇丹的洗腳水方能痊
癒。痊癒後的皇帝從此不再要求蘇丹稱臣納貢，兩國永結親善。[6] 白垚

---

5. 所引詩句分別出自〈不要以為我們怕〉和〈馬來西亞的兒女〉；另兩首題為〈國花
　頌〉、〈我的古城〉。這些作品應《學生周報》於一九六四年所辦「馬來西亞歌曲創
　作比賽」而作，皆刊於《學生周報》第四二八期（一九六四年九月三十日），頁六。
　多少帶有「全集」意味的《縷雲起於綠草》一書，收錄了白垚居留馬來（西）亞期
　間所發表的幾乎所有詩作，只有極少數幾首被排除在外。上述這四首詩／詞皆不在
　被收錄之例，不知會否與其過於外顯而露骨的意識型態相關？

6. 相關故事，可見 Sejarah Melayu: The Malay Annals，第十五章。

的「四幕歌劇式史詩」《漢麗寶》，[7] 則徹底摒棄了掩蓋在和親的友善煙幕之下的、兩個男性統治者之間權力鬥爭的敘述，而把重點放在和親主角漢麗寶身上。它以一幕戲的篇幅書寫漢麗寶航向南洋途中既彷徨迷惘，又對那「海外桃源」滿懷憧憬的情緒；又以整一幕戲敷演公主和蘇丹婚後的琴瑟和諧。更重要的是，它賦予歷史書寫中無結局的漢麗寶一個結局：在波流陸人偷襲中國山的事件中，公主誤以為蘇丹已殉國，遂以蘇丹所贈短劍撲殺敵人，為蘇丹報仇，最終自己不幸犧牲，以身殉了蘇丹。

　　《龍舟三十六拍》固然由白垚「憶寫人物情節」，「從頭補回全部唱詞」，「幾番渲染」而得，但故事及其敘事方式大抵還是已經規定在民間講古藝人龍舟德據以說唱的兩頁舊稿中。[8] 據此改寫的《中國寡婦山》雖然延續了相同的背景與故事框架——渤泥神山腳下杜順國的漢化文明、落難的明建文帝與杜順公主二娃的愛情、鄭和南下尋訪建文帝的故事——卻在更大程度上呈現了與它之間的斷裂關係。從簡處理諸如鄭和認主、建文訂策、君臣攜手與海上諸國結盟，以堵鐵木兒汗國南侵中原等在龍舟演義中有較詳細描述的歷史大敘事，[9] 反之鋪陳應文（即建文）與二娃的情意纏綿，以及杜順兒女卜大婉、唐小郎等人的純樸開朗，是其一。完全刪除建文二娃的後代「鳳立天南」、「龍返中原」的情節，對源文本中續統、正統等世俗觀點與願望不作點染，是其二。改寫建文二娃「回駕金陵」、「終隱神山」的團圓美滿，使結局回歸 Kinabalu（中國寡婦）貞身化石的本土傳說，是其三。

　　對歷史傳說的改寫(adaptation)，在此不僅涉及文體的轉置，還涉及從新的敘事角度切入舊有文本的處理策略，可以視作為源文本(source text)作出評注，或為所謂「原創」(the "original")提供修正的視角(Sanders 18-19)。這種對舊文本的回顧，既是對過去的一種重新審視(re-vision)，亦是

7. 《縷雲起於綠草》將《漢麗寶》、《龍舟三十六拍》與《中國寡婦山》輯錄於卷三，合稱「史詩三部」，許是作者對其歌劇文本的自我定位。
8. 白垚曾在幾篇文章中提及龍舟德在鯉魚門授稿之事。詳見白垚(2007)〈天涯飄泊，唱在風中的史詩：文本《龍舟三十六拍》前言〉(384-387)，及〈江湖水闊吾猶念：文本《龍舟三十六拍》後記〉(415-417)。
9. 除了可見於〈龍舟三十六拍〉的唱詞與旁白之外，我們也可從白垚按語中得知，龍舟演義對建文帝遠赴錫蘭山國途中情況，「也有詳細的描述」（白垚 2007:406）。

一種修訂(revision)。這正是亞卓安‧芮曲(Adrienne Rich)所主張的，以迥異的方式重新掌握舊文本，其目的不是為了要延續傳統，而是為了要與之斷裂(Rich 18-19)。

綜觀上述兩部歌劇文本，我們可以發現兩者之間一個有趣的共同點，也是它們與源文本之間極富意義的「斷裂」：它們皆始於海上，又皆終於死亡。開啟《漢麗寶》歌劇第一幕的「煙波黯」，整個背景就設在遠航的船樓上，啟始的幾首詩〈去國吟〉、〈煙波黯〉、〈海怨〉唱出遠嫁公主與隨行宮娥的無邊愁緒，以及對即將前往的異地的迷惘彷徨。中間經引述真實史錄歌唱「有國於此民俗雍，／王好善意思朝宗，／願比內郡依華風」的〈滿剌加讚歌〉（白垚 2007:334），其後遂有「不怕風如劍呀衝破浪如山」的〈海荒行〉（白垚 2007:336-337）。而《中國寡婦山》序幕第一首詩〈在浩瀚的天地之間〉，亦從「海上」開始進行敘事：「已在海上，海上生明月，／天涯真的若比鄰嗎？」疑惑中本以為遠方迷人的渤泥遙不可達，然而，「驟然霧散十裏，舟楫驀近，／驚見岸上林下，水仙錯彩，／非華非夏，亦夏亦華，／許是一顆千年種子，／飄零海上，遇土即芽，／初為蘭芷，傳之為胡姬，／出塵遺世，色香迥異，／亭亭玉立，不知有宋有唐」（白垚 2007:427）。

討論改寫理論的學者許多都會參照羅蘭‧巴特(Roland Barthes)的「所有的文本都是互文本」，以及克利斯蒂娃(Julia Kristeva)的一切文本都有「互文性」的說法，來申述文本在創作過程中對其他文本的回應，抑或既有的文化材料交織滲透於所有文化產物的可能，以廓清改寫著作的「原創性」及其對於原著的「忠實性」的問題(Sanders 1-14; Fischilin & Fortier 1-22)。然而，就上述兩部歌劇的開端而言，極為相近的敘述角度與寓意的重複出現，倒並非出於對各自源文本的回應，而是出於對白垚詩作的「互文」，在一定程度上不無指涉作者本身情感經驗的「忠實」：

> 沉默中船駛出了黑暗的海港，
> 揚起帆向遠處的雲山啟航，
> 回首看來處已沉入浪渚，

海水又有力地激在船旁。

厚厚的黑雲遮住了星星和月亮，
只有桅燈上微弱的光，
天冥遠處有雷聲震響，
黑暗海洋中有洶湧的浪。

我怕深沉的夜裏會加上風雨，
我擔心明天早上醒來仍看不到陽光，
我聽人說過海上折毀的帆桅，
又聽說過船隻怎樣在霧裏迷航。

雖然起錨後一切都如此令人失望，
但請聽我訴說那要去的地方，
那晴空下美麗雄偉的海港，
那進港時歡躍跳動的心房。（白垚 2007:189）

　　這首發表於一九五八年五月的詩，題為〈夜航〉，是編排於《縷雲起於綠草》卷二詩集中的第一首詩，也是白垚南來後的第一首詩。[10]《縷雲起於綠草》之前，白垚未曾出版過任何單行本。作者在此書跋中自言「半個世紀的文字滄桑，今由大夢書房結綮成書」（白垚 2007:506），多少不也有將此視為「全集」之意。然而，令人好奇的是，白垚南來之前並非沒有創作——他至少在香港《中國學生周報》發表過好一些詩，[11] 一篇小說還曾經獲過獎，[12] 可是為甚麼這些都不被收錄在「全集」之中？如此的編輯考量於是讓〈夜航〉產生一種象徵意義——它是啟始，是史詩的「第一

---

10. 其實，〈夜航〉並非該書裏誌期最早的詩。具有「詩」的外在形式的〈陽光與你相依：記《學生周報》金馬崙高原生活營〉，在發表時間上比它早了三個月。然而，在《縷雲起於綠草》(2007)中，後者被收錄在散文卷追憶《蕉風》、《學報》往事的一輯中，顯然其「紀念價值」高於它之作為「詩」。這似乎也可以說明〈夜航〉才是作者本身認可的「第一首詩」。而且，該書自序透露，〈夜航〉實乃作於一九五七年秋冬之交的船上(516)，因此確乎是白垚「南來後的第一首詩」。

11. 《縷雲前書》（上冊）(2016)幾處提及他曾被力匡譽為「最有潛質的詩人」(84)。

12. 小說〈籃球場上〉(1954)曾獲《中國學生周報》第五屆徵文賽大學組第八名。

幕」。如果遠航海上，是漢麗寶、建文二娃及杜順兒女「史詩」的起點，那麼，夜航南洋，不也隱喻著作家白垚個人「文學史」的起點？當然，這種「互文」就無須等到二○○七年白垚「五十年文學功業」的面世才能成立。[13] 如果我們同意 Fischlin 和 Fortier (2000)所說，「所有的生產常常都是複製」(4)，那麼，六○年代中期兩部歌劇無獨有偶的「始於海上」，已未嘗不是作者五○年代末「夜航」的感懷情思的複製。他人的故事與自己的身世，因此也不免有相錯交融之處。

白垚有一首誌《中國寡婦山》的七絕，曰：「寡婦山中痴說夢，妄從杜順寫炎方。塗鴉枉負春秋筆，戲借琴臺說鳳凰」（白垚 2007:483）。前面提到此劇省略源文本之歷史敘述而鋪陳兒女之情，但若此詩道出的是隱於歌劇之後的作者真實意圖，則我們可說，兒女情長非其史詩之本意，他借琴臺欲訴說的，其實是炎方之春秋。既是意在歷史，卻省減龍舟演義中的大歷史場景，那是否更有意突顯由建文、二娃等一眾杜順兒女所象徵的另外一種歷史——飄泊者的歷史？飄泊者，不也正是揚帆入海的詩人？

而由於詩人對「那要去的地方，／那晴空下美麗雄偉的海港，／那進港時歡躍跳動的心房」的無限憧憬，飄泊者對未來命運的迷惘與迷惑，於是總輕易在低吟淺唱中煙消雲散。舞臺上的清和佳氣，歌舞昇平，「海上江南」之景致，一方面固然折射天涯飄泊者的願望與夢想，一方面不也是和親的歷史與流亡的傳說的「再脈絡化」(recontextualization)的結果 (Fischilin & Fortier 3)。一九六○年代中期，聯合邦脫離殖民統治，馬來西亞建國，五一三事件尚未發生，族羣政治問題尚未表面化，欣欣向榮的開國景象大概還隨處可見。這就是白垚日後念念不忘的「新邦初建，元神充沛，佳氣盈城」的氛圍（白垚 2007:40）。更何況，在這個地方，「人文的唐姿番彩，邂逅初逢，街頭驚艷，幾許今古幽思，飯店叫玉壺軒、雙英齋，食肆叫金蓮記，戲院叫柏屏，大道叫安邦律，街區叫蓮藕塘。印象最深的是陳氏書院，宗祠而稱書院，格局內涵，皆典雅淵深。光聽這些名字，會誤以為說的是〈清明上河圖〉中、宋代汴京的酒家飯肆與庠序學堂」（白垚 2007: 39）。異國他鄉，於是就容易被想像成五胡亂華時代士人奔赴的

13.《縷雲起於綠草》封面，書名左側即有一行小題，寫著：「白垚的五十年文學功業」。

南方——「海上江南」。即使有巫族印裔雜處的異地風情，也會因眼界所及豐富的中國性符號，而被想像成「回疆風土」、「天竺人情」（白垚2007：39）。更何況，對「新邦」的美好想像，也足以淡化一切的現實艱難。這大概就是為甚麼清真寺召喚祈禱的聲音——宗教符號，異族表徵——在方天的小說裏象徵著族羣隔閡，聽在白垚的漢麗寶耳裏，卻是「一聲聲清音，／一回回超脫，／彷彿帶來一份神祕的希望」的原因（白垚2007：352）。

由此，我們來到二劇的結局：死亡。不論是漢麗寶身殉蘇丹，抑或二娃望夫成石，都是以死亡表示了無可更易、無可置疑的忠貞。中國古典文學以男女關係比附君臣關係，自屈原以來皆然。對源文本結局的改寫，誠然顯見白垚對此傳統的繼承，不過傳統的君臣關係在現代的語境中則被替換成了「國—民」關係。以移民族羣命名的「中國山」，在《馬來紀年》的記載中原本無名，而白垚將之命名為「鳳凰山」，顯然別有深意。鳳凰重生之異能，唯有通過死亡的考驗方能予以證明。一如也唯有死亡，方可驗證「我們的盟誓，／像沉默的山，／靜靜地，靜靜地，／不可奪，不能移」（白垚2007：470）。在飄泊者的語境裏，逝於斯，結束再飄泊之可能，是生命最後歸向的終極說明，也是「落地生根」的最佳詮釋。飄泊者後裔之「新生」，也唯有從漂泊者之死亡中開始。

然而，以形體的落地生根來表達地方認同，在白垚上個世紀的南洋之旅中並未實現。一九八一年，白垚舉家移美。一九五七年南來之時「徘徊在舟上沉吟你遺世的愛情」的那個「作夢的詩人」，寓居馬來西亞二十四年之後，始終並未變成那塊「玉立在婆羅洲眾峯的絕頂」的化石（白垚2007：190）。鳳凰傳說與貞身化石，畢竟只是浪漫的想望。

貳、「海天如墨我今還」[14]

> 夜來幽夢忽還鄉。夢到的不是中國南方的巷陌，不是祖居的堂前大屋，不是兒時的燈前舊事。卻是《蕉風》、《學生周報》的編輯室，是八打靈再也的早晨，是蕪河靜靜的水

---

14. 白垚(2007)〈中國寡婦山〉，頁473。

流，是麻六甲中國山上的夕陽，是怡保街頭的黃昏，是檳
城沙灘上的月明，是歌樂節的混聲四部大合唱，是舞臺上
飄忽的歌聲，是學友會的年輕笑語，是金馬崙高原的山中
夜雨、淚影燭光。(白垚 2007:26)

　　離開馬來西亞，對白垚而言，等於告別文壇。此去經年，他幾乎不再有任何文章發表。[15] 直至世紀之末，可能出於對南洋歲月的懷念，可能因為發表的機緣，也可能是上述二者皆有的原因以及其中種種複雜的因素，離馬已近二十年的白垚，開始借文字回航。一九九八年，白垚的憶舊小品初現於《蕉風》。二〇〇一年，《南洋文藝》「國際詩人節特輯」刊登他系列紀事舊詩。然而，較有系統與企圖的回憶記敘，則出現在之後的專欄散文中。二〇〇三年，應相同編輯張永修之約，白垚以專欄「海路花雨」追憶他自己浮槎南下，以及友聯諸子如陳思明、燕歸來、申青、方天、姚拓等人在新邦初建的馬來亞「播早春的種子」的前塵往事。這是目前馬華文壇有關友聯的敘述中，絕少的來自「內部」的聲音。二〇〇四年，專欄「千詩舉火」，回顧五〇年代末他所掀起的馬華新詩再革命，以及後續在《蕉風》開展的現代文學運動。二〇〇七年，白垚出版第一本個人專著《縷雲起於綠草》(以下簡稱《縷雲》)，卷一的回憶錄散文，大致為一九九〇年代末以後發表的新著；上述兩個專欄分別收錄為第一、第二輯。卷一所錄除少數幾篇刊於《蕉風》，餘者皆刊於《南洋商報》，算是白垚某種巧合上的復出於「南洋」。二〇一六年，長篇小說《縷雲前書》(以下簡稱《前書》)出版。這本以作者個人情感經歷為經，以友聯在馬的文化事業為緯的自傳體小說，從二〇〇九年開始書寫，至二〇一五年白垚驟逝，已成文稿約四十萬字，仍有二章一卷未完留白。[16]

　　《縷雲》卷一與《前書》，一是回憶錄散文，一是自傳體小說。自傳

---

15. 實際上白垚在七〇年代已罕有作品發表，但因他至七〇年代中期依然執編《蕉風》，且在移居之前一直任職於友聯，故與文學／文化界依舊保持一定關係。以他自己的話說，至遷美之前，是「亦編亦商十年」，見〈舊詩紀事〉(白垚 2007:182)。

16. 關於《縷雲前書》(2016)的成書大略，可見該書梅淑貞序〈情知此後來無計〉(2-13)和劉諦補遺〈《縷雲前書》補遺〉(406-408)。

學者卡爾・梵特勞(Karl J. Weintraub)曾以作者意圖呈現內部經驗抑或外部事實來區別自傳與回憶錄。儘管如此,他亦承認二者其實並無法嚴格分割,因為在文體之光譜上,回憶錄與自傳的混種(hybrids)是常有所見的(Weintraub 238-239)。縷雲二書確乎如此。《縷雲》卷一雖以記敘與友聯、蕉風相關的人文往事為主,然亦多訴諸個人情感經驗,即連冷戰時期一代南來文人的「浮槎繼往」,亦以自己的「當年入海初」掀開敘事。《前書》則雖以「他」為敘述主體,然「他」不在場的時空中之「外部事實」依然得以展示。二書在敘述形式上或有少許分別,但在內容上卻糾結一體。《縷雲》——尤其是卷一第一、第二輯,其實是《前書》許多故事的原材料。我們可以說,同為生命書寫文類的二書,其特質都在於與「過去」對話。作者通過回憶與書寫,把過去召喚到現在。換言之,即在書寫時試圖捕捉過去在當下的存在。因此,書寫「記憶」(memory),儘管無意混淆以往與現今,然而在「記憶」(remembering)之時,過去已通過書寫侵入現在的空間,迫使現在從前景後退,以致淡化。過去與現在之間的界線因此變得模糊不清,二者在某種意義上變成並存、同在(Gudmundsdóttir 16)。有鑑於此,我們或可說,從一九九○年代末至他驟逝為止,繼回憶錄散文之後又沉浸於自傳體小說書寫的十餘年間,持續的回顧使白垚在一定程度上把過去帶回到現在,因而也將夢——他的「夜來幽夢」——變成了生活/現實。因此,儘管南洋已遠,白垚生命最後十多年的時光,卻可說是他「再南洋」的一次經歷。

南洋往事,不論可堪追憶抑或可供入夢,其實都是富選擇性的。體現在回憶錄抑或自傳體的書寫中,那是從作者生平無數事實中所擇取的材料之呈現,亦是作者對其記憶進行詮釋之結果(李有成 2006)。白垚晚年著作最核心的「材料」,莫過於花果飄零之哀痛,與靈根自植之追求。

「九州鐵鑄,四海沸騰」是這些作品的常見詞(白垚 2007:25),亦是開啟其回憶錄故事的大背景。「海路花雨」啟航之作〈猶記當年入海初〉,即以永嘉之亂,喻中共掌權之後的局面;而以「焚書的秦火」喻專制政權對中華文化的摧殘破壞,在《縷雲》卷一諸篇中絕不少見。《前書》則對此有更多的渲染。燕婕(燕歸來)說「紅旗下的大學生活」、方天講王實

味「野百合花」被當作毒草的悲劇等諸多情節,都在論證共產主義暴力下自由民主的淪亡。其結果或可以《學生周報》第一屆生活營帶有總結意味的最後一個講座上的一句話概括之:「自由教育和民族文化是共產主義的最大敵人,這說明中國共產黨何以會不遺餘力地,剷除大陸上一切中國傳統文化和自由教育。」這個以「誰出賣了中華文化?」為題的講座答案甚明:「信仰唯物主義的共產黨人,對中華文化背負歷史的原罪,把列祖列宗的中華文化賣給了馬克思」(白垚 2016a:145-146)。友聯諸子之認知,同時可證於同時代其他有識之士。比如,被主角「他」讚許為「諤諤一士」的學者羅南穆在一場演說上說:「一般人在政治愛國的狂熱下,把焚書的秦火,誤作導航的燈塔,並不知道中國文化在唐山正飽受摧殘,還以為擁護中國的新政權,就等同為中華文化奮鬥」(白垚 2016:299);而被視為「頭腦開放」的馬華副部長朱運興,則在另一場演說上表示:「馬共利用維護中華文化,製造敵我矛盾,共產黨人只認馬克思,在中國早已將中華文化破壞殆盡,何曾尊重中華文化?」(白垚 2016a:74)同一感懷的反覆書寫,更其渲染了書寫者文化淪亡的哀痛——遲來的放逐者的悲哀。

對花果飄零的回憶,是「海路花雨」的緣起。數年後收錄於《繾雲》卷首,「海路花雨」易名「浮槎繼往」,則顯示了作者對花果飄零沉澱思索之後的回應。其散文所言「大道可行浮海去」(白垚 2007:35),多年後在小說中有更淋漓的發揮;燕婕所言尤能解釋他們集體的「浮槎」之因:「作為中國人,從來沒有文化認同的危機,魯國不能容納孔子,令他無法把思想在魯國傳播,他想返回他的國家,但龜山阻隔。孔子認為宣揚教化,不一定要在自己的土地上」(白垚 2016:366)。「大道」與「國家」,正是《前書》屢屢辨析的文化中國與政治中國。文化中國是一九九〇年代出現的新儒家命題,白垚早期作品自是無此概念。然而,從國家霸權手中攫取「大道」的火種、在政治中國的鐵幕之外點燃文化中國的香火的意圖,卻已然可見於一九六一年的新詩〈火盜〉:

　　　　我是賊,可怕的天譴之石圍
　　　　無法困我心之矛戟意之刺箭

遂以鐵筆搖銅鑄的天庫
流火繽紛，萬年的黃金城堡遂破
雲湧泉躍龍騰鳳怯冰山溶蛇蛟俱驚
而聽者，我手中有火，我是盜，我不懼天譴
我叛眾神

怒投光之乾坤於崖下，文明自我指際溢出
以火想，我感智慧的白熱
躍時間的巨流，放思而下
鼓聲起處，濃霧沸騰
集塵沙萬裏的哀號
我見二十世紀的蕈狀雲

以火想，我將不朽
我咯咯而笑，我舉烽火
我豈真是搖撼天宇的狂徒（白垚 2007:221-222）

此類作品在白垚早期著作中數量其實不多，而且也表達得甚為隱晦，
不意卻有「草蛇灰線」之效，伏延數十年，其「遺緒」復得在他晚年著作
放大書寫、重新體驗。這遺「緒」，不也可與王德威《後遺民寫作》(2007)
裏所說的遺「失」，同時也是「殘」遺與遺「留」同為一意(25)？正因為
「一個世代的完了」，所以有浮槎南奔的必要；也正因為「一個世代的完
而不了」（王德威 2007:25），所以有重新體驗、再度發揮的必要。而由於
盜火者在眾神淫威面前「咯咯而笑」、「搖撼天宇」的個人特質，其選擇性
的記憶材料最終突顯的，倒非政治文化遺民的悼亡感傷，而是對左翼勢力
的激憤。「再南洋」的白垚，正是借此重塑了他的「南洋」。

彼時南洋，是一座政治狂熱的城堡。自傳體小說的主角抵達南洋之後
所遇到一切人事與話題，「無一不涉及政治」。「他心中的文化中國，微不
足道，在燠熱中一經蒸化，即為政治，任何文化活動，都與政治劃上等號，
非左即右，沒有中道」（白垚 2016:282）。「狂熱的城堡」雖為卷四之題，
卻也無疑是建構全書的基石。白垚一九五七年底抵達吉隆坡之時，馬來亞

固已建國，然而卻獨立「未竟」。英國的殖民政權雖已終結，但另一股帝國勢力卻霸氣逼人。「他」初識的少年朋友如此告訴他：

> 無論在新加坡或馬來亞，英國和中國皆為外來勢力，我們既要擺脫英國的管轄，反對英國的殖民統治，自然不能接受另一種殖民地意識的君臨，馬共是另一種武裝力量，直接受中國共產黨指揮。（白垚 2016:237）

以文化的手段抵制武裝暴力，不僅顯現了反共即反殖的正義追求，也呼應「繼往」之目的。《友聯文選》的編撰，不只「為中華文化在海上點火傳燈」，而且也掀開「馬來亞化華校教科書的第一章」（白垚 2016a:302），正是飄泊者在狂熱的城堡中靈根自植的體現。教科書之外，與《學生周報》相關的活動是另一項影響深遠的事業。寫第一屆生活營的「夢的峯巒」一卷，最可集中說明此點。此卷通過各個講座讓友聯的開路先鋒們對自由民主與文化傳承的認知作了集中的展現，同時也藉一場檢討會，通過友聯靈魂人物對學員提問的回應，一一駁斥馬來亞社會對於友聯與《周報》的誤解／指責。在自傳體小說中如此周詳追溯自己並不在場的生活營，[17] 一方面固然可為友聯在馬來亞的文化事業之純潔性與重要性作一次「歷史聲明」，廓清友聯是美帝代理的疑雲，另一方面也奠定了「他」日後在通訊部裏的工作的正當性與正義性。這些種種，今日回顧，正是白垚（及其友聯同儕們）的「五十年文學功業」了。[18]

《前書》隨作者驟逝戛然而止於一九五九年的馬來亞，其後「水墨留白」。可誰料白垚其實早已在《縷雲》卷一為我們預留了其後的故事，那就是「千詩舉火」的系列文章。「千詩舉火」寫五〇年代末及其後現代主

---

17. 這可能多少出自對所錯過的盛會的補償心理，畢竟這是最多他所景仰的「傳奇人物」齊聚的一次，而且也是具開創性的第一次。

18. 張錦忠在〈二一七路十號，ENCORE〉(2009)裏說道，這些飄泊者南來之後，「篳路藍縷，辦報出刊（而且是文學刊物），出版華文教科書、開設書店，為華社立下文化基石文學功業，此後大半輩子在斯土打拚傳燈。縷雲起於綠草，五十餘年後，芳草早已碧連天。學友會與《學報》對文藝青年的養成，已成了馬華文學的文化記憶。而今《蕉風》邁向五〇〇期，更為馬華文學史立下豐碑」(16)。

義文學在《蕉風》的發展，白垚將此文學的發展界定為「反叛文學運動」。回顧之際，千詩所舉之「火」，遙遙呼應背叛眾神的盜火者手中之「火」。火，因此不僅隱喻文化薪傳，更是自由與文明的表徵。文化（中國）固然是盜火者最終的依歸，然而如此的追求裏，同時又必然寄託對自由與文明的堅持。無論是回憶錄中寫燕歸來的「在她心裏，理想如種子，飄泊與散播同義，唯其飄泊，才可散播，而散播又等同成長」（白垚2007:59），又或者自傳體中「他」所說的「雲，因風的嚮往而飄泊」（白垚2016:351），「花果飄零」都因而有了新的意義。

　　白垚嘗言自己「對普希金反抗本國的權威統治、拜倫投身異國的獨立鬥爭，充滿英雄式浪漫的幻想」，故「當年南渡，有我亦應如是的春秋大夢」（白垚2007:49）。不料及抵吉隆坡，新邦已建，他錯過了為馬來亞獨立做出「反抗」、「鬥爭」的機緣。然而，半個世紀後他「再南洋」的經歷中，狂熱的城堡的建構，對殖民勢力的重新詮釋，卻給了他「鬥爭」的可能。以詩／文化之舉火對抗焚書的秦火，以「滿城煥發的青春」傲視「隱隱風雷曾昨夜」，當過去被巨大的篇幅召喚到現在，早年詩裏「我桀驁而笑」、「殺天國專制的王」（白垚2007:215）的青春盛氣自其指尖流溢而出，以數倍於當年的聲勢激盪在狂熱城堡的上空，迴響不已。這就是他的南洋。如此的南洋經驗／「生平」使他懷念，竟至成了他的「鄉愁」。南洋不再是他工作的地方(location)。南洋由此變成了故鄉(homeland)。也許出於對白垚「鄉愁」的理解，二〇一六年，白垚長子將他的部分骨灰從美國帶回來，撒入麻六甲海灣——漢麗寶航程的終點。「海天如墨我今還」，當年沒能做到的落地生根，最後，終究落實了。

　　南來者白垚固也曾像其他南來者一樣，杜撰過「我們」、「馬來西亞華人」的集體身世，然而他更多的著作，卻是致力於他自己的身世建構——他的「馬華身世」。他晚年埋首其中的生命書寫，更是一趟長長的回鄉的旅程。《縷雲》二書選擇在馬出版，亦無異於一種歸返，一種文學上的入籍。而在作家漫長而不懈的回鄉之旅面前，以國籍作為文學屬性的絕對切割，毋寧將顯得魯莽而且粗暴。

徵引文獻

白垚(2007)《縷雲起於綠草：白垚的五十年文學功業》（八打靈再也：大夢書房）。

白垚(2016)《縷雲前書》，上冊（八打靈再也：有人出版社）。

白垚(2016a)《縷雲前書》，下冊（八打靈再也：有人出版社)。

Fischlin, Daniel & Mark Fortier (2000) *General Introduction to Adaptations of Shakespeare: A Critical Anthology of Plays from the Seventeenth Century to the Present* (London: Routledge).

Gudmundsdóttir, Gunnthórunn (2003) *Borderlines: Autobiography and Fiction in Postmodern Life Writing* (New York: Rodopi).

賀淑芳(2016)〈現代主義的白堊紀：白垚的反叛，侷限和未完待續〉。「文學、傳播與影響：《蕉風》與馬華現代主義文學思潮」國際學術研討會。20-21 Aug.，拉曼大學中華研究中心、留臺聯總，吉隆坡。

黃錦樹(2016)〈別一個盜火者〉。白垚(2016a): 464-470。

黃涓(2017)〈《亞洲週刊》二〇一六年十大小說揭曉〉。《聯合早報》，9 Jan. (www.zaobao.com.sg/news/fukan/books/story20170109-711298)。

蕉風社(1955)〈蕉風吹遍綠洲〉。《蕉風》no.1 (Nov.): 2。

Leyden, John (trans.) (2012) *Sejarah Melayu: The Malay Annals* (Kuala Lumpur: Silverfish Books).

李有成(2006)〈自傳與文學系統〉。《在理論的年代》（臺北：允晨文化）。

李芸(2016)〈《亞洲週刊》二〇一六年度十大華文小說　臺灣三書入選〉。《中時電子報》，30 Dec. (www.chinatimes.com/cn/realtimenews/20161230005863-260405)。

林春美(2016)〈非左翼的本邦：《蕉風》及其「馬來亞化」主張〉。《世界華文文學論壇》no.1 (Mar.): 71-79。

凌冷[白垚](1959)〈新詩的再革命〉。《蕉風》no.78 (Apr.): 19。

劉國堅(1954)〈籃球場上〉。《中國學生周報》[no.124] (Dec.): 7 版。

Rich, Adrienne (1972) "When We Dead Awaken: Writing as Re-Vision." *College English* 34.1 (Oct): 18-30.

Said, Edward (2000) "Reflections on Exile." *Reflections on Exile and Other Essays* (Cambridge, Mass.: Harvard University Press, 2000), 173-186.

Sanders, Julie (2006) *Adaptation and Appropriation* (London: Routledge).

Weintraub, Karl J. (2007) "Autobiography and Historical Consciousness." Trev Lynn Broughton (ed.): *Autobiography: Critical Concepts in Literary and Cultural Studies*, vol. I (London & New York: Routledge), 237-263.

〈《亞洲週刊》二〇一六年十大小說揭曉〉(2017)。《福建新聞資訊網》，9 Jan. (www.fj153.com/world/16737.html)。

張錦忠(2009)〈二一七路十號，ENCORE〉。《蕉風》no.500 (Feb.): 13-16。

張錦忠(2010)〈亞洲現代主義的離散路徑：白垚與馬華文學的第一波現代主義風潮〉。郭蓮花、林春美（編）：《江湖、家國與中文文學》（沙登：博特拉大學現代語文暨傳播學院），219-232。

鍾怡雯、陳大為（編）(2010)〈白垚詩選導讀〉。《馬華新詩史讀本(1957-2007)》（臺北：萬卷樓出版社），26。

大眾化、反共、馬來亞化

黃崖與六〇年代《蕉風》現代主義

鄧觀傑

壹、前　言

從四〇年代末以降，香港與南洋兩地的華文文學場域因為文人遷徙、意識型態戰爭與華文出版市場發展等原因，開始有了更為緊密的聯繫。在這段時間香港與星馬華文文學交流眾多活動之中，香港友聯社的南下無疑是影響力及規模最大的事件。一九五四年數個香港友聯成員受邀到星馬視察，協助當地親右翼政黨馬華公會準備選舉工作，隔年成立新加坡分社（新嘉坡友聯書報發行社），創辦《蕉風》和《學生周報》。《蕉風》早期的編輯部成員如申青（余德寬）、方天、白垚（劉國堅）、黃思騁等人大半都是從香港南下的文人，他們極為迅速地將自己認同於本土，乃至於順應馬來亞獨立建國的大勢所趨，將《蕉風》雜誌定位為「純馬來亞化」雜誌，[1] 刊載大量對星馬土地風物的浪漫謳歌。

在「馬來亞化」之外，星馬「友聯社」與《蕉風》的另一個重要貢獻在於對星馬現代主義運動的大力推動。星馬戰後第一波現代主義運動的代表人物白垚，他在一九五九年第七十八期《蕉風》刊載的〈新詩的再革命〉被視為掀開星馬現代主義運動的宣言，而在《學生周報》上刊載的〈蔴河靜立〉則被論者視為「第一首星馬現代詩」。第二波現代主義運動則以

---

1. 香港友聯、星馬友聯與《蕉風》的關係，可見盧瑋鑾、熊志琴（編）(2014, 2017)；賀淑芳 (2017, 2013)。又可參見白垚(2016)。

梁明廣一九六七年在《南洋商報‧文藝》以及陳瑞獻在一九六九年《蕉風》第二〇二期的革新號為標誌，象徵著星馬現代主義進入成熟時期。從一九五九到一九六九年，十年間《蕉風》現代主義的倡導者從南來文人轉移到了本土知識分子身上，也因此白垚晚年將第二〇二期《蕉風》的改版比喻為現代詩的「侏羅紀」，而他之前所引領的現代詩運動則是「前侏羅紀」的「白堊紀」，兩次的運動共同構成了星馬現代主義。[2]

「馬來亞化」與「現代主義」共同扭結成《蕉風》與友聯社在星馬華文文學場域的核心工作，但在戰後星馬文壇裏要推動兩者顯然都並不容易。雖然「馬來亞化」的方向與英殖民政府對星馬華人的政策方向相合，一開始是為了將星馬華人的認同轉向當地，防堵他們對共產中國的效忠；但馬來亞共產黨也同樣提出了自身的「馬來亞化」主張，意圖形塑一個團結統一的馬來亞民族共同體，藉此抵抗殖民者的壓迫。因此無論是親右翼的馬華公會政黨或左翼的馬來亞共產黨，實際上都共同提倡「馬來亞化」的需求，競爭的關鍵轉而變成對「馬來亞化」內容的詮釋(Belogurova 2015)：馬來亞的內容為何？應如何表述馬來亞？面對這些問題，《蕉風》「純馬來亞化」的答案是寫實與浪漫，但這樣的主張一方面和左翼文藝論述過於貼近；另一方面「友聯社」與官方的友好關係，也讓他們很難以「寫實」直接批評官方政策，反倒讓《蕉風》的路線陷入尷尬的處境中。[3]

因此「馬來亞化」之外的現代主義和人文主義主張，成為《蕉風》區隔於左翼文藝論述的關鍵。《蕉風》從第三十七期開始將「純馬來亞化」的標語從封面除去，第七十八期改版以後更明確地標榜「個體主義」，將自身定位為「純文學」刊物，意圖以更具普世性的「人性的尊嚴、生命的和諧」來反對「以政治標準取代藝術標準」的左翼文藝論述(蕉風社 1959)。這樣的改版雖然將友聯社與左翼的現實主義論述作出了區隔，卻馬上要

---

2. 代表性的例子是溫任平對馬華現代主義的四個分期，見溫任平(1979)。
3. 與馬來亞化政策相應，英殖民政府從一九五〇年代開始壓制星馬華文教育的發展，如一九五一年「巴恩報告書」(Barnes Report)、一九五五年「拉薩報告書」(Razak Report)到「一九六一年教育法令」(Education Act, 1961)，逐步限縮華文教育在國家政策中的影響力，引起星馬華人社會的大力反對。賀淑芳指出，雖然《蕉風》多篇文章都曾對華文教育問題表達關注，但在關鍵處往往把問題模糊化，避談華教窘境後的政治因素(2017:62-66)。

面對普世性與本土性如何連接的難題。也因為如此,《蕉風》從第七十八期第一波現代主義運動,至第二波現代主義運動開始的十年間,並未如預想般出現現代主義文學逐漸戰勝寫實主義,現代作品的篇幅和質量逐漸增加的現象。相反的,雖然《蕉風》在一九六〇年代大量刊載臺港和西方現代主義作品與文論功不可沒,但《蕉風》大體而言仍未脫離寫實的基調,內部成員對於現代主義與現代詩的態度也並不一致。因此白垚自身便曾經指出「《蕉風》其實是很寫實主義的」,被視為現代派刊物是個「美麗的誤會」(白垚 2007:172-173);曾經的編輯姚拓也認為《蕉風》「『不現代』得很」(姚拓 1993);曾經參與《蕉風》編輯工作的學者張錦忠(2010)也指出,在陳瑞獻加入編輯陣容之前的《蕉風》並沒有出現高度現代主義(high modernism),它甚至是相當寫實傳統的產物。至此,若我們仔細回顧白垚對兩次現代主義運動的譬喻,會發現他的喻依出現了一個耐人尋味的誤解:侏羅紀其實發生在白堊紀之前,白堊紀非但不是「前侏羅紀」,兩個世代之間的差異或許比共同性還大。白垚的筆誤巧妙地揭示了演化論式文學史敘述的不可靠,兩波運動之間的繼承也並非如此理所當然,甚或充滿斷裂與矛盾。

基於這些觀察,我認為這十年裏《蕉風》在「現代與寫實」與「普世性與馬來亞化」之間的躊躇不定,實際上是星馬文壇對現代主義進行選擇性的抵抗與接納,將之重新納入本土脈絡的過程。釐清這段時間現代主義的樣貌,將會為星馬現代主義描繪出更清楚的輪廓,甚或窺見一些存在至今的問題根源。

要探究《蕉風》從一九五九到一九六九年這十年間的樣貌,黃崖必然是關鍵的過渡化石(missing link)。根據林春美的考據,黃崖在一九六一年開始主編《蕉風》第一〇三期,任期結束於一九六九年《蕉風》第二〇一期,他不但是《蕉風》任期最長的編輯,其編輯時段也正好橫跨於前述兩波現代主義運動之間(林春美 2019)。在主編《蕉風》期間,黃崖自己也以莊重和林音的筆名引介歐美現代主義作家、參與現代主義文學的辯論(林春美 2019),對西方現代主義顯然並不陌生。在編輯身份之外,黃崖同時還是極為高產的作者,他在香港時期就已經在《中國學生周報》、《人

人文學》、《海瀾》等親右翼文藝刊物上刊載大量小說，並出版單行本《一顆星的隕落》(1954a)、《草原的春天》(1957)、詩集《敲醒千萬年的夢》(1959)等。到新加坡以後，黃崖的作品仍非常受讀者歡迎，在《蕉風》一次讀者最喜歡的作家投票裏黃崖名列第三，僅排在徐速和黃思騁之後（蕉風社 1961）。而在編者與作者身份之外，黃崖也積極培養星馬新生代作者，促成海天、荒原和新潮三個重要的年輕文社，又協助成立了霹靂文藝研究會和南馬文藝研究會。

　　身兼多職又產量極高的黃崖，在星馬現代主義新生的時刻無疑影響了一代星馬作者對現代文學的理解。但如果我們翻看黃崖自身的作品，會發現這位掌星馬現代主義堡壘的主編，自身的作品不但一點也不「現代」，大多還非常通俗寫實。兩者之間的鴻溝是如何產生的？黃崖對現代主義的詮釋如何形成了一代《蕉風》與星馬文學的現代視野？作為南來文人的黃崖，他馬來亞期間思考與推動的「馬來亞／馬來西亞化」問題，又如何與他的現代文學關懷互動？本章試圖透過這些提問，思考星馬現代主義的轉化，乃至於其中所牽扯的認同與政治問題。

貳、人文主義／現代主義：黃崖與六〇年代《蕉風》
一、黃崖主編時期的《蕉風》

　　黃崖(1932-1992)出生於廈門，在福建莆田長大。黃崖的父親為牧師，母親在福建莆田教會主辦裏的聖路加醫院工作，因此基督教思想對黃崖的影響極為深刻，在他日後《一顆星的隕落》、《聖潔門》、《迷濛的海峽》等作品中經常可以看見基督教與救贖元素。在黃崖小學時期，他因為閱讀舅舅從上海帶回來的新文藝作品而對文學產生興趣，畢業後入讀傳教士創辦的華英書院，之後到廈門大學唸了兩年的中文系。[4] 黃崖在中學時期便活躍於文藝活動，也在這時候開始編輯文藝雜誌《文藝》並創作小說。

---

4. 黃崖的早年經歷在不同的記述中稍有出入。根據其童年友人柯文溥的說法，黃崖曾經入讀莆田中學，期間活躍地參與文藝活動，但筆者並未在其他地方看見黃崖提及這段經歷。在黃康顯（黃傲雲）對黃崖晚年的回憶中，曾經暗示黃崖的年齡有謊報的嫌疑，原因不得而知，但這段消失的時間或許正是黃崖的莆田中學時期。見柯文溥(2015)；黃康顯(1993)。

《Ba

一九五〇年政權轉移，黃崖和眾多右翼文人為了避禍而南下，在香港任教員並兼任友聯校對，爾後獲得友聯總經理何振亞的賞識而獲聘為《中國學生周報》總編輯。在黃崖主編《中國學生周報》期間，他已經和港臺文人熟悉，經常能邀請著名作家為刊物寫稿，[5] 甚至還出版了瘂弦的第一本詩集《苦苓林的一夜》（王偉明 126）。

根據黃崖友人的回憶，黃崖在中學時期就嗜讀梅里美、勃朗特、雨果、羅曼·羅蘭等浪漫主義作家，尤其喜愛傅雷翻譯的《約翰·克利斯朵夫》，對西洋文學並不陌生（柯文溥 2015）。在黃崖主編期間，《蕉風》開始以大篇幅刊載西方現代主義大家的簡介和作品翻譯，這些文章的撰寫者除了港臺文人以外，很大一部分是由黃崖自己以莊重、葉逢生、林音等筆名自行撰述。從第一〇三期開始到一一八期為止，黃崖譯介的西方文學作家包括艾略特(T.S. Eliot)（第一〇三至一〇四期）、伍爾芙(Virginia Woolf)（第一〇五、第一〇九期）、海明威(Ernest Hemingway)（第一〇六期）、康拉第(Joseph Conrad)（第一〇七期）、威廉·佛克納／福克納(William Faulkner)（第一〇八、第一一八期）、湯瑪斯·曼(Thomas Mann)（第一一〇期），幾乎全是歐美現代主義代表性的巨人。

從第一四三期革新號開始，黃崖所主持的《蕉風》有更明確向外連接、走向純文藝刊物的趨勢，意圖讓《蕉風》「成為一座橋樑，溝通國內國外的文壇」（蕉風社 1964a:1）、成為「東南亞一份具有影響力的純文藝期刊」（文兵 1965）。《蕉風》從這年開始移到香港印刷，又因為黃崖對於臺港文學圈子十分熟悉，成功邀請到錢歌川、瘂弦、覃子豪、余光中、白先勇、王敬羲、葉珊、馬覺、葉維廉等大量重要臺港現代主義者的稿件，[6] 極大程度地形塑了星馬文藝青年的文學品味。[7]

---

5. 羊城在訪談中指出，黃崖因為和臺灣詩人熟悉，經常能夠邀請到重要的臺灣詩人到香港發表稿件，成功地促進了香港詩人水平。他甚至認為《中國學生周報》的文藝版面之所以如此成功，黃崖居功至偉（2017:18-19）。。
6. 於《蕉風》與臺港文藝的密切往來，可參見郭馨蔚(2016)詳細的考證。
7. 比如說六〇年代末開始活躍的天狼星詩社，其社員不約而同地將余光中奉為偶像、對臺灣及文化中國的嚮往，與這段時間《蕉風》對臺灣現代主義的引介顯然有很大的關係。除了溫任平多次將馬華現代主義歸功於《蕉風》之外，他也曾經提及在那個文學資源貧瘠的六〇年代，溫瑞安等人在美羅書店能夠接觸到的便是《蕉風》、《學生周報》、《當代文藝》、港臺通俗文學、香港高原出版社的詩集和小說，此一

在引介西方現代主義之外，更值得留意的是黃崖主編期間《蕉風》銜接星馬與中國現代派的努力。《蕉風》在黃崖主編之前就曾經有過「文壇雜話」欄目，由不同的作者撰寫短文來介紹五四文人，引介的人物包括沈從文（第三十七期）、李金髮（第三十八期）、徐志摩（第三十九期、第四十一期）、魯迅（第四十二期）、郁達夫（第四十四期）、周作人（第四十六期）等。在黃崖主編期間，類似的欄目轉由溫梓川為主要撰寫者。《蕉風》從第一四三期開始連載溫梓川的〈郁達夫別傳〉，將郁達夫在中國成長、留日、回到中國後成名，最後流落南洋並消失於印尼的經歷一一記述。第一六○期〈郁達夫別傳〉連載結束，第一六一期開始又連載溫梓川「文壇憶舊」的專欄，寫溫梓川在暨南大學唸書時所見過的三○年代民國文人面貌，其中包括魯迅、沈從文、徐志摩、夏丏尊、施蟄存、曾虛白、徐悲鴻、黑嬰等名人。在「文壇憶舊」的尾聲，溫梓川將焦點從上海回到星馬，撰寫徐東甫、徐覺非、李詞傭、陳祖山等同時活躍於星馬與中國的文人活動。

同樣是在介紹民國文人作品，但溫梓川的「文壇憶舊」和過去的「文壇雜話」最大的不同，在於他在寫中國文人時總是以南洋視角為出發點。在〈郁達夫別傳〉裏，溫梓川以郁達夫舊識的身份留下大量郁達夫在南洋活動的記述，將「南洋」編織入這個上海現代派代表人物生命中，接續上海現代派與新興的星馬現代主義。至於「文壇憶舊」系列文章對民國人物的介紹，則總是從溫梓川的暨南大學僑生身份出發，以見證者的角度書寫三○年代風起雲湧的上海文壇，不僅為當時南洋僑生歸國升學的文藝活動留下了重要紀錄，也為六○年代在南洋重新開始的現代主義運動找到更早的源頭。溫梓川橫跨四十幾期的長壽專欄，透過郁達夫南來和南洋僑生北返，讓《蕉風》所推動的星馬現代主義找到了港臺和西方現代主義以外的「中國」起源。在第一八八期《蕉風》〈編者的話〉裏，編者還特別提點讀者溫梓川的〈文壇憶舊〉「寫的雖然是過去中國大陸文壇的情形，但其中很多史料是都是和馬華文壇相關的，盼讀者們留意」（蕉風社1968:3），再次印證前述接軌中國現代派與星馬現代主義的意圖。

閱讀系譜幾乎全和友聯社或其成員有關。見溫任平(2015)，頁154-155。

在標舉「純文藝」的同時，黃崖自身也留意到第一四三期以後的《蕉風》「不再是星馬地區的文藝期刊……在比例上星馬作家的作品不能不減少」（文兵 1965），也因此遠離了《蕉風》創刊當初純馬來亞化的主張。但從第一七四期開始，仍在黃崖主編下的《蕉風》忽然急劇轉回到「馬來西亞化」，宣稱要「大量推出本地作者的創作和翻譯」以「展示馬華文壇力量」（蕉風社 1967）、「創造和豐富馬來西亞文學」（蕉風社 1967a）。從「馬來亞化」到「純文藝」再到「馬來西亞化」，《蕉風》數次編輯方針的轉向除了回應時代需求之外，亦展現為「現代派／現代主義」與星馬本土情境的磨合過程。強調「為藝術而藝術」、更傾向於全球化與普世性的現代主義，如何與傾向於寫實主義、浪漫主義的「此時此地」結合？黃崖與六〇年代《蕉風》對現代主義詮釋與重塑，提供了一種可能的解答。

二、黃崖主編時期《蕉風》的現代主義詮釋

黃崖在主編《蕉風》期間引介西方、臺港和中國現代主義到星馬文壇中，甚至自己也曾以筆名撰寫介紹現代主義者的文章，但是閱讀黃崖的作品，卻會發現明顯的差距。雖然黃崖早年極富浪漫主義風格的詩集《敲醒千萬年的夢》裏稍微流露出對語言實驗的興趣，但這樣的興趣在往後的作品裏完全消失不見，不僅他自己的作品裏不見高度現代主義的示範，在黃崖主持的座談會和雜文中，他甚至有意要壓制年輕人進行過於激進的言語實驗。因此白垚轉借自臺灣的現代主義宣言以後，高度現代主義遲遲不來，其實和黃崖作為《蕉風》主編的立場有一定的關係。因此本節希望探究的問題是：黃崖究竟如何理解現代主義？

黃崖最早接觸現代主義的機緣也和白垚有關。根據白垚的記述，黃崖南來以後和白垚同居友聯宿舍，讀到了白垚收藏的臺灣《文學雜誌》與《現代文學》，因而對意識流開始萌發了興趣（白垚 2007:76），「一跤跌進了意識流的漩渦」中（白垚 2007:173）。白垚對黃崖醉心於「意識流」的觀察其來有自，在《蕉風》第一〇四期，黃崖以莊重的筆名引介了現代主義標誌性的意識流技法。在這篇名為〈談「意識流」小說〉(1961a)的文章裏，黃崖為星馬讀者梳理意識流簡史：從杜耶旦(Edorard Dujardin)、威廉·

詹姆士(William James)、伯格森(Henri Bergson)、喬治・摩爾(George Moore)、亨利・詹姆士(Henry James)、康拉德(Joseph Conrad)和李察特遜(Dorothy Richardson)、喬哀思(James Joyce)，一直到吳爾芙夫人(Virginia Woolf)。

　　黃崖這篇文章其實是《文學雜誌》刊載的一篇〈現代英國小說與意識流〉之節錄(Tindall 1959)，雖然並未標註出處，但從文章結構和每段末的結論就可以發現兩者高度雷同。這篇文章雖然肯定意識流技巧發掘內心真實的價值，然而也微妙地流露出謹慎保守的態度。譬如在提及李察特遜鉅細靡遺的《巡禮》(*The Pilgrimage*)時，他認為「寫得太嬌柔做作，而且，也難表現得好……許多人閱讀李察特遜的小說，往往會覺得沉悶、乏味，並希望主角早些死去，以便見到小說的結束」(1961a:4)。與此同時又大力肯定吳爾芙《赴燈塔》(*To the Lighthouse*)和《波浪》(*The Waves*)對意識流的運用，認為這些作品「不像她的其他作品給讀者一種凌亂的感覺」，原因是《赴燈塔》中的燈塔為書中人物的意識提供了一個方向，而《波浪》的海洋意象也成功統攝人物們的紛亂意識。總結來說，黃崖所引介的這篇文章同意意識流技巧對主觀意識的挖掘，認為這樣的技巧能夠消融外在和內在世界的分野，因而能達致更深刻的「真實」；但他仍希望這些意識的記述能夠被統攝在統一意象之下，重視小說結構和人物的完整性，對意識流破壞性的語言實驗有所保留。這樣的理解，將持續不斷地出現在《蕉風》其他談論現代主義的文章中。

　　我們還可以從黃崖所引介的西方現代主義者簡介中，更進一步地勾勒他對現代主義的理解。觀察黃崖對艾略特、伍爾芙、海明威、康拉德、威廉・佛克納、湯瑪斯・曼的評價，會發現他不斷強調這些現代主義作品中的人性與道德光輝、傳統價值的繼承及對「真實」的追求。在黃崖的閱讀中，上述西方現代主義們所體驗的疏離感、頹廢和欲望，往往能被崇高精神(sublime)所昇華。譬如在討論康拉德作品中的人性黑暗面時，黃崖不願意將之視為嫉世主義(cynicism)，轉用作者的話指出這些人生經歷中的崇高面向(1961d)。討論艾略特的《荒原》時，黃崖也強調「作者是在努力暗示讀者，我們的衰敗和墮落的生命，要依靠信仰方可得到新生」(1961)。面對歐美現代主義者較為激進前衛的語言實驗，黃崖則轉而強調其對傳

統精神的繼承。因此在對艾略特的討論中，他強調艾略特的成功來自於他能繼承希臘荷馬、羅馬、到伊莉莎白時期以來的文學成就，將過去融合於當下(1961)；在對湯瑪斯‧曼的討論中，黃崖則強調他對十九世紀寫實主義傳統以及古典神話的承接(1961a; 1961d)。

黃崖評價歐美現代主義者時出現頻率最多的用詞仍是「真實」，這也是黃崖貫穿其現代主義閱讀的核心。黃崖所謂的「真實」可分為兩個層次，一是客觀事件的真實，二則是主觀情感真實。黃崖認為，現代作家的任務即是「致力於人類心靈方面的創作探索，要大家描述人類的意識和內心的活動」(1961a; 1961d)，也因此將海明威《戰地春夢》被視為現代藝術和現代文學的宣言，因為他「突破各種空洞的抽象意識，躍出嬌柔造作的虛偽情感的泥淖，揭露真正的事實，表現真正的情感」(1961a)。

從上述幾點的歸納會發現，黃崖引介的現代主義強調的是作品和作者內容中的「道德」與「真實」，現代主義者對形式的關注很少出現在他的視角中，也並未脫離白垚等人在一九五九年標識的「人文主義」路徑。而他對現代主義形式的認知，則錨定在「意識流」和「心理描寫」上（蕉風社 1962）。因此雖然他在帶有示範意味的現代小說〈無弦琴〉(1961b)和〈悲劇的序幕〉(1962)裏精彩地展示了意識流消融主客體分野的技巧，其內容卻仍以曲折離奇的懸疑情節、浪漫的苦情來抓住讀者。在這些小說裏，意識流並不具有敘述技巧以外的功能。對黃崖而言，現代主義與意識流往往只是更為深入的寫實方式，目的是展現人物的「道德」與「真實」，而非將經驗全面顛覆重組的激進冒險。其危險之處也在於，黃崖經常會因為急於讓角色進行懺悔或崇高的昇華，而將現代主義者挖掘內心世界時發現的矛盾與張力迅速消弭殆盡。

值得注意的是，黃崖在面對不同的對象時，經常會在激進與保守的立場之間來回不定。舉例而言，在面對現實主義者對現代主義的責難時，黃崖堅定地將現代主義放到「新」和「進步」的位置。譬如在他的〈為現代文學申辯〉裏將現代主義稱為「革命」，因為「現代文學是反對沿襲『傳統』的，是比較『傳統文學』具有更新的形式……它是再給文壇帶來新的生機、新的希望、新的光彩」(1963a)。在他主編期間的《蕉風》刊登多篇

為現代詩辯護的文章時,也不忘在〈編者的話〉裏批評現實主義者將「『新』的東西拒於千裏之外」(蕉風社 1964)是保守僵固的做法。

面對革命現實主義者時擺出前衛的姿態,可是當現代主義開始危及黃崖所秉持的人文主義概念時——尤其是「普世價值」的人性觀及「和諧」的審美喜好——他就開始退回到較為保守的立場上。譬如在白垚〈新詩的再革命〉發表以後不久,黃崖曾經以筆名林音參與《蕉風》第九十四期的「新詩研究特輯」。在這篇題為〈千頭萬緒話新詩〉(1960)的文章裏,黃崖雖然仍站在支持新詩的立場上,但他認為新詩有四個急需改善的問題。第一點裏黃崖批評新詩作者素質太差,認為新詩作者「連簡單的句子也寫不通」,而且被人指出這個問題後,「我們的詩作者不但不謙虛認錯,竟然還厚著臉皮說:『詩有詩的文法,與普通的文章不同!』……『新詩不但要形式新、思想新,而且,用字也要新!』」(1960)黃崖為何對新詩形式的創新(或破壞)如此不滿?在下一點他解說道:「新詩欠缺完美的形式」,認為新詩追求形式創新的做法是好高騖遠,因為新詩的當務之急「並不是『不斷地創造新形式』」,而是「為新詩確定一種形式」。以「一種」的規範去取代不斷創新的破壞,此處已極為明顯地表現出黃崖對現代主義形式創新的保守態度。黃崖在第三點中,進而批評新詩的含義晦澀、內容胡鬧。他以臺港現代詩人為例,認為他們恥於將新詩流行化、大眾化的主張只不過是為了藏拙。在黃崖看來,新詩必須能「流傳民間」、「為許多人所接受」,只有作者一人能欣賞的詩作是沒有價值的,如此便取消了高度現代主義中的菁英取向。最後黃崖批評現代詩人「圖畫詩」的實驗,認為這是全面放棄了詩的本質。

從上述的整理會發現,黃崖的四點批評全都涉及現代詩的語言和形式實驗,與白垚一九六四年以後較為菁英取向的立場完全不同,黃崖所推舉的現代主義是更為大眾化、寫實化的,美學獨立的主張並未出現在黃崖的考量中。黃崖對於當時開始在臺港流行的現代主義更是語帶保留,他主編期間的《蕉風》指出馬華作者不應隨意模仿臺港「現代派」(蕉風社 1967b;黃崖 1967a);在《蕉風》舉辦的文藝座談會裏,他也有意勸阻馬華青年作家走向過於激進的現代主義文學實驗。在題為〈馬來西亞的讀者和作

品〉一篇座談側記裏，曾經記錄了黃崖和當時年輕作者的對話：

> 林靖程：本來嘛，文學要跟潮流走，只是這裏沒有人提倡，
> 　　　　也少人寫。以前的作品只寫外在，現在卻注重內
> 　　　　心描寫了。此方現在大家坐在這裏，但大家的內
> 　　　　心活動都不同。其實，一個人在一分鐘的內心活
> 　　　　動，便足夠寫成一本小說了。
> ……
> 李　　建：我想，這和讀者的接受能力有關。
> 林靖程：太擔憂讀者，就沒法跟別人比較了。
> 慧　　適：我也認為不能太遷就讀者，否則，便沒有好的作
> 　　　　品產生了。
> 黃　　崖：話說回來，我們也不能太忽視讀者。
>
> （蕉風社 1966:6）

　　在上述的對話裏，當年輕的馬華作者們希望追隨現代主義潮流，將小說推向更為菁英與審美取向的實驗。黃崖馬上表現出他對這些菁英取向的、破壞性的文體實驗感到不安，以「讀者」的名義將他們拉回到大眾化的路線來。

　　作為編輯，黃崖對於讀者的偏重原是無可厚非。這點在黃崖主編期間的《蕉風》第一二七期裏就可以看到跡象。當期〈編者的話〉裏（蕉風社 1963），[8] 編者宣佈將會接納讀者的意見，減少西方現代文學的篇幅。編者解釋說，雖然《蕉風》編輯們明知星馬讀者急切地需要認識現代文學，但他們也明確意識到星馬讀者的能力還不足以認識現代文學，《蕉風》因此決定做「調和的工夫」，在讀者的接受能力之內去介紹現代文學。同一期裏又有黃崖以筆名陸星寫的一篇〈為現代文學申辯〉(1963a)，裏面駁斥左翼寫實主義文人對現代主義文學的攻擊，在標舉現代文學的優異之處

---

8. 該篇雖然沒有標識撰寫人，但這一期是《蕉風》改版的重要通告，即使並非出自主編黃崖之手，應也經過黃崖的審核同意。

時，黃崖指出「文學作品是實生活的紀錄，它反映人生，反映社會，也反映時代；現代文學確確實實地盡了這個責任……現代文學像一片鏡子，把這些外表的、內在的事實映照了出來」（1963a）。[9]

這兩篇文章可以說是黃崖現代主義詮釋與實踐的濃縮：膨脹內容而削弱形式，強調文學作品中倫理、真實性與大眾化的能力；而形式既然是反映現實鏡子，超出其功能的實驗都是不必要且危險的。就這種反映論的文學觀而言，黃崖（乃至於這時期的《蕉風》）的文學觀並未距離他們寫實主義者論敵太遠，兩者爭奪的只是對「真實」的詮釋權力與再現方式，諸如文學的審美面向與美學獨立性問題，從未真正捲入其中。因此我認為黃崖對高度現代主義「形式」的輕忽與不信任，與其說是品味與學養的限制，更像是一種有意的選擇。而這種選擇的結果不但影響了黃崖小說的實踐，也形成了《蕉風》引介現代主義的視角。

參、大眾化、反共、馬來亞化：黃崖的「現代」實踐

我在上一節裏以黃崖在《蕉風》引介現代主義的文章，勾勒出他對現代主義的理解與詮釋，本節則轉而從黃崖的創作，去探討黃崖心目中的「現代主義」實踐。從詮釋到實踐，從譯介到創作，意味著黃崖將外來的事物轉化為本土脈絡的努力。本節的提問因而旨在呈現黃崖為星馬現代主義所規劃的路線。

黃崖在一九六七年的《蕉風》上開始有「蕉風日記」的欄位，當中記述黃崖每個月的日記段落。在第一八二期的「蕉風日記」裏刊載了黃崖一九六七年十一月的日記，當中有不少值得檢視的線索。黃崖在其中提及自身在病中思考現代主義的經過：

> 在床上，無意間想起「現代文學」，覺得一個患熱病的人的
> 感受，與現代文學作品所表達的內容，很有相似的地
> 方……

---

9. 此處「現代主義」文學指的是「現代主義文學」，因為文章裏說批評「現代文學」的人認為現代文學是年輕人的新花樣、是以革命反傳統、是世界末青年的頹廢心理表現，都是左翼現實主義者用以批評現代主義文學的常用語。

> ……在病榻上已經躺了三天。在這三天中，我的思想一直
> 環繞著「自己」，我回憶著自己的過去，看看自己的現在，
> 也預想著自己的未來。我很少能夠這麼接近自己。……**過
> 去，我對某些歐美現代有名的作家有若干誤解，現在，這
> 些誤解可說是消除了。現代作家所重視的是人的存在，他
> 們相當能夠堅持這個原則**，而在我們當中有些人（包括我
> 自己）雖然也常常喊「人的存在」，但我們常常是連自己也
> 不存在。這次生病，使我有一次真正的接近自己，探索自
> 己，發現了自己的存在。　（1967:99；引者著重）

在這段近乎神秘經驗的冥想中，黃崖自稱消除了之前對歐美現代作
家的誤解，對現代主義文學有了新的體悟。但是從上下文來看，黃崖的新
體悟並未離先前的理解太遠，他所關注的仍是現代文學作品「所表達的內
容」，再次強調現代文學的核心在於堅持「人的存在」。因此與其說這是一
次現代主義式的、天翻地覆的「頓悟」(epiphany)，更不如說這是黃崖對
先前理解的重新確認。值得追問的是，那個被消除的「誤解」是甚麼？在
這個過程中究竟甚麼被揚棄了？

一、大眾化

在這篇寫於一九六七年的日記以後，黃崖下一本出版的長篇小說新
作為《聖潔門》(1970)。[10] 這部小說敘述一個象徵派詩人黃慕青，為了尋
找書寫大海的靈感而到了一座島上。他在島上的生活從一開始的天真自
負，到遭遇朋友和情人的背叛而自暴自棄，最後經歷頓悟而自願將自身奉
獻於他人，整部小說帶有明顯的成長小說格式。實際上，《聖潔門》也是
一本帶有自傳意味的作品，黃慕青在小說的文學主張自象徵主義轉到啟
蒙文學，從高度轉向大眾，其轉折和黃崖自身的創作歷程若合符節。黃崖
早年的作品裏有過強烈的現代派傾向，他在詩集《敲醒千萬年的夢》裏曾

---

10. 在《聖潔門》之前有《煤炭山風雲》(1968)一本長篇小說，但《煤炭山風雲》其實
　　在一九六七年一月已經開始在《蕉風》上連載，時間比黃崖十一月的病中記述要
　　早，故不納入黃崖「二次啟蒙」後的產物。

經以浪漫主義和象徵筆法，大量書寫關於自然景觀和神秘啟示的詩作。但在來到星馬以後，「意識流」時期的黃崖作品或許還會為一般讀者帶來些許閱讀新體驗與難度，但在《聖潔門》以後的作品則幾乎全都轉向淺白通俗，爾後甚至還寫了一本以吉隆坡為背景的武俠小說《吉隆坡風雨季》(1976)。

　　黃崖將「現代」文學通俗化、大眾化的做法其實早有跡象。除了先前提及他反對前衛文字實驗，要求作者留意讀者接受能力的言論之外，一九六六年黃崖在同一場座談中也曾經討論過他對武俠小說的看法。座談中李若冰提問武俠小說是否能算是文藝作品，在場參與討論的其他人都抱持否定意見，認為武俠小說大多「神怪荒謬」、「牽涉到思想問題」。唯獨黃崖以《三劍客》(*The Three Musketeers*)和《劫後英雄傳》(*Ivanhoe*)為例，指出武俠小說「如果能以認真的態度創作，用文學手法來表現，也可算是文藝作品」（蕉風社 1966:4）。文藝與通俗（主要指武俠和言情小說）的對立是當時廣泛的認知，尤其在五〇年代初期星馬經歷過「反黃運動」以後，「健康的文藝作品」與「有毒的通俗作品」的對立也已根深柢固（黃崖1967:101）。

　　要如何化解文藝與通俗之間的矛盾？為此黃崖再次舉起了人文主義的大旗。在一場舉辦於馬來亞大學的座談會中，黃崖以武俠片和通俗電影為講題發表演講，認為武俠和其他類型電影之所以大受歡迎，是因為這些片中的人物都呈現出「超人」的形象，以幻象的方式滿足了觀眾對英雄的渴望。因此黃崖覺得武俠片的流行，正反映出社會的混亂與人類面臨的危機，人人都迫切地渴望有一「超人」能出來為他們解決所有難題。在這場演講的尾聲，黃崖提醒聽眾「人，畢竟是人，沒有神化的英雄。人是神聖的、偉大的」，鼓舞眾人戳破期待超人的幻想，憑藉人類自身的勇氣和智慧去面對自身的問題（黃崖 1968a）。藉由這樣的「超人」論述，他以人文主義信條轉化了一般人對通俗小說「低俗」、「毒素」的看法，點出武俠小說具有的積極能動性。

　　一九七六年，黃崖在他的長篇小說《吉隆坡風雨季》裏意圖示範「文藝的」武俠小說寫法。黃崖在小說的序中提及，他這部小說試圖融合看似

互相對立的「動作」與「文藝」，努力讓「動作」的書寫脫離流行武俠小說的泥沼。這部小說因此極少動作場面的描述，黃崖花了更多地篇幅在書寫離奇的情節和角色的心理活動。故事因而也充滿了人文主義的教誨，主角王霸是充滿野性的、反英雄的角色，但小說發展到中段以後，這個野蠻人般的王霸因為對舞女莎麗娜動情，開始有了人生的目標，搶案的動機也變成自我證明的過程。而與之對立的奸角白蘭，黃崖在小說結尾處讓她在奸計得逞之際，忽然被平凡人所展現的平凡日常所觸動，進而陷入迷茫中。如此，英雄與惡魔在黃崖的筆下都不是絕對或「典型」的，黃崖藉此為通俗小說僵固的格式注入「人性」，意圖讓他所謂關乎人性的文藝作品能夠得到更多的羣眾。

雖然黃崖在屢次提及照顧讀者的重要性，也鼓勵文藝作者們向電影和音樂等流行文化學習，努力推動文藝社會風氣。但值得注意的是，在這部顯然是為接近讀者而作的類型小說裏，黃崖卻強調「我並沒有存心要吸引讀者」（黃崖 1976:2）。因此他一方面意圖將文藝的門檻放低，讓更多大眾能夠進入到文學的領域；另一方面又不願意完全將文學完全導向通俗與大眾，將書寫的目的從「個人」變成「讀者」。黃崖的矛盾展現了現代文學線／人文主義追求大眾化的兩難，他一方面抵抗商品化與媚俗藝術，意圖以啟蒙者的位置教導羣眾，為此甚至不惜過限制自身的形式發展以滲透羣眾。但他仍無可避免地發現自己深陷於商品的邏輯中，甚至越是想要趨向市場與讀者，市場與讀者卻越是不斷遠去。在黃崖的「蕉風日記」裏因而不斷抱怨閱讀市場的頹靡：《蕉風》不斷虧損、大量雜誌延減刊或倒閉、學習中文的人日益減少、書店寧可賣唱片而不賣書、出版業成為買賣名譽的生意…… [11]

黃崖將現代文藝通俗化、大眾化的目標無疑充滿希望及野心，但到了晚年因為對馬華文藝絕望而毅然放棄耕耘多年的田地，先是轉戰政治，而後又移居泰國推行華文教育。隨著黃崖的離開，這個艱難的計畫大概也暫時宣告失敗。

---

11. 這些抱怨散見於黃崖各期「蕉風日記」中的記述，可見《蕉風》第一七四期、第一七六期、第一七七期。

二、反共的人文 / 現代主義

　　再次回到黃崖先前的「蕉風日記」。在黃崖寫下他病中對現代體悟的隔天，他在日記裏記下了一個新加坡讀者的來信。這個讀者認為《蕉風》不宜太過強調「現代詩」，而應盡量容納各家各派的作品以顧及廣大讀者的欣賞水平。黃崖在引述完這封信以後，回覆道：「這看法和我向來的主張是相同的」（黃崖 1967b:100）。他說明自己一向抱持海納百川的文學觀點，唯一極力反對的只有「認為文學服從（附屬）於政治」的「偽文學」（黃崖 1967b:100）。

　　黃崖所謂偽文學，明顯是指當時聲勢浩大的星馬左翼文人與革命現實主義的提倡者。友聯社從香港時期開始就一直堅守反共立場，在創辦《蕉風》初期，其動機之一是為了反共。[12] 至於黃崖自身，他曾經透露自己的牧師父親為共產黨所害（黃崖 1957:44），因此即便沒有接收過任何反共指令，出於自身意願和人文主義立場，黃崖一直堅定反對左翼及革命寫實主義。

　　這一點最具代表性的例子或許是他和方修的爭論，事情起源於方修從一九五六年起每年在《星洲日報》新年特刊撰寫的馬華文藝回顧，作為星馬寫實主義大將，方修在其文學史材料的蒐集工作中有意地略過現代派及《蕉風》的存在。在〈一九六七年的馬華文藝界〉裏，方修(1986a)才第一次提及《蕉風》(215-222)，卻也只談了《蕉風》中的幾篇筆戰文章。方修的做法自然讓黃崖非常不滿，他因而在「蕉風日記」裏批評方修在《蕉風》在發刊十二年以後才第一次提及《蕉風》（黃崖 1968:99），而黃崖自己雖然每年都有新著，銷量也遠在方修所推崇的現實主義者作品之

---

12. 香港友聯與左翼對抗的狀況，可見鄭樹森(2004)〈東西冷戰、左右對壘、香港文學〉。而早期友聯諸子南下創辦《蕉風》的政治目的，可以從亞洲基金會馬來亞代表向美國亞洲基金會主席匯報的信件中得見："…..the Chiao Feng Society and its publication, *Chiao Feng*, locally organized a(n)d completely disassociated publicly from the Union Press but under the close supervision of Union Press and *The Chinese Student Weekly* leaders, will help organize, strengthen, and expand the middle block of unorganized students, with the ultimate objective of swinging this block away from the Communist front"（引者著重）.見 Asia Foundation Archives, Hoover, Box P-135, File: Media Publication Chiao Feng [Union Press Student Garden Fortnightly], Malaya/Singapore, 103, Program. 轉引自賴美香(2017)，頁 132。

上，名字卻一次也沒被提到過。黃崖藉此對方修冷嘲熱諷，嘲笑方修的資料根本沒有公信力可言。當年底方修寫〈一九六八年的馬華文藝界〉(1986b)，竟然也特意為此另闢一節「餘話」，大篇幅反擊黃崖的作品和《蕉風》(223-235)。隔月《蕉風》新刊裏，黃崖稱方修的文章為「馬華文壇的一個大毒瘤」(黃崖 1969)，當期「文藝沙龍」欄目中還用了兩篇文章來大肆嘲諷及批評方修（天兵 5；忙人 6）。黃崖與方修這場爭執只是較為白熱化的一次，在此之前黃崖主編《蕉風》的「文藝沙龍」早已大量刊登對星馬革命現實主義者的批評，無疑是星馬反左翼文學的重鎮。

　　黃崖反對革命寫實主義最大的論點，是他認為文學是人心靈活動的自然表現，不應該被任何的教條和公式所限制，更不應該將心靈的主導權讓渡給「黨」和「組織」(1963)。在另一篇題為〈所謂「反映現實」與「表現個人」〉的文章裏，黃崖認為個人既然存在於社會之內，他表現自身時就已經反映了現實的一部分，兩者為部分與整體的關係，藉此以「個人」消解左翼的「階級」論述，進而主張不管出於甚麼階級都「全是人，全是平等的」(1962b)。在論述及論戰文字之外，黃崖也有不少小說都在積極在傳達其反共立場，其中至少有三部長篇是以此為核心命題：《烈火》(1965)及《烈火續集》(1967)、《煤炭山風雲》(1968)和原定為三部曲的《金山溝的哀怨》(1976)。其中《烈火》寫學生運動、《煤炭山風雲》寫抗日軍、《金山溝的哀怨》寫礦場勞工，都是針對左翼意識型態強勢的領域進行的反宣傳。這三部作品中黃崖站在以人為核心的人文主義立場，藉助現代主義發掘人性的陰暗面與複雜性，以此抗衡左翼典型人物的「非人化」。

　　行文至此，我們可以進一步思考黃崖「現代主義」和「人文主義」兩個概念之間的關係。學者奚漢(Paul Sheehan)在《現代主義、敘事文體和人文主義》(2002)一書中指出，現代主義和人文主義其實是一種充滿張力的關係。即便是被視為人文主義者的現代文學大家，當他們以現代主義技法書寫「人性」本質時，他們其實深入了非人性與非理性的領域，並且在這過程中意識到人作為主體的人文主義信條不過是脆弱的假象。比如黃崖所熟悉的吳爾夫和意識流，奚漢認為她的意識流寫作正是為了捕抓人類非理性、無邏輯的思緒與溝通；而另一個黃崖高度推崇的康拉德，則被奚

漢認為是在以重複不斷的冗長敘述來打擊人類超脫自然與野性的自信心。對比兩人的詮釋，會發現現代主義者們對「非人」的挖掘與再現，全都被黃崖「人文主義」的視角選擇性地消解與昇華了。或者說，黃崖將現代主義「非人」的來源從內在轉嫁到外部，將左翼文學與共產黨視為威脅普遍人性的主因，這也可以解釋為甚麼只有在面對左翼的時候，黃崖的「現代」姿態才變得更為明顯堅定。在藉由界定「非人」的他者之後，黃崖再次重新確立「人」作為主體的核心地位，直到現代主義的破壞性再次威脅到其信條為止。

三、馬來（西）亞化

　　一九六七年十一月黃崖的〈蕉風日記〉裏，他提及自己和兩個青年馬華作者見面，對話中鼓勵他們建立身為馬華作者的信心，提醒他們不應該再將馬華文壇看作中國文壇的殖民地。黃崖認為馬華文壇已經隨著國家獨立而獨立，新興的馬華文藝已經有了不同於香港和臺灣文學的價值和特色(1976b:101)。黃崖將作為民族國家的「馬來西亞」與「馬華文藝」等同的說法固然有待商榷，但建立獨立的馬華文藝確實是《蕉風》從創刊以來的努力方向，從早期的「純馬來亞化」到白垚〈新詩的再革命〉中對「我們馬來亞人」的召喚，《蕉風》對建構「馬來亞」共同體的工作一向十分積極。黃崖主編期間雖然大量引入港臺與西方文學資源，但他從未放棄建立馬來（西）亞文學的目標。那些明確指向馬來亞政治的反共作品，當中涉及國家想像與意識型態主導權的爭奪，其在地色彩固不待言；至於將「現代」文學大眾化的做法，對黃崖而言也是把現代文學「馬來亞化」的方法之一。此處不單指黃崖為了符合星馬讀者能力而降低《蕉風》「現代」文學門檻的做法，黃崖小說的風格本身就是他形塑「馬來亞化」文學的努力之一。

　　譬如在一場題為〈我們對馬華文壇的看法〉的座談會中，由黃崖擔任主席和一眾青年馬華作者對馬華文學進行定義和討論。討論中認為當時馬華小說分為兩大派，一是傳統小說、二是港派小說。傳統小說指的是「深受五四時代小說創作的影響，刻畫深入，題材現實，態度嚴謹，強調

主題」,用如今熟悉的來說就是以啟蒙為主要功能的所謂「新小說」;港派小說則「注重情節及故事性,技巧平平」,指的應是以「三毫子小說」為代表的通俗小說。而在兩者之外,當時還有剛興起的第三種現代派小說,「注重人物的心理活動的描述,所做的是人類精神與心理的探討」(蕉風社 1963a),也就是《蕉風》經由港臺文人所引介的西方現代主義小說。

　　這三種小說流派的概略分類帶著明顯的時間和空間的印記:「中國／傳統」、「香港／通俗」、「西方／現代」。那甚麼才是馬來亞的文學呢?在這場討論的結果,眾人認為馬華文學應該吸收三者的優點,揚棄其缺點,藉此發展出馬華文學的特色。這個結論看似空泛,可是在黃崖的小說中卻被忠實地實踐。從本文先前的分析會發現,黃崖的小說總是在「中國的啟蒙」、「香港的通俗」與「西方的現代」之間疲於奔命,努力調和三者來形成所謂「馬華文學特色」。

　　上述的論點可以在黃崖《紫藤花》(1961f)裏得到進一步的論證。《紫藤花》是黃崖到馬來亞之後第一部作品,他在該書後記中自稱這是他第一部「馬來亞化」作品,而且還是一部「香港作家寫不來」作品。這毋寧意味著《紫藤花》是黃崖從「香港作家」變為「馬來亞作家」的關鍵轉折。當時剛到馬來亞三個月的黃崖苦於無處尋找馬來亞題材,後來從他身邊接觸的青年身上,發現很多星馬年輕人都懷有到香港的明星夢,這正好是一個能夠容許他書寫自身熟悉的香港、又足夠「馬來亞化」的題材,讓黃崖成功完成了這部《紫藤花》。小說中的男主角黃嘉曼原先是小說作者,後來從香港被派任為南洋刊物的編輯,在色情與暴力的流行小說當道的時代,黃嘉曼並沒有像劉以鬯筆下的人物一樣掙扎於「通俗」與「文藝」之間,相反的,他不管在創作和編輯的方針上都嘗試在通俗和文藝之間取得平衡,讓通俗小說能夠成為廣泛的啟蒙工具。黃嘉曼的文學主張隱然帶有黃崖夫子自道的意味,在該書的後記中,黃崖不無驕傲地指出《紫藤花》當初在刊稿之前也曾收到「太過文藝」的批評,但事實證明星馬讀者的能力並不差,小說極為暢銷,[13] 他折衷通俗與文藝的作品也就此成功地融入星馬讀者之中。

---

13. 據黃崖回憶,該書光是在馬來亞就賣了兩萬本以上。見黃康顯(1993),頁 100。

　　《紫藤花》的主要故事敘述一個馬來亞少女秀瓊，她因為懷抱著明星夢而遠赴香港，最後卻在都市的染缸中屢次被騙財騙色，最後意外身亡於香港街頭。小說因為成功地反映出當時星馬與香港影視產業緊密結合的狀況，大受當時讀者歡迎，徐速甚至稱之為「溝通香港與馬來亞之間的文藝走廊」（徐速 1961）。但若仔細深思，這個所謂「馬來亞化」小說其實和當時香港流行的都市傳奇小說極為相似，兩者共享同樣的故事結構和情節慣例：淳樸的女子在繁華的大城市中墮落、香港影視產業對（南洋的？）年輕女性之魅惑與欺騙、香港作為天堂與地獄的隱喻……。黃崖的《紫藤花》甚至大部分篇幅都在書寫香港，它與香港小說最大的不同之處，或許只是這次懷抱明星夢的女主角秀瓊出生於馬來亞。因此他們思考抵抗香港都市魅惑的方法時，多了一種宿命式的國族主義論述：嘉曼勸阻秀瓊回香港的原因，是因為「我們是馬來亞出生的，我們是適宜在這塊土地上生長」（黃崖 1961f:144）。香港與馬來亞被劃分成兩種本質性差異的概念，強化了馬來亞青年認同馬來亞的信念。

　　但如果香港與馬來亞真的有這樣的差距，那我們要如何理解從香港南來後，迅速自稱為「馬來亞人」的友聯社成員？如果當時才剛到三個月的黃崖就能成功書寫「馬來亞化」作品，化身為「馬來亞作家」，所謂「馬來亞」的身份與內涵是否為一套極為容易仿擬的符號，能夠隨時被扮演與挪用？如此，我們要如何定義「馬來亞」文學？

　　上述的問題在黃崖主編《蕉風》期間其實不斷被提起。一九六二年黃崖以筆名莊重在《蕉風》上發表文章〈我們應有的瞭解〉，其中援引當時新加坡語文局召開的「馬來亞作家會議」紀錄，提出馬來亞文學的三定義：一、由馬來亞人創作的作品；二、表達馬來亞人情感和思想的作品；三、描寫馬來亞人生活的作品。而馬來亞華人的作品如果能符合上述條件，便可以被稱為「馬華文學」。馬來亞文學的三定義中一個指向國籍身份，兩個指向內容；馬華文學則在上述條件以外多加了一個民族身份。但在四個條件裏，語言和風格完全無涉其中。

　　在《蕉風》第一三三期刊登的〈我們對馬華文壇的看法〉(1963a)裏，《蕉風》作者羣再次為馬華文學下定義，其中認為在一九五七年馬來亞獨

立以後，所謂馬來亞文化便是融會中巫印及西歐文化而形成新的文化；而馬來亞文化中的中華元素，也是有別於中港臺文化的中華文化。在完成對馬來亞華人文化的定義以後，依循《蕉風》文學反映論的邏輯，馬華文學的定義是「在創作中所表達的是本邦華人的思想和感情，所描寫的是本地的生活社會」(3)。而在語言問題上則「具有馬來亞化的特色，這些語言不能因為它與中國北方人表達方式的不同，而被指為不通」(3)。對語言與風格問題的思考終於出現，但是在這個創作新的地區語言之工程裏，與談者們又馬上下了一道謹慎的禁令：馬華的語言不能越過「其共通性和典型性，這才是最恰當的文學語言，否則便會弄巧成拙」(3)。

從這些討論中會發現，即使是相對「現代」的《蕉風》作者羣和黃崖，他們在思索馬來亞文藝的時候仍緊抓住其「內容」，對於語言的反思相對被忽略。這樣的思考也讓這些結論幾乎和三〇年代「南洋文藝論述」所得出的結論幾乎一致，只是將主詞從「南洋」變為「馬來亞」罷了。所謂「馬華文學」因而經常可以被化約為一組地名、蕉風椰雨的景色、異族風情，以及有限度的方言土語運用。是以劉以鬯和黃崖這些稍具觀察力的南來文人一到馬來亞，就能馬上寫出馬來亞作品，成為馬來亞作者。更微妙的是，這個座談會舉行的時間是一九六三年八月，正式刊登的時候已經是十一月，一九六三年九月十六日馬來西亞正式成立，因此在這篇文章出刊的時候「馬來亞」已經不復存在。被定義的個體已然消失，但同樣的定義卻能夠持續被沿用，這樣的現象弔詭地呈現出「南洋／馬來亞／馬來西亞文藝」概念的空洞性質。

一九六六年《蕉風》再次舉辦文藝座談會。或許是因為經歷過新加坡獨立的事件，在這次名為〈馬來西亞文學座談會〉的討論中語言問題終於浮上檯面。與談人們意識到要不管是要描述或規範新生的馬來西亞，「語文」將會是一個無法繞過的核心問題。作為主催的黃崖，在座談會中面對三個主要的難題：一、馬來西亞文學的定義問題；二、馬華文學與「國語」的關係；三、馬華文學與「中文」的關係(1966a:4-7)。首先是馬來西亞文學的定義，這部分和先前的討論結果相似，他們分別以「公民身份」和「書寫馬來西亞內容」來判定一個作品是否能成為「馬來西亞文學」。但是在

討論過程中，黃崖已經舉出了種種難以釐清的矛盾狀況：譬如說一個馬來西亞人到了英國以後，他的作品能不能算是馬來西亞文學？或是相反的，作為英國人的康拉德以馬來西亞為背景的作品是否能算是馬來西亞文學？黃崖這樣的提問，實際上也關乎他自身的定位與認同：作為南來文人又只領了紅登記（永久居民證）的黃崖，他是否能算作馬來西亞作者？到了《紫藤花》時期毫無疑問的馬華作者與作品身份不再是理所當然的。

認同的問題已經如此讓人窘迫，而語言的問題則更是讓黃崖腹背受敵，在與談人一致認為必須用同一語言——作為「國語」的馬來語——才能讓馬來西亞人互相理解的時候，黃崖也只能承認「國語」寫作才是馬來西亞文學的最終目標，而「馬華文學」只是在大部分人仍無法掌握馬來文前的階段任務。也因此黃崖堅持馬華文學與中國文學的差異，認為馬華文學已經發展出獨立於中國的文法與用詞，足以擔任形塑未來馬來西亞文學的工作。但尷尬的是，在後文對於各個文類的具體討論中，黃崖和其他與談人都不斷提出相反的例證，讓所謂馬華文學仍難以脫離中國陰影。譬如黃崖指出馬華新詩「大部分是繼承其他地區華人詩人所用的形式」、李健成指出馬華小說「在形式方面很受中國五四時代的影響」、彭文慧指出馬華劇本的創作能力不足，所以每年都在上演曹禺劇本……中國影響似乎無所不在地瀰漫在馬華文學每一種文類之中，不斷削弱黃崖原先獨立的「馬華文學」定義與功能。

黃崖的妥協也意味著原來白垚在〈多角的鑽石〉中理想化的「民族形式」夢碎。白垚的「民族形式」揚棄民族的「本質」而關注其「實踐」，這種建構論的認同理解在當代已然不陌生，[14] 但他們似乎輕忽了國家權力的壓迫，沒有意識到在日益收緊的政治氛圍下，並不是每一種認同都有機會得到完整的發展。對黃崖以及友聯社同人而言，馬華文學最理想的處境是一方面能獨立於中國，另一方面又能融入本土。但在現實政治之餘，他所堅守的啟蒙立場與文學反映論讓他的馬華文學處處受到牽制，導致他進退失據，既無法將自身獨立於中文世界，也不足以完全融入以馬來文

---

14. 最有名的莫過於霍爾(Stuart Hall)所謂化成(becoming)的「文化認同」，而近年史書美所謂「反離散」亦有著有相似洞見和盲點。見 Hall(1996)；史書美(2017)。

為主導的「國語」之中。六〇年代以後馬來西亞的領土經歷數次變動，語言和族羣問題日漸尖銳，儘管黃崖主編的《蕉風》多次舉辦馬來亞文學座談、馬來西亞文學座談、一九六八年「再馬來西亞化」、一九六九年「馬來西亞文學復興」等積極融入本土的運動，可是在主要框架不變的狀況下，這些運動和論述大多也只能一再重複與先前高度相似的論點。「馬華文學」將自身審美的戰場讓位於人文主義，人文主義又讓位於更高的國族主義，當那個過於理想化的國族想像逐漸褪色，原來對本土化抱持高度熱誠的南來文人們也更容易喪失努力的目標。這或許能解釋為何黃崖的「蕉風日記」越往後越悲觀厭世。一九六九年五一三事件爆發，一九七〇年黃崖離開友聯，最後因為對馬華文學完全絕望而移居泰國，放棄了他經營十餘年的田地。

黃崖的移民，或許意味著一種馬華文學想像與路線的階段性挫敗，但作為星馬現代主義的重要推手，黃崖與《蕉風》在馬來西亞多年的編輯、論述與創作工作當然不會因此而白費。在後來的星馬現代主義者們身上，我們都隱約可以看見《蕉風》現代主義的痕跡：譬如在宋子衡身上，我們看見他備受推崇的「融景入情的意識流技巧」和拒絕讓小說人物扁平化的優點；當然，也看見他在小說中說教的習慣和對小說形式的保守態度。又如菊凡極力雕琢心理描寫的小說被當時的「現代主義者」們批評為情節空洞，認為菊凡的作品不夠「現代」，最終導致菊凡停筆多年，隱然反映出《蕉風》「現代主義」對意識流和形式實驗的質疑，以及對於傳統小說結構的偏好。再如溫祥英，他的小說觀裏瀰漫著強烈的道德感、經驗主義的寫作和人文主義傾向，這些戒律不免讓人想到《蕉風》現代主義所迷戀的「真實」和人文主義精神。再晚一點的天狼星和神州詩社雖然已經具有較好的資源和能力，但他們對於中國的迷戀、對於武俠類型的改寫、對於和諧完美的現代主義追求，也隱隱流露出六〇年代黃崖與《蕉風》對中國傳統、和諧美感與改造類型文學的堅持，最終導向黃錦樹所謂「中國性——現代主義」。[15]

---

15. 礙於論述篇幅與重點，此處對這些星馬現代主義作者的特色只能作概略的印象式批評，無法一一闡述。更詳細的論證過程參見黃錦樹(2016)；溫祥英部分又見黃錦

　　除了上述可能的影響，我認為黃崖藉由他一生漂泊的文學生命，實際上展現了另一種文學的可能性。黃崖離世前幾年發表過兩篇值得玩味的作品，在題為〈清晨散步〉(1961)的散文裏，黃崖記述自己在曼谷郊野散步的時候無意間闖進一個馬來人甘榜中。久未遇到熟悉景色的黃崖，壓抑不住興奮地用馬來語和村人對話，卻發現這些人雖然保留著馬來人的信仰和生活習慣，但他們早已經忘了馬來語和馬來文。在曼谷遺忘自身語言的馬來人，讓黃崖聯想起在馬華逐漸遺忘華語的華人，正感慨的時候，又得知村人即使已經忘卻語言，但他們卻堅持自己的信仰和土地，不管走到哪裏都還是會回到這個小小的甘榜來。一個文化的語言與文字，是否等同於一個文化本身？失去語言的民族，是否就無法再熱愛「本土」與其民族文化？這是黃崖在經歷馬華的失敗經驗後，留下的第一個反思。

　　在另一篇題為〈我是中國人〉的遺作裏，黃崖描述一個在馬來西亞工作的戴神父的故事。戴神父原先是法國人，後來為了宣教到中國生活與工作多年，因為熱愛中國而放棄了法國國籍想要入籍中國，自稱為「中國人」。共產黨掌權以後，戴神父被驅逐出境，他輾轉到了馬來西亞，依舊以「中國人」的身份積極參與馬來西亞的宗教與社會運動。在馬來西亞的戴神父心裏仍對中國念茲在茲，但因為無國籍而一直無法返回中國，黃崖因此安慰他說「國籍是形式的，只要你心裏承認你是中國人，你就是中國人！」(1993:107)。

　　透過「無國籍」的神父和遺忘語言的馬來人，黃崖其實動搖了數種根深柢固的觀念。在《蕉風》乃至於馬來西亞官方的文化論述中，都理所當然地視國籍、文化與語文三者為不可分割的整體，「馬來西亞文學」因而必然是由馬來西亞人所撰寫、反映馬來西亞文化、用馬來文書寫的作品。在這一觀念下，南來文人們作為「非馬來西亞人」的「華文」寫作早已身負數種原罪。依循這樣的邏輯，白垚在〈多角的鑽石〉裏呼籲融合多元文化以熔鑄新「民族風格」的馬華文學，最終必然會流落為黃崖所謂「階段任務」的馬華文學，一種因為無法掌握「國語」而暫時妥協的次等文學。晚年黃崖這兩篇作品，卻開始逐漸脫離這種理所當然的論述，點出國籍不

樹(2015)。

需要等於文化認同（無國籍的法國裔中國人神父，無礙他深耕馬來西亞的工作），語文的使用不必然等同於國籍（中文寫作無礙於認同馬來西亞），甚至更為基進的，文化認同不必然等同於語文（失去語言的曼谷馬來人，無礙於保持信仰及土地的熱誠）。

伯爾曼(Marshall Berman)在意識到現代主義多元紛雜的表現以後，將現代主義定義為：活在現代的男人和女人為了成為現代化的主體與客體、為了掌握現代世界並將它變為家園的嘗試。在為現代主義者們立下一個英雄般的形象後，伯爾曼卻馬上補充，現代主義者們這種嘗試往往都是以失敗收場的(1988:5-9)。如此，現代主義者們不斷建構家園又匆匆逃離，主體與客體都永遠處於不安、漂泊與無家的狀態，澆築成現代主義的悲劇形象。回顧黃崖一生旅居中國、香港、新加坡、馬來亞、馬來西亞和泰國，在每個地方都努力實踐其文學理想，不斷思考各種將華文文學與現代主義本土化的可能。無論功過，在這些勇猛奮進的實踐過程中，或許也是「無國籍」的黃崖最接近一個現代主義者的時刻。

肆、結　論

本文以黃崖和他主編的六〇年代《蕉風》為研究對象，思考星馬文人對於現代主義的接受與轉化。與此同時，也從中勾勒六〇年代馬華社羣藉由現代主義思考國族與認同的方式。

在白垚為星馬現代主義登高一呼以後，黃崖作為六〇年代《蕉風》主編，他的「現代」視角因而也影響了星馬一個世代的現代主義理解。黃崖早年就喜歡閱讀浪漫主義和現實主義作品，到星馬以後受白垚影響開始接觸《文學雜誌》與《現代文學》上的現代主義和意識流，因此對現代主義其實並不陌生。在六〇年代初期，除了大量引薦臺港現代主義作品，自身也以筆名莊重、葉逢生和林音有系統地向讀者介紹西方現代主義大家。然而值得注意的是，黃崖對西方現代主義者的閱讀強調其道德教化、傳統價值與「真實」的再現，現代主義者們關注的形式實驗對黃崖而言是相對不重要的。黃崖這種重「內容」而輕「形式」的現代主義詮釋，其實早在白垚提出〈新詩再革命〉的《蕉風》第七十八期裏就可見端倪，而後也形

成了馬華現代主義的獨特困境。

　　黃崖的現代主義理解而後影響了他的現代實踐。在將現代主義確立為「人文主義」以後，黃崖的小說和編輯方針放棄了高度現代主義的路線，轉而呈現出三種不同的面向：大眾化、反共與馬來（西）亞化。

　　在《聖潔門》這部小說裏，黃崖藉由角色黃慕青的轉折呈現出他文學觀的改變，強調文學啟蒙功能的重要性。為了能讓更多人得到文學的啟蒙，黃崖主編的《蕉風》採取較大眾化的路線，強調通俗小說所擁有的積極意義。教導年輕人寫作時，他要求他們顧及讀者的閱讀意願，勸阻他們過於激進的形式實驗。黃崖自己的寫作後來也越越平白通俗，甚至寫下如《吉隆坡風雨季》這種一般被知識分子輕視的武俠小說作品。但黃崖的困境在於，他慢慢發現自己仍深陷於商品的邏輯中，甚至越是想要趨向市場與讀者，市場與讀者卻越是不斷遠去。

　　黃崖大眾化的目標除了啟蒙，也是為了和意識型態對立的左翼文人爭奪讀者。秉持人文主義的黃崖強調寫作自由，唯獨對「獨裁」的革命寫實主義極為不滿，在馬來亞期間至少寫過三部反左翼敘事的長篇小說。也是在這些作品裏，黃崖的現代姿態更為明確，人物的刻畫往往也更為複雜曖昧。在界定「非人」的左翼他者之後，黃崖藉由現代主義重新確立「人」作為主體的核心地位，直到現代主義的破壞性再次威脅到其信條為止。

　　大眾化與反共，追根究底仍是黃崖與《蕉風》推行「馬來（西）亞化」計畫的一環。黃崖和香港友聯社南來文人們抵達星馬以後就快速的完成了他們認同的轉化，並且積極創作「馬來亞作品」，舉辦座談反覆辯證「馬來亞文學」、「馬華文學」的定義。但這些討論大多著重內容而輕忽語言，因此在國家政策逐漸收緊以後，「內容」的呈現受到限制，語言又無法尋獲破口，南來文人與馬華文學的處境日益艱困，最終逼得黃崖離開馬來西亞。但黃崖一生漂泊的文學生命，或許能提供我們「無國籍」文學的另一種面貌，鬆動原來國籍、文化、語言三位一體的僵固文學想像。

徵引文獻

白垚(2007)《縷雲起於綠草：白垚的五十年文學功業》（吉隆坡：大夢書房）。

白垚(2016)《縷雲前書》，上下冊（八打靈再也：有人出版社）。

Belogurova, Anna (2015) "The Malayan Communist Party and The Malayan Chinese Association: Internationalism and Nationalism in Chinese Overseas Political Participation, c.1920-1960." Leslie James & Elisabeth Leake (eds.): *Decolonization and the Cold War: Negotiating Independence* (London: Bloomsbury), 125-144.

Berman, Marshall (1988) *All That is Solid Melts into Air: The Experience of Modernity* (London: Penguin Books).

方修(1986)《新馬文學史論集》（香港：三聯書店香港分店；新加坡：新加坡文學書屋）。

方修(1986a)〈一九六七年的馬華文藝界〉。方修(1986): 215-222。

方修(1986b)〈一九六八年的馬華文藝界〉。方修(1986): 223-235。

郭馨蔚(2016)《臺灣、馬華現代主義思潮的交流：以〈蕉風〉為研究對象(1955-1977)》。碩士論文，國立成功大學臺灣文學系，臺南。

Hall, Stuart (1996) "Cultural Identity and Diaspora." Padmini Mongia. (ed.): *Contemporary Postcolonial Theory: A Reader* (London: Arnold), 110-121.

賀淑芳(2013)〈《蕉風》的本土認同與家園想像初探(1955-1959)〉。《中山人文學報》no.35 (July): 101-125。

賀淑芳(2017)《〈蕉風〉創刊初期(1955-1960)的文學觀遞變》。博士論文，南洋理工大學人文與社會科學院中文系，新加坡。

黃錦樹(2015)〈重寫自畫像：馬華現代主義者溫祥英的寫作及其困境〉[1996]。《華文小文學的馬來西亞個案》（臺北：麥田出版公司），257-280。

黃錦樹(2016)〈空午與重寫：馬華現代主義小說的時延與時差〉。《華文文學》no.133 (Apr.): 17-30。

黃康顯(1993)〈黃崖在曼谷的日子〉。《香港筆薈》no.1 (Mar.): 97-100。

黃崖(1954)《草原的春天》（香港：友聯出版社）。

黃崖(1954a)《一顆星的隕落》（香港：文壇出版社）。

黃崖(1957)《遠方》（香港：友聯出版社）。

黃崖(1959)《敲醒千萬年的夢》（香港：國際圖書公司）。

黃崖[林音](1960)〈千頭萬緒話新詩〉。《蕉風》no.94 (Aug.): 26-封底內頁。

黃崖[葉逢生](1961)〈簡介艾略特和《荒原》〉。《蕉風》no.103 (Apr.): 3。

黃崖[莊重](1961a)〈談「意識流」小說〉。《蕉風》no.104 (May): 3-4; 8。

黃崖(1961b)〈無弦琴〉。《蕉風》no.105 (June): 8-10；12。

黃崖[莊重](1961c)〈悼海明威〉。《蕉風》no.106 (June): 3-4。

黃崖[林音](1961d)〈文壇奇人：康拉第〉,《蕉風》no.107 (July): 3-4。

黃崖[莊重](1961e)〈湯瑪斯‧曼〉。《蕉風》no.110 (Oct.): 3-4。

黃崖(1961f)《紫藤花》（香港：高原出版社）。

黃崖(1962)〈悲劇的序幕〉。《蕉風》no.117(July): 5-7。

黃崖[莊重](1962a)〈我們應有的瞭解〉。《蕉風》no.116 (June): 3。

黃崖[莊重](1962b)〈所謂反映現實與表現個人〉。《蕉風》no.122 (Dec.): 3。

黃崖[莊重](1963)〈永恆的存在〉。《蕉風》no.124 (Feb.): 3-4。

黃崖[陸星](1963a)〈為現代文學申辯〉《蕉風》no.127 (May): 3。

黃崖(1967)〈蕉風日記〉。《蕉風》no.174 (Apr.): 99-102。

黃崖(1967a)〈蕉風日記〉。《蕉風》no.175 (May): 99-102。

黃崖(1967b)〈蕉風日記〉。《蕉風》no.182 (Dec.): 99-102。

黃崖(1968)〈蕉風日記〉。《蕉風》no.184 (Feb.): 99-102。

黃崖(1968a)〈從武俠片的流行談起：在馬來亞大學座談會上的談話摘要〉,《蕉風》no.194 (Dec.): 4-5。

黃崖(1969)〈編者的話〉。《蕉風》no.195 (Jan.): 3。

黃崖(1970)《聖潔門》（香港：高原出版社）。

黃崖(1976)《吉隆坡風雨季》（吉隆坡：國際文化出版公司）。

黃崖(1991)〈清晨散步〉。《香港文學》no.81 (Sept.): 87-90。

黃崖(1993)〈我是中國人〉,《香港筆薈》no.1 (Mar.): 104-107。

蕉風社(1959)〈讀者‧作者‧編者〉。《蕉風》no.78 (Apr.): 封底。

蕉風社(1961)〈給讀者的報告〉。《蕉風》no.100 (Feb.): 封底。

蕉風社(1962)〈編者的話〉。《蕉風》no.117 (July): 二。

蕉風社(1963)〈編者的話〉。《蕉風》no.127 (May): 2。

蕉風社(1963a)〈我們對馬華文壇的看法：第三屆全馬青年作者野餐會文藝座談會紀錄之二〉。《蕉風》no.133 (Nov.): 3-4。

蕉風社(1964)〈編者的話〉。《蕉風》no. 137 (Mar.): 二。

蕉風社(1964a)〈編者的話〉。《蕉風》no. 141 (July): 二。

蕉風社(1966)〈馬來西亞的文藝讀者和作品〉。《蕉風》no.167 (Sept.): 4-7。

蕉風社(1966a)〈馬來西亞文學座談會紀錄〉。《蕉風》no.169 (Nov.): 4-7。

蕉風社(1967)〈讀者‧作者‧編者〉。《蕉風》no.174 (Apr.): 2。

蕉風社(1967a)〈讀者‧作者‧編者〉。《蕉風》no.178 (Aug.): 2。

蕉風社(1967b)〈讀者‧作者‧編者〉。《蕉風》no.180 (Oct.): 2。

蕉風社(1968)〈編者的話〉。《蕉風》no.188 (June): 3。

柯文溥(2015)〈南天麗日懷故人：憶海外華文作家黃崖〉《炎黃縱橫》no.2 (Feb.): 54-55。

賴美香(2017)〈美援文化下的馬來亞華文出版界：以五、六〇年代友聯出版社為例〉。《馬來西亞華人研究學刊》no.20 (Dec.): 119-142。

林春美(2019)〈黃崖與一九六〇年代馬華文學體制之建構〉。《蕉風與非左翼的馬華文學》（臺北：時報出版公司），131-162。

盧瑋鑾、熊志琴（編）(2014)《香港文化眾聲道 I》（香港：三聯書店）。

盧瑋鑾、熊志琴（編）(2017)《香港文化眾聲道 II》（香港：三聯書店）。

忙人(1969)〈我所知道的觀止先生的寫作動機：「一九六八年的文藝界」讀後〉。《蕉風》no.195 (Jan.): 6-7。

Sheehan, Paul (2002) *Modernism, Narrative and Humanism* (Cambridge: Cambridge University Press).

史書美(2017)《反離散：華語語系研究論》（臺北：聯經出版公司）。

天兵(1969)〈某先生抵得上半個馬華文壇〉。《蕉風》no.195 (Jan.): 5。

Tindall, William York (1959)〈現代英國小說與意識流〉。朱南度（譯）。《文學雜誌》6.5 (July): 4-27。

王偉明(2004)《詩人密語》（香港：瑋業出版社）。

溫任平(1979)〈馬華文學的幾個重要階段〉。溫任平（編）:《憤怒的回顧》（安順：天狼星出版社），5-14。

溫任平(2015)〈從北進想像到退而結網：天狼星詩社的野史稗官〉。《馬華文學板塊觀察》（臺北：釀出版），153-183。

文兵(1965)〈一九六四年的馬華文壇〉。《蕉風》no.151 (May): 68-70。

徐速(1961)〈序（代作者的話）〉。黃崖(1961f): 1-5。

姚拓(1993)〈閒筆說《蕉風》〉。《新通報‧通苑》，20 Aug.。

張錦忠(2010)〈張錦忠答客問：馬華文學與現代主義〉。《南洋商報‧南洋文藝》，29 Nov.。

鄭樹森(2004)〈東西冷戰、左右對壘、香港文學〉。馮品佳（編）:《通識人文十一講》（臺北：麥田出版公司），165-172。

想像一個前衛的共同體
陳瑞獻與馬華現代文學運動 2.0

―――――――

張錦忠

> 新小說並沒有創立任何法則。……它也根本不是甚麼文學流派。
>
> ――Alain Robbe-Grillet (1970)

> 六〇年代的天堂有過剩的星，地上也星光簇簇，哲人與先知
> 因而眩目，分辨不出縱橫錯雜的現代的光之軌跡。
>
> ――陳瑞獻：〈平安夜〉(1964)

> 我撕的是一九六八年的新日曆，兩足踏在一九六八年的星馬。
>
> ――梁明廣：〈六八年第一聲雞啼的時候〉(1972b)

馬華文學論者或書寫馬華文學史的人在描述一九六〇年代前半葉的星馬華語系文學場域時，多半會指出「現實主義」為當時的宰制文藝思潮，儘管「現實主義」之外，「寫實主義」一詞也頗為普遍，而且非左翼的寫實主義更是馬華文學的常態。指出「現實主義」的當道位置，其實是想像一個文學的共同體及一個文學建制的存在。在那個年代，在那個「現實主義」的想像共同體裏頭，小說作者、詩人遵循一種他們認為可以模擬、描繪社會的再現形式與表述語言。依據這樣的理念，文學具有批判與改造社會、教育大眾的功能。大體上，殖民地時期的馬華文學論者與實踐者多奉現實主義為圭臬，其中僵化、教條化至極致者難免自以為是政治正確的鐵板。

一九五九年，白垚（凌冷）在《蕉風月刊》第七十八期（四月號）以
「新詩再革命」為在地詩學思想革新理論，在《學生周報》與《蕉風》發
表〈麻河靜立〉與〈八達嶺的早晨〉等詩。蕉風出版社在該年六月出版白
垚編現代詩選集《美的 V 形》，編者白垚並在第八十二期的月刊署名「凌
冷」發表書評指出：「星馬的不少年青詩人，在這本詩集內，揚棄了舊有
的形式，轉而從事舒展自如的自由詩」(1959:6)。白垚等年輕詩人反抗格
律體新詩，拒絕左翼現實派，「走過」寫實主義，雖未捲起現代主義風潮
的千堆雪，卻以書寫實踐帶動了「自由體」的「現代詩」的興起。白垚並
於一九六四年在黃崖主編的《蕉風》另以五篇〈現代詩閒話〉為前衛，替
現代詩辯護。另一方面，黃崖也在《學生周報》發表「現代文學欣賞」系
列文字，為「現代派」推波助瀾。這個時期的文學現代化個體化現象，我
視之為馬華文學的第一波現代主義運動，也是「華語語系現代主義」
(Sinophone Modernism)在熱帶南國的濫觴。[1] 這樣的描述（或文學史敘事），
其實也是想像一個文學共同體的存在。

距第一波現代主義運動的「寧靜革命」十年後，即一九六九年，在吉
隆坡，黃崖去職，白垚接掌《蕉風月刊》編務，和牧羚奴（陳瑞獻）、李
蒼（李有成）及姚拓聯手革新這份刊物的編輯路線，陳瑞獻在新加坡組稿
譯稿，以嶄新風貌落實反叛文學，播散在地的現代主義，將馬華文學現代
主義推向另一個更高的浪潮。這時才出現高蹈現代主義文本，在馬華文學
場域進行典律化作用，特別是陳瑞獻、梅淑貞、李有成等人的詩文、完顏
藉（梁明廣）譯《尤力西斯》、楊際光的譯作。[2] 不過，「馬華現代文學運
動 2.0」其實要從一九六七年在新加坡展開的「馬華文學第二波現代主義

1. 《蕉風》彼時雖未大張旗鼓為馬華文學的現代主義運動搖旗，但在第七十八期刊載
白垚的〈新詩的再革命〉、魯文的〈文藝的個體主義〉，已可視為第一波現代主義
運動的「類宣言」。我對馬華文學第一波現代主義運動之描述，詳〈亞洲現代主義
的離散路徑：作為華語語系文學的馬華文學：白垚與馬華文學的第一波現代主義
風潮〉一文。馬華文學第一波現代主義運動，我也視之為「馬華現代文學運動 1.0」。
2. 「翻譯馬華文學」亦為「馬華文學」。翻譯馬華文學在馬華現代文學運動 2.0 所發揮
的功能尤其重要，陳瑞獻與梁明廣即以域外現代主義文本來充實在地現代主義文
庫。關於翻譯馬華文學在馬華文學複系統的位置，請見拙文〈陳瑞獻、翻譯與馬華
現代主義文學〉，《南洋論述：馬華文學與文化屬性》（臺北；麥田出版，2003）頁
177-89。

風潮」算起。換句話說，一九六九年在《蕉風》刮起的華語語系文學現代風潮，是一九六七從新加坡出發，然後跨越半島的現代主義漫延(diffusion)路徑。[3]

上文的「馬華現代文學運動」"1.0" "2.0" 之分，乃以時間先後為判準。這個觀察是否合乎馬華文學發展的歷史事實，宜另以空間為判準來檢視。五〇年代末、六〇年代初，第一波馬華文學現代主義風潮湧現時，以《蕉風》與《學生周報》為中心，是時出版二刊的友聯出版社編輯部經已移往吉隆坡，馬來半島諸邦已在一九五七年脫殖獨立，成為馬來亞聯邦(Federation of Malaya)，而新加坡則在一九五九年由海峽殖民地變成自治邦，但在彼時華文文學的地理政治版圖，「馬華文學」包括長堤兩岸華文文庫，其定義並無人質疑。到了一九六三年，馬來西亞聯合邦成立，「馬華文學」文庫擴及「海峽」（南中國海與柔佛海峽）兩岸三地（馬來半島、新加坡、北婆羅洲的沙巴與砂拉越）作品。這個時期的現代主義馬華文學生產的幾個中心為新加坡、吉隆坡、古晉及檳城。

到了一九六五年八月以後，新加坡有了自己的政治國籍。現代主義馬華文學的進展路徑開叉，產生「文學地緣政治」(literary geopolitics)新貌。首先是一九六六年，方貴德（方秉達）與陳信友（羅馬）執編砂拉越古晉《中華日報》的「綠蹤詩網」副刊，推廣現代詩，點燃了砂拉越華文文學現代主義的薪火，形成「馬華現代文學運動 1.5」。影響力更大的事件，則是一九六七年，新加坡的《南洋商報》文學副刊編者杏影[楊守默]過世，副刊由梁明廣接編，刊名改為「文藝」，編輯路線改旗易幟，揭開了馬華文學第二波現代主義運動的序幕。梁明廣同年也在《南洋商報》增編「青年園地」副刊。到了一九六八年，五月出版社成立，三年內先後推出陳瑞獻的《巨人：牧羚奴詩集》與《牧羚奴小說集：1964-1969》，以及賀蘭寧編《新加坡十五詩人新詩集》，馬華現代主義文學乃進入陳瑞獻與「六八世代」的新紀元。一九六九年，陳瑞獻加入白垚接編的《蕉風月刊》編輯

---

3. 在「馬華現代文學運動 1.0」與「馬華現代文學運動 2.0」之間，還有個「馬華現代文學運動 1.5」發生在婆羅洲的砂拉越古晉，由劉貴德等詩人發起，也促成了稍後成立的「砂拉越星座詩社」。其實，早在一九五三年，洪鐘就出版了《海潮集》（香港：朝霞文學社），詩作風格現代，但在當時卻是個踽踽獨行的前行者。

陣容,在新加坡組稿,和李蒼及姚拓合力革新《蕉風》,大量刊登現代文學譯作,推出詩、小說、戲劇、馬來文學等多個專號,主導了刊物的現代風貌,並策編《尼金斯基日記》、《填鴨》、《點線隨筆》等新系列「蕉風文叢」。一九七一年,梁明廣編《南洋商報》的《南洋週刊.文叢》,亦獲得陳瑞獻大力協助合編。「馬華現代文學運動 2.0」可以說匯集了星馬兩地彼時以陳瑞獻為中心的重要作家與編輯人的空前堅強夢幻陣容。職是之故,本文在描述星馬華語語系文學的在地現代主義計畫作為想像的共同體時,要以陳瑞獻及其前衛詩學為案例。

　　儘管以空間流動為判準檢視星馬文學場域的在地現代主義及其文學環境、文化資本與營運條件,比用線性時間來斷定身份屬性與國籍,來得更為貼近實際文學生態與文學史版圖,也更有利於建構一個想像的文學共同體(或想像一個文學的共同體),不過,在我的許多論述中,「馬華文學」何以包括在新加坡生產的華文文本(尤其是陳瑞獻),仍是經常受到質疑的問題。其實,從一九六七年到七〇年代初,長堤兩岸三地華文文學各有變貌,但是「馬華文學」是否包括在新加坡生產的華文文本,或新加坡文學的主體性,並未引起多少討論,儘管新加坡已在一九六五年脫離馬來西亞聯邦而成為獨立共和國。[4] 新加坡教育出版社在一九七六年推出楊松年主編的《新加坡文藝》,似乎才是以「新華文學」作為建構國家文學主體的象徵的開端。另一方面,傳統以來,兩地文藝刊物與副刊多為分享資源,梁明廣執編「南洋三刊」(《南洋商報》三文藝副刊),不少作者來自馬來西亞,《南洋週刊》也隨馬來西亞版《南洋商報》附贈,讀者並未視之為新加坡出版品。[5] 此外,當年《蕉風月刊》在新加坡發行,亦領有 MCP 出版准證。換句話說,即使到了七〇年代初,以空間為判準,「馬華文學」乃作為一個華語語系文學場域或文學概念,而非國別文學分類名詞,其文庫包羅長堤兩岸三地的華文文學作品。這樣的現象也合理化了梁

---

4. 理論上一九六五年為新加坡獨立的歷史時間標誌,島國的諸離散語種文學從是年起遂有了(新)國籍, 要說「新華文學」以新興華語語系文學姿勢冒現並不為過,不過文學版圖的形成時間不一定要等同政治歷史時間,文學環境、文化資本與營運條件才是文學系統形成的要素。

5. 《南洋商報》在一九六九年以後分別出版星馬版,一九七五年才正式「星馬分家」,新加坡《南洋商報》改組,由南洋商報社(新加坡)有限公司出版。

明廣與陳瑞獻在新加坡楬櫫的華語語系文學現代主義運動掀起了馬華文學的第二波現代主義風潮之說法。

二〇〇九年，方桂香的《新加坡華文現代主義文學運動研究：以新加坡南洋商報副刊〈文藝〉、〈文叢〉、〈咖啡座〉、〈窗〉和馬來西亞文學雜誌〈蕉風月刊〉為個案》在新加坡出版。這本博士論文為第一本全面研究星馬華語語系現代主義文學的論著，頗值一書；不過，其更重要意義乃作者的聚焦為「新加坡華文現代主義文學運動」，視這些現代主義文庫為馬華文學「不在場」的「新加坡文學」。但是，將新加坡文學從馬華文學史切割與斷裂出來，在處理一九七〇年代中葉之前在新加坡生產的文學作品，恐怕不得不面對一個文學史書寫或敘事的問題：（後殖民時期的）「新加坡文學」肇始於何時？不過，提出這個問題，並不表示這裏試圖提供答案。相反的，這裏要突顯的不是答案，而是幾個議題或問題：（一）如果新加坡文學於一九六五年國家獨立時即從馬華文學斷裂，則一九六七年梁明廣首開風氣的現代主義運動乃新加坡華文文學史的現象，是「新華文學」這支孤軍所開闢的 1.0 戰線，非關馬華文學；（二）職是，一九六九年《蕉風月刊》的革新，陳瑞獻為《蕉風月刊》助陣，為馬華文學內部革新之舉，乃《蕉風月刊》與《學生周報》六〇年代初即推動的現代文學理念之延異。而如果是這樣的話，《蕉風月刊》之所以在彼時革新，除了適逢人事遞嬗之外，乃對新加坡的現代主義運動及「六八世代」冒現的響應與唱和，而非作為「小文學」的新加坡華語語系現代主義共同體向「馬華文學現代主義共同體」漫延的現象。（三）一九六七年梁明廣首開風氣的現代主義運動當然是在新加坡發生的文學與文化現象，但是如果新加坡文學主體意識要到一九七〇年代初或中才建構完成，則此運動要擺在甚麼脈絡檢視？（四）即使不談（新加坡）文學主體性，梁明廣自一九六七年起執編充滿現代精神的「南洋三刊」、陳瑞獻平地一聲雷般崛起、六八世代冒現、五月出版社的現代文學典律建構這四現象或標記當如何和馬華文學現代性與「華語語系現代主義」運動連結？

換句話說，本文在想像「馬華現代文學運動 2.0」這樣一個前衛文學共同體時，首先將一九六〇年代中葉前後在新加坡冒現的現代主義文學

的「座標」定位(situate)於作為華語語系文學的「馬華文學」的第二波現
代主義風潮，以一九六七年為確切的時間起點—開端。有了這個歷史時刻
的座標，接下來才能檢視運動其間的文學場域，探討一個華語語系文學的
現代主義運動如何在這個熱帶南方的新興城市發生，向馬華文學複系統
或場域漫延與交流，形成一個「想像的共同體」，以及四十多年後論者如
方桂香如何試圖在同一個城市（再一次）考掘歷史檔案以重現或還原這個
文學共同體（同時也是重建這個城市／國家的文化史）的某個面向。但是，
這並不表示說，我認為這個一九六〇年代的文學場域或歷史可以（如是）
重現或還原；也不表示說，我認為新加坡的文學場域在一九六七年以前沒
有現代主義華文文學，或現代主義文學論述在那個年代缺席。[6]

馬華現代文學運動 1.0 在一九五九年《蕉風月刊》第七十八期革新號
展開之後，除了典律化現代詩之外，也譯介域外現代文學作品，不過其中
最值得一提的是引進臺灣與香港現代主義文庫。這些港臺詩文有的是轉
載之作，有的則是港臺作家投稿。由於彼時編者黃崖的人脈關係，馬覺、
瘂弦等港臺詩人的詩作多屬作者來稿而非轉載。此外，還值得一提的是，
《蕉風月刊》在一九六四年九月號第一四三期又推出「革新號」，以「一
流作家，一流作品」為號召，刊出多篇港臺作家詩文，例如瘂弦、洛夫、
張默、葉珊、梅新、大荒的詩，王敬羲、孟瑤、郭嗣汾等的小說，劉以鬯、
思果、陳紹鵬的論述、徐速、李素、李輝英等的散文，陣容堪稱鼎盛。以
此作者陣容而言，顯然實現了編者在第一四一期所預告的話：革新號要讓
刊物「成為一座橋樑。溝通國內國外的文壇」，形成了一個那個年代的南
國「現代華語語系文學共同體」。

蕉風出版社在一九五九年推出《蕉風月刊》第七十八期革新號的同
時，也出版了被視為馬華文學第一本現代詩集的《美的V形》詩選集。
除了冷燕秋、周喚、白垚、孔林等星馬詩人作品之外，詩選集也收入港臺
的羅門、周夢蝶、夐虹、袁德星、葉珊、逯耀東等人詩作，總共二十九首

---

6. 早在一九六三年底與六四年初，鍾祺即和林方針對現代詩在《星洲日報》展開論
戰，稍後則有林綠加入。不過，鍾林論戰的議題，固然可視為對馬華文學第一波現
代主義思潮的迴響與反應，針對的卻是臺灣現代詩與現代詩論述。

詩。這本編者白垚後來自許之為「一本很重要的詩集」（凌冷 6）的《美的 V 形》將港臺詩人「收編」於星馬的在地脈絡，強化了星馬的現代詩典律，誠然是馬華現代文學運動 1.0 所產出的重要文本。不過，從易文－左哈爾(Itamar Even-Zohar)的複系統理論(polysystem theory)的文學史詩學觀點看來，（轉載的／進口的）臺灣現代文學在一九六○年代馬華文學系統中的在場，其作用與意義，乃在於這些文本補充了（在地生產的）馬華文學現代主義文庫(repertoire)之不足。相對於臺灣現代派詩人如紀弦所強調的「橫的移植」，《美的 V 形》所建構的典律，可以說是一種「V 形移植」──即港臺─>新加坡─>吉隆坡這樣的南下再北上的移植路徑或軸線。另一方面，這個在地文學現代性的不足、不在與空缺，要等到梁明廣所揭櫫的現代主義運動以及陳瑞獻等「六八世代」來補充。而這個運動正是第二波馬華文學現代主義思潮的巨浪，即本文所謂的馬華現代文學運動 2.0。

臺灣現代詩在馬華現代文學運動 1.0 中成為「外籍兵團」，引發林方、林綠與鍾祺針對臺灣現代詩與現代詩論述在報紙副刊展開筆戰。就在這場林方等人的論爭硝煙戰火中，或者說，就在馬來西亞與印尼兩國的冷戰對抗中，甫進入南洋大學現代語文學系的青年陳瑞獻開始在馬華文壇崛起。一九六四年，他在《南洋商報》的「青年文藝」副刊發表〈英雄〉、〈禁地〉、〈你的時代〉、〈詩〉等詩作。而彼時副刊主編為杏影（楊守默），是一位「覺得文藝是可以擴大理解，改造世界，美化人性」(212)的南來作家，偏向現實主義文藝思想與形式。陳瑞獻這些強調自由體、意象與張力強烈的現代詩，顯然與當時宰制文壇的社會現實主義格格不入，但是卻並未受到編者排斥，或拒絕陳瑞獻與現代詩越過現實主義的邊界，進入「青年文藝」副刊的地盤。從一九六四年採用陳瑞獻的〈英雄〉、〈禁地〉等詩開始到一九六六年九月，杏影在這兩年間刊登了他的詩文共二十五篇。[7]

7. 根據方桂香的統計，從一九六四年四月到一九六六年九月，「青年文藝」發表總共發表了陳瑞獻詩文二十五篇。見方桂香的博士論文《新加坡華文現代主義文學運動研究》(2009)第五章第二節的統計表。事實上，陳瑞獻第一本詩集《巨人》（新加坡：五月出版社，1968）所收錄的三十八首詩作中，幾乎就有一半首刊於「青年

　　我曾在另一篇論陳瑞獻的會議論文指出：「陳瑞獻詩文在「青年文藝」版的在場形成一種「延異的現代性」狀態，既延續又對立，既與社會寫實主義詩學有所差異，也將現代主義文學與現實主義文學的分庭抗衡延緩至一九六七年以後」（張錦忠 2013）。那些年，陳瑞獻的詩作也在《學生周報》、《蕉風月刊》、《教與學月刊》、《民報》等報刊出現。一九六五年十一月廿七日，《學生周報》（第四八八期）刊出陳瑞獻的〈漁火的繫念〉一詩，頗有描述詩人漁村家園的意味。詩的末節最後兩行為：「想起母親大地上伙伴／新添的一隻駱駝」，也可以視為陳瑞獻成為《學生周報》「詩之頁」新添的一隻「詩的駱駝」的開始。[8] 兩年後，即一九六七年，他在《學生周報》的「文藝專題」版發表〈祭旗〉一詩為現代詩運祭旗發聲，唱起「一首前衛之歌」，展開 2.0 版的馬華現代文學運動。陳瑞獻在星馬詩壇冒現，可以說見證了馬華現代文學運動 2.0 的現代狀態──「青年文藝」副刊的「反文學現代性話語」，即現實主義陣營針對現代詩的威脅性與競爭性發難，[9] 同時也顯示儘管在延異之後，一個以現代詩為前衛的華語語系現代主義文學運動終將「二度來臨」，而在前方為現代詩搖旗吶喊的先鋒，就是彼時以「牧羚奴」為筆名的陳瑞獻。

　　我將馬華現代文學運動 2.0 肇始的時間座標定位於一九六七年，將之視為馬華文學現代性的「造史」年度（2.0 版），主要是梁明廣在一九六七年二月開始執編《南洋商報》的「文藝」版，並在同年八月增編「青年園地」副刊，升起馬華文學的現代主義的「新紀元的旗幟」。而陳瑞獻在一九六七年於《蕉風月刊》第一七二期發表詩作〈孤石〉，則是象徵將孤石

文藝」。

8. 當時「詩之頁」版編者為周喚，也是六、七〇年代馬華重要現代詩人。《學生周報》在馬華文學兩波現代主義思潮中俱有其推波助瀾的作用。白垚的〈蔴河靜立〉即於一九五九年三月發表於《學生周報》的「詩之頁」版。此詩後來被若干論者視為馬華現代主義詩風的濫觴。方桂香的博士論文所爬梳的現代主義個案並未及於《學生周報》，儘管書中第五章提及陳瑞獻〈祭旗〉一詩在一九六七年《學生周報》的「文藝專題」版發表後的接受狀態與影響。

9. 方桂香的博士論文第五章第二節即引述楊羣指控現代詩為「害草」的話：「我們自己文藝園地上也蔓生起不少害草，他們不但草率食著原有的芽苗，而且有取代正派文藝之勢。現代派詩的出現就是其中之一。」詳楊羣，〈新詩格律及其他〉，《南洋商報》18 Jan. 1965:10。

「植在詩的沃壤上」，一如他在《學生周報》發表〈祭旗〉宣告「焚詩以祭旗」。緊接著〈孤石〉之後，他在《蕉風月刊》第一七三期發表小說〈針黹〉。兩篇文本均頗具指標意義，即一個在地的現代主義的再出發。如果說馬華現代文學運動 1.0 引領年輕詩人反抗格律體新詩，拒絕左翼現實派，鼓吹自由詩體，馬華現代文學運動 2.0 則是朝向想像與建構一個在地的現代主義文學共同體。陳瑞獻一方面抗拒手握鎌刀斧頭吶喊口號的社會現實主義教條派，另一方面則對馬華現代文學運動 1.0 引進的臺灣現代詩所產生的「負作用」頗有微辭。他在詩集《巨人》自序中寫道：

> 多少年來，在我們的詩壇上，一直有人在努力要使詩成為某種特定意識的附屬品，他們喧嚚叫喊；不是這種模式製出來的，都不是詩；另一些人，一樣從外運來一些**第三手的理論**，鼓勵所有寫詩的人去依模製作。這些**毫無自尊的模式主義者**，給我們的詩壇帶來了嚴重的陰鬱和不自由的空氣。（1968a:iii；引者著重）

引文中所著重的「從外運來一些第三手的理論」與「毫無自尊的模式主義者」所指涉的就是臺灣現代詩的「壞影響」。陳瑞獻二〇一三年給我的私函還提到這一點：「當時周報與蕉風刊詩的版位極少，都是補白性質，『門檻』又高，有詩多半是港臺作品。……　當時的文壇，一邊充斥著左派詩，一邊充斥著港臺詩，我只看看兩邊，指望走出自己的一條路，所以多方實驗，非常艱辛……」（12 Dec. 2013 電郵私函；引者著重）。論者談星馬現代詩的興起時多半籠統的指其受臺灣現代詩的影響，殊不知此乃想當然耳之見。早在「《巨人》的時代」，陳瑞獻就已喊出「我要創造我自己的世界。……由於創造，你能成型從未有過的可能」（1968a:vi；　引者著重）這樣的壯語了。創造，勢必要面對創造的德希達式的（創造）問題：「我又將能創造出甚麼來呢？」（"Que vais-je inventer encore?"）(Derrida 311)。「我又將能創造出甚麼來呢？」是的，在一九六〇年代中葉的熱帶南國華語語系現代主義創作者，「我又將能創造出甚麼來呢？」身為這個「在地現代主義文學共同體」的前衛，陳瑞獻如是說：「當時的文壇，一

邊充斥著左派詩,一邊充斥著港臺詩,我只看看兩邊,指望走出自己的一
條路,所以多方實驗,非常艱辛……」。這,或許才是在地的「阿梵尬」
(avant-garde)的意思吧。

陳瑞獻「多方實驗」的書寫實踐響應的正是梁明廣在〈六八年第一聲
雞啼的時候〉中的與傳統斷裂的創造願景:他在文中期或預言焚詩祭旗
走向前衛之後「實驗實驗實驗實驗再實驗的人應該更多。拍新電影寫新小
說寫新散文寫新詩的應該更多」、「新畫新詩新文學新電影將以不合習慣
的面目源源而出」(1972b:138, 139)。[10] 值得一提的是,梁明廣將雞啼破曉
的歷史時刻定位於一九六八年,而不是一九六七年,也意味著一九六八年
為馬華文學場域的「現代主義年度」或「現代主義頂峯」,特別具有文學
史的指標意義與作用。

梁明廣在一九六八年應陳瑞獻之邀寫了另一篇長文〈開個窗,看看窗
外,如何?〉,刊在新加坡大學中文學會是年十月出版的《文藝季風》第
五期。[11] 這份「現代主義文件」日後被視為馬華文學的文學運動重要宣
言文獻。在寓言／宣示時序進入現代主義新紀元的〈六八年第一聲雞啼的
時候〉中,梁明廣寫道:「我不是住在胡適與陳獨秀時代的中國。我撕的
是一九六八年的新日曆,兩足踏在一九六八年的星馬」(1972b:137)。而在
〈開個窗,看看窗外,如何?〉裏,一九六八年的星馬主流文壇則被喻為
「一間談不上有窗的小房子,夾在一座屋子二樓幾間小房子的中央,即使

---

10. 梁明廣的〈六八年第一聲雞啼的時候〉原刊《南洋商報》新年特刊(1 Jan. 1968:17)。
    後收入氏著文集《填鴨》。他的「預言」日後也一一成真。一九七三年一月十九日
    至廿三日,陳瑞獻在新加坡國家圖書館舉辦被稱為「別開生面」、「新加坡風的超
    現實主義」(流川、南子 1973:36)的「冥想畫」展,正是梁明廣所說的「新畫」的
    出現。而距離第一聲雞啼約四十年後,終於也出現了陳翠梅、李添興、劉成達等人
    的馬華華語語系「新電影」。

11. 原刊《文藝季風》no.5 (Oct. 1968): 24-35。《文藝季風》與《獵戶》為一九六〇年
    代末新加坡兩份高度現代主義文學刊物。一九六九年,新加坡大學中文學會的《文
    藝季風》第六期幾乎全盤「現代化」(該期主編為蓁蓁[丘柳川])、《獵戶》創刊、
    馬來西亞的《蕉風月刊》革新、陳瑞獻的短篇集《牧羚奴小說集:1964-1969》出
    版,這四件事可以說是馬華文學現代主義運動繼一九六八年進入豐收年度後的重
    要事件。此外,英培安主編的《茶座》也在一九六九年創刊。方桂香的博論第四章
    第五節(2009)僅論及《文藝季風》從第四期開始的現代主義轉折,但風格相當前衛
    的《獵戶》則未及詳論,頗為可惜。

有窗，那窗只向屋內」（1972a:105），屋裏的人無法看到外面的景象——域外文學的氣候。在一九六八年星馬的現實或真實語境，梁明廣這篇寓言式論述中的發言者(speaker)指出：

> 困擾我的是一九七〇年代的撤軍、越戰、癌、顏色、語言、所得稅、人體機械零件外科手術。機械機械機械。……前人用表面的細膩的描寫，用對話，用前因後果式的情節去表達他們那個時代的困擾，但在廿世紀六十年代，我們覺得這些手法不夠用，於是我們除了外表活動、表面的對白，我們還用筆尖去追蹤人物內心活動和內心的對白。(1972b:137)

二十世紀六十年代新加坡已是紀登斯論社會現代性時所指出的，在地與全球交纏不清的現實與真實語境了(Giddens:108)。一九六七年，新加坡政府通過國民服役法令，徵召達十八歲的男性入伍服役；馬來西亞通過獨尊馬來文的「國語法令」、是年年底檳城發生種族衝突。一九六八年，英國工黨政府宣佈駐星英軍將於一九七一年撤退（即梁明廣所說的「一九七〇年代的撤軍」）。一九六九年，吉隆坡發生五一三種族流血衝突。在國際上，一九六五年，中國展開文化大革命、一九六七年，英鎊貶值、以阿六日戰爭爆發、香港發生反英六七風暴、一九六八年，越共展開新春攻勢、馬丁路德金牧師遇害、美國城市黑人暴動、中國知青上山下鄉、美軍屠殺美萊村民、法國爆發六八學運風暴，美國學生反越戰、布拉格之春及蘇聯入侵鎮壓。

馬華現代文學運動 2.0 肇始／造史元年（一九六七年）之後，梁明廣在一九六八年發表這兩篇宣言文本，陳瑞獻在一九六八年組五月出版社，陸續推出個人詩集《巨人》、英培安詩集《手術臺上》、賀蘭寧詩集《天朗》、《新加坡十五詩人新詩集》等詩集；一九六九年，陳瑞獻出版《牧羚奴小說集 1964-1969》、加入革新《蕉風月刊》的編輯陣容，主導刊物的現代主義走向，強化華語語系文學的周邊聯結，於是形成一個在地的「現代主義文學共同體」。考察與想像了這樣一個華語語系現代主義的熱帶進展

路徑之後，本文的結論，借用我在序方桂香的《新加坡華文現代主義文學運動研究》裏頭的說法，即是：「有了這個文學史的啟始點，馬華文學得以經由新加坡的路徑在一九六八年進入一個高度現代主義的『現代場景』，既突顯了社會現實主義文學作品的文學性貧乏、表現手法僵化、思想教條化、人物刻板，也讓一個在地的、反叛的、具國際視野的、宣揚創作自由的、鼓吹實驗創新的華語語系文學書寫運動在那裏發生與散播」（張錦忠2010:19)。這樣的文學現代性計畫，我想集陳瑞獻一九六七年兩首詩(〈巨人〉與〈祭期〉)的句子來陳述：

> 當他走來，星已腐爛
> 他是巨人
> 在現代誕生
> 他展示鐵質的背肌，持械
> 唱一首前衛的歌

然後，他在牧羚奴的首卷詩集《巨人》的封面，印下他的指紋，那是一枚巨人的指紋。

徵引文獻

陳瑞獻(1964)〈平安夜〉。1968:1-29。

陳瑞獻(1965)〈漁火的繫念〉。《學生周報》，27 Nov.，詩之頁。

陳瑞獻(1968)《巨人：牧羚奴詩集》（新加坡：五月出版社）。

陳瑞獻(1968a)〈自序〉。1968: iii-iv。

陳瑞獻(1968b)〈巨人〉[1967]。1968: 68-69。

陳瑞獻(1968c)〈祭旗〉[1967]。1968: 73-74。

陳瑞獻(1969)《牧羚奴小說集 1964-1969》（新加坡：五月出版社）。

陳瑞獻 (2006) 〈文學花園小記〉[2005]。方桂香（編）:《陳瑞獻選集：散文／評論卷二》（新加坡：創意圈出版社），261-262。

Derrida, Jacques (1992) "From *Psyche*: Invention of the Other." Derek Attridge (ed): *Acts of Literature* (London and New York: Routledge), 310-43.

Even-Zohar, Itamar (1990) *Polysystem Studies* [Topical Issue]. *Poetics Today* 11.1: 1-279.

方桂香 (2010)《新加坡華文現代主義文學運動研究：以新加坡南洋商報副刊〈文藝〉、〈文叢〉、〈咖啡座〉、〈窗〉和馬來西亞文學雜誌〈蕉風月刊〉為個案》[2009]（新加坡：創意圈出版社）。

Giddens, Anthony (1990) *The Consequences of Modernity* (Stanford: Stanford University Press).

黃孟文、徐迺翔（編）(2002)《新加坡華文文學史初稿》（新加坡：新加坡國立大學中文系、八方文化公司）。

梁明廣(1972)《填鴨》（八打靈再也：蕉風出版社）。

梁明廣(1972a)〈開個窗，看看窗外，如何？〉[1968]。1972: 104-131。

梁明廣(1972b)〈六八年第一聲雞啼的時候〉[1968]。1972: 132-139。

梁明廣(1985)〈請替文藝鬆鬆綁，替它拆拆圍籬〉[1981]。《蕉風》no.389 (Nov.): 40-45。

凌冷[白垚](1959)〈新詩的轉變：評蕉風文叢新詩選《美的 V 形》〉。《蕉風》no.82 (Aug.): 6-7。

流川、南子（輯）(1973)〈冥想之國：陳瑞獻個人畫展紀盛〉《蕉風》no.240 (Feb.): 30-42。

Robbe-Grillet, Alain [阿倫‧何布-格力葉] (1970)〈新小說，新人〉[1961]。伽芬（譯）。《蕉風》no.211 (June-July): 150-156。

杏影(1958)〈答一位青年〉[1953]。《書與人》（新加坡：青年書局），212-

213。

張錦忠(2010)〈一個文學史的起點;序方桂香的《新加坡華文現代主義文學運動研究》〉[2009]。方桂香（著）《新加坡華文現代主義文學運動研究》,17-20。

張錦忠 (2013)〈南方的前衛:陳瑞獻的案例〉。「全球化下的南方書寫:文號場域與書寫實踐」國際研討會。12-13 Oct.,國立成功大學中文系,臺南。

卷參

交流、反叛與變異

反叛文學運動誰在反叛？

談戰後馬來亞的新寫實及獨立前後
《蕉風》的「現代」

黃琦旺

前　言

　　本文嘗試以一九五九年《蕉風》的反叛文學運動為重點探索馬華文學獨立前後的文學風格，在文學史上為何從難以動搖的寫實轉換為「現代」。探索的動機在於區分戰後廿年寫實風格和馬來亞獨立前後「現代主義」風格的兩種「現代性」及其意義。《蕉風》從初期打著「純馬來亞化文藝半月刊」的旗幟到一九五九年的「反叛文學運動」延伸為六八世代的現代主義文學，是否可以脫離冷戰的政治意識和氛圍開啟或完成現代主義在文學上的反叛審美？抑或留存在彼岸新加坡的寫實風格在冷戰氛圍當中實際上也循序漸進開展了新寫實的「現代性」並進行了一種反叛的文學精神？探知這個問題的目的僅為了嘗試乖離漢素音認為星馬的文學價值只能扣著政治來看的觀點，從文學審美的觀點審視馬華寫實到現代最關鍵的一個時期。

　　本文以四節分述——延續往昔的研究，仍以盧卡奇在冷戰時期寫實的現代觀點切入馬華戰後的風格（獨立前後馬華的現代性很多時候只停留在這樣的階段），同時也引現象學處理虛實的觀點來理解詩語言的隱和顯。第一節從韓素音的觀點談馬華文學的政治氛圍；第二節略述冷戰廿年馬華文學作品的風格傾向；第三、四節引威北華、泡蒂兩位詩人為例，論述戰後寫實風格進行的詩語言反叛，他們和《蕉風》第一個十年的審美意

識是同步的;第五節對比威北華和白垚的現代性語言顯現的虛實,論斷現代詩的詞語才是「反叛文學」真正的意義;結論未完成,基本上思索這些文本的現代性走到哪裏?但主要目地是確認馬華文學也可以先抽離其歷史和政治論述,以文學的本質和意義來認識其詩語言的序列,這或者會有更迂闊的認識。

壹、星馬的文學價值只能扣著政治運動來看?

二十世紀六十年代末漢素音的〈馬華文學簡論〉提示西方國家之所以忽視亞洲文學作品就因為亞洲作品充滿革命性,她強調了這樣的狀態有其必然性,「亞洲的作家們都被拋進了往往是以暴力來進行而為殖民地政府所極力鎮壓的爭取國家主權的運動的緣故」(漢素音 14)。[1]這似乎給了馬來亞華文文藝一種「主流」,文人必須依附社會意識型態,「拋進」特定立場來自我確認,寫實寫作的動機必然成了先決的典型。

然而在一九五七年獨立後,星馬文人瞎子摸象般熟悉得幾乎成為癖癮的文學典型,經政治的變遷,兩地分割而被擾亂了:獅子島雖小,但以華社為主,半島雖大但以馬來社會為主。[2]加上英殖民反共政策,原本支撐文壇的「僑民」作家北歸,又引來了香港非左或右傾文人下南洋。[3]《蕉風》在這樣的特殊氛圍下抓住機緣開始試探性的扭轉左派風格:一九五五年十一月香港友聯機構的申青、方天聯合南來文化人馬摩西、范經(常夫、

---

1. 詳細論述見黃琦旺(2020)。
2. 一九四六年的馬來亞聯邦(Malayan Union)和一九四八年的馬來亞聯合邦(Federation of Malaya)很明顯的馬來社會向英殖民極力強調巫族在地的特殊地位。林春美在〈獨立前的《蕉風》與馬來亞之國族想像〉提及《蕉風》是在這樣的語境進入馬來亞的(2012)。當然還包括一九四八年「六一八馬來亞緊急法令」的頒佈,戰前為馬華文壇中堅分子的僑民北歸,香港南來作家在這樣的情境下備受矚目。
3. 姚拓在〈三四十件行李〉中寫道:「港馬同屬英殖民政府,因單憑一張准證即可出入定居於馬來亞」(562);另參見林春美(2012),頁 201。按:這或許是友聯在馬來亞發展的比較順遂的緣故,但是否能「定居」則未必,按一九五六至五九年間到星馬發展友聯,任《學生周報》社長的奚會暲:「我在馬來亞的時候,我跟政府的幾個人處得還不錯。……我跟內政部長。還有一個內部指定跟我們接觸的,一個部門的首長,那時候陳濯生叫我坐飛機去,因為我們跟內政部有一個很重要的會議——要求他們批准我們友聯長期居留,馬來西亞整個機構因此穩定下來……」(盧瑋鑾、熊志琴 69)。

范提摩）、李汝琳、陳振亞（白蒂）為主，開始了《蕉風》的馬來亞化純
文藝的五年，極力推行「馬來亞化」文藝，表明政治立場和文化認知。一
九五八至一九五九年遷到吉隆坡的《蕉風》從第七十八期的編輯群改為姚
拓、黃思騁及後來的黃崖，並擴展視界成為「東南亞區域性巨型文藝期刊」
（文兵 1965），姚拓（魯文）開始從個體主義文學的立場出發，再配合力
匡、徐速、齊桓（夏侯無忌，孫述憲）以及凌冷的理論和詩作。白垚（凌
冷）積極鼓吹現代詩的寫作，大膽的推動現代主義「反叛文學運動」。[4] 十
年後於一九六九年第二○二期，可以說，這個運動已經成功，編輯部姚拓、
白垚加上新生代牧羚奴和李蒼，馬華新生代的「現代詩」發揮了某種程度
的效應。

　　這樣的歷程當然並非完全來自友聯機構的策劃，而更可能是友聯捲
入戰後馬華文學典型的奇特氛圍，順理成章構成的一種現象。的確如漢素
音所謂政治化的文藝：戰後冷戰左右分明的局勢，明顯的取代了戰前「僑
民意識」和「馬來亞獨特性」的對立，成為「寫實」與「現代」的對立。
這樣的現象，重點也許不在其立場傾向，[5] 而是在「對立」的語境，兩者
都為了強調一種身份屬性。如果說「馬來亞獨特性」和「寫實」是戰前延
續到戰後的文藝審美，戰後「現代」似乎是被認為是「僑民意識」的另一
個優越的「外來者」，[6] 足以讓所謂馬華（獨特）文學的主流抗爭到底。

　　放眼於當時的世界文藝理論，按盧卡奇（György Lukács，1885-1971）
寫實主義理論的基礎來看，二十世紀初開始的文藝理論以資本主義社會
轉型而產生的自然主義及爾後的現代主義構成的藝術審美意識為對立面。
現實的審美強調作品不應該把個人從社會抽離：人的「典型」在社會網絡

4. 白垚於二○○四年在《南洋商報・南洋文藝》的專欄以「反叛文學運動」為題指稱
　　一九五九年以迄《蕉風》推動的「新詩再革命」，見凌冷(1959)。
5. 秋楓在〈關於「馬華文藝獨特性」的一個報告〉中，認為「關於僑民文藝的意見」
　　即否定僑民文藝的存在，所謂純粹的「僑民」意識，不過是含有國家意識、民族意
　　識在文章（秋楓 110）。方修認為強調僑民的是政論家，真的僑民作家反而少發表
　　意見（方修 39）。
6. 鍾祺在〈戰後馬華詩歌發展一瞥〉中認為「這個時期，是一個創作方法最多樣化的
　　時期，也是一個現實主義和形式主義鬥爭最尖銳的時期，……有現實主義的奇花，
　　也有形式主義的毒草……而形式主義主要是從臺灣移植過來的現代派為代表」
　　(1971:77)。

當中的獨一無二,才能突現人的意義(Lukács 1988)。馬華文學在僑民意識
高漲的三〇年代,寫實主義「傳統」實際上越過審美意識,直接訴諸於一
種文學行動——積極反擊帝國霸權以及殖民宗主資本主義社會。星馬寫
實主義源頭直接借重於五四具有代表性的寫實傳統:「典型環境中的典型
人物」,[7] 為其間文學行動的理論根據。[8] 一直延續到獨立前後的馬華文
人,除了抗戰和民族主義,認真思索自身在殖民地的處境和屬性的本土大
學生多了,「寫實的主流」在這樣的情境之下更突顯人道主義思想。[9] 跟
盧卡奇強調人與社會的緊密運動一樣,其目標即是強烈批判資本主義異
化現象、人被物化為非人現象的人道主義,除了作為文藝的本質更可以作
為二戰後文人寓以為自身屬性的根據。友聯諸人到星馬勘察後也是從社
會文化下手,其審美意識也不脫離文藝對社會的功能,積極於人本主義的
推動。有趣的是,在《蕉風》進駐新加坡的前兩年,一九五三年文藝圈的
反黃運動,對香港南下小說家徐訏、孟君、馮玉奇、俊人等的作品大加撻
伐,其實已經產生了寫實和「現代派」的對立。

　　一九五七年沙里明〈論作家的思想氣質與生活〉引李辰冬的話,清楚
區別文人的性格與政治活動:

　　　　文人的性格是孤介,而政治的活動要同流;文人的性格是
　　　　剛狷,而政治的活動要隱柔;文人的性格是孤高,而政治
　　　　的活動要合羣;文人的性格要肆志,而政治的活動要守繩
　　　　墨;文人所要求的是自安,而政治的要求是崇譽;文人的

---

7. 恩格斯在一八八八年於倫敦的書信〈致瑪・哈克奈斯〉有一段話:「據我看來,現
　　實主義的意思是,除細節的真實外,還要真實地再現典型環境中的典型人物」(41)。
8. 苗秀在〈馬華作家應多寫「平凡人生」〉一文中也引用過恩格斯這句話:「一個近
　　代的大哲人說過:現實主義的文學,除極精確地描寫客觀現實外,還要創造典型
　　環境中的典型人物」(1971:66)。
9. 人道主義、人文主義和人本主義,皆屬 humanism 的概念,但觀點應該有差:「人
　　道主義」帶情感,指一視同仁,仁慈憐憫的守助情感,從詞典看似可稱
　　humanitarianism;「人文主義」趨向於價值觀,涉及人在社會的地位與價值、關注
　　精神、道德、重視人權、自由和人對理想的追求,英文可稱 humanism;「人本主
　　義」則含哲理,以人為宇宙萬物之中心或本位的學說,英文可稱 anthropocentrism。
　　寫實主義的人道主義和《蕉風》一九五九年七十八期改版宣言「以人為中心」的思
　　想取向跟寫實文學對人的觀點是有不同的。

性格是認真，而政治的活動要造作；文人想縱心，而政治
得拘謹；文人要稱心，而政治要委屈；文人要任性，而政
治要矯飾；文人願意固窮，而政治活動得進取。

（沙里明4）

這一段話跟上文引漢素音的論述放在一起看，可以感覺到不管戰前
或戰後的「對立」即是文人在不同程度上尋找著文學屬性和政治情境的兩
難。戰後寫實和現代的「對立」亦是以文人個體和政治羣體鬥爭作為辨清
真文藝（純文藝）的準繩。因此在星馬現實社會進行著的，為各種國家、
民族意識、左右派、反殖民、反色情的運動對知識分子和年輕人來說是積
極的（社會）反叛運動，《蕉風》在這樣的語境當中以「現代」進行文學
的反叛運動，幾乎是借鑑五四要在紊亂的政治局勢中突圍——白垚從一
九五九年開始一系列有關新詩的議論很清楚地表明瞭這個意思，尤其〈新
詩再革命〉特別強調：

讓將來文學史的作家這樣寫著吧：「中國新詩運動的歷史，
完結於馬來亞華人手裏，而現代新詩的基礎，也從那裏開
始。」（白垚 1959:19）

以此觀之，星馬華文文學的價值被提醒：不必一再被扣緊或強塞進政
治運動的鞋子裏。

貳、冷戰初期的熱情：
從苗秀等編輯之《新馬華文文學》閱讀另一種寫實的格局

馬華文學的「對立」語境，當然不是從友聯諸人南下後開始的。實際
上在戰後初期，文人和政治的兩難衝擊出相當多具有現代性的好作品。這
裏按一九七一年李廷輝、苗秀等人編輯之《新馬華文文學大系》作品和史
料的收集嘗試做一略述，從中辨識現代性（文藝性）和寫實性（政治性）
之間的相互融合的現象。

　　戰後文學審美意識雖然著重點和文學意識不脫戰前窠臼，但其中風格多顯現新興浪漫意識和象徵手法。苗秀和趙戎的寫實主義立場幾乎比較關注的是走出僑民意識，走向馬華文藝的「獨特性」寫實。趙戎的新民主主義偏向批判寫實，人道主義文學（趙戎 1971），苗秀則反對寫實必須是方修強調的「擴大寫作的視野」反映、曝露現實中形形色色悲壯的人生，以為「平凡人生」是更可以在「典型環境的典型人物」中「表現出現實生活那些最本質的、必然的——平常的事情」（苗秀 65-66）。值得注意的是，不管苗秀、趙戎或是方修，都強調殖民地社會促使寫實主義在馬華的主流。方修特別強調過三〇年代後的新興浪漫主義，但他以「民族資產階級沒有力量……或者偶爾受到某些外來文藝思潮的衝擊的時候，有些浪漫主義作品的產生之外，一般上是側重於實事求是地觀察現實，分析現實，於是也傾向於現實主義了」（苗秀 29-30）來掩飾那個時代的文人崇尚「浪漫主義」為文學「審美」（或者應該被譽為感性）的事實。

　　一九四六至五〇年，以詩集為例：鐵戈《在旗下》、丁家瑞等《怒吼吧，新加坡！》、米軍《熱帶詩抄》都是沸騰的左翼愛國、反殖民意識。但五〇年以迄已經出現了純熟象徵手法的詩歌，如周粲的詩集《孩子底夢》、鍾祺的《自然的頌歌》和威北華的《黎明前的行腳》。[10] 雖然受歡迎的仍是南洋大學歷史系，宣揚社會主義意識的杜紅詩集《五月》，六〇年代開展出原甸、憂草、冰谷、槐華、蕭艾、劉祺裕、范北羚、泡蒂、柳北岸等等相當可觀的象徵或浪漫抒情手法則顯現了更多面的文學審美觀。哪怕是寫實主義，從南洋大學大學周文藝創作獎，大肆創作三百行以下的敘事長詩來看，[11] 在形式上刺激了馬華詩刻板抒情形式，甚至連哲理和抒情小詩也出現了。[12]

---

10. 比如鍾祺的〈村午〉：「滾滾的，滾滾的塵霧，／溶溶的，　溶溶的蒼冥；／沒有一聲犬吠，／沒有一個人影；／路，像袒露的河床／直伸向無垠。／／密密的，密密的茅舍；／疏疏的，疏疏的樹蔭，／不見半絲風信，／不見半片雨雲；／路，像袒露的河床／直伸向無垠」。

11. 一九六一年南洋大學中國語言文學會大學周文藝創作比賽詩歌組第一名山河（陳川波）的〈無名河哼哀歌〉六百多行，第二名韓玉珍（孫希）〈丹那蘇布爾〉二千五百四十多行。這些詩按學者的說法是受一九三五年《南大頌》影響而開啟的政治敘事抒情詩。可想而知，一九五四年的五一三學生反殖民運動是其中導引。

12. 一九五九年有黃應良的《時間的河流》，一九六五年有何乃健《碎葉》。

　　整體來說，這些詩承戰前僑民帶來的七月派和九葉派風格，六〇年代也直接受港派「力匡體」影響形成了另一種象徵寫實，但其中詩語言的表現還是可以讓我們看到純屬馬華的語言序列而使詩質有別於上述風格；一九五三年反黃之前，香港南下的小說家徐訏、徐速、劉以鬯也帶來了很受落的上海現代新感覺派小說，戰後文人很明顯的接納並以此呈現著不同的現代小說風格。

　　且讓我先擱下服務工農為勞動人民鬥爭的革命寫實，寫實主義風格被堅定的信仰乃因盧卡奇強調的人與社會的緊密運動，強烈制止資本主義異化現象、人被物化為非人的現象；因為把現代和資本主義想在一起（被稱為形式主義的毒草），馬華大多數文人很難接納二戰之後世界各地很多地方的文學藝術已經不相信感官世界的真實性，人的存在意義更多是個人從社會抽離，羣體的盲目跟自愚愚人相似。文學是用語言文字的笙來捉住存在的真意，那麼這個世代和馬來亞這個境地的文學需要從文學本質上，排除個別主觀的「文藝論」，從作品來認識它的詩語言序列。理論是工具，要達到怎樣的目的會選擇怎樣形式的工具，過多意識型態讓我們的文學回流而很難看到作品引領我們去看到的真意。文學語言本身就是反叛的，馬華文學礙於文學與政治屬性「對立」的兩難，其反叛有無形的束縛，有賴於個別詩人用文學的形式或隱或揚來突圍。戰後做這樣的嘗試的文人不少，以下章節嘗試舉威北華的現象和泡蒂的詩充當例子來認識當時別具一格的審美反叛。

參、具現代性的反叛寫實：威北華（魯白野）的幻滅浪漫

　　威北華給文壇的印象是既寫實又浪漫，評論一般詬病於他的頹廢和晦澀。[13] 他從一九五〇年代開始發表的一系列作品，熱衷於創作的時期也正好是《蕉風》在星加坡創辦的時期。一九五四年《獅城散記》、《馬來

---

13. 原名李學敏，一九二三年生於怡保，一九六一年病逝於新加坡，主要筆名有魯白野、威北華。一九四七年定居新加坡，十年間努力整理其創作並發表，其《馬來散記》和《獅城散記》享譽馬華文壇，詩名也盛，文風相當有影響力但卻還是被文壇有意無意冠於晦澀之名而忽視。

散記》系列出版之後，一九五六年《蕉風》第一階段的編委之一馬摩西寫
了一篇評論〈獅城與馬來散記〉刊於當年的《蕉風》第五期，稱魯白野「能
化腐朽為新鮮，化平庸為神奇」（馬摩西 30）。威北華是站在第二次世界
大戰後的「廢墟」上撿拾戰前流浪經驗的感悟或回憶，就戰前戰後斷裂的
時間來看，這些經歷已經換作另一番審美歷程。他筆下的「現實」在他的
詩語言裏於當下的現實對抗（或說反叛語言）：

> 如果讀者們不過於苛求，當能見到我企圖參加春耕的努
> 力，從堅實的鋤頭掉下來的泥土氣息。
> （威北華 1955:133）

> 站在生活的廢墟上，克服自己的缺點，要在自己心坎中培
> 養不屈的鬥志。（威北華 1959:127）

他在「泥土氣息」之中的「春耕」，並不排斥感傷的個人情感色彩，但也
不渲染——「有人說我感傷，憂愁，有人說我幼稚。其實，這些批評都是
對的。一個人是不能十全十美的，何況是我這個永遠挑著痛苦擔子的人。
一個人也不單是有快樂，我主觀思想有時也會有錯誤，昔日的生活也有一
絲的溫馨混合著哀愁」（威北華 1959:127）——這種「感傷」被喻為流水：
「自己也像吡叻河的流水，從未間斷過地在流浪」（威北華 1959:127）。
「流浪」不是情境（空間），而是跟「流水」一樣是時間性，在文學上屬
於敘事——意識的時間流。在他所謂的「感傷」中讀者閱讀到的不是「晦
澀頹廢」，反倒從敘事的情感中直臨戰後待興的生存形態。

評論者很快就發現威北華所表現的異態——王賡武在一九五九年
一本馬來亞文學選集《金華集》(Bunga Emas)的附錄中特別說起威北華的
印尼經驗：「他的詩帶有原創性，他的創作能力沒有如當時大部分詩作完
全被懷著宏願和虔誠的革新者的情操給駕馭而崩塌了」（王賡武 235）；[14]

---

14. 原文為 "Wei Pei-hua I find rather interesting. He is an Indonesian Chinese whose experience in Indonesia have enriched his prose writings. Although his verse is somewhat tortuous, he has some originality and is not too often carried away by the grandiose hopes and pious revolutionary sentiments which ruin most of the poems which are being

然而，這一則稱譽在《新馬華文文學大系（八）：史料》的翻譯中卻變成了貶義：「……他的詩卻有不正當的東西，他的創作能力沒有完全被那宏大的希望和虔誠的革新者的情操駕馭遂傷害了他大部分的詩作」（威北華1959:127）。從這則不知有意或無意歪曲的譯文中可以看出威北華風格被排拒，他的原創被認為是「不正當」，是一個「不虔誠的革新者」。

威北華的「不正當」跟他與印尼的現代主義詩人安華(Chairil Anwar)有關，[15] 也跟方修馬華現實主義分期中談到的「新興浪漫主義」有關。這個階段的書寫風格一直延伸到戰後五十年代至七十年代作為新舊現實主義的過渡，看來是頗受現代的馬華文壇矚目：一方面或是郁達夫的影響；另一方面也是千篇一律「復仇雪恥」的戰鬥寫實，被譴責和煽動毀壞的審美激情，藉助「激進熱情」（或者說叛逆）的浪漫主義作為彌補。這樣的風格不能只單一放在星馬華文文學的表現來看，因為它是迎合冷戰時期的藝術思潮的。就算馬華文學五〇年代的主流是現實主義，文學表現也必然走向盧卡奇所謂的寫實的「幻滅的浪漫主義」：「『內在現實』將內心提高到完全獨立的世界地位，這不僅是一個心理現實，而且也是對現實的一個決定性的價值判斷；主觀自我的這種自我滿足是它最絕望的自衛；是對外部世界實現靈魂的任何鬥爭的拋棄……」(Lukács 1997:84-85)。

威北華的書寫產生了「現實」和「頹廢晦澀」的矛盾，他和一些被認為是「傷感和個人主義色彩濃厚」的作品是受文藝界批判的。但正如上引盧卡奇「幻滅浪漫」內在「現實」的表現，他們的堅持也說明瞭自我與感傷的抒寫策略對現實主義有一定的反叛：

> 用幻想欺騙自己，或是乾脆地做一隻信仰個人主義的蝸牛，
> 只能愛黑暗和潮濕，在連一盞燈都沒有的屋內，卻塞滿了
> 歪歪曲曲的現實。（威北華1955a:32-33）

---

written"(235)。

15. 詩才洋溢但桀驁不馴，浪漫頹廢且風流，顛覆了印尼三〇年代的文藝傳統，把現代派詩歌：奧登、里爾克、麥里思等人的詩帶到印尼。可參考廖建裕（編）(1962)，頁52-59。

威北華強調他的反叛:「提出了寫實主義口號,並不是說連理想都要摒棄了。人類生活是不能脫離對理想的憧憬的。因此,我們的詩也應該迸發出強烈的理想火花來。不過理想也是不能遠離現實的,否則只能變成空想……企圖幻夢中尋求一片安樂土的浪漫派詩人,結果還不是抵不起時代的揚棄而被淘汰了」(威北華 1959:113)。

他的寫實和感傷絕不是片面的主觀個人主義色彩,他創立了自身水和流浪的意象,面對動盪破碎沒有精神的資本主義廢墟,在自我實踐中生發抗爭、反叛和自我認知——他在紀實和感傷之間反思那個激進時代的政經文化的轉型,體悟並揭露了「靈魂」(詩人)在那個時代的孤獨、無效與無價值。

肆、泡蒂:象徵主義反叛的鬼臉[16]

鍾祺寫一九四六至一九六四年〈戰後馬華詩歌發展一瞥〉完全忘記了泡蒂,但在一九六八年泡蒂去世他寫了一首詩〈憶泡蒂〉:

> 如此迅速,如此逼迫,如此不容遲疑,
> 以飛躍的姿勢,越過界限,
> 若江河驟然凍結。(鍾祺 1968)[17]

泡蒂的確是被「凍結」的詩人,周粲編《新馬華文文學大系(六):詩歌》的序指出:泡蒂曾走過一段寫實的路,然後就「現代起來」,並認為泡蒂最好的詩「是那些現代而知所節制」的詩。這讓人想起鍾祺對憂草「轉向現代主義」的不以為然,[18] 因為現代主義的書寫用詞有過激的情感袒露,

---

16. 原名黃如石,一九四〇年出生於新加坡,南洋大學中文系畢業,一九六八年二十八歲病逝。作品有詩集《火的得意》(1969)、小說集《第三個希望》(1967)與《擱淺》(1971)。

17. 泡蒂、周粲皆先後畢業於南洋大學中文系,鍾祺則是義安學院中文系。

18. 按鍾祺引憂草在《星檳日報》副刊第九十六期的文章說:「在今天來說,我不否認自己對現代有非常狂熱的喜愛,這是因為在我個人的感覺來看,際此二十世紀完全工業機器化的年代,現代詩能更深深探求我們已被煙囪吹黑的靈性,能更深解剖我們變形的思想,能更反映我們畸形的喜愛與悲傷。我想借現代詩來赤裸、來

對寫實要求的「典型」、「完整」、「健康」、「進步」是一大冒犯。

一九六九年《蕉風》新世代編輯牧羚奴成立的五月出版社終於出版了泡蒂《火的得意》。泡蒂遺孀易如在序中透露：

> 八九年前。為了一個信仰，他像所有的年輕人那樣，把一
> 切寄託在將來。他抱著理想，抱著希望⋯⋯。由於一件小
> 事與人引起爭執，因此開始被孤立，開始被人誤解。他想
> 解釋，但不能解釋；他要剖白，卻没有人願意接受⋯⋯。
> 在大學裏，他仍然被人冷視，被人孤立，被人排擠⋯⋯
> （泡蒂 1969:iv）

所謂的「一件小事」不知何事，但易如說泡蒂「因為他不隨便寫，不濫寫的原故。寫作對他來說，不是一件愉快的事。為了它，他曾經當罪人」，這可能跟這件小事有關。[19] 泡蒂引過海涅的話回應一切冷視：「你們曲解了我的溫婉，我可沒有曲解你們的狂妄」（泡蒂 1969）。這一句話的語境很能讓我們理解詩人在南洋大學寫實信念氛圍中遭遇的窘境。

泡蒂的詩集並未在他有生之年出版，而是在逝世當年由五月出版社籌備於一九六九年出版。應該是牧羚奴的意思，詩集第三頁引用了牧羚奴翻譯的德國現代詩人里爾克的〈詩人之死〉悼念泡蒂，並在後記寫道：「出版《火的得意》，主要是為了保留一個人的聲音。這自然不同於製造一個蝴蝶的標本。這聲音引導向生命的本源，它盈溢著一種再也不會逝去的，永恆的消息」。

〈火的得意〉寫於一九六一年，全詩如下：

> 這是一魂小樹？

哭、來瘋狂⋯⋯。」他認為那是不健康的思想(1971:85)。

19. 易如在《火的得意》序提到一九六一年《南洋商報‧青年文藝》〈火的得意〉和〈幾個守門人〉發表後引起寫實派的爭議。查一九六一年七月二十六日《青年文藝》藍文溪〈要不得的批評〉，知〈火的得意〉發表後曾被寫實主義派的文人柯連心誤讀而批評那是要不得的詩。此後，又有八月二十三日紀梅〈詩歌的欣賞和評〉，九月十三日以平〈要不得的詩評論〉等等陸續討論。

是一根柱子？
這是家園的廢墟？
還是荒野的黑土？
夜來了：
有一兩點星光，
有一兩聲低泣。
災區載著人間的冷漠與慍暖，
寒栗地，開始了火的記憶。

火伸出舌頭，揚起手足，
在風中歌唱跳舞：
好啊，我熟悉的板壁，
好啊，我熟悉的亞答。
好啊，你這又哭又笑的瘋漢，
我給你一個解脫，一個焚燒。
好啊，你這又盲又聾的老婦，
竟敢說甚麼：我的家園，我不跑。

火像是神秘，又似顯明，
在風中得意囉嗦：
我只是天災？
我不是人禍？
自命智慧的人類，
請牢牢記住，
人間有許多的洪水猛獸，
可有更多的紛飛戰火
就讓我們來較量校量，
倒底是我毀滅你？
還是你戰勝我？
（泡蒂 48）

這首詩是跟社會緊密關聯的，詩人的情感是賦予社會底層人民的，但書寫的手法形象化，詩語言尤其活潑生動——表現火得逞的囂張形態，用畫面來讓讀者深入一種荒謬的話語處境。另一方面擬人化的火也展現多重敘述，道明人類熏天的氣燄，帶荒謬戲謔的諷喻。

　　泡蒂並不只寫這樣的詩，再看他的〈紙花〉：

　　　　我求乞
　　　　乞求一次的雕謝
　　　　沒有芬芳
　　　　沒有泥士的氣息
　　　　我虛偽
　　　　我的人工的美麗

　　　　沒有死的生
　　　　沒有生的死
　　　　我厭膩
　　　　我的虛無的不朽

　　　　我多麼羨慕啊一
　　　　生命裏一個時期的枯黃
　　　　又一個時期的發芽開花
　　　　我多麼渴望啊
　　　　有更多的塵埃的封閉
　　　　有孩子們的小手
　　　　將我的花瓣一片一片撕下

　　　　我乞求
　　　　乞求一次的調謝
　　　　（泡蒂4）

同樣是用比擬手法，讓紙花（或者幻化為紙花）敘述，但是思路沉著帶哲理。以悖論的方式突顯生死一貫，捨生能取義。紙花渴望「有孩子的小手／將我的花瓣一片一片撕下」，不經意卻又篤定的顯現超越自我，抽離自我，反觀自身的語言表現。幾近詩人帕斯（Octavio Paz, 1914-1998）說：「現代文學都在自我否定，通過自我否定的方式來表現自己——確認自己的現代性」(2001:134)。

泡蒂有另一首詩，我認為很有資格作為他的代表作：一九六一年的〈寫幾個守門人〉：

(有幾個印度司閽看管
這裏的一組工廠和棧房)

黑夜儘管來
他們只需要些微燈光
拼合幾張繩床
圍坐幾個夥伴
暫且忘卻有些夜晚的
淒風苦雨和提心弔膽
耍一回撲克牌
來一次放聲高唱

(生活作弄給他們
他們也嘲笑生活)

痛苦儘管來
他們只需要些微歡暢
敲著銅壺和鐵片
拍著手掌和大腿
還有拇指與食指的捺響
彼此會心的微笑

　　撚一撚捲鬚　翻一翻眼
　　搖一搖頭　裝一裝鬼臉
　　（泡蒂 50）

這首詩看似寫實，實際上是用了一個場景作為話語，戲謔生活。鍾祺在泡
蒂逝去了才敢說他「以飛躍的姿勢，越過界限」，看來泡蒂的文友們都看
到了他已經以作品超越了人劃定的風格，直接通往文學的真意——「撚一
撚捲鬚　翻一翻眼／搖一搖頭　裝一裝鬼臉」完全一副管你玉皇還是大
帝，我的詩（肢體）語言就是我最大的法術，在不經意間（拇指與拇指按
捺／彼此會心的微笑）玩翻人間。如果泡蒂認為自己是溫婉的，他是把生
命看的有多通透了才能有這樣的「溫婉的詞語」？他詩人的眼睛攝取的一
人一物都成了詩語言的力量，我們能坐視他的叛逆嗎？

伍、反叛文學誰在反叛？

　　二〇一〇年，我曾在〈現象的滿實〉(2010)一文以白垚和威北華的詩
來看寫實和現代。現代主義與現實主義的關鍵點是視角。不是看到甚麼的
視角，而是表現甚麼的視角。現實的忠實典型視域其實很有限，若再加上
意識型態很容易流於貧乏，但是不否認兩者都具有現代性的革新反叛意
向。以下再舉威北華〈遙遠的雨〉和白垚〈蘇河靜立〉作說明：

　　像婦人為了葬事用黑紗罩著臉
　　長長的瘦瘦的雨絲在灰色的雲間行著
　　在海洋與河流相遇的地方是青色的
　　黑色土壤構成大地的邊沿
　　只有像女人的雨經過的地方
　　才會透吐出一點青春生命的顏色。
　　她們要甚麼呢？她們在為誰哭泣？
　　是為了一個英雄吧？
　　在我面前她還是驕矜地行過

曳著深深的憂愁在後頭
她是愛上了不幸的失敗人。
（威北華 1959:86）

撿蚌的老婦人在石灘上走去
不理會岸上的人
如我　她笑
卻不屬於這世界

我愛此一日靜
風在樹梢　風在水流
我的手巾飄落了
再乘浪花歸去
一個回旋

沒有誰在岸上　我也不在
這個世界不屬於我
那老婦人　那笑　那浪花
第八次在外過年了
而時間不屬於我
日落了呢　就算元宵又如何
（白垚 2007:197）

　　這兩首詩都具有強烈的實／虛的對比，實的充滿堅定意志（都是強烈的意象及深色沉鬱的色調，犧牲和死亡被實實在在的感覺到）而虛的充溢和緩靜美之態，時空被抽象化近禪意。這兩種風景視域的大小闊狹差異不甚大。但前者詞語讀起來滿實（美麗純熟的隱喻手法，把雨變成罩黑紗的寡婦暗藏英雄赴死般的欲望），後者在詞語刻意吊詭以至虛無（滲入虛構過程抽象化眼前看見的光景）；展現的時空意識卻正相反。〈遙遠的雨〉讀來沉重，就如威北華其它詩裏，「黑色土壤」帶給讀者「力度」和「壓迫

的感覺，但也正是這種想像的調度牽引讀者進入情感深處，產生憂抑情緒。〈蘇河靜立〉則鋪展很單純的畫面和吊詭的「不理會」、「不屬於」、「不在」等玄虛，讀者被抽離現實而強迫思索而意識被干擾，沒有感動卻帶來了藝術的陌生感呈現出某種高調（它不告訴讀者甚麼，讀者將自己體會）。

　　這兩種視域的差異，完全在其對詞語的觀念，書寫者對詞語與現實具體世界之間可顯與不可顯的信任程度。王建元在研究這種情況時認為，相信詞語能重顯具體世界基本是康德時代以本體—神學—邏輯傳統的論述，但一進入二十世紀，海德格繼現象學概念就提出了以上「現實」使用的是詞語的抽象邏輯，其「實」是脫離具體世界的「實」。海德格於是用時間（具體世界會在時間中被催毀）來對這樣的空間進行破壞（摧毀了具體世界以示它不能觸及），而清楚提出人的世界是詞語世界以抽象與虛空建構（記憶）起來的。學者一般認為海德格的概念類似老莊思想，因此在現代詩，在這樣的詞語表現之下，也常常給人莊子藝術精神那種高調的印象（王建元 161-162）。

　　然而，回到馬華現代詩，今天我們的閱讀經驗肯定與當時期的閱讀經驗不一樣，如果我認識到海德格對詞語的概念，某一些寫實概念的詞語因為精湛的手法和動人的情感，或者也可以帶給我很現代的閱讀效應（比如龐德閱讀唐詩而驚豔，海德格閱讀賀德琳而得道）。仔細想，虛實二者其實不能分割，顯與不顯是同一個具體且多種樣態的緣故。我們或者可以借此理解所謂「現代」的視角。

　　寫實要看到「整體」而現代不排斥「局部」。整體是顯現的，具象、可觸及可直觀的事物，對我們來說並不陌生。我們一般習慣的認為事物都應該是可以直觀的而且直接呈現給我們的，並且相信只有那是「真實」的，雖然如現象學提示：抽象、不可觸及不顯現的事物總是包圍著我們。實際上我們無法否認「有大部分時間是活在未來與過去裏，或在有所距離有所超越裏，或在未知與存疑的事物裏，而不是只有五種感官的世界裏」(Sokolowski 37)，感官經驗的意向都是一次性的，之前之後我們都只能在不顯現當中臆想。

　　在馬華的圈子裏我們被教育要活在已經發生過的文化傳統的光輝和

信心裏，活在距離很遠十分陌生的無數個「祖國」的假設時空，因此我們很難確認國族屬性或從先入為主的語言意識中辨識。一般我們不習慣對不顯現嚴陣以待，覺得那是假的虛無的、不濟於事的；但究其實顯現的具象本身已經是一個表達的符號。反觀不顯現的才需求抽象化，需要語言符號；文學書寫其實一直在給「不顯現」的事物多種樣態。不顯現的事物在各種修辭技巧中獲得多重視角建構並推動人類不斷更新的世界：這個或許就是現代性有它的進程的意義所在。

現代詩語言既是逐漸覺知一種不顯現的樣態，在文化整體以及社會整體中產生意義。這樣的趨向在一戰以後已是一種世界性的文學的覺知，國家與民族重組，人類知識與經驗的日新月異，因此在戰後寫實隱然滲入現代性的同時，一九五九年《蕉風》改革號大事宣揚：

> 個體主義者承認社會人群中的任何一個「個人」或 「個性」，但當個體主義者寫作的時候，卻是憑著自己的愛好，個性，形式，來任意發揮他的靈感與主題。他想說甚麼就說甚麼，他愛用甚麼方式去表現就用甚麼方式去表現。他看重的只是「表達」作用。所謂「表達」，就是個人內心的發抒，個人內心的好惡，以及個人的主觀與意見。等到個體主義者寫作成文「表達」出他們的意見之後，而讀到他們的作品的人們，只是受到「傳達」的作用。傳達作用可以變為工具作用，但這是「果」。個人主義者注重的是「表達」（因），卻不應注重「傳達」的功用。（魯文 5）

緊接著我們就讀到這樣的文學意識以及對詩的要求：

> 我們馬來亞華人的祖宗，當初南來的時候，絕對沒有承受過先人的遺產，而是憑赤手空拳在這塊土地上建出樂園來的；其與祖國的關係，只是血統的繼承，而工業則是橫的移植。

今日，馬來亞的華文新詩（甚至中國國內的新詩也應該是
一樣），也應該是橫的移植。從我們傳統文學得來的遺產，
只是中國的方塊字和那種文化精神，並不是那種舊詩的形
式和內容。時代是會進展的，我們要使用新的工具，新的
形式，新的內容，從新表現的新詩，而不是舊表現的新詩。

一、新詩是舊詩橫的移植，不是縱的繼承。

二、格律與韻腳的廢除。

三、由內容決定形式。

四、主知與主情。

五、新與舊，好與壞的選擇，亦即詩質的革命。

（凌冷 19）

　　這樣的觀點其實已經強調了文學語言的關鍵性，但仍礙於強調「人」
而重蹈社會意識的窠臼。現代性的各種意識型態的運動都是為了顯現社
會分崩離析背後的真相，這也許是文人能藉以參與社會的基本屬性，而其
中取向很明顯是外向世界性而非內向單一本土或民族傾向的。但是其重
要的是「主義」帶來的回響，是「文藝青年」覺知他們可以在詞語的革新
上創造出自己的形式。

結　論

　　倘若不再從歷史和人文論述來接觸馬華文學，而直接從文本的世界
觸及有別於政治意識的旗幟（或鏡子），甚至於新舊文藝對立的世界（另
一面鏡子），尋索馬華文學詩語言的序列。現實世界有很多的限制難以正
面與之衝突，更遺憾的是這些限制還引發許多的誤解、誣賴和悲劇。文學
的審美不是時代的擺設，而是嘗試以超脫語言作為（社會現實）工具的形
式，撥開承壓在生存上面的許多大論述，呈現詩人直覺到的存在真淳的一
面。翻開戰後的作品選集，是有許多美和感動的，要怎樣把這些美和感動
告訴我們的世代，我想詩人們在語言上所進行的反叛構成的文學詞語的

序列是比較應該被重視的。反叛文學運動在「馬來亞華文文學」提出的時候，差不多就開始實踐（詞語）的反叛，這些詞語不一定是精緻完美的修辭，但文學不是只有（美麗的）修辭，真誠的文人表現他所屬的語境。下面的比喻也許不好，但我正是這樣思考的：英國的大蘋果，中國的蟠桃荔枝都是精美可口被譽為營養高超的水果，那是來自特定土地的產物，馬來亞的榴蓮山竹紅毛丹（在先入為主的的意識上）長相怪異，尤其榴蓮被外人尤其歐洲人嗤之以鼻，這難道是這些水果的水準有問題嗎？文學當然不是水果，不是土產物，但直覺長於「心土」。

魯白野在《馬來散記》跟我們講過一個馬來亞橡膠樹的故事。一八八二年引進七顆橡膠種子的休・羅爵士（Sir Hugh Low, 1824-1905；一八七七至一八八九年為霹靂參政司）在江沙成功種得百多棵橡膠樹。可是英殖民政府當時對橡膠在馬來亞能帶來的利益存觀望態度，哪怕一八八八年英人李德利成功發現 V 形割膠法，休・羅爵士卻因這些樹一無是處而說：「把這些樹砍掉吧，我實在看不慣那麼醜怪的樹」（魯白野 1974）。故事的後來我們都知道，這種醜怪的樹成為了馬來亞主要的經濟來源，更重要的是它也改變了人類的生存形態。這個「結局」並不一定是好的，在馬華文學我們讀到人民的「膠淚」，在世界上我們看到了更大規模的戰爭。

徵引文獻

白垚[凌冷](1959)〈新詩的再革命〉。《蕉風》no.78 (Apr.): 19。

白垚(2007)《縷雲起於綠草：白垚的五十年文學功業》（吉隆坡：大夢書房）。

Engels, Friedrich [恩格斯] (1972)〈致瑪格麗特・哈克奈斯〉[1888]。《馬克思恩格斯全集》，第 37 卷（北京：中共中央馬克思恩格斯列寧斯大林著作編譯局），40-42。

方修(1964)《馬華文藝的獨特性》（新加坡：南洋大學中國語文學會）。

漢素音(1971)〈馬華文學簡論〉。李哲（譯）。趙戎（編）1971: 14-26。

黃琦旺(2010)〈現象的滿實：馬華六○年代末至七○年代以迄現代詩的現實：論張塵因、英培安與沙禽〉。第三屆馬華文學國際學術研討會：馬華文學的家園意識與文學流變。7-8 Aug.，新紀元大學學院，加影。

黃琦旺(2020)〈現實與身份認同：論魯白野的馬來亞敘事〉。《臺北大學中文學報》no.27 (Mar.): 145-182。

廖建裕（編）(1962)《現階段的印尼文學運動》（新加坡：世界書局）。

林春美(2011-2012)〈獨立前的《蕉風》與馬來亞之國族想像〉《南方華裔研究雜誌 | Chinese South Diaspora Studies Journal》vol.5:201-208 (chl.anu.edu.au/chinese-southern-diaspora-studies-publications)。

Lukács, György [盧卡奇](1988)〈論藝術形象的智慧風貌〉。陳文昌（譯）《現實主義論》（臺北：雅典出版社），67-197。

Lukács, György [盧卡奇](1997)〈幻滅的浪漫主義〉。楊恆達（編譯）《小說理論》(Die Theorie des Romans)（臺北：唐山出版社），84-85。

盧瑋鑾、熊志琴（編）(2014)《香港文化眾聲道 I》（香港：三聯書店）。

魯白野[威北華](1954)《馬來散記》（新加坡：星洲世界書局）。

魯文(1959)〈文藝的個體主義〉。《蕉風》no.78 (Apr.): 4-5。

馬崙(1984)《新馬華文作家羣像》（新加坡：風雲出版社）。

馬摩西(1956)〈獅城與馬來散記：評魯白野的創作〉。《蕉風》no.5 (Jan.): 30-32。

苗秀(1971)〈馬華作家應多寫「平凡人生」〉。苗秀（編）1971: 65-66。

苗秀（編）(1971)《新馬華文文學大系（一）：理論》（新加坡：教育出版社）。

泡蒂(1969)《火的得意》(新加坡：五月出版社)。

Paz, Octavio [帕斯] (2001)〈現代文學具有現代性嗎？〉。伊夫‧瓦岱 [Yves Vadé](著)《文學與現代性》(*Littérature et modernité*)。田慶生（譯）（北京：北京大學出版社），133-137。

秋楓(1971)〈關於「馬華文藝獨特性」的一個報告〉。趙戎（編）1971: 95-106。

沙里明(1957)〈論作家的思想氣質與生活〉。《蕉風》no.30 (Jan.): 3-4。

Sokolowski, Robert [羅伯‧索科羅斯基] (2004)《現象學十四講》(*Introduction to Phenomenology*)。李維倫（譯）（臺北：心靈工坊文化公司）。

Wang Gungwu (1964) "A Short Introduction to Chinese Writing in Malaya." T. Wignesan (ed.): *BUNGA EMAS: An Anthology of Contemporary Malaysian Literature (1930-1963)* (Kuala Lumpur: Rayirath (Raybooks) Publications), 249-256.

王建元(2004)〈現象學時間觀與中國山水詩〉。鄭樹森（編）：《現象學與文學批評》[1984]（臺北：東大圖書公司），158-181。

威北華(1955)《流星》(新加坡：南洋商報)。

威北華(1955a)《春耕‧春天的潮》(新加坡：友聯圖書公司)。

威北華(1959)《黎明前的行腳》(新加坡：世界書局)。

文兵(1965)〈路迢迢，行徐徐：談十年來的馬華文壇〉。《蕉風》no.157 (Nov.): 18-21; 61。

趙戎(1971)〈導論〉。趙戎（編）：《新馬華文文學大系（二）：散文》(新加坡：教育出版社)，27-35。

趙戎（編）(1971)《新馬華文文學大系（八）：史料》(新加坡：教育出版社)。

鍾祺(1968)〈憶泡蒂〉。馬崙（著）《新馬華文作家羣像》[1983]（新加坡：風雲出版社），66。

鍾祺(1971)〈戰後馬華詩歌發展一瞥〉。趙戎（編）1971: 59-87。

臺灣、馬華現代主義思潮的交流

《蕉風》的第一波現代主義

郭馨蔚

壹、從現實主義裂縫溢入的「現代」：五〇年代的《蕉風》

一、「馬華文藝獨特性」的爭論餘緒

　　《蕉風》在馬華文學場域中對現代主義文學的推波助瀾有極大助力，然而，一九五五年創刊的《蕉風》，並非創刊起就打著「現代主義」的旗幟，而是標榜「純馬來亞化」的文藝刊物。其實，創刊初期雜誌多刊登具有「現實意識」的作品，這和一九四〇年代末、五〇年代初馬華文學場域的文學生態息息相關。因此，在開始探尋《蕉風》裏馬華與臺灣現代主義的交錯軌跡之前，必須先對《蕉風》創刊前後這段時期的馬華文學場域有所瞭解。

　　一九四九年後中華人民共和國成立，無論是政治認同或文化影響，皆與當時仍處自由陣營的星馬漸漸隔絕。根據林水檺的研究，自共產黨在大陸執政之後，馬來西亞境內的華人被圍堵至連到中國旅遊都成問題，更遑論與之建立關係(355)。二次大戰結束，東亞的政治勢力重組，在面臨「分裂的中國」與「馬來民族主義」高漲的情況下，馬來亞華人必須開始正視攸關自身生存處境的認同問題：留下成為「馬來亞」的一員，或返回「祖國」。對已在當地建立一定經濟基礎的華人來說，回歸「祖國」意味著放棄目前所擁有的一切，但留下卻又必須面對因經濟優勢而導致的窘境——無法享有一視同仁的公平公民待遇，這些對自我身份認同的矛盾思考

與拉扯，也展現在文學論爭上。

　　一九四八年一至三月，是關於「馬華文藝獨特性」和「僑民文藝」論爭全面展開的階段。雙方爭論的中心論題是：馬華文藝有沒有獨特性？僑民文藝是否應該結束？換句話說，也就是馬華文藝應不應該擺脫中國文藝的附庸狀態而獨立發展成具有馬華自身特點的文藝（黃孟文、徐迺翔 91）？在四〇年代末、五〇年代初提出的「馬華文藝獨特性」，「政治性」的立場宣示遠大於「藝術性」或「文學性」的論述。這場爭論留在馬華文學場域中的餘波，一直到一九五五年創刊初期的《蕉風》都還清晰可見。

　　一九五五年十一月，《蕉風》在新加坡創刊，五〇年代中期正是許多「南來文人」抵達新、馬之時，也是接受美援的香港友聯出版社事業由香港拓展到南洋的時候。友聯在南亞諸邦之中選擇了與香港同屬英國殖民地的新加坡與馬來亞，作為拓展其文化事業的基地（林春美 201）。《蕉風》是友聯旗下出版的刊物之一，一九五五年創刊時，主編為方天，它與戰後強調「此時此地」的「馬華文藝獨特性」合流，以「純馬來亞化」為主要刊物方向，第一期封面即標明「純馬來亞化的文藝半月刊」，一直到一九五七年四月第三十六期為止。《蕉風》強調「純馬來亞化」，是為了要完成「與其他馬來亞民族協調的生活在一起」的目標，因此，必須更加瞭解「我們生於斯、居於斯、葬於斯的馬來亞」（蕉風社 1955:2）。

　　〈創刊詞〉中已經非常清楚地說明了《蕉風》創辦的目的：為了更加瞭解今後將生死與共的這塊土地，必須透過文藝筆法來認真觀察民族文化，才能與其他同樣生活在馬來亞的民族和平共存；這就是《蕉風》提倡「純馬來亞化」的意義。可以這麼說：從創刊啟始，《蕉風》便是具有政治目的與「現實」感的，其「現實」感主要來自馬華文藝獨特性的餘緒，必須正視此時此地華人的生存難題，才有突破困境的可能；政治目的則是希望藉由「純馬來亞化」的書寫，以文藝的筆法深入觀察馬來亞各民族文化，以表達認同與歸屬本土。

　　友聯的自由主義色彩使《蕉風》的「純馬來亞化」與共產中國保持距離，防範馬來亞華人繼續成為中國政治的附庸，而朝向「本土化」發展。儘管明白短時間內華巫族羣融合、和諧共處的憧憬並不可能實現，《蕉風》

的馬華文人仍一再於創作中重複對「馬來亞民族」溫情呼告，彷彿這麼做便能挽回在建國過程中華族日益低落的族羣地位。回到歷史現場，一九五五年，馬來亞聯合邦(Federation of Malaya)舉行首次大選，馬華公會（Malayan Chinese Association，簡稱馬華[MCA]）與巫人統一組織（United Malays National Organization，簡稱巫統[UMNO]）加上印度國大黨（Malayan Indian Congress[MIC]，簡稱國大黨），組成巫華印聯盟(UMNO-MCA-MIC Alliance)，並在大選中大獲全勝，這使三大種族組成持久的政黨聯盟，以符合國內種族之間的政治情勢。勝選的執政聯盟著手進行獨立事項，以及制憲工作。一九五六年，英政府、馬來蘇丹、及聯盟政府三方面代表在倫敦開會討論馬來亞獨立問題。新制訂的聯邦憲法強烈符合馬來人權益，包括馬來人特權無限期延長；馬來人享有較大機會接受高等教育和獎學金等，從憲法的內容看來，華人的地位備受威脅，華文和華文中學沒有獲得官方的承認（廖珮雯 7-8）。創刊初期的《蕉風》基本上反映／回應了這些歷史事件，在建立獨立國家此一現代事件過程中，確實表現出一種「此時此地」的現實感。更進一步來說，這種「現實感」也包含了一種最廣義的「現代性」的展現——誠如伯爾曼(Marshall Berman)所言「發現我們自己身處一種環境之中，這種環境允許我們去歷險，去獲得權力、快樂和成長，去改變我們自己和世界，但與此同時它又威脅要摧毀我們擁有的一切，摧毀我們所知的一切，摧毀我們表現出來的一切」(Berman 15)。

二、「純馬來亞化」消失，「現代」出現

從一九五七年五月第三十七期開始，「純馬來亞化的文藝半月刊」在封面上悄悄消失了，編者提出「一個刊物也應隨著歲月躍進，不停的改進內容」，增加「現代佳作選」的專輯（介紹沈從文、李金髮、徐志摩的譯作與創作，但僅三期），並說明：「一地的文化提高不能只靠關起門來埋首苦幹，也應該吸收外地的精華」（蕉風社 1957:4）。這不是《蕉風》編輯羣第一次強調「吸收外來養分」，在同年一月的文藝座談話時，馬摩西（馬俊武）就提出「發展馬華文藝的輔助工具問題，我認為應盡量吸收外來文藝思潮」，但特地強調「現代」並選擇「佳作」將其歸入現代一類，在《蕉

風》上是首見。從「現代佳作」選擇介紹的作家來看，此時《蕉風》對「現代」的理解還停留在二、三〇年代徐志摩的新月派、李金髮的象徵派。[1]

「純馬來亞化」消失，「現代」出現，並不是一個偶然現象。一九五七年的馬華現實主義，已經被困在自己所強調的「現實」裏，漸漸有了美學與創作上的瓶頸。此時期的馬華現實主義，正如黃錦樹所言：傾向紀實，是一種「擬報導文學」，可是卻常具有報導與文學二者之短；把語言文字視為透明的工具，企圖把文字／語言背後的象徵系統、意識型態等等抽離，使得文字缺乏感性、藝術美，而生產出一種枯燥、貧血的文字，為文化感的喪失付出了代價（黃錦樹 158-159）。而《蕉風》承接一九四八年以來馬華文藝獨特性浪潮，欲繼續發展的「此時此地的寫實」，其實已可見其欲振乏力的疲態。因此，「純馬來亞化」悄然退場，取而代之的是「現代」概念。

也是從一九五七年第三十七期開始，《蕉風》出現「文訊」專欄，除了介紹星馬本地的文藝活動，也提供「世界」與「香港」的文藝訊息；第三十八期開始有臺灣文藝界的消息，第三十九期出現「上海」的文藝活動，第四〇期起則將「中國大陸」納入介紹範圍（但多為暗帶貶義消息）。從一九五七年五月第三十七期「純馬來亞化」退去，「現代」與介紹世界各國文藝活動的「文訊」出現，可以看出：《蕉風》本地化漸漸達成，同時也注意到現實主義漸趨疲乏之勢，欲與世界接軌，需另謀出路。

獨立前後的《蕉風》上「自由世界與共產鐵幕的對峙」並不明顯，比較突出的部分反倒是有意識的想要驅逐懷鄉情感與僑民意識，把「此時此地」的馬來亞當作可供「重獲新生」的土地。然而，儘管當時《蕉風》上的馬華文藝工作者大聲疾呼族羣融合的重要性，對馬華文藝的想像充滿顯著的政治企圖，獨立後在馬來亞的華人族羣卻並未因此獲得其所欲爭取的權利。這從馬來亞一九五七年的獨立憲法中可以看出端倪；基於普世的公民權原則，馬來西亞憲法內的不少條文，都明確保障了每一位公民在權利、義務與自由方面的平等；然而另一方面，同一憲法裏的部分條文，

---

1. 李金髮曾在第三十八期《蕉風》上翻譯法國象徵派重要詩人魏爾倫(Paul Verlaine)作品〈巴黎之夜景〉。

卻是以族羣身份來界定不同公民羣體的權利，義務方面則並無不同。獨立憲法既強調「普世公民權」又獨尊「馬來人和其他原住民族的特殊地位」，矛盾的以族羣身份界定不同公民羣體權利，從最關鍵的憲法第一五三條可以看出：「國家最高元首(Yang Di-Pertuan Agung)有責任依據本條文的各項規定，捍衛馬來人和其他原住民族的特殊地位，以及其他社羣的合法權益」。[2]

綜合以上觀察，由於具體歷史背景帶來的危機感，一九五七年獨立前後，《蕉風》仍將文藝視為「工具」；「馬華文藝獨特性」所提倡的「現實主義」風格，依舊可見於此時期的《蕉風》上，這和當時的歷史與政治背景有相當大的關聯。第二十九期第五場文藝座談會〈一九五七年馬華文壇的展望〉(1957)便指出，「針對此時此地的客觀需要創造出一種新興的『獨立文藝』」(3)，且「要從文藝中恢復民族的信心，融洽民族的情感，指出獨立的遠景」(3)。面臨馬來亞獨立前夕，在第三十六期馬摩西（馬俊武）〈文藝的新使命〉更明白指出，華巫問題必須「透過語言文字的翻譯介紹和學習階梯，以求得雙方優劣點的發揮，把真實的情況作詳盡的報告，把雙方的界線盡量消除」(5)；也就是必須發展「華巫文藝」，把文藝作為華巫和解的最佳媒介／工具。

值得留意的是，此時期的《蕉風》對「現實主義」的理解已經漸漸開始脫離過去「客觀的現實主義」，轉向「新現實主義」，這在第三十四期白蒂的討論中可以略窺一二。白蒂強調的「抒發大家喜怒哀樂的情緒」、「提出大眾的要求與願望」(4)，和艾略特在〈傳統與個人才能〉(1994)中所言「運用普通的感情」(10) 類似，艾略特強調詩歌應該要能表達「常情」，那些「個人的感情」可能「很簡單、粗糙，或者乏味」，並不是一個有意識的、深思熟慮的詩人應該做的事情；只有當注意到「大家」或「大眾」的普遍情感，才能讓詩歌中「有意義的感情」出現。此外，這裏白蒂所提出的「新現實主義」，不只是反映現實，更要能「啟示真理」，而此「真理」

---

2. 原文為："It shall be the responsibility of the *Yang Di-Pertuan Agung* to safeguard the special potion of the Malays and natives of any of the States of Sabah and Sarawak and the legitimate interests of other communities in accordance with the provisions of this Article."

必須具有現實與科學的根據，是以作家必須以「啟示未來的遠景」為寫作任務的目標；更細緻的觀察，白蒂的「新現實主義」主張還未進入「主觀」的現實主義階段，只是在「反映現實」的論調上加上一條「啟示真理」。

白蒂察覺到「新的現實主義創作方式」，在後來的《蕉風》中轉化為「浪漫主義」與「現實主義」的結合；在第六十四期《蕉風》中，楚客〈我看屈原〉一篇，便在文中提出屈原作品具有現實主義和浪漫主義結合的特點，強調文學作品的積極性，認為應該學習其「愛國、愛鄉、愛民」的精神（楚客 5）。楚客在正文前特別引了一段羅曼羅蘭的文字：「在不甘於平庸和凡俗的人——即嚮往光明、堅持真理的人——那他的一生，便是一場無日無之的鬥爭」。這裏「真理」又再度被召喚出來了，也強調「積極性」的重要，但比起第三十四期的白蒂，楚客更清楚的提出必須「表現更深刻的對於現實的認識」(5)。蔡明諺在考察五〇年代初期反共文藝論者所提出的文藝主張時，認為主要是以「現實主義」為基礎，加上「浪漫主義」的技巧，這兩者的結合就形成「反共文學」的表現論(5)。這和楚客提出「表現著更深刻的對於現實的認識」有相似之處，已經不是客觀的現實主義論，而是「主觀的」呈現現實，進而能夠更加深入掌握「現實」的全貌。楚客對屈原的理解恰恰展現了當時在現實主義中開展的一條細縫：從「愛國、愛鄉、愛民」的內在精神出發，以「積極的浪漫主義」描寫「更現實的現實」。當馬來亞獨立後，華人族羣地位低落，對「馬來亞國家」的熱情想像已宣告破產，馬華文藝獨特性的大旗漸無法登高一揮、虎虎生風，現代主義從此細縫找到一條蜿蜒路徑，得以逸入被現實主義把持已久的馬華文學場域。

三、從「現實主義」裂縫中引入「外來的養分」

若從《蕉風》追尋「現代」線索，會發現對西方與臺灣現代文學的借鏡／取經從五〇年代初便已展開。對西方現代文學的介紹，必須透過「翻譯」才能進入馬華文學場域，且還是「西方人的作品」，並非華人所寫；若欲引具有正當性的華人現代作品，在中國已「淪為」共產世界，且馬來亞當局對共產勢力尚戒慎恐懼之時，《蕉風》基於自身的「自由陣營」立

場，自然必須切斷己身與共產中國間的聯結，此時臺灣所代表的「自由中國」，便成為新興馬華文學作家賴以為現代文學資源、對抗傳統文壇勢力的最佳參照。

（一）「僑教政策」的推波助瀾

臺灣現代文學得以大量引介入馬華文壇，「僑教」在馬華與臺灣現代主義思潮交流的歷史過程中扮演了重要角色，五〇年代初期，在馬來亞華教遭阻的歷史背景下，國民政府遷臺後，開始在臺恢復招收海外僑生，在共產中國與馬來亞斷絕一切聯繫、馬來亞華文高等教育又尚未建構完整的狀況下，在臺灣代表「自由中國」的國民政府僑教政策成為當時馬來亞華人受高等教育的僅有選擇。因此，如果把五十年來的僑務政策僅視為「國共外戰」的一環，則似乎也簡化了政策背後複雜的政治意義（范雅梅5）。這意味著在討論僑務政策時，必須將其放置在更大的冷戰脈絡下觀察。

當國民黨政府為了鞏固自身統治者利益而投入僑教事務時，美國也正好需要以此宣揚「自由世界」觀，藉以與「共產世界」互別苗頭，美國的援助讓國民黨政府有極大的經濟後盾，足以發展完善的僑教政策；而對馬來西亞華人社羣而言，到代表「自由中國」的臺灣留學可獲得補助，相較在馬來西亞國內的升學管道充滿重重阻礙，亦提升了馬來西亞華人至臺求學的意願。根據張錦忠的觀察，五、六〇年代以來，不少受華文教育的華族子女，由於在國內接受高等教育的管道不暢通而到臺灣留學。其中不少留臺生在馬來西亞已參與寫作行列，有些人則到臺灣之後開始試筆。到了二十世紀九〇年代，這些留臺生已漸形成一支臺灣文壇的「外來兵團」，其中有人還頻頻得獎。他們在臺灣發表詩文、出書、參與編輯工作、在大專院校教書，積極投入文化工作者行列（張錦忠 57）。其中回到《蕉風》擔任編輯的白垚自述，其於臺灣留學期間，曾和逯耀東深夜談詩，「從夏濟安的文學雜誌，談到余光中的藍星詩社，再談到紀弦的現代詩社，和兩社的詩論戰。言談間，我偏向藍星，逯耀東偏向現代，但只是個人的偏愛，並沒有理論上的爭議」（白垚 2014:23-24）。雖「沒有多餘時間涉足詩

壇活動」，對臺灣當時熱鬧滾滾的論戰也是「淡然處之」，但白垚注意到藍星與現代詩社的論戰，並「偏向藍星」，這說明了在第七十八期《蕉風》提出「新詩的再革命」時，白垚是有自覺的將其在臺灣所見到的現代詩論戰種種概念，經過融合後再在《蕉風》提出適合馬華文壇的部分。

其餘常在《蕉風》發表作品的臺灣留學生，尚有王潤華、淡瑩、林綠、陳慧樺等人。王潤華在一九六二年至一九六六年間於臺灣政治大學讀書。根據王潤華的回憶，當時「現代主義文學與存在主義正當流行」，一九六五年他讀了卡謬的《異鄉人》，甚有同感，便向僑委會申請一筆經費，將譯稿「交給政大學長詩人黃荷生家族經營的巨人出版社出版」。淡瑩一九六二年九月抵臺，對臺灣的印象是：「讓種子萌芽的土壤」。她寫道：「當年寫詩，全靠自己摸索，無人指導，可以切磋的文友屈指可數。到了臺灣，換了土壤，我就像飢渴已久的旱地亟需甘霖的滋潤」（淡瑩 36-37）。一九六六年淡瑩出版第一本詩集《千萬遍陽關》，也是謝冰瑩為其申請到僑委會的經費補助。一九七二年，陳慧樺更和臺灣詩人李弦、林鋒雄在臺灣創立大地詩社，出版《大地詩刊》，從七〇年代初一直到八〇年代初才停止活動。

（二）西方與臺灣現代文學的「外來肥料」

由於上述臺灣僑教政策的推波助瀾，臺灣作家的文學作品在馬來亞獨立前後開始出現在《蕉風》上。在第七十八期改版之前，出現最多的臺灣作家有何方、汪洋、謝冰瑩等。何方以詩為主，謝冰瑩則較常發表短篇小說。

對改版前夕的《蕉風》而言，現實主義已經不是停留在四〇年代抗戰文藝時的樣貌，而具有更多元、甚至矛盾的可能性。由於「馬來亞文藝特殊性」的影響，《蕉風》的「現實主義」強調的是「此時此地」的現實感，進而漸漸往「現代」方向靠近，區月姬的〈《波華利夫人》與寫實主義〉(1959)即可以說明這種傾向。區月姬介紹福樓拜所代表的「寫實主義後半期」，認為「寫實主義是以描寫現代為任務的，他們認為藝術的創造是與科學的創造極接近的」(12)。她所提出「描寫現代」與「都市文化的產物」

恰巧抓住了福柯所言現代性精神：「把現代性看做為一種態度而不是歷史的一個時期。我說的態度是指對於現時性的一種關係方式：一些人所做的自願選擇，一種思考和感覺的方式，一種行動、行為的方式」(Foucault 534)。區月姬所提的「寫實主義」，必須以描寫「現代」為任務，也是「都市文化的產物」，更進一步來說，並沒有超出馬華文藝獨特性一再強調的「此時此地的文學」的範圍。

一方面，現實主義必須「表現著更深刻的對於現實的認識」，如前所討論的「屈原」，已經不是客觀的現實主義論，而是「主觀的」呈現現實，進而能夠更加深入掌握「現實」的全貌。另一方面，現實主義文學又具有反映社會現實的使命、必須給予社會讀者正面積極的影響，「文藝創作」因此必須是富有教育意義的，唯有符合這些潛規則，才是有價值的文藝作品。一九五九年，第七十五期謝冰瑩〈漫談文學批評〉一文中，對文學批評的看法，頗能反映上述改版前《蕉風》「現實主義」路線的文學創作與批評觀。謝冰瑩的創作觀還是以現實主義為出發點，認為必須「反映社會最大多數人民生活、發揮真理與正義」的作品才是有價值的（謝冰瑩 1959），謝冰瑩強調的無非是「客觀真理」，具有強烈的作家使命感，並且藉此指導其他創作者「創作的方向」，並建立「正確的文藝理論」。「主題是否正確」與「作品的價值」在謝冰瑩的論述裏是密不可分的，從此文看來，「正確」與否凌駕了一切評斷文學作品的標準，成為進行文學批評與創作時的最高準則，謝冰瑩說的「正確」其實就是臺灣反共文藝一再強調的「思想問題」，當文藝創作的「思想正確」，才能接著發展「形式」（技巧）的藝術問題。此篇論文學批評的文章仍不脫五〇年代初國民黨發展的反共文藝理論脈絡。值得注意的是，謝冰瑩提出「以人性為標準」的意見，此普遍性的「人性論」，為第七十八期《蕉風》改版後提倡的個體主義文藝提供了「轉向」的理論基礎。

身為國民黨文藝創作體制下享有強大文化資本的親國府文人，謝冰瑩曾任中國文藝協會第一、二、三屆理事，也曾至海外僑校教書講課。一九五七年八月八日，她應馬來亞霹靂太平僑校華聯中學之聘，與夫賈伊箴連袂前往任教，擔任中文組主任（周芬伶 94）。《蕉風》編輯臺相當看重

這件事，特別在第四十五期「文訊」中介紹謝冰瑩來馬的消息。謝冰瑩在馬來亞的教學活動一直持續到一九六〇年八月二十九日返臺為止，返臺後謝冰瑩重回臺灣省立師範大學（今臺灣師範大學）任教。根據周芬伶的研究，謝冰瑩的「新文藝」課程開現代文學與創作課程之先河，其學生廣眾，有許多門生成為作家，她的文藝觀也影響許多人（周芬伶 132）。在馬來亞僑校體制內的教學活動也讓謝冰瑩將其「新文藝」的創作與批評理念繼續傳播至馬華文學場域中，打開了另一條足以使現代主義逸入的細縫。

除了刊登臺灣作家的作品，《蕉風》也引進「西洋文學的外來肥料」。在一九五七年十一月，《蕉風》的文藝創作者，對自身的「現代文學」發展，還是時常有一種「遲到」且必須「迎頭趕上」的欠缺感。黃思騁在介紹第廿九屆國際筆會年會時便強調：「無論如何，就現代文學而言，我們比西方國家的成就確實差了一籌。如想迎頭趕上，那末，無論作者、編者和讀者，都得深切檢討一下！」（黃思騁 5）。 為了「迎頭趕上」，並建立屬於馬華文學的現代文學論述，《蕉風》開始以「外來的養分」灌溉自己的文學園地。從一九五八年五月的第六十二期〈自然主義的法國文學〉開始，鍾期榮在《蕉風》上陸續引介西方現代文學的各種流派。鍾期榮是留學法國巴黎大學的法學博士，以其自身所學專業將西方現代文學（主要以法國為主）介紹到馬華文學場域中；這些「外來肥料」都為接下來「現代主義」逸入提供了先行基礎。

一九五九年二月，《蕉風》第七十六期刊載了覃子豪〈臺灣十年來的新詩〉，這是臺灣作家在《蕉風》上最早發表關於新詩理論的一篇文章。在提到現代詩論戰時，覃子豪指出，紀弦的主張以純理性為出發點，摒除抒情於外，且未能將現代派所欲包容各新興詩派的精神與要素取得協調，作批判性的取捨；覃子豪並再次提出新詩的六大建設意見：

一、 詩底再認識
二、 創作態度應重新考慮
三、 重視實質及表現的完美

四、　尋求詩的思想根源

五、　從準確中求新的表現

六、　風格是自我創造的完成（覃子豪 1959:11）

　　這六大點和之後第七十八期改版時凌冷（白垚）〈新詩的再革命〉提出的看法相近，尤其是白垚所言「由內容決定格式」，恰為覃子豪所言「重視實質及表現的完美」、「尋求詩的思想根源」兩大項。覃子豪認為，所謂詩的實質也就是它的內容，沒有實質，詩就沒有生命；此外，新的思想必須由對人生的理解和現實生活的體認中產生，故詩的主題比玩弄技巧重要。覃子豪提出的六大意見可能是白垚寫作〈新詩的再革命〉時的參照對象。此外，這六大意見和五〇年代末新詩論戰時，覃子豪在一九五七年《藍星詩選》獅子星座號上發表〈新詩向何處去？〉一篇提出的「六條正確原則」內容完全一致，一字不漏。不免令人好奇：《蕉風》為何選在覃／紀二人論戰結束近兩年時發表此篇文章？

　　關於發生在五〇年代末新詩論戰的分期，論者有許多不同看法，本文在此採用蔡明諺的說法，將其區分為前後兩個階段：其一，一九五七年八月持續到一九五八年底，主要論戰雙方是紀弦為代表的現代派，和覃子豪為代表的藍星詩社，這場論戰的核心問題有兩個：新詩的取徑應該循「橫的移植」或「縱的繼承」？新詩創作應該偏重「知性」或「抒情」？其二，一九五九年七月蘇雪林在《自由青年》和十一月由言曦在《中央日報》接連引起的一連串討論，同樣可將論戰核心概括為二：「明朗」或「晦澀」的問題、現代詩應該接續哪一個傳統？蔡明諺認為，傳統選項有三：中國古典傳統、五四新文學傳統、西方（現代）文學傳統，在這三個選項中，被直接毀棄的是五四新文學傳統，因為這個傳統所發展出來的中國三、四〇年代文藝，已經在「政治上」被認定為失敗（蔡明諺 2006）。覃子豪於一九五九年二月刊登在《蕉風》的這篇文章，發表在藍星詩社和現代派發生第一階段新詩論戰之後，又恰巧接在蘇雪林、言曦第二階段新詩論戰之前，也許可以視為（延伸到馬華文壇的）藍星、現代派之爭的餘震與蘇言論辯的前哨戰。

　　回到馬華文學場域來看，雖然白蒂在第三十四期的《蕉風》提出「新現實主義」時的策略是和艾略特相似的，強調「運用普通的感情」，但在面對傳統時，第七十六期所展現的「破壞傳統」意念和艾略特其實背道而馳。在張兆介紹《簡愛》時，便提出《簡愛》中最重要的是「反抗」精神：在人的潛意識內，多多少少均具有「反抗」的因素，所以，「文學是對舊傳統不斷的破壞」之說，是有相當道理的（張兆 4）。也因為要「對舊傳統不斷的破壞」，《蕉風》才引覃子豪討論臺灣新詩的文章，為之後改版埋下伏筆。

　　伯爾曼把現代主義定義為：現代的男男女女試圖成為現代化的客體與主體、試圖掌握現代世界並把它改造為自己的一個家的一切嘗試。伯爾曼的意思是，所有各種文化運動和政治運動都是同一個過程的組成部分：在這一過程中，現代的男男女女肯定自己現在——即便是悲慘的受壓迫的現在——的尊嚴和自己控制自己未來的權利；努力在現代的世界裏為自己爭取一塊地方，一塊自己能夠作為家的地方(Berman 10)。馬來西亞華人在馬來西亞建國過程中，所嘗試的正是「試圖掌握現代世界並把它改造為自己的一個家」(Berman 6)；《蕉風》創刊前後馬華文學場域中僑民文學與馬華文藝獨特性的論爭，正是馬華文人覺察自己處境後的反省，而此嘗試的過程也就是伯爾曼所定義的「現代主義」。從此角度觀之，便可以理解為何原本高舉「現實主義」旗幟的馬華文學場域，會有足以讓現代主義逸入的裂縫出現。

　　此時的馬華創作者正亟欲尋找一種與以往不同的身份定位，突顯自己和過去「僑民」不同的文化屬性，切斷與「共產中國」的聯繫，面對「本土」是最有效緩和內心焦慮的方式；然而，面向「本土」的同時，又不能丟失身為「華人」的身份認同；此外，更要為新一代文藝創作者在看似已飽和的馬華文學場域中創造一個新的位置。因此，《蕉風》一方面強調「面對現實」、「反映時代」；一方面也要維持自己做為「海外自由世界華人」的身份，以新的眼光看待中華文化中的「偉人」；同時又要「破壞傳統」，引外來的西方與臺灣現代文學資源來為自己開拓新位置。為了呼應建國前後的愛國意識，對打從創刊起便強調「純馬來亞化」的《蕉風》而言，

「本土認同」漸漸成為其文藝創作發展的方向，此時期的《蕉風》，不論是編輯發文、作者來稿，幾乎都以「馬來亞」為焦點。觀察改版前的《蕉風》，文藝作品中充滿對民族的呼告與召喚，對馬來亞充滿熱切的情感，亟欲將其塑造成為腳下可供安居的「樂園」。批判現實主義面向社會、面對現實的基礎原本是要調整過度傾向個人實現的極端個人主義，但當其偏向「教條化」、「口號化」時，《蕉風》上的創作者注意到了其「保守」與「僵化」的一面，企圖提出另一種「以描寫現代為任務」的現實主義。除了維持「描寫現代」的寫實風格，此處延續自「馬華文藝獨特性」與「純馬來亞化」、面向「本土」的「民族主義」傾向，也讓《蕉風》在第七十八期改版後，走向「既現代，又現實」的文藝路線。

貳、「反映現實」的現代主義：《蕉風》的第一波現代主義運動
一、第七十八期改版：融合新人文主義與現代性思考的「個體主義文學」

一九五九年，《蕉風》第七十八期改版，強調「人的再發現」，提倡個體主義。楊宗翰認為，《蕉風》一九五九年第七十八期改版後，提倡「人本主義文學」與「個體主義文學」，進而開啟馬華文學的第一波現代主義運動（楊宗翰 2004）。《蕉風》第七十八期的改版，到底算不算是「第一波現代主義運動」？從該期〈改版的話—兼論馬華文藝的發展〉中可以找出一些蛛絲馬跡。此篇文章先簡介了世界文藝思潮的大脈絡，認為「『人的發現』，以『人』為中心的『人本主義』是近代文學的泉源，是近代文化的張本」（蕉風社 1959:3）。接著，話鋒一轉，提出在原子能時代突然降臨後，由於人類發現宇宙的中心並不是「物」，而是「能」，掌握著「能」的正是人類自身，進而展開「人的再發現的時代」，以和過去「人性的墮落、苦悶與頹靡」以及「對權威的歌頌、對教條的禮讚」這兩種文藝創作區隔。

上述《蕉風》在〈改版的話〉中所提出的文藝創作理念看似和西方近代主張自由民主思想的核心理念──「個人主義(individualism)」可以呼

應，[3] 但其實究其肌理，和英美冷戰前後興起的「新人文主義」更為相近。
英國保守的新人文主義是因應十九世紀資產階級的霸權危機及二十世紀
初英帝國主義的解體過程，為鞏固其共同體意識而發展起來的；美國則是
冷戰後，以蘇俄作為外來威脅，開始強化這個保守意識型態（游勝冠 2015）。
根據愛德華·薩伊德(Edward W. Said)的研究，人文主義作為一種態度或
實踐通常涉及非常有選擇性的，宗教的，貴族的或者教育界的菁英，另一
方面，他涉及一種截然相反的態度，有時是說明了的，有時卻並非如此，
那就是，人文主義可能成為一種民主進程，產生一種批判的、日益自由的
思想(Said 19)。這種批判與自由民主的思想，正是當權者所極力避免的，
因為這些對自由和知識的人文主義理想依然給最不幸的人們提供能量，
去抵抗非正義的戰爭和軍事佔領，並且去努力推翻專制統治和暴政(Said
12)。由於在冷戰結構中，星馬與臺灣地區皆被納入「自由陣營」的結構
中，因此對統治者有利的英美新人文主義，在兩地皆悄悄展開傳播。

　　冷戰期間臺灣與星馬地區同列自由主義陣營，《蕉風》又是懷抱自由
主義理想的右翼刊物，在第七十八期改版強調「人的再發現」與人本主義
的同時，也讓英美的新人文主義進入馬華文學場域。這種保守的人文主
義，在〈改版的話〉可以清楚看出；文章最後，編者提出「在安定中求進
步」的說法，個人的理想必須要在安定的環境中才足以實現，必須先肯定
羣體環境的安定，再以「人性的尊嚴、生命的和諧」為文藝創作的最高目
標，至此，原先《蕉風》高舉的「馬華文藝獨特性」隱身幕後，比「民族」
更為普遍的「人性」浮出，成為文藝創作的最高準則。《蕉風》這篇〈改
版的話〉將人類前途與中華文化的前途結合，和強調個人獨創性與差異
性，並盡可能縮小個人對權威順從的個人主義明顯有所不同。姚拓，以筆
名魯文的名義，很清楚地在該期雜誌撰寫的文藝理論文章〈文藝的個體主

---

3. 一般認為，個人主義這一概念是法國思想家托克維爾(Alexis de Tocqueville)發明或
首先使用的。作為一種哲學，個人主義涉及一種價值體系，一種有關人性的理論，
對某種政治、經濟社會和宗教體制的一種態度或信念。這種信念或價值體系可主
要由三個命題來表述：所有價值觀都是以人為中心的，也就是由人來體驗的；個
人是目的本身，具有最高的價值，社會只是個人目的的手段，而不是相反；所有的
人在道德上都是平等的，這種平等性的表達正如康德所說，是任何人都不能被當
作其他人福利的手段。參見顧肅(2006)，頁 32。

義〉(1959)中指出，為了不讓他人產生字面上的誤會，把「個人主義」改為「個體主義」更加適合(4)。

姚拓強調「個人內心的發抒，個人內心的好惡，以及個人的主觀與意見」(魯文5)，認為這些個體主義者在寫作的時候，是「憑著自己的愛好、個性、形式，來任意發揮他的靈感與主題。他想說甚麼就說甚麼，他愛用甚麼方式去表現就用甚麼方式去表現」(5)。這和現代主義者「做他們愛做的事」(doing as they liked)並且「說他們想說的話」(saying what they wanted)的寫作風格似乎極為相似(Bell-Villada 167)。《蕉風》第七十八期刊登的文藝理論，的確強調「文藝必須是文藝！」，認為若只將文藝作為工具使用，會完全失去文藝應有的「美」的條件，這也和波特萊爾「藝術是自主的(art is autonomous)」的呼聲似有異曲同工之妙。只是此時的「個體主義論」雖然乍看之下與「為藝術而藝術」的唯美主義派相近，也批判了過去馬華文壇的現實主義寫作風格，但仍是一種「改造過」的個人主義。姚拓所提倡的「個體主義者承認社會人羣中的任何一個『個人』或『個性』」，已經先將「社會人羣」置於「個人與個性」之上了，更明白告知「承認個人獨特個性」的原因是「要求人與人之間的和諧」(魯文5)，是一種自我實現與成就他人的結合，把個人作為實現國家社會和諧理想的載體（手段），而非具有最高價值的目的本身。文章最後，強調「要求形式上的美，要求感情上的真，要求人與人之間的和諧，要求掘發人之內心深處的良善，對失去的理想不絕望，對悲慘的世界不悲觀」(魯文5)，這一點還是在「人性論」的層次上論述，並未超出「普世價值」的範圍。

此外，姚拓在提出個體主義論時，也指出欲和中國現實主義以及「現今星馬文藝界」區分的企圖：「不客氣的說，中國近二、三十年來所謂寫實主義的作品，何嘗不被套在一個「反映現實」的公式」(5)，姚拓要「不客氣的」針對的對象，就是套用公式、盤據星馬文壇的「中國式」寫實主義。依此觀之，第七十八期《蕉風》強調「個體主義」、「人的再發現」的改版，某一部分延續了新人文主義的特色，並非現代主義中以高度個人主義感官為背景的一種風格追尋。其所強調「文藝必須是文藝！」的呼聲固然與現代主義的創作觀有相近之處，但當「現代化」(modernizing)文學技

巧在第七十八期《蕉風》出現時，[4] 其實只是提供了對抗既有文學勢力的
一個方法，《蕉風》引此方法無非是要挑戰當馬華文壇主流的現實主義風
格，和當時文壇中盤據已久的現實主義作家分庭抗禮。

　　仔細觀察這兩篇改版宣言，可以看出從〈改版的話〉到〈文藝的個體
主義〉，第七十八期《蕉風》改版時念茲在茲的始終是一種「保守的人文
主義」，對個人的價值與自我實現看似表達出一種積極面向，但並不進一
步批判此價值背後的特定社會經濟結構，如前所述，這是因為《蕉風》提
出個體主義文學，並非意欲與當時社會經濟結構對抗，對《蕉風》而言，
一九五九年馬華文學場域中最重要的「敵人」是高呼「唯有真實才是文藝」
的寫實主義者，換句話說，曾受美援贊助、以自由主義陣營自居的《蕉風》，
最感不滿的是被套在「反映現實」公式中、被各種形式約束的現實主義作
品。因此，《蕉風》所提倡的「個體主義」必須為「更偉大的理想」獻身。
從魯文提倡的「人本主義」與「個體主義」為出發點，便不難理解為何在
第七八期改版後的《蕉風》上，「反共」與「自由創作」的地位同等重要，
且並不相違背。

　　回到具體的歷史脈絡中來看，在一九四八至一九六〇年間，由於馬來
亞共產黨展開武裝鬥爭與游擊戰，英國殖民政府宣告全馬來亞進入緊急
狀態，實行緊急條例法令(Emergency Regulations Ordinance, 1948)，直到
一九六〇年七月三十一日才解除。只是在解除緊急狀態後，一九六〇年八
月一日《馬來西亞內安法令》（Internal Security Act [ISA]簡稱內安法令，
又稱一九六〇年國內安全法令）立即生效，繼續應付共產黨的「顛覆行
動」。內安法令讓馬來西亞政府得以不經過審訊，不必在公開法庭證明某
人有罪，就可以長期扣留此人。內安法令一直到二〇一二年國會通過新的
《國家保安（特別措施）法令》（簡稱國安法）才正式廢除。馬來西亞的
內安法令雖未如臺灣戒嚴法全面性衍伸出許多相關法令，實行軍法審判、
禁止集會遊行與嚴格控管言論、出版等自由，在文藝方面也未如臺灣組成
中華文藝獎金委員會、中國文藝協會等官方團體極力推行反共文藝，但在

4.　此處借用貝維拉達(Gene H. Bell-Villada)所言「現代化文學技巧」一說，引自 Bell-
　　Villada (2004)，頁 291。

以反共為主要目的的內安法令賦予政府可不經審判、任意拘捕人民權力的情況下,臺灣與馬來西亞的歷史條件有其相似處——都是冷戰結構下自由主義陣營的一份子,必須以反共為己任。只是對於馬華創作者而言,當前最重要的任務除了「反共」,更必須在馬華文學場域以及新建立的國家中積極為自己爭得一席之地;《蕉風》背後友聯羣體的「反共」與「自由」理念在此正好可以派上用場,既符合政府的反共政策,又能突顯自由創作觀與過往刻板反映現實的差距,進而為自己佔得一個位置。

站在這個角度來看,再把《蕉風》背後友聯出版社的美援背景以及新人文主義的保守價值觀納入思考,其實《蕉風》大力提倡的「個體主義」書寫,也是以美國為首的自由世界創作觀的傳播與轉移,並非單純的創作美學。

二、模糊的現代意識萌芽:新詩的再革命

五〇年代末的馬華文壇,現實主義尚為主流話語,一直到六〇年代的馬華文壇,現實主義文學的力量還是比現代主義要大得多,面對現實主義文學仍佔文壇主流的情況,在新一代馬華文學創作者意圖突破過往現實主義為主流的框架時,白垚認為,舊的(文學創作方式)必須打倒,新的必須建立起來,並進一步提出五點建立的標章準則:

> 一、新詩是舊詩橫的移植,不是縱的繼承
> 二、格律與韻腳的廢除
> 三、由內容決定形式
> 四、主知與主情
> 五、新與舊、好與壞的選擇,亦即詩質的革命。

(凌冷[白垚] 1959:19)

乍看之下,白垚所下標題「新詩的再革命」和紀弦在一九五六年二月「領導新詩的再革命‧推行新詩的現代化」的口號一模一樣,看似呼應了紀弦提出「新詩的再革命」運動;白垚所強調的「橫的移植」也似乎贊同了紀弦提出的新詩六大信條第二條:「我們認為新詩乃是橫的移植,而非

縱的繼承。這是一個總的看法，一個基本的出發點，無論是理論的建議或
創作的實踐」（紀弦 1956）。但是細究其內容，兩人的詩觀其實並不相同。
紀弦詩觀中最重要的是「追求詩的純粹性」，把「現代詩」等同於「純粹
詩」，並排斥一切「非詩的」雜質。但是他所言「純粹」是形式上的純粹，
而非內容上的。此外，紀弦提倡「橫的移植」是把「現代」文學技巧當作
一種進步的表徵，從西方移植到臺灣詩壇來，接種在中國的土壤上。白垚
所言「橫的移植」，雖然也強調了「新的工具、新的形式、新的內容」，但
其「橫的移植」說法和紀弦原先所言脈絡大相逕庭，白垚挪用了紀弦的詞
彙，而修改其內容。白垚的「移植」是指「方塊字」和「文化精神」橫的
移植，此「橫的移植」否定了舊詩的形式和內容，認為「從我們傳統文學
得來的遺產，只是中國的方塊字和那種文化精神」，雖基本上還是肯定了
「中國的血統與文化精神」，但更加強調的是「赤手空拳在這塊土地上建
出樂園」的現實感。在這一點上，凌泠（白垚）的論點更接近覃子豪一九
五七年在〈新詩向何處去？〉所提出「民族的氣質」，覃子豪在這篇文章
中強調的「時代風格」、「民族氣質」其實是很「現實」的，並非指涉過去
的中國傳統價值，而是「中國現時代的聲音，真實的聲音」，這剛好能讓
白垚藉以強調「今日馬來亞華文處境」中，新詩再革命的必要性。

　　而白垚強調的「新與舊」的問題，主要是在談「創作語言」。白垚認
為「這不是好不好的問題，而是時代進展的新與舊的問題」，也就是說詩
的價值好壞並不是重點，是否用「新」的語言創作才是最重要的關鍵，白
垚在文中不時強調「這不是好壞的問題，是新舊的問題」，[5] 明白指出其
所欲「揚棄」的是「舊的表現手法」，朝向新的時代邁進。白垚用線性、
不可逆的時間意識排除了舊（格律）詩所代表的「小足」、「蠟燭」，和紀
弦在《現代詩》的創刊宣言中所提出「唯有向世界詩壇看齊，學習新的表
現手法，急起直追，迎頭趕上，才能使我們的新詩到達現代化」（紀弦 1953）
十分相近，都是「新」必得取代「舊」的「進步」史觀。只是紀弦在〈現
代派信條釋義〉中已經毀棄了「散文的語言」，認為「每一詩行，甚至每

5.　這和謝冰瑩在第一一六期《蕉風》〈我與白話文〉所言「文學沒有新舊之分，只有
　　好壞之別」的文學創作觀有明顯差異。

一個字,都必須是純粹『詩的』,而非『散文的』」(紀弦 1956),白垚顯然並未全盤接收紀弦「詩的語言」說,其還是站在紀弦早期的立場:用「散文的新工具」來否定格律詩(舊表現的新詩)所使用「韻文的舊工具」。

另外,白垚提出的第四條準則「主知與主情」,強調「知、情、意」三者中,過去的詩都缺乏「意」,即「人類理性的發揚」。在此處白垚提出「人類理性的發揚」和紀弦所提倡第四條:「知性之強調」並不完全相同。這裏「人性論」又再次被呼喚,紀弦強調「知性之選擇」是為了發揚個人精神,追求個人的獨創性;白垚發揚理性卻是為了召喚「人性」以進行「有意義的開拓工作」,這是兩人對於「知性」或「理性」創作觀最大的不同,白垚又再次修正紀弦的概念轉化出屬於「馬華新詩」的創作觀。

為甚麼白垚要透過「新詩的再革命」,重新定義新詩?在當時,「新詩」與其說是一個現成的位置,倒不如說是一個有待確立的位置。若「新詩」的位置本來就存在於馬華文學場域中,那麼只需佔據即可,它可以通過「自身完成或承擔社會職責,建立在社會功能本身的邏輯上」(Bourdieu 92)。雖然「新詩」似乎在馬華文學場域中既存的位置空間中處於「潛在」的狀態,但它在權力場中不具備任何一個對等的東西,作家羣體和世俗權力之間具有某種特殊關係形式,若無法在權力場中取得對應,那麼這個位置就「可能或理應無法存在」,此時便必須「建立一個在其中能找到位置的場」,也就是讓原有的馬華文學場域改變,才有可能讓新的「新詩」的位置存在。因此,新詩要在馬華文學場域中佔有一席之地,除了入場券必須先到手,還必須對既定的位置和位置上的佔據者進行反抗,並「創立一切給這個位置自身特有的定義的東西」,也就是對「新詩」一詞進行定義。

新一代馬華創作者的進場行動並非第七十八期才開始,對「現代」的佔位,在一九五七年五月第三十七期「純馬來亞化的文藝半月刊」在封面上悄悄消失,增加「現代佳作選」專輯時就已展開了,只是當時對「新詩」尚未有清楚的定義。白垚〈新詩的再革命〉提供了馬華現代詩相當的定義基礎,雖然文中未提及臺灣現代詩的影響,但綜合以上觀察,〈新詩的再革命〉一文中凌冷綜合了紀弦與覃子豪的詩論,提出屬於「馬來亞華人」的「現代」新詩定義,可看出此時《蕉風》的雄心壯志,以「中國新詩運

動的歷史，完結於馬來亞華人的手裏；而現代新詩的基礎，也從那裏開始！」作結，展現了欲爭奪文學史地位的企圖心。

白垚所提出的詩論是「放眼縱觀以往詩的路線，橫視今日馬來亞華文的環境」後所提出的。或許可以這麼說，白垚留臺時正好遇上臺灣詩壇論戰，在觀察過論戰雙方意見後，他將其融合為適合馬華文學場域（或適合用來「進入」馬華文學場域）的新詩論述。可是白垚的新詩論述雖然是覃子豪與紀弦兩人的融合體，卻尚未具備完整的「現代意識」，由於當時馬華文學場域中「現代詩」的位置尚未出現，現代詩壇當然更未成熟，白垚此時的詩論只在處理如何使「新詩」獲得正當性，其間的「現代意識」仍是模糊的。一九五九年的白垚並非真正具有「現代主義」感，而是意圖在格律詩依舊盛行的馬華文壇披荊斬棘，開出一條不同的文學創作道路來。

一九六二年九月，第一一九期〈編者的話〉中，「新詩」的稱呼不見了，「現代詩」出現（蕉風社 1962:封二）；值得注意的是此時「現代詩」的名稱尚未固定下來，有時只簡稱「詩」，或按其長短稱「長詩」、「短詩」，一直到一九六四年第一三六期，「現代詩」的名稱才終於固定下來，這和當時從《星洲日報》延燒至《蕉風》的現代詩「晦澀明朗之爭」有關。

三、以臺灣余光中、西方艾略特為馬華現代詩「解套」

一九六三年十二月二十七日，鍾祺在《星洲日報·青年園地》發表〈一首現代詩〉的評論文章，動機是閱讀了一九六二年在臺灣出版，由覃子豪主編的第一至四期《藍星季刊》之後，不以為然而展開對現代詩的批評。鍾祺說：「在語言上，現代詩的作者的本領，就在形式主義的發明一些半歐半文言的意義合混或根本沒有意義的語言的廢料，標新立異的誘導人民走進思想的迷宮」（轉引自黃孟文、徐迺翔 226）。鍾祺的論點很快引起了詩人林方的反駁，一九六四年一月二十二日，林方在同樣一版發表〈致鍾祺先生〉，引法國詩人藍波(Authur Rimbaud)的說法，認為文學是活的，一切有生命的文學都應「現代」。林方也提出「現代詩並不反對韻律」的說法，現代詩反對的是「韻腳」，但不反等同於「作品的內在律動」的韻律。幾乎可算是當時《蕉風》詩作發表固定班底的林方與鍾祺對現代詩的

討論在馬華文學場域中發酵，並延伸到《蕉風》來。第一三六期〈編者的話〉中表示：「最近，本邦一些作者及讀者對『現代詩』誤解之處頗多，所以，這一次的『作品評介』特別介紹著名『現代詩』的作者余光中的作品，希望大家對『現代詩』有較明確的認識」（蕉風社 1964:封二）。

這是余光中的名字第一次出現在《蕉風》上。當期，臺灣文人耶律歸（于還素）便在「作品評介」專欄，[6] 以專文〈詩的速度〉介紹余光中《萬聖節》和《鐘乳石》兩本詩集（耶律歸 1964），在評價余光中的詩集時，耶律歸認為余的題材與語言都是復古的，是為了對抗現代文明「最時髦的迫害」。

耶律歸所盛讚余光中的兩本詩集，恰巧代表了余光中創作生涯的兩個重要轉折與階段，《鐘乳石》詩集是余光中開始脫離格律新詩，而轉向自由詩體的階段；《萬聖節》則是其將流浪意識從「反共的」懷鄉病轉成「現代的」懷鄉病，開展「鄉愁」主題的重要結集。蔡明諺指出，如果從余光中本身的文學發展來看，《鐘乳石》是一個重要的轉折關鍵，他後來的聲調和風格，大都可以在這本詩集中見出端倪（蔡明諺 2008:244-245）。換句話說，余光中的「現代中國意識」在《萬聖節》裏漸次展開，但他所認可的現代中國卻不是現實世界中存在的中國，甚至也不是臺灣所代表的自由中國了，如同蔡明諺所言：只有在「傳統」的輝煌中，余光中才能找到他所「認同的」中國。這種現代中國意識，用余光中引艾略特的話來說，就是「時間之鄉愁」，如果把余光中的「現代中國意識」與「時間之鄉愁」放入本篇論文的脈絡中，也就是一種「中國性現代主義」的展現。余光中在中西文化論戰中強調的迎「中國的文藝復興」概念（余光中 1960:3），正好可為《蕉風》所用。

《蕉風》編者特別介紹著名現代詩的作者余光中的作品，是要藉臺灣

---

6. 耶律歸，本名于還素，筆名有于歸、邊地榮、寒父等，哈爾濱農業大學畢業，早年曾遊學美日。創辦劇藝團體，推展舞臺藝術，創辦《劇聲》雜誌，參與新聞工作，主持筆政，於長春創設《中山報》。來臺後，先後任中國文化研究所委員、歷史博物館美術委員會委員、國大代表，中國藝術評論人聯誼會召集人、主席，並發起「現代藝術季」，曾為《前衛》雜誌發行人，夢都中國國際圖書館館長，並曾執教於南美夢都大學。參照國立臺灣文學館臺灣作家作品目錄查詢系統：www.nmtl.gov.tw/writer2/writer_detail.php?id=35。

「中國性」現代主義之矛,來攻馬華現實主義之盾,並維持前述《蕉風》強調「中國文字的特殊性」之論。刊登耶律歸對余光中「顯示華人的精神意象」與「致力於東方的文藝復興」 創作理念懷有高度評價的文章(余光中 1978:195),也顯示了這種傾向。余光中對傳統中國光輝的依戀,甚至影響了之後馬華現代詩人溫瑞安等人「浪漫江湖」的走向。在一九六九年五一三事件後,這種緬懷古典中國的傾向,在馬華文學場域中更明為顯。

此外,余光中朝向傳統中國光輝的轉變,和艾略特有很深的關係。一九六二年,余光中在得到中國文藝協會新詩獎後發表的〈從古典詩到現代詩〉一文中,清楚說明了他對傳統的態度:對於傳統,一位真正的現代詩人應該知道如何入而復出,出而復入,以至自由出入」(余光中 1978:189)。對余光中來說,他得以在自己選擇的傳統間「自由出入」,很大一部分取決於他「政治正確」的地位,余光中選擇效忠於國民政府主導的意識型態,並「為之獻身」,選擇和統治者站在一起的同時,已經先「放棄」自己身為知識分子的立場,轉而爭取自己在文學體系中獨一無二的位置。就像余光中奉為「大詩人」的艾略特說的:「藝術家必須效忠於他本身以外的某種東西,為之獻身,放棄自己,犧牲自己,以便爭取並獲得自己的獨一無二的地位」(Eliot 65)。在冷戰架構影響下,艾略特成為極具影響力的英美新人文主義代表人物,或者說是「激進保守主義」的代表,艾略特繼承了保守的社會思想傳統,把社會看作階級森嚴但能夠自我滋養的有機循環體,不同層次上的階級分享同一文化並且在各自不平等的結構位置上共同為一個和諧的整體而奉獻(Eagleton 1999:139)。換句話說,個人的「個性」必須為非個人的秩序——也就是「傳統」奉獻。

余光中對傳統的依戀,恰如泰瑞‧伊格頓(Terry Eagleton)所言,比起在意中國古典作品的永恆價值,他更重視的是這些傳統文學能否「有助於他創寫自己的詩篇」(Eagleton 1999:56),透過確認傳統的重要性,在登堂入室、把自己置放入理想秩序的同時,余光中也再次幫助傳統確立自己的中心價值,再次豐厚了「傳統擁擠空間的經典」。選擇哪些「傳統」有助於鞏固自己的地位就變成了一個重要的課題,「五四以前的古典中國」在

當時的臺灣既具有正當性──畢竟國民政府始終以「正統中國」自居──，又有安全性──不必碰觸敏感的政治議題，又可結合反共文學對過去大好河山的緬懷──，就成為余光中的最佳選擇。對艾略特和余光中來說，「只有存在於傳統之中，文學作品才名正言順，彷彿基督徒得活在上帝之中才能得救」（Eagleton 1999:56；引者著重）。《蕉風》上的馬華創作者在舉余光中以壯大自身現代文學的正當性時，也加強了余光中與艾略特對「傳統」的態度；這在接下來白垚一系列的「現代詩閒話」中可以看出。

　　從一九六四年三月至七月，《蕉風》第一三七期至一四一期，刊登了白垚〈現代詩閒話〉系列詩論，也是從這個階段起，白垚開始固定使用「現代詩」一詞。在第一篇〈不能變鳳凰的鴕鳥〉中，白垚主張在面對現代詩時，既不能當「崇拜傳統、輕視創造」的「保守分子」，也不要讓自己變成「鄙視傳統、侈言創造」的「急進分子」。他特別提出：「其實，傳統是經由不斷的創造而來，今日的創造，是加厚明日傳統的基礎」（白垚 1964:12）。白垚站在「線性進化論」的立場認為，現代詩的出現是不可抗拒的，當有一天現代詩的創作技巧理論再也無法滿足創作者的需求，自然又會有新的理論出來代替，「到那個時候，不管你反對也好，贊成也好，傳統之再被豐富一次是不可免的事」（白垚 1964:12）。白垚的論點和他在這篇文章中所建議批評者閱讀「最起碼的一篇 T. S. Eliot 的〈傳統和個人才具〉」再次巧妙的相連；對艾略特來說，傳統是「一個具有廣闊意義的東西，傳統並不能繼承」（白垚 1964:12），且傳統應該包含「一種歷史意識」，這種歷史意識「包含一種感覺，即不僅感覺到過去的過去性，而且也感覺到它的現在性」(Eliot 2)。因此，傳統被視作「現存的不朽作品聯合起來形成一個完美的體系」(Eliot 2)，而當有新的創作作品進入這個體系後，這個體系勢必會受到一些修改，也就是白垚所言「加厚傳統的基礎」；於是「每件藝術品和整個體系之間的關係、比例、價值便得到了重新的調整，這就意味著舊事物和新事物之間取得了一致」(Eliot 3)。這種一致性，便是伊格頓強調的「傳統的中心價值──絕對的權威力量」。

　　白垚對傳統的看法，和當時大多數《蕉風》作者羣相似，但更進一步

深入。在第一三三期第三屆文藝座談會的紀錄中,曾引艾略特的話來強調吸取傳統精華的重要性:「偉大的詩人,必須接受傳統」(蕉風社 1963:4),《蕉風》作者羣將艾略特的觀念拓展至馬華現代詩創作觀上:「唯有盡量吸收傳統的精華,寫出來的各種詩體才能豐美。現代詩中的明喻和隱喻如能夠運用本邦和中國的神話或典故,而少用西洋化的神話或典故,是值得提倡的」(蕉風社 1963:4)。白垚這篇文章也說明了接下來一連串「現代詩閒話」的企圖:「在西方,雖然理論的建立已有一個眉目,但這些理論被介紹到我們的文學園地來是缺乏的,因此,現代詩目前仍缺乏一個有系統和完整的歷史發展和理論根據」(白垚 1964:12-13)。白垚寫一系列的現代詩閒話,正是要建立起馬華現代詩完整的歷史發展和理論根據,並藉此和社會現實主義互別苗頭。

循此邏輯,在《蕉風》第一三八期,白垚以〈當車的螂臂:現代詩閒話之二〉大力批判那些奉「用馬克思與毛澤東的香油錢粉飾過菩薩金身的廟堂」為尊的「廟堂裏的侏儒」(白垚 1964a:13),認為他們「弱化了自己的意志和思想,低估了自己的人格和價值,退縮了自己的創造力」(白垚 1964a:12),其實正是站在自由主義的陣營批判共產主義。白垚在討論「文學藝術的發展進化」時,肯定「現在的一定比過去豐富,將來的也比現在的豐富」(白垚 1964a:12),還是站在艾略特對「傳統」的認識基礎上。

白垚認為死去大師們的作品仍有其重要性,但是「這種重要性只是作為一座橋,並不能做為一座廟堂」(白垚 1964a:12),其意在藉由「傳統」經典作品以「接觸更深更廣的世界」,也就是藉傳統以創新,這和艾略特〈傳統與個人才具〉的想法依然在同個理論框架中,艾略特認為:「假若傳統或傳遞的唯一形式只是跟隨我們前一代人的步伐,盲目的或膽怯的尊循他們的成功訣竅,這樣的『傳統』肯定是應該加以制止的」(Eliot 3)。從白垚在第一四〇期中的〈藏拙不如出醜:現代詩閒話〉更可看出這種邏輯:「我們有自己的才華,有只屬於這一代的時代精神,有與前不同的教養和環境,更有比過去任何一個時代更為豐厚的傳統。無數的過去,形成了一個現代。這個現代,就是我們所重視的,比過去任何一段光榮的歷史更值得我們寶貴」(白垚 1964b:12)。正是因為身處於傳統之中,讓白垚同

時發出「這不是一個狂妄不狂妄的問題，我們比任何人都要謙遜，我們謙遜的閱讀前人的作品，我們謙遜的注重事實」（白垚 1964b:12）的心聲，卻又以「現代詩人是走一條屬於這個時代的路」（白垚 1964b:13）的時代權威代言人自居，正如伊格頓對艾略特的觀察：「身為傳統的一員，使你得以權威自居，同時又謙卑自棄」（Eagleton 1994:57）。

第一四一期，白垚〈多角的鑽石──現代詩閒話〉，對現代詩提出「民族風格」的疑惑。白垚嘗試提出的命題是：現代詩作品中是否應該具有民族風格？這裏所指的「民族風格」與創世紀詩社所言「民族路線」不太一樣；創世紀所謂的「民族」，指涉對象相當清楚：在臺灣的國民政府所代表的自由中國。但是白垚提出「民族風格」此一概念時，一開始就表明：「民族風格本身無一定的標本，而是隨時代的演變、民族的混合，文化的交流而踵事增華的」（白垚 1964c:13）。

白垚認為，即使某些風格現在看起來是不夠民族風格的，但是誰也不能肯定，若干年後，它會不會是我們民族風格的一部分？如前所述，儘管白垚行文間仍免不了以中華民族文化古國的身份自詡，這也可能是一種爭奪中國性正統敘事的方法，但白垚提出「文化的多角鑽石」，肯定馬華文化的多元面向，希望由此為發端，「吸收外來的藝術光線」在現代詩場域中發展出一種不同於以往的新走向。白垚所謂「外來的藝術光線」，指的便是「現代化文學創作技巧」，由於時代性的因素，馬來西亞社會內「三大民族融合的新文化尚未成形」，必須「自行蛻變一種新的風格」。雖然白垚向現代詩提出呼告：必須掙脫一切包圍和纏繞，無須以民族風格畫地自限，但在提出新風格的創造時，並非全盤推翻舊有文化，而是「一個舊風格的延續和豐富」。

在第一四一期的「文藝沙龍」中，和白垚出現在同一版面的是余光中〈升起現代文藝的大纛〉一文。一九六四年五月，余光中在《文星》上發表了〈下五四的半旗〉，同年七月，不過相差兩個月的時間，《蕉風》在第一四一期改以〈升起現代文藝的大纛〉為篇名，刊登了余光中的這篇文章。《蕉風》和余光中的密切關聯，可以從《文星》和《蕉風》幾乎沒有時差的同時發表看出；根據第一三六期〈編者的話〉，《蕉風》是特地向余光中

邀稿。余光中肯定了五四的文學史地位，但認為五四的成就只是語言上的解放，並未達成「藝術的革新」，那是因為他們不僅在文藝上的西化不徹底，對中國古典文學的再估價也不正確。余光中批評五四作家時所言「在改造社會的熱忱之中，他們偏重了作品的社會意義，忽略了美感的價值」，和夏濟安、夏志清對五四成就評價不高，是同一種思考邏輯，都是出於國民黨政權體制內的文化政治位置，排除那些對國民黨政權的生存有所威脅的不穩定文化因素。游勝冠認為，將五四文學的藝術性之所以不高導向「政治化」，這種論調其實本身就非常的政治，政治立場只會跟政治立場對立，他們所對舉的所謂藝術性，掩飾的正是他們右翼保守的政治立場（游勝冠 2015）。余光中的文章再次讓當時在《蕉風》上的馬華文人得以借此來鞏固馬華現代文學（尤其是詩）的地位，攻擊社會現實主義。

四、第一四三期革新：引入更多外來文學資源

　　《蕉風》以刊登港臺作家作品為編輯主導方針的走向在一九六二年四月有了改變，第一一四期全部採用本地作者的作品，連當期的「現代西洋詩選」也幾乎以本地作者翻譯為主。可是到了一九六二年黃崖擔任主編，《蕉風》移至香港印刷，又開始以刊登港臺的作品為主導方針，而以馬華作品為副。在一九六四年七月第一四一期〈編者的話〉中，提出革新的原因：「本刊將成為一座橋梁，溝通國內國外的文壇；把本邦的優秀作品介紹到其他地區去，也把其他地區的優秀作品介紹到本邦來」（蕉風社1964a:封二）。並且認為這是一種「提高刊物水準」的方式，《蕉風》透過界定自身讀者的優秀，和其他大眾刊物「缺乏欣賞能力、喜愛低級趣味」的讀者區隔開來——讀《蕉風》的讀者都是「學識較高、富有進取心的」。第一四三期革新號正是黃崖主編《蕉風》期間，臺灣作家的作品大幅增加，刊登了不少臺灣作家的詩文，其中不少為這些作家來稿，而非轉載。如孟瑤的〈太陽下〉是由《蕉風》首刊，再「准許」另刊轉載發表；而郭良蕙的〈第四個女人〉則是作者自行寄至《蕉風》，再經香港印行單行本。根據許文榮、孫彥莊於二〇一三年的觀察，當時《蕉風》的編輯立場是宣導現代主義，與當時主導文壇的左派現實主義抗衡，它的政治立場是反共

的，且從蘇雪林經常和黃崖通信，還兩次應邀到《蕉風》所舉辦的寫作講習營演講，可見當時的《蕉風》非常活躍，一有著名作家學者南來，便主動伸出觸鬚，向他們邀稿或邀請講課等(122-123)。

此外，在黃崖擔任主編期間，《蕉風》新增「文藝沙龍」專欄，時常刊登和現代主義文學有關的論述或消息，不免有為馬華現代主義護航的味道。不僅為馬華現代主義護航，此時期的《蕉風》更欲奪下「東南亞現代主義文學盟主」的寶座，第一四九期《蕉風》便籌劃了艾略特紀念專輯，本期編者並且提醒讀者「本刊自一四三期革新後，選稿水準經已提高」（蕉風社 1965:76），不多刊本地作者作品並非偏見或歧視，而是這些作品並未達到《蕉風》希冀的高度，因此「不合水準，難以採用」（蕉風社 1965）。從這兩段敘述中，可以看出此時的《蕉風》做為一份「純文藝刊物」，對自己有相當高的期許與願景，展現亟欲成為「東南亞華人文學重鎮」的強烈企圖。

從第一五〇期開始，「在他們[sic]刊登西洋名家的作品時，將同時發表有關該作家的生平和作品風格的文章，以協助讀者研究和欣賞」（蕉風社 1965a:62）。從第一四三期革新後的《蕉風》雖然大量引介西方現代作品，但龐雜的資料讓讀者較難從中理出一條清楚的西方文學脈絡；自第一五〇期起，《蕉風》不再只是零散的譯介，開始有系統的介紹西方文學作品；不過還是「騰出固定的篇幅，刊登年輕作者的作品」（蕉風社 1965b:63）。第一五一期起，「世界文壇」專欄重登《蕉風》，和之前介紹專書或單一作家的方式不同，第一五一期的世界文壇「面向世界、關懷本土」的企圖更廣，受到美國影響也更深，將世界分為「美洲、中國大陸、歐洲、馬來西亞」，「港臺」反倒悄悄消失了。編者在討論馬來西亞文壇狀況時，對《蕉風》的看法可以說明《蕉風》面向世界的企圖心；將自己定位為「東南亞大型純文藝期刊」（文兵 1965:69），《蕉風》成為「自由中國海外重鎮」的野心與企圖十分明顯。

除了「面向世界」，《蕉風》也相當注意本地創作者的培育，一九六四年「青年作者野餐會」以及「文藝創作講習班」，都是《蕉風》主辦，以星馬本地創作者為主要參加對象，野餐會中有英、美、德、法四國現代文

學的專題演講，會中並讓青年寫作者交換寫作心得，對推廣現代文學相當有助益。文藝創作講習班共有兩場，參加人數共超過百人，檳城跟怡保的創作講習班學員更接續舉行「北馬文藝青年野餐會」，邀請蘇雪林與孟瑤主講文藝專題講座，《蕉風》推廣現代文學的努力由此可見。一九六五年五月十五至二十二日，《蕉風》又在馬六甲舉辦「文藝創作研究班」，邀請錢歌川、蘇雪林、孟瑤等人主持各種講座。一九六五年六月間，《蕉風》在怡保設立全馬第一個辦事處，辦事處附設有「青年文藝研究班」，當地文化界人士義務指導青年作家寫作。回憶當年野餐會與講習班的景況，姚拓認為：當時馬新的寫作人很少有較大規模的聚會交往的機緣，《蕉風》在這方面的安排與聯絡，幾乎是個創舉。

積極培育在地文學創作者以外，第一七四期〈讀者‧作者‧編者〉更表示未來編輯走向將是「大量推出本地作者的創作和翻譯」以「展示馬華文壇力量」，就編輯的說法，這是一種「馬來西亞化」（蕉風社 1967:2），第一七四期同時推出王潤華的「世界現代文學評介」與「世界名著精華」。編者強調第一七四期編輯策略的改變和《蕉風》從十六開本改為三十二開本的形式變化有關，但回到歷史背景來考察，和一九六七年三月〈國語法令〉的通過也有關聯。編者在第一七五期中指出，「我們開現代文學欣賞的專欄，是希望在我們面前開一扇窗子，讓我們不要作井底蛙」（蕉風社 1967:2）；盡力刊登馬華文藝工作者的優秀作品並致力於「促進國內各民族的交流」（蕉風社 1967:2）。到了一九六八年四月的第一八六期，《蕉風》開始嘗試全面以本地作者的創作與翻譯為主，並邀請專人編輯馬華文學史和馬來文學史；「文藝沙龍」也一改從第一三三期專欄開闢以來兼有介紹港臺、中國文學思潮與文壇現狀的作法，全面以馬華文壇文藝消息為主。

至此，第一波現代主義在馬華文壇上的佔位行動已漸次展開，但現代主義文學位置仍未完全鞏固，現代主義文學系統也尚未成形。

五、甚麼樣的「現代」？

《蕉風》從第九十四期開始陸續介紹黎爾克、喬哀思、威廉‧佛克納、湯瑪斯‧曼、亨利‧詹姆士等現代西方文學作家作品，加上五〇年代末期進入馬華文學場域的「人性論」，這些「文學資源」在第一四〇期開始逐漸凝聚為「人」的命題，馬華創作者開始一連串個人對自身「存在」定位的思索與探討。《蕉風》也開始轉載一連串與「存在命題」相關的臺灣現代小說。此外，在馬華文壇討論現代文學問題時，《蕉風》恰提供了正反雙方發表意見的場所（儘管編輯羣較偏向現代主義的立場）。

觀察第一波現代主義運動在《蕉風》的傳播與影響，可以發現從第七十八期改版以後，在《蕉風》發表文藝理論與創作觀的，幾乎全是在彼時臺灣文學場域中擁有強大文化資本的親國府文人，如謝冰瑩、王平陵、季薇等，從他們提倡的「文學反映現實」創作觀來看，其實和當時國民政府反共文藝論述相當接近，也並未和其時仍然盤踞馬華文學場域主要位置的現實主義創作觀有巨大分歧。如同前文所分析，在現實主義的裂縫中，已有現代主義思潮逸入，而這些「現代文學」的論述，並非與現實主義格格不入，究其根基，有許多相似之處。經過以上梳理與觀察，可以說，《蕉風》在第一波現代主義運動中的佔位策略是雙軌的，藉由大量引介西方現代文學與港臺作家創作，《蕉風》一方面創造自己在馬華文學場域中的「現代」位置，一方面又取「為藝術而藝術」與新人文主義中己身所需理念，在當時自由世界的華語文學場域中取得「自由」中國的發言權。換句話說，《蕉風》敏銳的注意到了臺灣看似「自由中國」，但在言論與出版方面仍有重重禁錮，動輒查禁書籍的狀況；更藉由引入「現代」，致力於建立己身為「東南亞華文文學重鎮」、「比自由中國更自由」的地位，積極定義馬華現代文學與馬來現代文學；除了「面向世界」，《蕉風》也相當注意本地創作者的培育。從以上把梳可以窺見：《蕉風》不僅希望自己在未來的馬華文學場域中佔得現代主義一席之位，也欲在「馬來亞文學」中率先獲得對「馬來現代文學」的定義權。那麼，第一次現代主義運動中，《蕉風》「引進」馬華文學場域的，是甚麼樣的「現代」？

在討論馬華族羣的歷史處境時，絕對不能忽視具體歷史條件對其文

學表現所造成的影響，在臺灣文學場域中，臺灣的文藝創作者面臨的是「直接」的反共問題，「反共」成為當前所有臺灣人民被迫接受最重要且「神聖」的口號和信念；統治政權大力鼓吹，臺灣的「反共文藝」和「現代主義」在美援的催化下，因其基礎架構中若干相似點而巧妙的結合。馬來亞「反共」的歷史處境和臺灣不同，一九五一年馬共刺殺英國專員後，受到英國殖民政府圍剿，在一九五五年九月八日頒佈了大赦令，並於同年十二月二十八日進行華玲談判，但談判宣告破裂，一九五六年二月八日大赦令撤回。一開始對馬共進行圍剿的是英殖民政府，一九五七年馬來亞獨立後，馬共依舊不受政府歡迎，馬來亞緊急狀態從一九四八年一直持續到一九六〇年，儘管緊急狀態解除，原適用於緊急狀態的緊急條例法令由內安法令取代，政府依然有權不經審判即長期扣留人民。對獨立前夕的馬來亞華族而言，眼前最迫切的需求除了「反共」，更重要的是必須面對現實的嚴酷處境——如何擺脫「僑民」身份所帶來的「原罪」與不便，在新建立的國家中取得一席之地。因此，《蕉風》的美援與自由主義背景正好能夠讓其在「為藝術而藝術」的信條與新人文主義保守性質中取得自己所需的東西，藉以標舉出「自我」的獨特性，既完成作為「馬來亞華人」的自我身份建構，也能夠辨別自己和前行文藝創作者的差異，進入馬華文學場域中佔位。作為「馬來亞華人」，必須同時是「馬來亞」又是「中華民族」的，「馬來亞」意味著將眼光轉向「本土」，關心腳下所踏這塊土地的一切，這在《蕉風》創刊後一直到第七十八期前的稿約裏說得很清楚：歡迎一切「以馬來亞為背境」的創作；「中華民族」則意味著和「當時的」共產中國切割，但又不能失去自己做為「華人」的重要地位，因此除了切割共產中國，建立屬於「馬來亞華人」的特殊性也是當務之急；這從《蕉風》刊登許多一再強調「自由」，貶抑「階級鬥爭的共產主義」的文藝創作理論可以看出。

這「雙重」的身份建構任務一直持續到獨立後，讓《蕉風》在文藝創作策略上也必須是「雙軌」進行的。第一三三期〈我們對馬華文壇的看法〉也清楚指出「本邦和中國」是不一樣的兩個地區：「馬來亞獨立後，中巫印及西歐四種文化，融會貫通而產生了馬來亞的新文化；於是，馬來亞的

中華文化便不是單純的中華文化，而是馬來亞化的中華文化了」（蕉風社 1963）。另一方面，作為「和前行文藝創作者不同的現代文藝創作者」，必須在創作理念上清楚劃出界線，「自由」便成為最容易區隔的一條線，但面對新建國家引起的自我認同焦慮，此「自由」絕不可脫離「對社會有益」的最高命題，再加上從第七十八期起魯文提倡的新人文主義影響，故在此時期的《蕉風》，文學作品的企圖不能完全符合為藝術而藝術的標準：「沒有道德的、社會的、知識的，或者是任何其他文學以外的企圖」；也不可能「既不反映也沒有受到創作時的社會、歷史、或個人傳記的各種環境因素所影響」(Bell-Villada 3)。此時《蕉風》的「現代主義」中標舉「自由」的成分遠大過於「為藝術而藝術」所提倡的「文學必須獨立在其內部領域發展」；換句話說，還是強調文學必須要能「反映現實」，因此是一種「現實」與「現代」並行不悖的現代主義。

參、結　論

　　《蕉風》的第一波現代主義運動強調的「反映現實」有一定的歷史基礎，唯有「忠實誠懇」的面對自己腳下所生活的這塊土地，才有落地生根、為華人搏得一席之地的可能；也就是《蕉風》五〇年代末期不斷強調的「馬來亞人的馬來亞」。為了完成作為「馬來西亞華人」的自我身份建構，也亟欲辨別自己和前行文藝創作者的差異，在《蕉風》上的第一波現代主義運動是兼具「現實」與「現代」的，「現實」部分在於其正視了自己所生存的土地，隨著馬來亞獨立，一連串對華人族羣不利的政策制訂，《蕉風》也隨之反映自己對「現實」的看法。

　　面對冷戰時期兩大政治勢力的角逐，與臺灣、馬來西亞政府受到影響後，為了維持自身統治權力而採取的因應措施，臺馬戰後青年世代都共同面臨一樣的兩難處境：對保持自我獨特性與直面社會現實與羣眾之間的界線，究竟應該如何拿捏？在兩地不同的具體歷史脈絡下，臺灣與馬華的現代主義運動呈現不同的發展軌跡，但始終無法迴避同一個問題：對「反省現實」的態度。是要「對眼前的現實表現出一種非政治、非現世，並且健忘（有時甚至是操縱）的態度，與此同時，始終頑固不化的讚頌過去的

美德、經典之遙不可及」的優越性(Said 15)，還是「把它理解成民主的，
對所有階級和背景的人開放的，而且是一個永無止境的揭露、發現、自我
批評和解放的進程」(Said 17)？這是本文嘗試理清的歷史脈絡，在此意義
上，臺灣與馬華現代主義運動在冷戰的大架構之下再次連結。

　　礙於篇幅與能力，本文未能一併討論香港與馬華文學於冷戰時期的
交流情況，由於友聯出版社與香港《中國學生周報》、星馬《學生周報》
的密切關係，如果可以把這三份雜誌做一完整的對比，將更能證實在冷戰
時期自由陣營與共產陣營長期分裂／對抗的關係下，臺灣、馬華、香港其
實自成一文學系統，尤其在現代文學方面，三地交互影響而產生了不同於
當時中國文學系統的文藝風貌。此外，三地雜誌編輯與當地文人的交遊、
刊物間互相轉載文章等情形，也是值得進一步考察的焦點。

徵引文獻

白蒂(1957)〈論文藝創作的內容與形式〉。《蕉風》no.34 (Mar.): 3-4。

白垚(1964)〈不能變鳳凰的鴕鳥：現代詩閒話之一〉。《蕉風》no.137 (Mar.):
　　12-13。

白垚(1964a)〈當車的螳臂：現代詩閒話之二〉。《蕉風》no.138 (Apr.): 12-
　　13。

白垚(1964b)〈藏拙不如出醜：現代詩閒話〉。《蕉風》no.140 (June): 12-13。

白垚(1964c)〈多角的鑽石：現代詩閒話〉。《蕉風》no.141 (July): 12-13。

白垚(2014)〈行過的必留痕跡〉。黃錦樹、張錦忠、李宗舜（編）2014: 22-
　　27。

Bell-Villada, Gene H.[貝維拉達] (2004)《唯美主義兩百年：為藝術而藝術
　　與文學生命》(*Art for Art's Sake and Literary Life: How Politics and
　　Markets Helped Shape the Ideology and Culture of Aestheticism, 1790-
　　1990*) [1996]。陳大道（譯）（臺北：知書房出版社）。

Berman, Marshall [馬歇爾‧伯爾曼] (2015)《一切堅固的東西都煙消雲散了：現代性體驗》(*All That Is Solid Melts into Air: Experience of Modernity*)[1982]。徐大建、張輯（譯）（北京：商務印書館）。

Bourdieu, Pierre [布赫迪厄] (2001)《藝術的法則：文學場的生成和結構》(*Les Règles de L'art: Genèse et structure du champ littéraire*)[1992]。劉暉（譯）（北京：中央編譯出版社）。

蔡明諺(2006)〈新詩論戰之後：對六〇年代初期現代詩壇的幾個考察〉。「苦悶與蛻變：六〇、七〇年代臺灣文學與社會」國際學術研討會。11 Nov.，東海大學中文系，臺中。

蔡明諺(2008)《一九五〇年代臺灣現代詩的淵源與發展》。碩士論文，國立清華大學中國文學系，新竹。

楚客(1958)〈我看屈原〉。《蕉風》no.64 (June): 4-5。

淡瑩(2014)〈讓種子萌芽的土壤〉。黃錦樹、張錦忠、李宗舜（編）2014: 36-37。

Eagleton, Terry [泰瑞‧伊格頓] (1999)《歷史中的政治、哲學、愛欲》。馬海良（譯）（北京：中國社會科學出版社）。

Eagleton, Terry [泰瑞‧伊格頓] (1994)《文學理論導讀》(*Literary Theory: An Introduction*)[1983]。吳新發（譯）（臺北：書林出版公司）。

Eliot, T. S. [艾略特] (1994)《艾略特文學論文集》。李賦寧（譯註）（南昌：百花洲文藝出版社）。

范雅梅(2005)《論一九四九年以後國民黨政權的僑務政策：從流亡政權、在地知識與國際脈絡談起》。碩士論文，國立臺灣大學社會學研究所，臺北。

Foucault, Michel [福柯] (1999)〈何為啟蒙〉。顧嘉琛（譯）。杜小真（編）：《福柯集》（上海：遠東出版社）。

顧肅(2006)《自由主義基本理念》（新北市：遠足文化）。

黃錦樹(2012)〈神州：文化鄉愁與內在中國〉[1993]。《馬華文學與中國性》（臺北：麥田出版公司），52-94。

黃錦樹、張錦忠、李宗舜（編）(2014)《我們留臺那些年》（八打靈再也：有人出版社）。

黃孟文、徐迺翔（編）(2002)《新加坡華文文學史初稿》（新加坡：新加坡國立大學中文系與八方企業公司）。

黃思騁(1957)〈國際筆會第廿九屆年會〉。《蕉風》no.49 (Nov.): 4-5。

紀弦(1953)〈宣言〉。《現代詩》no.1 (Feb.): 封面。

紀弦(1956)〈現代派信條釋疑〉。《現代詩》no.13 (Feb.): 4。

蕉風社(1955)〈蕉風吹遍綠洲：創刊詞〉。《蕉風》no.1 (Nov.): 2。

蕉風社(1957)〈一張新的菜單：寫在第四卷的卷首〉。《蕉風》no.37 (May): 4。

蕉風社(1959)〈改版的話：兼論馬華文藝的發展路向〉。《蕉風》no.78 (Apr.): 3。

蕉風社(1962)〈編者的話〉。《蕉風》no.119 (Sept.): 封二。

蕉風社(1963)〈我們對馬華文壇的看法：第三屆全馬青年作者野餐會文藝座談會紀錄之一〉。《蕉風》no.133 (Nov.): 3。

蕉風社(1964)〈編者的話〉。《蕉風》no.136 (Feb): 封二。

蕉風社(1964a)〈編者的話〉。《蕉風》no.141 (July): 封二。

蕉風社(1965)〈編者的話〉。《蕉風》no.149 (May): 76。

蕉風社(1965a)〈讀者‧作者‧編者〉。《蕉風》no.150 (May): 62-63。

蕉風社(1965b)〈讀者‧作者‧編者〉。《蕉風》no.151 (May): 62-63。

蕉風社(1967)〈編者‧作者‧編者〉。《蕉風》no.175 (May): 2。

蕉風社(1967a)〈讀者、作者、編者〉。《蕉風》no.178 (Aug.): 2。

廖珮雯(2008)《卑微與崇高：馬來西亞華文報記者的自我角色認知》。碩士論文，國立政治大學新聞研究所，臺北。

林春美(2011-2012)〈獨立前的《蕉風》與馬來亞之國族想像〉《南方華裔研究雜誌│Chinese South Diaspora Studies Journal》vol.5:201-208 (chl.anu.edu.au/chinese-southern-diaspora-studies-publications)。

林水檺(2005)〈百年華教：從傳統到現代〉。何國忠（編）:《百年回眸：馬華文化與教育》（吉隆坡：華社研究中心），347-362。

凌泠[白垚](1959)〈新詩的再革命〉。《蕉風》no.78 (Apr.): 19。

馬摩西(1957)〈文藝的新使命〉。《蕉風》no.36 (Apr.): 5-6。

區月姬(1959)〈《波華利夫人》與寫實主義〉。《蕉風》no.77 (Mar): 12。

覃子豪(1959)〈臺灣十年來的新詩〉。《蕉風》no.76 (Feb.): 10-11。

Said, Edward W. [愛德華‧薩伊德] (2013)《人文主義與民主批評》(Humanism and Democratic Criticism)[2004]。朱生堅（譯）（上海：上海三聯書店）。

申青等(1957)〈一九五七年馬華文壇的展望：文藝座談之五〉。《蕉風》no.29 (Jan.): 3-5; 20。

文兵(1965)〈一九六四年的馬華文壇〉。《蕉風》no.151 (May): 68-70。

謝冰瑩(1959)〈漫談文學批評〉。《蕉風》no.75 (Jan.): 4-5。

許文榮、孫彥莊(2013)〈文學跨界與會通：蘇雪林、謝冰瑩及鍾梅音的南洋經歷與書寫的再現〉。《中國比較文學》no.98 (Jan.): 115-128。

楊宗翰(2004)〈馬華文學在臺灣(2000-2004)〉。《文訊》no.229 (Nov.): 67-72。

耶律歸(1964)〈詩的速度〉。《蕉風》no.136 (Feb.): 9。

游勝冠(2015)〈冷戰與臺灣學院派人本主義批評傳統的形成：以《文學雜誌》為中心的初步考察〉。「冷戰時期中港臺文學與文化翻譯」國際學術研討會。6-7 Mar.，嶺南大學人文學科研究中心，香港。

姚拓[魯文] (1959)〈文藝的個體主義〉。《蕉風》no.78 (Apr.): 4-5。

余光中(1960)〈大詩人艾略特〉。《文星》no.27 (Jan.): 3。

余光中(1964)〈升起現代文藝的大纛〉。《蕉風》no.141 (July): 12。

余光中(1978)《掌上雨》（臺北：大林出版社）。

張錦忠(2003)《南洋論述：馬華文學與文化屬性》（臺北：麥田出版公司）。

張兆[姚拓](1959)〈《簡愛》的寫作技巧〉。《蕉風》no.76 (Feb.): 4-5。

周芬伶（編選）(2014)《臺灣現當代作家研究資料彙編：謝冰瑩》（臺南：國立臺灣文學館）。

升起現代文藝的大纛[1]

《蕉風》、余光中與馬華現代主義文學

李樹枝

壹、前　言

　　（新）文學思潮、文學理論、文學評論觀點及文學書寫、文本範式等的傳播(dissemination)與接受(reception)路徑並非恆處於靜態狀況；尤其是在跨國別、跨地域、跨文化的景況下，文本的傳播與接受猶如薩依德(Edward Said)「理論旅行」般，具有通道、接納以及改進等互動形式，是動態的對話式路徑(Said 2000)，而非單向、靜態的被動影響。一九五五年十一月創刊於新加坡的《蕉風》迄今為馬新華文文壇重要文學刊物。一九五八年轉至吉隆坡設立印刷廠與辦公室，一九九九年初一度休刊，然於二〇〇二年再由新山南方大學學院復刊出版，賡續了其於馬華文學場域迄今的重要力量。一般認為，其創刊較早與出版時間較長這兩個時間維度，使它成為具影響力的馬華文學雜誌。循此，本文擬探勘在臺灣現代主義文學作家中占重要地位的余光中(1928-2017)，於一九五九年至一九八九年的約三十年間，在《蕉風》的接受後再傳播的路徑；即辨析蕉風或透過刊登、轉載或編輯的方式，論述「《蕉風》—余光中」的接受後，再出刊傳播，而編輯羣於「《蕉風》—余光中—馬華現代主義文學」的聯結裏，扮演如艾略特(T.S. Eliot) (1994)所言白金細絲(finely filiated

---

1. 「升起現代文藝的大纛」的標題受凌冷(1959)〈新詩的再革命〉啟發，取自余光中的〈升起現代文藝的大纛〉(1964)。

platinum)的重要催化意義(6)。因此,《蕉風》編輯羣於前述年間透過刊登、轉載及編輯余光中之文學觀點、文學批評見解、文學書寫範式及訪談等,既有被動的文學接受意義,亦在其文學實踐中主動借鑑余光中,以催化馬華現代主義文學場域建構與書寫實踐。

貳、由臺灣至馬來西亞:《蕉風》微末初起的新詩再革命[2]

論述余光中在《蕉風》的文學接受與傳播現象之前,我們必須先梳理一九五九年至一九八九年前後臺灣現代主義文學與馬華文學的聯結背景。一九五五年《蕉風半月刊》創刊朝向其所標記的「純馬來亞化的文藝半月刊」目標邁進的歷程中,亦與戰後強調的「此時此地」的「馬華文藝獨特性」觀點匯流,但其仍以「純馬來亞化」作為其最主要的編輯議程和期許。一九五九年《蕉風》第七十八期四月號以改版的形式出現,它提倡「人本主義文學」與「個體主義文學」,這兩個提案倡議似對應了彼時的馬華左翼思潮/左翼文學/(批判)現實主義文學之意識型態與書寫模式。要指出的是,該期刊載了曾留學臺灣的凌冷(即白垚;本名劉國堅[1934-2015])之〈新詩的再革命〉。[3]〈新詩的再革命〉撰文的主旨除了是白垚清晰指出的:「除了『橫的移植』外,其餘四點是借五四的火把,照當下的天空,把『文學改良芻議』的部分主張,籠統地再說一遍」(白垚 90)外,〈新詩的再革命〉一文的主張與期許,亦與臺灣藍星詩社覃子豪的〈臺灣十年來的新詩〉[4] 及紀弦的〈現代派的信條〉相似,明顯具有臺灣現代文學「橫的移植」(臺灣現代派詩人紀弦用語)的要素。[5] 循此,《蕉風》新詩再革命在一九五九年微末的反叛後,進一

---

2. 「微末初起」是白垚在其〈路漫漫其修遠兮:現代詩的起步〉的用詞。見白垚(2007)《縷雲起於綠草》,頁 86。
3. 白垚的〈新詩的再革命〉(1959)提出五點意見:一、新詩是舊詩橫的移植,不是縱的繼承;二、格律與韻腳的廢除;三、由內容決定形式;四、主知與主情;五、新與舊、好與壞的選擇,亦即詩質的革命。
4. 關於白垚的觀點與覃子豪的連結論述,可參考郭馨蔚(2015)〈冷戰時期臺灣、星馬地區現代主義思潮的交流:以《蕉風》為研究對象〉。
5. 參見羅青(1994)〈銀山拍浪的氣象:戰後的臺灣新詩(1946-1980)〉,頁 147-152。亦參見丁威仁(2012)《戰後臺灣現代詩的演變與特質(1949-2010)》,頁 29-50。

步冒現了如溫任平所指出，一九五九與一九六〇年間《蕉風》刊登的所謂的「蕉風派」現代詩（溫任平 1980），進而於一九六〇年《蕉風》第九十四期開啟了「為新詩除草施肥運動」的「新詩研究專輯」（蕉風社 1960:封二）。由此觀之，此新詩的編輯效果，亦誠如溫任平細膩地指出：一九五九年至一九六四年的《蕉風》為馬華現代主義文學新的內容、形式探索及實驗時段提供一個重要的園地（溫任平 1980）。職是，有論者指出一九七〇年至一九八九年為《蕉風》的現代派風格時期（洪淑苓 2019）。

在《蕉風》文學征途裏，其編輯成員諸如姚拓、白垚、黃崖、陳瑞獻、李有成、張錦忠以及梅淑貞等人，積極進行歐美與臺港的現代主義思潮／思潮／文本範式等的譯介與推廣，進一步構築《蕉風》為馬華現代主義文學書寫的其中一個堅實的碉堡。[6] 若白垚於一九五九年三月六日在《學生周報》第一三七期的〈蔴河靜立〉為馬華現代文學的第一首現代詩，又結合五〇年代至六〇年代的《蕉風》現代詩、「新詩討論專輯」等版面的內容加以辨析，臺灣現代主義文學對於「蕉風派」現代詩、馬華現代詩具有了重大的顯性影響與接受聯結。這裏，筆者舉兩個例子以資說明。第一，《蕉風》編輯梅淑貞在回顧在馬華文壇即直言道：「現代主義在五十年代中期由臺灣引進入馬來西亞時，《蕉風》是最先開放園地刊登現代主義作品的刊物，而其他報刊雜誌，則因為有著其他我們不便在此詳說的原因，拒絕刊登『現代派』的作品……」（梅淑貞 31）。第二，馬華文學文史與人物傳記的耕耘者馬崙論析《蕉風》在馬華文學史角色的三項觀點值得我們關注：一、馬華現代文學的先行者無不來自《蕉風》；二、馬來西亞獨立後，馬華文學的寫作人近百分之六十曾在《蕉風》上發表文章；三、《蕉風》是同港臺及歐美華文文學交流最密的一道橋梁（馬崙 1994）。換言之，《蕉風》作為轉載與編輯的中介，成為輸入了歐美、港臺現代主義文學至馬華文學場域的重要推手。[7]

---

6. 友聯的《蕉風》與《學生周報》、以及一九六七年梁明廣執編的「南洋三刊」都扮演積極推動馬華現代主義文學的重要角色。

7. 《蕉風》現代主義介譯對新加坡、馬來西亞華文文學的影響論述，可參閱方桂香 (2010)；在臺灣現代文學對馬華現代文學的影響方面，可參閱金進(2009)。

　　就彼時馬華文庫場域中現代文學經典相對匱乏的境況，要升起現代文藝的大纛以確立（馬華）現代詩／現代文學場域的位置，以刊登、轉載及編輯現代主義文學文庫相對整全的臺港現代詩／詩學書寫範式的方式，應是較能盡快達致編輯的目標。職是，余光中多個歷程的現代主義文學觀點及書寫範式碩果：狹義現代主義、廣義現代主義、類新古典主義的「中國性—現代主義」等的觀點與書寫範式就進入了《蕉風》編輯羣的「期待視野」(horizon of expectation)，再由此出刊傳播推廣，以作為其中一個推進馬華現代主義文學書寫進程的憑藉。

參、升起現代文藝的大纛：《蕉風》、余光中與馬華現代主義文學

　　要先指出的是，本文的「編輯」用詞意涵指涉重新排版、添加新標題等的編輯方式；「蕉風」涵蓋了蕉風出版社出版的叢書及《蕉風》期刊。茲臚列余光中在《蕉風》的接受紀錄於下方以資說明：

一、一九五九年六月，蕉風文叢新詩選《美的 V 形》收錄余光中〈毛玻璃處〉，此詩原收錄於《萬聖節》。

二、一九六四年二月，《蕉風》第一三六期刊登耶律歸（于還素）〈詩的速度〉一文，他在〈作品評介〉介紹余光中〈萬聖節〉和〈鐘乳石〉。

三、一九六四年七月，《蕉風》的第一四一期刊登余光中〈升起現代文藝的大纛〉（原篇名為〈下五四的半旗〉，刊登於《文星》第七十九期）一文。余對（臺灣）現代文學的定義、「反叛」五四新文學之文學評論，影響部分馬華作家如溫任平、劉貴德及張樹林等人，成為與馬華寫實主義筆爭之資源憑藉。白垚〈多角的鑽石：現代詩閒話〉亦在本期刊載。

四、一九六六年三月，《蕉風》第一六一期刊登余光中〈浮雕集〉一詩，該詩收錄於《鐘乳石》，為余光中「轉變期」與「風格變化很大」靠攏現代主義時期的作品。

五、一九六六年六月,《蕉風》第一六四期刊登由余光中翻譯愛倫坡所作
〈尤娜路姆〉一詩,富有異國情調、以西方典故入詩。

六、一九六六年十二月,《蕉風》第一六七期刊登余光中的詩兩首〈答
案?〉與〈悲哉我之冰河期〉,這兩首風格偏向「狹義」、「虛無」現
代主義之作收於《萬聖節》;而〈悲哉我之冰河期〉一詩影響東馬
詩人劉貴德的現代主義文學書寫。

七、一九六七年二月,《蕉風》的第一七二期刊登余光中〈春天,遂想起〉
一詩,該詩收入《五陵少年》;《五陵少年》為「廣義的現代主義」
/「中國性─現代主義」初現之詩集。

八、一九七三年八月,《蕉風》第二四六期刊登溫瑞安〈散文的意象:
雄偉與秀美:略論余光中、葉珊的散文風格〉一文。余光中「雄偉」
的散文體式影響了馬華溫瑞安與何啟良等作家;

九、一九七四年六月,《蕉風》第二五六期刊登葉嘯〈事實與雄辯〉一
文,該文認為余光中的愛國和中國意識影響黃昏星的創作。黃昏星
為李宗舜的筆名,是馬華天狼星/臺北神州詩社創社成員。

十、一九七五六月年,《蕉風》第二六八期刊登游社媛〈余光中的創作
道路〉、張筆傲〈《聽聽那冷雨》書評〉。游的論文主要分析余光中
《敲打樂》與《在冷戰的年代》詩集收錄的詩,張筆傲論析散文集
裏前五篇的音樂性與其他文學評論觀點。〈聽聽那冷雨〉影響陳蝶
與辛吟松(辛金順)等馬華作家。

十一、一九七六年二月,《蕉風》第二七六期策劃的「余光中專輯」共刊
登了:余光中詩〈白玉苦瓜:故宮博物館所藏〉、黃維樑〈詩:不朽
之盛事,析余光中《白玉苦瓜》並試論詩人之成就〉、李有成〈余光
中詩裏的火焰意象〉、張瑞星〈蟋蟀與機關槍的歲月:讀余光中近
作二首〉。《白玉苦瓜》詩集為余光中回歸中國古典歷史文化的「中
國性─現代主義」書寫。余光中的火焰意象影響了溫任平與劉貴德
現代詩意象書寫。張瑞星為張錦忠的筆名。

十二、一九七七年六月,《蕉風》第二九二期刊登余光中〈杜甫:秋興八首〉一詩。余光中為杜甫造像,其「中國性─現代主義」／新古典主義詩風影響馬華詩人如天狼星／神州詩社詩人羣及駱耀庭等人。

十三、一九七八年四月,《蕉風》第三○二期刊登余光中〈樓高燈亦愁:序方娥真的〈娥眉賦〉一文。余光中的加持與讚譽影響了若干臺灣評論家將方娥真列入臺灣作家的行列。余評鑑方為婉約派作家。

十四、一九八一年四月,《蕉風》第三三七期刊登了余光中的文學評論〈詩與散文〉、謝川成〈現代屈原的悲劇:論溫任平詩中航行意象與流放意識〉。謝的論文多處引用了余光中的詩句和詩學觀點。

十五、一九八二年七月,《蕉風》第三五一期以余光中為專題人物,一共刊登了蔡桐整理〈訪余光中〉、詩〈火浴〉、蔡桐輯〈余光中:心靈的探索:余光中的詩觀／余光中的寫詩經驗／論情詩／余光中談散文／余光中談文學批評〉、張媚兒:〈雙手繆思〉、余光中:〈現代詩的新動向〉、〈余光中散文摘錄〉。余光中應馬來西亞華人文化協會邀請第一次來馬演講。一九八二年六月八日,他在吉隆坡馬來亞圖書公司會議室接受《蕉風》採訪。出席者為余光中、余光中夫人、溫任平、姚拓、梅淑貞、周清嘯、黃昏星(李宗舜)、謝川成、張樹林、風山泛、岸沙、葉錦來、孤秋、樂冰、吳海涼及紫一思。

十六、一九八九年三月,《蕉風》第四二四期刊登了馬大中文系主辦的演講活動整理記錄〈風,也聽見;沙,也聽見:記余光中來馬大中文系一席談〉。這是余光中第二次來馬,於馬大中文系講堂談詩文;受訪時強調現代主義書寫之餘,也提出邊緣文學(marginal literature)的出路:「某種時刻寫實還是需要的,一方面中國文學的傳統可以吸收,另一方面還是要把時代,把社會寫到作品去,這樣子邊緣文學才能夠有價值」(蕉風社 1989:7),勉勵馬華作家,出了「了不起」的作家,就能解決「主流文學」與「邊緣文學」之爭論。

上述余光中對馬華作家的接受路徑與影響,按一九五九年至一九八

九年的時間闊度，經《蕉風》收錄叢書，轉載以及編輯、或由《蕉風》
作者評論余光中的次數，收入叢書次數為一次、《蕉風》刊載詩文期數為
十五次，兩者共十六次。

余光中在蕉風的接受與期刊的出版傳播，及其個人評論集及詩文集
的流通、演講、傳媒等因素，均給予留臺、在馬或在其他地區的馬來西
亞讀者／年輕寫手／作家影響。這些影響例證已經於上段簡要說明。[8]

據上述資料，就余光中在《蕉風》期刊的接受路徑而言，最早的紀
錄應為一九六四年二月第一三六期《蕉風》中，耶律歸（于還素）的〈詩
的速度〉，[9] 評介了余光中《萬聖節》和《鐘乳石》。就非《蕉風》的期
刊紀錄而言，在前述一九六四年二月耶律歸的文章、或一九六四年七月
《蕉風》的一四一期收錄余光中本人作品之前，早在蕉風出版社一九五
九年六月出版的「蕉風文叢新詩選」之《美的 V 形》，已由編輯「微末
初起」了（馬華）現代文學的小纛。該選集收錄了彼時臺灣成名的現代
詩人如羅門、周夢蝶、余光中、楊牧以及瘂弦等作品；其中余光中的〈毛
玻璃處〉是《萬聖節》裏的詩作。而凌冷（白垚）亦以「新詩的轉變」
為標題在一九五九年七月《蕉風》第八十二期評析《美的 V 形》，其欲
舉起現代文學旗幟的用意非常明顯。

若我們對照余光中的現代主義文學觀點與書寫進程，即可辨析余光
中在《蕉風》編輯羣的期待視野。早在一九六四年七月《蕉風》一四一
期刊載與編輯余光中〈升起現代文藝的大纛〉之前，余業已出版了下列
詩集：《舟子的悲歌》（野風出版社，1952）、《藍色的羽毛》（藍星詩社，
1954）、《鐘乳石》（中外畫報社，1960）、《萬聖節》（藍星詩社，1960）
以及《蓮的蓮想》（文星書店，1964）；散文集有《左手的繆斯》（文星書
店，1963）；評論集《掌上雨》（文星書店，1964）；翻譯則有《梵谷傳》
（重光文藝出版社，1956-57）、《老人與大海》（重光文藝出版社，1957）、

8. 余光中對馬華作家的影響，可參見李樹枝(2018)《由島至島：余光中對馬華作家
影響研究》（吉隆坡：蒼蒼出版社）。
9. 耶律歸，原名于還素，其他筆名為于歸、邊地榮、寒父。一九二〇年生，一九九
三年辭世。哈爾濱農業大學畢業，早年曾遊學美日，在臺灣曾為《前衛》雜誌發
行人。

《英詩譯注》（文星出版社，1960）、《美國詩選》（香港今日世界出版社，
1961）以及《中國新詩集錦》[*New Chinese Poetry*]（香港 The Heritage
Press，1960）。必需說明的是，余光中於一九五九年主編《現代文學》及
《文星》之詩輯，並加入現代詩之論戰；於一九六一年在《現代文學》
發表了長詩《天狼星》並與洛夫論戰，發表〈再見，虛無！〉，宣告回歸
古典；亦同時與「國語派」作家在《文星》展開文白之爭。

因此，若我們擴大劉裘蒂的余光中創作分期的研究成果，應可歸納
一九六四〈升起現代文藝的大纛〉前後期的余光中的文學書寫歷程，約
略分為五個時期（劉裘蒂 1994）：

第一、格律詩時期(1949-1957)

余光中深受中國五四新月派詩風的影響；同時，他也受到十九世紀
西方浪漫主義文學創作理念的指引。他的第一部詩集《舟子的悲歌》即
屬於傳統中國新文學格律詩；在形式、內容及主題上開涉獵了中西文學。

第二、西化實驗時期(1958-1960)

一九五八年余光中遠赴美國留學，他學習了英美文學與現代藝術；
因此，其詩歌創作開始受到西方文學、繪畫、藝術以及音樂多方面之綜
合影響。余此時的詩歌、散文形式和內容均取得了實質突破。確切而言，
在語言方面，其此期的詩歌與散文的表現技巧尤突出於詞性活用、詞句
斷連跳躍等語言技藝策略；在精神上，文本細緻描繪了現代機械工業文
明對人造成精神的異化現象。此時期為余光中的浪子時期，余熱烈擁抱
英美的現代主義文學。

第三、虛無時期(1960-1961)

一九六一年的〈天狼星〉表現虛無真空之主題。余光中一方面汲取
中國文學傳統，另一方面也繼續吸收現代主義文學的創作理路。此外，
余展現了「中國性」書寫，詩集《武陵年少》召喚中國歷史的「榮光」、
中國地理與歷史典故，以消解回到臺灣時面對的現實窘境（陳芳明 9）。

第四、古典時期(1961-1963)

這時期余光中的詩作反映了他堅決告別虛無與晦澀、偏激的「狹義」

現代主義，如超現實主義路線的決心。他毅然回歸中國古典詩歌中的抒情傳統，而其《蓮的聯想》正是介於中國古典詩詞傳統和西化之間的嘗試。此時的余真正地認同「古代中國」及「近代中國」的歷史與文化，竭力追求一個像「蓮」的「純東方」及「純中國的存在」。究其實，他為自身漂泊的身世、及他所面對的現實窘境尋索了自己安身立命的居所；他的詩學深入了中國文化的深層結構，甚至有機地融入佛教超越的淨化主題。

第五、余光中的民族寫實時期(1964-2017)

余光中走向近代中國與臺灣，加上受到美國流行民歌的形式與精神啟發，其詩展現了民謠風格，且以知性的手法探索中國的歷史與文化。

綜上所述，余光中豐富的現代主義文學觀點與書寫實踐，進入了《蕉風》編輯的接受的期待視野。經蕉風出版社與《蕉風》刊登、轉載以及編輯的方式，余光中在《蕉風》的接受亦說明了兩者間有著如保羅·德曼(Paul de Man)指出：「作品與解釋者的對話是無限的」（轉引自 Fruend 153）之交流、溝通、互動、評斷、修正、接受、效果等的對話活動。

因此《蕉風》第一四一期〈升起現代文藝的大纛〉揭示了《蕉風》編者關注與瞭解臺灣現代主義文學的發展進程。余光中於一九六四年五月在《文星》第七十九期上發表〈下五四的半旗〉；幾乎同步地，在兩個月後該文旋即由臺灣島至馬來半島。七月《蕉風》第一四一期以在地化的語境的編制議程與期許，刊載〈下五四的半旗〉並改題為〈升起現代文藝的大纛〉。《蕉風》編輯援引余光中〈下五四的半旗〉「在現代文藝的金號銅鼓聲中，蒼白的五四已經死了……大致上說來，他們是失敗了。……」（余光中 1965:1-4）的觀點，以反擊馬華左翼文學／（批判）現實主義文學意識型態與書寫的營壘。由此觀之，〈升起現代文藝的大纛〉成為了其中一個與馬華左翼文學／（批判）現實主義文學陣營筆爭之理論資源。

依循上述余光中在《蕉風》的接受路徑，筆者援引梵第根(Paul van Tieghem)的跨國傳遞模式、羅曼·雅克慎(Roman Jakobson)的語言傳遞模式以及張漢良立基於雅克慎的六個元素：發送者(addresser)、接受

(addressee)、脈絡(context)、訊息(message)、接觸方式(contact)、語（符）碼(code)的文學跨界傳播現象的研究理論模式並投射至梵第根的跨國傳遞模式（張漢良 11-14），嘗試說明「《蕉風》—余光中」連接並不是一種單純余光中／臺灣現代文學對馬華文學／作家的單向式的接受關係，這關係是一種複雜的，能動性的跨國別、地域、文化的文學對話與理論旅行。因此，《蕉風》編者在從耶律歸、余光中至《蕉風》的文學傳播與接受過程似非處於被動的境況，他們反而是主動轉載與編輯，或透過《蕉風》作家羣互為發送者、接受者的信息，以升起現代文學的大纛。

我們可視余光中《萬聖節》和《鐘乳石》為發送者 1→耶律歸為接受者 1；耶律歸的〈詩的速度〉為發送者 2→《蕉風》／編輯為接受者 2；之後，《蕉風》／編輯為發送者 3→《蕉風》讀者為接受者 3，以此角度分析余光中〈升起現代文藝的大纛〉在一九六四年《蕉風》第一四一期的跨國傳播與接受。

換言之，從〈下五四的半旗〉至〈升起現代文藝的大纛〉的推介過程說明《蕉風》編者刊載與編輯的主動／能動性，他們與余光中的觀點及文本書寫範式是能動性的多向互動關係。余光中的《萬聖節》、《鐘乳石》以及〈升起現代文藝的大纛〉的訊息經兩者之間的接觸方式，再經刊載編輯的過程中，耶律歸作為第一接受者，創作了〈詩的速度〉此一新文本。而後，《蕉風》刊載〈升起現代文藝的大纛〉，從臺灣文學語境至不同國家、地域及文化背景的馬華文學語境，後續的出刊傳播與發展，期許強化一九六四年或以後馬華現代主義文學場域的競爭與構建資本，並鞏固馬華現代文學／詩質變的文庫力量。

如前所述，余光中的詩刊登於一九六四年七月號的《蕉風》第一四一期，然而同年一九六四年二月號的《蕉風》第一三六期裏，耶律歸（于還素）即在該期的〈作品評介〉以〈詩的速度〉介紹了余光中《萬聖節》和《鐘乳石》。若我們審視上述余光中各時期創作的基本文思特徵，如果說《鐘乳石》為余光中走向現代主義文學創作理路始點，而《萬聖節》則是他的書寫技藝手法更往「廣義的現代主義」文學趨近的實踐（余光中 1989:189）。是以耶律歸寫道：

他不獨像他在別的詩中那樣復活古典的語言，同時，他
更就篇構上加上一份功力，顯示華人的精神影響，説明
了詩人—二十世紀的人的—以嚮往久遠的歷史心情，高
唱西方式的復古運動，致力於東方的復興。

（耶律歸 1964:9）

一般以為，余光中〈鐘乳石〉的詩句體式開始脱離格律新詩，邁向
自由體的階段；而《萬聖節》則是思索「現代的」懷鄉病，亦聚焦鄉愁
主題。此時，除了余光中的自由體及鄉愁主題進入了《蕉風》編輯與讀
者的期待視野外；還要指出的是，〈鐘乳石〉的詩句如「更難怪不懂光年
的屈靈均要舉長矢兮射天狼」（余光中 1990:105）、〈萬聖節〉的詩句「與
碧瞳，照出五陵少年的影子」等的現代中國意識或「中國性—現代主義」
文學書寫特點已初露端倪，並連同詩集的流通亦進入《蕉風》編輯與讀
者的期待視野。因此《蕉風》編者轉載編輯余光中的現代文學書寫，因
「最近，本邦一些作者及讀者對『現代詩』誤解之處頗多」，而「特別介
紹著名『現代詩』的作者余光中的作品，希望大家對『現代詩』有較明
確的認識，下一期，我們將請余光中寫一篇討論『現代詩』的文章，使
大家對『現代詩』能做進一步的瞭解」（蕉風社 1964:封二）的議程與期
許，似乎要藉助耶律歸提及余光中的「顯示華人的精神意象」與「致力
於東方的文藝復興」「中國性—現代主義」文學書寫鞏固馬華現代文學
場域位置，反叛馬華左翼文學／（批判）現實主義文學的勢力困圍。

承前所述，一九六四年過後，從一九九六年至一九八九年間，《蕉
風》編輯或趁余光中來馬講學時機進行專訪，陸續轉載、編輯余光中文
學文本範式、翻譯、評論，繼續升起現代文學的大纛，對馬華現代主義
文學書寫產生了影響。余光中繼一九六四年前後期完成的前述書寫四個
階段後，進入了所謂的民族寫實時期（一九六四年至二〇一七年）：「走
向近代中國時期」、「樸素的民謠風格時期」及「歷史文化的探索時期」。
余光中的詩風從古典中國也走向近代中國（臺灣），結合美國流行民歌
的形式與精神，更親近中國（臺灣）題材書寫，以更多的知性手法來探

索中國與臺灣的歷史文化,貫徹了其念茲在茲「廣義的現代主義」書寫。

　　若我們檢視前述余光中在《蕉風》的接受資料,以及馬華溫任平、劉貴德、何啟良、溫瑞安、陳蝶、辛吟松(辛金順)等影響的說明,可以發現從一九六四年至一九八九年,《蕉風》刊載與編輯了余光中的文本/評論,其中余光中從浪子到孝子,亦古亦今,中外融合,涵蓋了其早期狹義的現代主義文學書寫/評論、「廣義的現代主義」文學書寫/評論、「中國性—現代主義」文學書寫,它們隨著余光中文集的流通,成為了馬華現代主義文學重要的養分泉源。

　　在此要指出的是,「《蕉風》—余光中—馬華現代主義文學」的聯結裏,「《蕉風》—余光中」這條文學傳播路線,與一九六九年陳瑞獻接編《蕉風》後的現代主義文學路徑略有不同。陳瑞獻除了編輯十一個專號外,身為一名文學藝術多維度的創作者,亦身體力行地創作現代主義文學作品,《蕉風》總共推出八個陳瑞獻個人專號與專輯。[10] 不同於一九五九年至一九六四年的收錄、轉載及編輯余光中作品的方式,再次改版的一九六九年《蕉風》第二〇二期採取以星馬本地翻譯文庫方式以及創作,以更多的在地本土視野,而不過分重視西方與港臺現代主義文學資源,「散播現代主義」推動馬華第二波現代主義文學(張錦忠 2002)。《蕉風》第二一三期編者寫道:「我們早已表示出一份有生命刊物應該有的特徵,不靠剪稿和轉載來補足篇幅,我們希望讀者們在閱讀港臺華文作者的作品的慣性中,用一份新的心情面對自己作者的作品」(蕉風社 1970:93)。

　　還要指出的是,一九六九年五一三衝突事件為馬華(文學)重要的

---

10. 陳瑞獻編輯的專號為:詩專號(第二〇五期)、戲劇專號(第二〇七期)、小說專號(一)(第二〇七期)、小說專號(二)(第二一二期)、馬來文學專號、文學評論專號、古典文學專號、電影專號。《蕉風》出版了陳瑞獻八個個人專號與專輯:〈牧羚奴小說專題〉(第二一一期)、〈牧羚奴作品專號〉:〈陳瑞獻畫展評介專輯〉(第二四〇期)、〈陳瑞獻大溪地書畫展特輯專輯〉(第三〇三期)、〈陳瑞獻紙刻展專題:陳瑞獻紙刻展〉(第三一七期)、〈關於陳瑞獻/陳瑞獻集珍莊個展評專號〉(第三三二期)、〈陳瑞獻專輯〉(第四四二期)、〈陳瑞獻專號〉(第四五九期)。白垚曾指出陳瑞獻在馬來西亞現代主義文學扮演了重要角色。有關陳對馬來西亞華文文學的影響,可參閱方桂香(2010),頁 548-549。張錦忠(2003)亦持相同觀點,甚至稱陳為「馬華現代主義的巨人」(248)。

歷史拐點，在它之後的馬來西亞政經文教結構巨變裏，余光中的現代主義文學書寫，特別是其「中國性─現代主義」文學書寫，在上述馬華第二波本土化的現代主義文學書寫路上歧出了一條「中國─現代主義」路徑。儘管它可以突顯「中國性」加以對應「馬來性」，然在馬來西亞地域性與空間性裏想像「中國」，似乎馬華文學的「中國性─現代主義」文學書寫無法充分透析如余光中本人在一九七三年〈現代詩怎樣變〉所倡言的：「回歸中國，有兩條大道。一條是蛻化中國的古典傳統，以雅為能事；這條路我十年前已經試過，目前不想再走。另一條，是發掘中國的江湖傳統，也就是嘗試做一個典型的中國人，帶點方頭方腦土裏土氣的味道」（余光中 1987:185）。

　　余光中論述的核心內容是結合「傳統民族主義」與「現實社會意識」的臺灣本土時空的「中國性─現代主義」文學書寫，它有別於「古典中國」的「中國性─現代主義」文學書寫，它是臺灣本土化了的現代主義文學書寫。無論如何，歧出了的馬華偽中國古典，充斥江南蓮池的「中國性─現代主義」文學書寫亦成了馬華現代文學書寫其中一個書寫類型。余光中發表〈升起現代文藝的大纛〉二十五年後，在一九八九年〈風，也聽見；沙，也聽見：記余光中來馬大中文系一席談〉裏，對於馬華作家模仿港臺作家技藝的問題，余清晰指出了：「模仿是過渡的階段，作為催化劑的作用。……我以前對臺灣朋友說，我說我們學西方的文學，等於到西方去學冶金學一樣，可是金礦是在我們臺灣這兒，要回到社會來開礦，否則寫出來是空洞的」，《蕉風》編輯在該文設計的標題：「回到我們這兒來開礦」，引余光中句子時亦將「我們臺灣這兒」改為「我們這兒」（蕉風社 1989:8），《蕉風》編輯余光中的意見極具啟示意義。

肆、結語

　　梳理從一九五九至一九八九年，經蕉風出版社和《蕉風》刊載與編輯的「《蕉風》─余光中─馬華現代主義文學」聯結，余光中的〈升起現代文藝的大纛〉在馬華現代主義文學歷史進程具有文學（書寫／史）意義。確切而言，〈升起現代文藝的大纛〉一文微末初起的前後，余光中在

《蕉風》的接受與傳播大約始於二十世紀六〇年代初至八〇年代末。有關余詩文的評論，則在余文本刊載後約十年出現，它們連同余光中個人文集、演講、傳媒等的流通，進入馬華尚年輕的現代主義文學學徒／寫手的期待視野。他們「橫的移植」地汲取了余光中的現代主義、「廣義的現代主義」、類新古典主義的「中國性—現代主義」文學書寫技藝與主張、余式現代散文革新的形式、內容、觀點以及評論，除了豐富了馬華現代主義文學的書寫外，並對馬華現代主義文學（書寫／史）產生了一定的影響。是以，收入、刊載與編輯余光中，在「《蕉風》—余光中—馬華現代主義文學」聯結裏扮演了產生重要催化作用的白金細絲。

徵引文獻

白垚(2007)《縷雲起於綠草：白垚的五十年文學功業》（八打靈再也：大夢書房）。

陳芳明(1979)〈回望〈天狼星〉〉。黃維樑（編）：《火浴的鳳凰》（臺北：純文學出版社），8-40。

丁威仁(2012)《戰後臺灣現代詩的演變與特質(1949- 2010)》（臺北：新銳文創）。

Eliot, T.S. [艾略特] (1994)〈傳統與個人才能〉[1917]。《艾略特文學論文集》。李賦寧（譯）（南昌：百花洲文藝出版社），1-11。

方桂香(2010)《新加坡華文現代主義文學研究：以新加坡南洋商報副刊〈文藝〉、〈文叢〉、〈咖啡座〉、〈窗〉和馬來西亞文學雜誌〈蕉風月刊〉為個案》（新加坡：創意圈出版社）。

Fruend, Elizabeth (1994)《讀者反應理論批判》(*The Return of the Reader: Reader-response Criticism*)[1987]。陳燕谷（譯）（臺北：駱駝出版

社）。

郭馨蔚(2015)〈冷戰時期臺灣、新馬地區現代主義思潮的交流：以《蕉風》為研究對象〉。「戰後香港、臺灣、馬華文學場域的形成與變遷」國際學術研討會，31 July -1 Aug.，香港中文大學中文系，香港。

洪淑苓(2019)〈臺灣文學在《蕉風》的呈現與意義(1955-1999)〉。《韓江學刊》no.1 (Feb.): 1-36。

蕉風社(1960)〈編者的話〉。《蕉風》no.93 (July): 封二。

蕉風社(1964)〈編者的話〉。《蕉風》no.136 (Feb.): 封二。

蕉風社(1970)〈風訊〉。《蕉風》no.213 (Sept.): 93。

蕉風社(1989)〈風，也聽見；沙，也聽見：記余光中來馬大中文系一席談〉。《蕉風》no.424 (Mar.):4-8。

金進(2009)〈它山之石可以攻玉：臺灣與馬來西亞現代文學關係之考辨，以《蕉風》為線索〉。潘碧華、王兆鵬（編）:《時空跨越中國文學的傳播與接受》（吉隆坡：漫延書房），124-143。

凌冷[白垚](1959)〈新詩的再革命〉。《蕉風》no.78 (Apr.): 19。

劉裘蒂(1994)〈論余光中詩風的演變〉。黃維樑（編）:《璀璨的五彩筆：余光中作品評論集(1979-1993)》（臺北：九歌出版社），45-82。

羅青(1994)〈銀山拍浪的氣象：戰後的臺灣新詩(1946-1980)〉。《詩的風向球》（臺北：爾雅出版社），147- 152。

馬崙(1994)〈蕉風揚起馬華文學旗幟(1955-1993)〉。《蕉風》no.458 (Jan.-Feb.): 9-19。

梅淑貞(1984)〈《蕉風》〉[人間集]。《蕉風》no.374 (July): 30-31。

Said, Edward (2000) "Traveling Theory." Moustafa Bayoumi & Andrew Rubin (eds.): *The Edward Said Reader* (New York: Vintage Books), 195-217.

溫任平(1980)〈馬華現代文學的意義和未來的發展：一個史的回顧與前瞻〉。溫任平（編）:《憤怒的回顧》（安順：天狼星出版社），63-86。

耶律歸(1964)〈詩的速度〉。《蕉風》no.136 (Feb.): 9。

余光中(1964)〈升起現代文藝的大纛〉。《蕉風》no.141 (July): 12-13。

余光中(1965)《逍遙遊》（臺北：文星書店）。

余光中(1987)《聽聽那冷雨》（臺北：純文學出版社）。

余光中(1989)《掌上雨》（臺北：水牛圖書出版公司）。

余光中(1990)《余光中詩選(1949-1981)》（臺北：洪範書店）。

張漢良(2012)《文學的邊界：語言符號學的考察》（上海：復旦大學出版
　　社）。
張錦忠(2002)〈蕉風三事〉。《南洋商報‧商餘》，12 Sept.。
張錦忠(2003)《南洋論述：馬華文學與文化屬性》（臺北：麥田出版公司）。

當代詩作的變異及其限度

以新世紀《蕉風》的詩作為探討中心

張光達

壹

　　一九五五年創刊的《蕉風》，是馬華文學史上最長久的文藝雜誌。從一九五五年的半月刊到一九九九年的雙月刊，定期出版，共計四百八十八期，從第一任的主編方天，到「末代主編」林春美宣佈停刊為止，《蕉風》歷經多位主編的細心灌溉耕耘，在馬華文學場域裏開拓出一片天空，培植出馬華現代文學的奇花異果。二〇〇二年，在南方學院馬華文學館接手與積極籌備下，《蕉風》正式復刊，以嶄新的面貌與扎實的文學內容呈現，二〇〇二年以來主編從許維賢到許通元，至今共出版了二十五期（第四八九期至五一三期），無論是排版設計或編輯策劃，都令人有耳目一新之感。本論文副題的「新世紀《蕉風》」指的即是這個時期，二〇〇二年以來所出版的《蕉風》。

　　《蕉風》於一九五五年創刊時標榜的是「純馬來亞化」的文藝信念，在創刊詞不忘聲明「《蕉風文藝叢書》也是以馬來亞化的文藝創作為主體」（蕉風社 2），主要是提倡一種具自由主義精神與本土化的寫實文藝觀，和與之抗衡集體性與階級鬥爭形式的社會寫實主義文藝觀。[1] 創刊前十年現代主義的文學色彩並不彰顯，要到一九六〇年代初，白垚以「新詩的再革命」為新詩觀念革新理論，發表詩作來付諸實踐，並在一九六

---

1. 有關創刊時期的《蕉風》，參見賀淑芳(2013)。

三年發表系列「現代詩閒話」為現代詩辯護，帶動現代詩（思）潮。一九六九年陳瑞獻加入《蕉風》編輯陣容，主導刊物的現代主義路線，並落實反叛文學的聲音。在他的推波助瀾之下，形成了一九七〇年代以降馬華文學的現代主義文學運動。

　　然而，在一九六九年發生的「五一三事件」後，馬來西亞於一九七〇年代政府實施「新經濟政策」，馬來人強勢主導國家政經文教各個領域，其他弱勢族羣被邊緣化，華社普遍上陷入壓抑與無助的心理狀態。馬華現代主義於此也經歷了一重轉折，面對焦躁與疏離的時空情境，馬華現代詩作者轉而抱守（中國）民族傳統文化，汲汲追尋文化根源，彷彿唯有如此才能夠維繫民族文化身份與文化屬性。由於這個演變，在一九七〇、八〇年代的《蕉風》上所發表的詩作，具體表現在兩個方面，其一為中國性的現代主義詩語言（天狼星詩社眾詩人為箇中典型），其二為充滿民族文化憂患意識、具批判現實社會色彩的現代詩語言（游川、方昂、傅承得、黃遠雄）。[2] 如果觀察這個時期的《蕉風》，或許會得出現代派與寫實派平分秋色的印象，但進一步來看，就算是後者較側重現實性，依然以寫實語言直抒胸臆，抒發心中的文化塊壘，顯示人文關懷，然而語言形式的講究與經營，寫實兼寫意的組構取得平衡，飽含詩美學的語言張力，其實也有它現代主義的一面，顯示這些馬華詩人已經自覺或不自覺的汲取現代主義語言結構的養分，融會並深化創作現實題材的侷限。換句話說，這個時期發表在《蕉風》的現代詩，不必然硬要跟西方源頭的高蹈現代主義（high modernism，前衛的、實驗性強烈的）追本溯源，等量齊觀。以當代文學理論的術語來說，這個翻譯的馬華現代主義，歷經多重現實時空語境的轉換或置換後，它早已脫離原來語境的精神觀念，變異為馬華文學的（多重）「在地化」的現代主義。

　　一九九〇年代過後，現代主義與現實主義壁壘分明的二分局面不再，尤其是這個時期的馬華詩作，這個現象更加明顯。馬華新生代詩人（一

---

2. 這兩者其實共享同一套文化結構與精神譜系，即中華傳統文化的血緣依歸。這方面的討論見黃錦樹(1997)的〈中國性與表演性：論馬華文學與文化的限度〉、林春美(2009)的〈從〈動地吟〉看馬華詩人的身份認同〉、張光達(2009)的〈馬華鄉愁詩：中國性與現代主義〉。

般指六字輩以降的詩作者），遊走於現代與寫實的語言邊界，融合了現代主義技巧與現實社會議題，游刃有餘。馬華新生代詩作者中，很少有人不曾在《蕉風》上發表詩作的，信手拈來即有楊川、張永修、陳全興、李敬德、馬盛輝、鍾可斯、夏紹華、劉育龍、林若隱、辛金順、陳大為、呂育陶等等。除了兩大報的文藝副刊《文藝春秋》和《南洋文藝》，《蕉風》是這些六字輩詩人時常馳騁的文學園地。而同時「後六字輩」或「七字輩」詩中的後現代語言風格也逐漸成形，在一九九○年代下半葉之後蔚為潮流。一九八○年代中後期，《蕉風》刊登或譯介西方的後現代主義（包括後結構、解構主義）論述，提及的後現代理論大師包括巴特(Roland Barthes)、克里斯蒂娃(Julia Kristeva)、傅柯(Michel Foucault)，小說家波赫士，還有臺灣詩人夏宇、林燿德等人。[3] 另一本馬華年輕讀者文藝雜誌《椰子屋》，也為文推介臺灣的後現代詩人，這個時期的新生代詩作者明顯得益於臺灣的（後）現代詩，夏宇、羅智成、陳克華、林燿德、鴻鴻是詩語言師法的對象。一九九○年代以後的七字輩詩作者如林健文、房斯倪、翁弦尉、趙少傑、劉藝婉、邱琲鈞、曾翎龍、劉富良等人，其詩作中的後現代語言意識至為明顯，成為新世代詩作中一個無法迴避的文學現象。這些種種的現代與後現代的語言辯證，從刊登在世紀末由林春美主編的《蕉風》（共七期，第四八二至四八八期）的新生代詩人或年輕詩作者的作品中得到進一步確認。換言之，進入一九九○年代以後，馬華現代詩語言於此又經歷了一重轉折，呈現更具靈活性、多元化的面貌格局，已經無法再用「現代主義」的準繩來涵蓋解讀這些詩作，因此以「馬華當代詩」來指稱一九九○年代以降的詩作，以示有別於之前一般馬華論述習用的「馬華現代詩」一詞，標示新世紀裏一個嶄新多元的馬華詩作風貌的到來。[4]

二○○二年《蕉風》復刊，由南方學院馬華文學館接手，主編由許

---

3. 舉幾個例子，張錦忠的〈當代·臺灣年輕詩人·夏宇〉(1987)、〈略談「解構主義」〉(1988)和〈譯介波赫士問題舉隅〉(1988a)；陳慧樺〈關於後現代主義與解構主義〉(1988)；蔡源煌〈從現代主義到後現代主義〉(1989)；蘇燦雲〈何倫·巴特的正文理論〉(1989)；何暐義〈跨越時空的設計者：專訪林燿德〉(1991)。
4. 對「馬華當代詩」的提出，見張光達(2009)。

維賢到許通元，至今共出版了二十五期（第四八九期至五一三期），延續
馬華文學的發展路向。每一期推出特定的學術專題，介紹時下方興或前
沿的文藝觀念（包括文學、電影、翻譯），除了有為馬華文學把脈，借他
山之石來攻錯的意味，也試圖為當代馬華文學／文藝走向尋求定位。在
創作方面，除了持續刊登高品質文類創作，在培育年輕作者方面，也頗
有建樹。從第四九五期的「搖搖頭八字輩特輯」後，為當代馬華文學最
新的寫作世代造勢，每期皆刊登八字輩寫作者的詩、散文、小說各類文
學創作。編者以「浪來了」一詞，暗示這個寫作羣來勢不容小覷。下文
主要以新世紀《蕉風》上發表詩作的兩個寫作羣體，也就是一般統稱為
七字輩和八字輩，探討這羣詩作的幾個表現面向，如何有異於其他字輩
的馬華詩人，作為當代／新世紀馬華詩風貌的指標。新世代寫作者的語
言變異，創作觀與生活閱歷互涉，或自我指涉，詩意緊貼當代生活話語
的呼吸節奏，從簡單到繁複，試圖突破生活語言的限度。

貳

　　本文以新世紀時期《蕉風》的詩作為論述對象，主要有兩點，其一
是新世紀《蕉風》上所發表的文類以詩作佔大宗，其二是在這些詩作中，
相比於其他字輩的寫作者，七字輩和八字輩是主要的作者羣體，發表了
為數甚多的詩作，有足夠的分量提供我們做出歸納和探析。新世紀《蕉
風》復刊，從二〇〇二年的第四八九期到二〇一九年的第五一三期，在
《蕉風》上所發表詩作的馬華詩作者，四、五字輩的作者有十一位（陳
慧樺、李宗舜、王潤華、淡瑩、沙禽、沙河、何啟良、梅淑貞、方昂、
洪泉、黃遠雄），六字輩作者有十五位（路加、夏紹華、陳大為、呂育陶、
李敬德、李國七、楊川、王濤、冬陽、陳強華、祝家華、辛金順、鄭雲
城、謝雙發、吳龍川），七字輩作者有三十位（房斯倪、曾翎龍、駱雨慧、
楊嘉仁、木焱、冼文光、林健文、游以飄、劉藝婉、周若濤、許世強、
黃惠婉、龔萬輝、翁弦尉、無花、陳海豐、楊邦尼、趙少傑、林耀飛、
張惠思、劉富良、溫綺雯、邢詒旺、許通元、羅志強、許夢生、張光前、
周若鵬、源樵、劉富良），八字輩作者有二十八位（謝明成、陳凱祥、黃

樹發、林韋地、孫松清、堂詰科德、林頡轢、李宣春、鄭彩萍、謝佳霖、藍海韻、方肯、黃榮水、陳文恬、N小姐、方安、黎良生、鄭傑文、陳勇健、陳偉哲、蔡穎英、深韓、黑色、桂薇、毛澤、ENYA、黃麗麗、科科），九字輩詩作者則有十位（鄭羽倫、張勃星、湯儀恒、羅樂詩、李聖祥、龍坤、劉建縉、張逸騰、黎競檜、莫凱賢）。[5] 從這份上榜的作者名單來看，七字輩和八字輩的詩作者佔了大宗（分別為三十位、二十八位），四、五字輩和六字輩的詩作者銳減（分別為十一位、十五位）。

　　如果對照一九九〇年代末停刊前的《蕉風》詩作者羣，會發現在比例上形成極大的反差。一九八〇至一九九〇年代的《蕉風》，六字輩詩人是最常出現的名字，而在末代蕉風時期，七字輩的作者逐漸嶄露頭角。以一九九〇年代《蕉風》休刊前最後兩年（一九九八至一九九九年）為例，由林春美主編的七期（第四八二至四八八期），六字輩詩作者共有二十一人，七字輩詩作者共有十六人，人數比例上六字輩雖超越七字輩，但還算相差不大。[6] 但是新世紀時期的《蕉風》，這些嶄露頭角的七字輩詩人，一躍成為主要作者羣，整體而言發表的作品比例上最多，一些作者如冼文光、房斯倪、木焱的詩作曝光率相當高（冼十三期、房八期、木九期），形成當代馬華詩作的新現象。根據《蕉風》現任主編許通元與筆者通訊的說法，《蕉風》的文學創作稿件，是邀稿，也歡迎投稿，希望多一些新人出來（指八字輩作者）。由此類推，不排除主編的七字輩身份（許維賢與許通元皆為七字輩，另一個出力幫忙的是木焱，也是七字輩），邀稿或聯繫的對象可能以同樣是七字輩的作者羣體為首要目標。從復刊的第四八九期到四九四期，刊登的詩作幾乎為七字輩作者所壟斷。特別是第四九〇期的「二十一世紀的新馬兩岸：新生代的版圖」專輯，在馬來西亞版圖部分所刊登的詩作，馬華七字輩詩人傾巢而出，有如一場七字輩詩人作品的饗宴。這個專輯裏刊載的詩作，幾乎含括所有重要的七字輩詩作者（楊嘉仁、曾翎龍、冼文光、林健文、游以飄、劉藝婉、房斯倪、周若濤、翁弦尉、駱雨慧、木焱、許世強），都是當代重要的詩作者。

5. 詩作者見表一。
6. 詩作者見表二。

這個現象透露兩點訊息，一是七字輩詩作者在新世紀《蕉風》人數眾多，足以形成一個寫作羣體，這意味著蕉風文學世代的接班，同時不無象徵了它的「小圈子化」趨勢。上述提到的「主編的七字輩身份」，「邀稿或聯繫的對象可能以同樣是七字輩的作者羣體為首要目標」，兩者間關係密切，不言而喻。二是曾經在上個世紀一九八〇年代出道，在一九九〇年代作為馬華現代詩中堅分子的六字輩詩人羣體，在新世紀《蕉風》上的這份名單，人數和詩作明顯銳減。或許六字輩詩作的發表戰場不在《蕉風》，而在其他能見度較高的文學園地如《文藝春秋》和《南洋文藝》，因此無法據此下論斷說這個詩人羣體創作力不再旺盛勢。所謂江山代有才人出，每一個時代都會出現一個或數個代表那個年代的文學風貌的書寫羣體，讓文學的發展得以不墜。就如一九八〇年代過後很多四、五字輩詩人掉隊，或退出詩壇，由六字輩填補。新世紀《蕉風》裏七字輩詩人的書寫現象，印證了二十一世紀當代馬華詩作的生力軍注定要由七字輩的作者羣填補和接替。一個有趣的對照是新世紀《蕉風》由七字輩的許維賢及許通元執行編輯，接替一九九〇年代末六字輩的林春美。

我在第四九〇期《蕉風》發表的論文〈新生代詩人的書寫場域：後現代性、政治性與多重敘事／語言〉中，討論新生代詩人的詩作表現，發現七字輩已顯露出寫詩的實力，無論在取材、語言、敘事或表現技巧上，不容小覷（張光達 2003）。該篇論文參考的是《有本詩集：二十二詩人自選》，對於新世紀馬華詩作風貌和趨勢來說，頗有代表性，詩集中除了三位六字輩詩人（方路、劉育龍、呂育陶），一位八字輩詩人（林韻糵），其他都是七字輩的詩作者，當中不少人如今成為馬華寫詩的健將，在新世紀的《蕉風》上頻頻發表詩作，質量俱佳，如林健文、曾翎龍、劉藝婉、木焱，其他沒在《有本詩集》露面的如翁弦尉、冼文光、房斯倪、游以飄、劉富良，也表現亮眼，值得注意。七字輩作為一個寫作羣體，根據的是馬華文學傳統約定俗成的字輩斷代法，是某個文學世代的產物，也是一個籠統的斷代風格指標，與其他字輩難免有彼此滲透之處，並不總是截然二分。必須指出的是，同樣是七字輩的作者彼此之間也不是鐵板一塊，詩作的語言風格既有同質性，也有其差異性的面向，畢竟

七字輩作為一個寫作風格特色接近的稱謂，只是一項文學（史）分類的
權宜性做法，作者羣並不刻意標榜某種文藝觀念。我們在七字輩的詩作
中讀到或體會到他們這個世代的情感結構，比如後現代性的語言特色、
政治性的解構觀點、充滿多重敘事模式的雜燴，這些種種更多來自他們
身處同一個現實生活環境與閱讀經驗，以文字表達自身對時代的這一份
具體感受。

參

　　後現代性是新世紀《蕉風》裏馬華七字輩詩作者一個普遍的語言特
徵。所謂的後現代性，並不只是說七字輩詩作者的語言文字具備種種後
設、解構、反諷、遊戲、擬仿等性質，更多表現在對當代生活的一種態
度，即對日常現實生活的傆懶，生活片斷的零碎化，或採取一種漫不經
心的隨意語調，在生活中敏銳感受時光流逝或流動的感官細節，對（後）
現代消費意識的若即若離心態，還有面對當代政治霸權話語的無力感，
而衍生的一股焦躁犬儒心態，刻意採取文本政治的解構意圖，來因應源
自政治現實的僵局。邁入新世紀前十五年，隨著七字輩後現代風格逐漸
成形，跟五字輩的現實主義、六字輩的現代主義拉開了距離，我們可以
輕易指認七字輩的種種語言裂變。在當代馬華七字輩詩作者的筆下，現
代性的理性客觀面貌，不再顯得理所當然，承接上述後現代性的生活語
境，當代馬華詩語言的變異，主要具有這幾個特色：一、源自當代日常
生活的口語化敘述（房斯倪、趙少傑、邱琲鈞、曾翎龍、駱雨慧、冼文
光、許世強）；二、家常與突兀被混搭一起造成反諷意味，在無從辨識莫
名所以的反差情境中，帶來一種語言的不協調美感（劉藝婉、楊嘉仁、
張惠思、游以飄、劉富良、邢詒旺、羅羅）；三、書寫主體的自我解構或
對自我身份的反身性省思（翁弦尉、林健文、游以飄）。[7] 這些詩作語言，

7.　這裏所舉的例子只限於在新世紀《蕉風》上有發表詩作的七字輩詩人。如此把
　　七字輩的詩語言歸類只是一種權宜之計，主要針對詩人語言表現的一個整體印
　　象，當然同一個詩作者有可能在一首詩中同時具備其中兩項或三項特色，也有
　　可能在不同詩作中有不同的語言表現。

打破了現代性主體建構的語言理體符咒,揭示透過語言幻象來形塑自我
身份同一性的假象,解除了現代理性結構的神聖光環。房斯倪和劉藝婉,
兩位七字輩詩人的詩作都擅於刻劃現代日常生活細節的趣味,分別在於,
劉藝婉的詩作往往在現實生活中,製造和渲染一份反諷和荒誕意味的存
在處境,詩的敘述以類似荒謬劇和黑色幽默的手法,進行嘲弄和調侃,
搬演充滿想像力的誇張與突兀情境;而房斯倪主要對「陽光之下無新事」
的現實生活,採取忠於自己的生活體驗,進行感官細節的描繪,她的詩
每每以隨意平靜的語氣來鋪陳生活心境,敏銳的捕獲個人生活體驗裏時
間之流的動人光影,生活語言與詩意(詩生活)兩者之間相互碰撞擠壓,
詩的內涵由此溢出。

　　底下以房斯倪和劉藝婉的兩首詩為例,說明日常生活體驗對兩位七
字輩詩人的詩作語言,如何產生實質的影響。房斯倪〈日照仿似當天〉,
展現了現代都市日復一日、百無聊賴的生活型態:

> 有時工作上的細節過於繁複
> 疲憊需要風的梳理
> 我想要,或者不
> 乘搭長途巴士回到海邊
>
> 想繞著蓄水池慢跑
> 耐心地等待
> 日照重現當天情景
> 周圍有更陌生的喧嘩
> 這樣我就能學習喬木
> 在光線中獲得平靜
>
> 有時工作上的次序錯亂顛倒
> 頸脊需要手指的撫慰
> 我想要,或者不
> 關掉手機回到海邊

時間教導我們不要盲目喝彩
試圖說明永久的
真理或不存在
在記事本上畫上眼睛
編寫入世的證據
學習歷史活著不帶一點潔癖

有時時尚的壓力紛沓而至
手提電腦需要下線重組碎片
我想要，或者不
伸手摘花簪在髮邊

年歲雖已流逝
日照仿似當天

（房斯倪 2007:66）

　　這首詩書寫當下現實的生活壓力，對照一段過去美好時光的追述，詩裏行間流露一份時光流逝、時不我予的感慨，在繁雜疲憊的存在處境中尋求意義。比起其他詩作，房斯倪這首詩還算是相當講求語言形式的勻整結構，前四節裏第一、二和第三、四節形成對照或彼此呼應，具有現代詩語言的形式美感，最後一節只有兩句，點出時光流逝、追憶似水年華的主題。而最後一句也是詩題，如同詩作／敘述經歷了一個起承轉合的完美句點，但是句點也可看作是另一個起點，一個開放式的環狀形式結構，日復一日，仿似當天，讓生活語言在詩結尾處飽含滿溢的意涵，表達出詩敘述者敏銳感受的時光觸角。

　　對時光流逝的敏銳感受，同樣在房斯倪另一首詩〈待產〉中深刻表露無餘。待產的詩敘述者對晨起的生活點滴，細緻鋪陳，敏銳的感受到時光的流動光影，刻劃心中的一份怡然自得，同時對未來充滿了期待。面對時光流逝與新生命的來臨，詩敘述者在時光之流中，細細體會「此在」的生活意義：

晨起的可喜
是聽得見，也是
聞得到的，是日
在剪草機的重複聲中
展開
一如既往
我得以更新，在時間的
新陳代謝中，在光影的
交錯投遞中，在每一枚細胞的
熱烈的分裂中

慶典如是進行中

每一天，慶典如斯進行
過門的合奏不曾省略
而我只想，聽你喃喃述説
素未謀面的思念
（房斯倪 2011:封底內頁）

　　詩句中充滿對時間的感官喜悅，敘述者聽到晨起的聲音，聞到晨起
的喜悅，大至剪草機的聲音、慶典的合奏聲，小至細胞的分裂聲、腹中
嬰兒的喃喃述說，所有這些感官聽覺細節的描繪，在時間光影的交錯層
遞中，勾勒出聲音在動、時間流動與生命的跳動，互為表裏，交織出詩
敘述者生活體驗的心動，細緻表達了一位待產女子的喜悅心境。房斯倪
對時間之流的敏銳感受，每每讓她得以藉日常的光影流變，體現生命或
生活的存在意義，生活語言的詩意探索，在此形成一完美和諧的結合。
房斯倪最好的詩作莫不如此。

　　房斯倪上述兩首詩作，以個人生活體驗的日常性語言，表達她對生
活感受的態度，採取的是一種隨意調度生活情感片斷的語言視角，看似
漫不經心，實則在時間與感官的交替層遞中，詩意與心象躍然紙上。不

同於六字輩講究結構勻整、語言略為緊繃的現代詩作，類似生活化的語言態度，日常性的隨意趣味，造成詩語言與日常生活語言高度的纏繞滲透，除了房斯倪，也可以在其他七字輩詩作者如趙少傑、邱琲鈞、曾翎龍等人的詩句中窺見一二。但我們也不宜忽略七字輩與六字輩的滲透之處，以上兩作除了明顯的日常性的語言衍變，均有現代主義的美學意識作為底蘊，〈日照仿似當天〉節與節間的形式結構，〈待產〉整體詩作所營造的浪漫與和諧美感，都是極佳例證。巧的是，劉藝婉也有詩題為〈日復一日〉，她也常以當代生活瑣碎事件入詩，但她採取的表達方式卻迥然不同。

比起許多七字輩詩作者，劉藝婉的詩有著更加明顯的後現代主義特徵，尤其在詩語言觀念上的操控和佈局，運用種種後現代手法如擬仿、反諷、遊戲、調侃、雙關語，搬演充滿想像力的奇思異見與不協調的情境，給予讀者一種荒謬或黑色幽默的效果。[8] 現代城市人的日常生活片斷，往往成為劉藝婉詩作的關懷主題，但她對日常人生或人性的關懷角度，與房斯倪對生活情感的抒情性極為不同，劉的關懷主要表現在書寫主題與主體性的關係性思考上，以冷眼來關照人世，別具辯證意味。[9] 在這方面來說，劉藝婉的〈漂泊是美麗的哀愁嗎？〉最能表現後現代的風格特徵：此詩一方面採用了生活化口語化的語言，另一方面又在淺白輕快的語調中混合了誇張、慵懶、調侃、諧擬等等的文字示意功能，詩句裏或句與句間或詩句自身暗藏玄機，大玩互文的語言遊戲，指涉一些馬華作家的名字和作品，同時也把自己的詩句拼貼於詩裏行間，形成自我指涉的趣味。至於詩作者或敘述者所指涉的具體意義為何，如果讀者強

8.　這類詩作典型的例子如第一本詩集《不是寫給你的（然而你不認為）》裏頭的〈如何在廚房裏研究語言學〉、〈蛋的五種吃法〉、〈然後，在廚房研究謎語〉、〈大K市公車指南〉。
9.　張惠思稱劉藝婉的詩作為「冷抒情」，並作出解釋：「某種對詩追求形式與內蘊完整性的堅持操守以及隱約中可以找見遊戲外衣下的內在抗衡與詰難，像陣雨般的棱柱冷然出現。」不知張惠思此語靈感是否來自夏宇的〈疲於抒情後的抒情方式〉，夏宇此詩題是一個弔詭（或悖論），疲於抒情後却寫下一首抒情詩，用冷冷的眼光來看人生的抒情感性，某種程度也頗適合劉藝婉的詩作。見張惠思(2007)〈陣雨般的棱柱：試論劉藝婉詩中的冷抒情、城市描摹術與內在抗衡〉。

求在詩句中作一番索引和推敲，根本就是庸人自擾。陷入詩人設下的文字迷障，也許會引來詩人的竊笑，因為詩人已在詩前如此表態：「漂泊是不是我的美學？我也不清楚。然而時間很短詩要長，漂泊遂勃起於字裏行間」（劉藝婉 2003）。

此詩頗長，這裏節錄其中兩節，看看詩人如何調度生活化、口語化的語言，卻又以一種接近冷眼旁觀的視角，既置身其中又獨善其身，嫻熟操演了足以令人回味的後設美感與深情疏離。詩第一和第二節如下：

> 已經來不及逃亡了
> 我寫了一首詩，想告訴你我愛你
> 他們騎著駝馬趕來
> 追捕我的哀愁你的獸
> （達達的馬蹄達個沒完）
> 築好的籬笆卻留影在照片裏
> 大 K 市的公車剛剛飆過
> 那棵錦樹怎麼還在漂泊？
>
> 來不及了，郵局五點鐘關門
> 我想買一張昂貴的興訟券
> 控告背叛我的鄉愁
> 「如果你看見這首詩，請報警」
> 日復一日，他們查訪我詩裏的足跡
> 像是在黑暗中構築廢墟
> 大有作為，他們如此自許。（劉藝婉 2003:42）

詩句裏出現幾個在臺馬華作家的名字與他們寫作的形象特色，被劉藝婉諧擬與拼貼入詩，更有意思的是，作者本人也屬於「我們留臺那些年」的一員，[10] 將心比心，自己的詩句也巧妙的被自己拼貼入詩，形成一種文本互涉、鏡像關係與自我主體性的辯證，成就了當代馬華詩作難

---

10. 《我們留臺那些年》是一本由黃錦樹、張錦忠、李宗舜合編文集的書名。

得一見的跨域身份屬性（在臺—在馬，漂泊—在地，後現代—當代現實）
的遊戲—反思。劉藝婉的詩書寫在臺馬華的離散社羣，雖帶著反諷的語
調，其實骨子裏是在銘記這個離散羣體的存有意義。她在詩裏敘述了在
臺—在馬的身份雙重性視野，以兩地空間的距離銘記這個文學書寫的離
散社羣。這層距離即是美學的，同時也是政治的。

　　如果說劉藝婉的〈漂泊是美麗的哀愁嗎？〉表現了一種後現代主體
的深情—疏離，那麼她在〈野種〉一詩中透過反諷戲謔的語言，反身性
思考，試圖問題化身份屬性定位的政治正確性。這關係到當代書寫主體
或知識分子的文化—政治訴求，對政治霸權話語的解構或抗衡，馬華詩
人中六字輩的呂育陶與七字輩的翁弦尉是箇中翹楚。在同類詩作中，劉
藝婉的表現也可圈可點。比如這首〈野種〉：

　　　　我們這般野種盈盈如茅草
　　　　蠅營如欲滅未滅的鬼火
　　　　在權杖面前打躬作揖
　　　　在正史的騎縫間彎腰

　　　　縱然如此我們仍持續孕育
　　　　滿肚子的無名怒火
　　　　日日算計我族的家私
　　　　當然不忘計算野塚的數量
　　　　在暗夜裏擠出稀薄乳汁
　　　　靜默哺育一個個小野種

　　　　為了成就一個嫡系國族
　　　　誰在合唱吟聲中佚失名字？
　　　　誰又看見了荒廢的城市？（劉藝婉 2007:64）

　　詩中的複數「我們」是誰？我們是野種，名不正言不順，沒有身份
地位佚失族裔名字，被當權體制排擠，被正史邊緣化，那麼野種在此詩

中的指涉，答案就呼之欲出了。詩前有一段引言，引自馮夢龍《喻世明言》：「你這般野種，要甚麼體面？老爹爹縱有萬貫家私，自有嫡子嫡孫，干你野種屁事！」（劉藝婉 2007:64）。典出明代馮夢龍的《喻世明言》第十卷〈滕大尹鬼斷家私〉。故事主線為一個家庭的老爺納妾開始，過世後引起妻妾家人反目，爭奪遺產而鬧上衙門。滕大尹審斷這個官司的手腕，既表現其人的為官才能，又透露出其貪腐之心、腐敗的官場。〈野種〉引用這個典故，至少有兩層意義，其一為透過一齣家人反目的戲碼，揭露「我們都是一家人」的國族修辭，充滿了虛偽醜陋的心態。其二為透過當時日益腐敗的官場，來諷刺當代馬來西亞種族政治的政權體制。劉藝婉〈野種〉一詩以這則明代公案故事，來作為詩的引言，捨棄原典敘事情節與歷史語境，直取「野種」為詩的題旨，把古代的人情世故與官場社會黑暗面，置換成馬來西亞的政治現實語境，當代馬華族裔身處種族政治的身份屬性危機，從她對「野種」一詞諸般戲謔諷刺，也自我嘲諷，對應馮夢龍典故強調珍惜兄弟手足之情的微言大義，由此反證和瓦解了「我們都是一家人」的國族修辭與官方說法，來達到解構當權體制的不公不義政策和國家霸權話語，由此極為有力的批判了身份政治的結構性暴力。同樣表達對當權體制的不公不義，對照劉詩與五字輩的傳承得、方昂、游川的批判現實主義，前者表現後現代的諧擬趣味，後者詩中充滿悲情激越的語調，明顯見到兩代詩人的語言裂變。

　　這樣對中國古典小說的挪為己用，去掉原典故事骨幹，取其核心價值，不但跨越時代和地域，更為當代馬華的文化政治和身份定位把脈。野種作為關鍵詞，如果把馮夢龍與劉藝婉的「野種」並置，兩者既互為指涉又有所斷裂，語言的衍異在這裏得到了印證，它逸出了原本的那個歷史語境、本體的存在意義，從中國文字的發源地離散，在另一個歷史時空裏呈現出新的生命和面貌，預示了語言的離散變異（中文─華文），對應了馬來半島華人的集體命運。從中國南來的離散者及其後代，在一九五七年馬來亞宣佈獨立後，大部分選擇入籍居留地，心理上從落葉歸根（或花果飄零）轉換為落地生根，產生在地認同、國家認同，有了新的國家歷史身份，在黃紅藍白色如夢的國度，打造一個馬來西亞和我的

夢。[11] 但在往後的歲月裏，種族政治的操作，馬來民族主義的崛起，英殖民時代遺留的分而治之的族羣疑慮敵對心理，新興國家的霸權統治，華社族羣權益在政經文教上的被打壓和排斥，面對重重的政治現實困境，在國家單一政策底下，族羣身份如「野種」般不受承認，形成一種集體心理流離的持續狀態，在地認同卻可能產生心靈意識上的流放，內在的離散命運未嘗稍減。[12]

肆

上文提到，新世紀《蕉風》自第四九五期的「搖搖頭八字輩特輯」開始，馬華八字輩寫作者開始浮出地表，幾乎每一期都刊登八字輩寫作者的詩、散文、小說。這在之前的《蕉風》或兩大報的文藝副刊，是難以想像的。《蕉風》第四九五期的「搖搖頭八字輩特輯」，及第四九六期的「搖搖頭八字輩展續輯」，共刊出八字輩十二人十九首詩作，很明顯的為當代馬華文學最年輕的寫作世代造勢，編者以「浪來了」一詞指稱，暗示這個寫作羣來勢不容小覷，具有潛質。確實，新世紀《蕉風》出版至今，共有二十八位八字輩作者發表詩作在《蕉風》上，[13] 人數與七字輩相當，令人刮目相看。《蕉風》第四九六期的文章〈馬華八字輩發聲：以《蕉風》四九五特輯為例〉提及，這個特輯有肯定文學作品和世代傳承的意味，給了他們一個表演的舞臺及機會展現他們清亮聲音的一面（張光達 2006:57）。二十八位八字輩詩作者中，有些人的名字偶有見報，同時也收入各種選集或文學獎作品集裏，我們並不陌生，如謝明成、林

---

11. 「在黃紅藍白色如夢的國度」、「馬來西亞和我的夢」皆是六字輩詩人林若隱的詩作題目。

12. 基於歷史政治的因素，很多「在地」的馬華文學寫作者其實存有一種流離的心態（不限於七字輩），即「在地的流亡心理狀態」，或黃錦樹所言：天生處於流亡的狀態。或許缺乏典型性（這個可能也是刻板印象），與離散論述的對話也有待更細緻的鋪陳，但這樣的書寫現象在馬華七字輩詩作中是存在的，尤其是那些詩寫得很出色的幾個（有些人是留臺歸來，有具體的閱歷經驗作為支撐，更多一些人是神遊界外，精神官能上的，文化政治上的表態）。

13. 見表一。

韋地、孫松清、林頡軼、陳偉哲、方肯,還有很多作者對我們還是很陌生,如陳凱祥、鄭彩萍、鄭傑文、陳勇健、蔡穎英、謝佳霖、黎良生、藍海韻等。

八字輩的年齡在三十一歲至四十歲之間,年紀最大的八字輩作者(一九八〇年生),也已經四十歲了,以文學創作而言,早已離開為賦新詞強說愁的習作階段。誠然,文學創作離不開生活體驗與閱讀經驗,寫詩除了生活閱歷經驗的增值,還要對生活敏感,有一流的想像力,這些條件缺一不可。詩作語言的表達方式,外緣的因素也同等重要,時代風氣的變遷,社會文化的轉型,當然更不能忽略當代網路文化的崛起,造成新世代的思考習慣和情感結構,與其他世代或字輩有了顯著的差異,深刻影響當代馬華新世代作者的創作思維。當代馬華新世代詩作中較明顯的轉變,表現在書寫主體和語言探索上,面向當代生活,書寫自我生活感受與生命省思,生活化私密性的語言文字是他們詩作的普遍基調。上文述及七字輩的房斯倪和劉藝婉,亦在詩中書寫和思考生活與人生,兩者同樣對生活敏感,但八字輩更加關注自身,以敏感的心靈,來感受周遭的喜怒哀樂。到目前為止,一個明顯的事實是,在新世紀《蕉風》上發表詩作的八字輩,還不太會去關注政治文化課題。[14] 面對遺忘的歷史,已被湮滅的聲音,遠離了使命感,八字輩詩作者忠於自己的日常生活閱歷,想像感受生命的吉光片羽,寫成他們這個世代最撼人的告白、真摯自然的聲音。

八字輩詩作者關注自身,抒發自我的情緒和生活的境遇,以一顆敏感的心,體驗生命純粹的趣味,不作任何價值判斷。他們以一種頗為私密個人化的語言,捕捉生命的情調,在他們的筆下,一切身邊事物和日常生活經驗,都成為寫詩的寄託。例如藍海韻寫自我寂寞心情的〈無聲的,進行式〉:「有一種沉默/時光和你都不瞭解/似雲的出岫/晨風的

---

14. 值得一提的是發表在《蕉風》第五〇六期的「九字輩專輯」裏頭有兩首寫政治的詩,一首寫地方史變遷的詩,出自馬華最新世代(九字輩)的作者,如李聖祥的〈團結的政治〉、〈政治野餐〉,張勃星〈蘇丹街〉。尤其是張勃星,駕馭長詩的功力不弱,調動地方歷史與族羣文化,以拓寬視野、深化思考,值得關注。

拂袖／／在月色傾瀉的山間／在野百合吐蕊的幽谷／有一種沉默／繁星與小溪　共有／／於是／飛揚與墜落之間／靈魂的櫥窗裏／便潛藏／有一種沉默……」（藍海韻 2006）詩整個畫面調動了不少自然景物，交織成作者個人私密性和抒情性的生命即景。

　　相比之下，兩首關於思念的詩，分別來自陳凱祥的〈傾斜了整個地平線〉和鄭傑文的〈關於思念〉，對於生活的情感表達，有著更為細緻和複雜的心境鋪陳，除了關注自身，也有開闊的想像視野，表現出新世代不凡的魅力。陳凱祥的〈傾斜了整個地平線〉表現出對思念的窮盡想像，視野宏偉開闊，具有科幻意境：

　　　　我被巨大的獸泅養在
　　　　深夜高樓亮燈的一個窗裏

　　　　獸截去我的手
　　　　思念就像幻肢
　　　　明明失去了還是
　　　　非常疼痛
　　　　不同的是時間增長
　　　　幻肢愈加巨大
　　　　漲大至產生絢麗的紫紅光
　　　　使地心失衡
　　　　地殼變動
　　　　劃開了天際

　　　　每每在黎明破曉前結束
　　　　又在夕陽之後降臨
　　　　（陳凱祥 2011:120）

　　詩敘述者雖然人被關住，手被截去，但是思念被想像成幻肢，隨著時間的增長，不斷漲大至天搖地動，直通天際而無止無休。陳凱祥要表

達的是一個生活中簡單的信念，人的肉身可以被監禁，但一顆思念的心絕對無法被囚住。但他的處理手法絕不簡單，作者懂得利用科幻元素，把對思念的想像推向極致，思念被比喻成手被截去後生出的幻肢，隨著時間不斷增長。這樣的畫面我們也許並不陌生，在科幻電影或動漫裏，當機體人(cyborg)的手被敵人砍斷，細胞隨即自我修復，再度長出手臂，完好如初。陳凱祥把類似的科幻情節想像，改寫成對思念的投射想像，展現新世代懂得擷取生活閱歷入詩，深化詩作對思念情感的關懷層面。詩最後二句帶有日夜交替，面對白日將盡長夜到來，漫漫長夜，思念的感情愈發濃烈。陳凱祥這首詩，對思念情感作出了極為細膩、別出心裁的刻劃，令人回味無窮。一個普通的日常生活題材，通過觀察和想像，作者本身可以跳脫出平凡的庸常生活，化平凡為不凡，構成一個繁複的、引人入勝的語言世界。陳凱祥在《蕉風》第四九五期的詩作〈陳凱祥〉，是作者為自己而寫的自畫像，用的是白描的筆法，顯得簡單平實，語言真摯自然。從〈陳凱祥〉到〈傾斜了整個地平線〉，由簡單到繁複，成功突破自我寫作，跳脫生活語言的限度，證明了他能夠勝任駕馭詩的語言與想像，表現出新世代的寫詩才華。

同樣寫思念，鄭傑文的〈關於思念〉由日常性的語言切入詩題：

把偷偷萌芽的思念
關在抽屜裏
用枷鎖，防賊

失去陽光等於失去一切
白蟻入住後
思
被咬得吱吱呻吟
念
默不作聲， 沉
的狀態， 繼續
相信

總有一天
蟻的後代會邂逅在遠方的你
（鄭傑文 2011:121）

作者把思念和抽屜、枷鎖、防賊、白蟻這些日常事物連在一起，思念有如生活細節那般簡單，但作者的表達方式並不單純。「偷偷萌芽的思念」呼應「防賊」，當然是擔心思念對方的感情消失，然而關在抽屜裏的思念，有如失去陽光般失去了自由的生活，因此引來白蟻的入住。此詩外在形式與內在情感的變化相配合，把「思念」一句拆開來是神來之筆，「思／被咬得吱吱呻吟」，「念／默不作聲」，前句擬聲，後句擬義，渾然一體，句子也採用較短促的斷句，頗能在思念感情的輕快語調裏，做出對應的變化配合，在讀者心中引起衝激。愈是輕快的語調來抒發思念，愈能襯託思念之切之深，以對比出你的沉默，作者巧妙的把「沉默」一詞拆開來，成倒裝句：默不作聲，沉的狀態。此詩讀來能使人感同身受，感受到生活中一份沉默、沒有回應的思念。值得注意的是，傳統對思念的抒情手法，被詩的輕快自然語調置換，但卻毫不減損詩作的感人情境。以平凡寫複雜的心境，以日常性呼應當代的生活情感，這是鄭傑文此作的動人之處。整體而言，從《蕉風》的八字輩詩作裏，還是會發現一些好詩，對他們這羣體的寫作實力，有待持續觀察。

八字輩的「浪來了」之後，《蕉風》第五○六期推出「九字輩專輯」，收錄了馬華最新世代的九字輩作者的小說、散文、詩作各類稿件及創作觀，專輯裏刊登一篇由羅羅、木焱主持、與九字輩作者的分享會（交流會）〈起立，敬禮，九字輩新生始業禮〉，暢談他們這個世代的創作觀、閱讀和寫作經驗、生活感想，從中可以窺見他們這個世代具有多元的興趣和文學養分來源。詩作方面，張勃星的〈蘇丹街〉令人刮目相看，駕馭長詩的功力不弱，詩作調動地方歷史與族羣文化，以拓寬視野、深化思考，值得關注。湯儀恒憑感覺而寫的〈無詩〉，詩以一個弔詭開頭：「我其實是不會寫詩的／我只會寫／破碎的句子」（湯儀恒 23），其實是一個悖論，作者說她不會寫詩，但同時已經在寫詩，而且完成了一首詩。另

外鄭羽倫的〈出口〉也值得注意，詩寫政治現實，卻以魔幻寫實筆法來敘述，引人入勝。以上所引的例子，我們看到，馬華新世代的詩作，從簡單日常性的語言表達，到細緻繁複的生活細節描述，當然未必與傳統詩學成規完全脫離，但是其語言文字與情感結構的緊扣當代生活脈動，反映時代變遷的特定座標卻是有跡可尋，他們的生活閱歷與市場導向將深刻影響他們的創作思維。

　　《蕉風》第五○六期的九字輩專輯，除了刊出一篇九字輩作者的交流會紀錄和文學創作稿件，也同時刊出臺灣、大陸、香港等地作家，對九○後（一九九○年代出生）詩歌的觀察，很有參考的價值，從中可以窺見兩岸四地（中、港、臺、馬）新世代詩作的某些相似與差異的地方。本身是九○後的木手觀察中國九○後詩歌，發現：「九○後詩人的生活閱歷並不能支撐他們將詩歌的觸角長久地伸向社會監督、批判這樣的領域，他們的詩歌更關注自我在二十歲這個關鍵性的年齡節點上的榮光與遭遇。……九○後詩人們的詩歌簡單但絕不單調，在我看來，這是一種不約而同的私人寫作，是在進入更廣闊詩歌疆域之前，必須的一種補給」(42)。木手指出九○後詩人的「私人寫作」，與我對馬華八字輩、九字輩的日常生活書寫、自我寫作相去不遠，即兩地新世代作者的詩作取材，普遍對自身的生活閱歷如生活遭遇、愛情、生命即景，給予高度的興趣和關注。在詩意探索方面，新世代詩人懂得從生活中擷取詩意，展現平凡事物中真摯感人的一面。不同的是，當木手還在呼籲九○後詩人「依然處於自發的寫作狀態，少有形成了『詩人意識』的人。而私人寫作這種形式，隨著年齡的增長和詩歌寫作的逐漸熟練，必然會使人生厭。這時候，不再適合童趣、青春寫法的九○後詩人們，就必然要走向複雜。……一個合格的詩人應該要對社會發聲」（木手 47）。馬華新世代已開始嘗試從簡單走向複雜，上文述及，八字輩的陳凱祥從簡單白描的語言文字走向繁複的詩意想像，九字輩的張勃星取材蘇丹街的歷史文化，寫出具地方誌的五十一行長詩，還有李聖祥的政治詩，都是新世代詩作者對社會發聲的明證。

伍

　　本文探討新世紀《蕉風》上發表的詩作，我們的焦點是新生代的七字輩、八字輩，不僅僅是他們熱情洋溢的創作能量，更重要的是這些詩作普遍上表現了迥異於上個世紀五字輩、六字輩詩人的語言，遠離了激烈的社會控訴和沉痛的的文化憂患意識。新世代詩作的變異表現在日常生活化語言的隨意組合，充滿生活的悖論和反諷，舉重若輕般書寫日常生活、地方記憶，體驗生命的流轉光影，思考文化屬性與身份位置，散發出一種內心流離、離散感性的詩意氛圍。一般而言，馬華詩作者的身份定位和屬性危機，表達在日常生活思考中，隱含反抗政治，隱晦的表達方式，既是限制亦是其反思的立足點。馬華新世代寫作者一方面從容面對在地生活，並與之對話和詩意探索，另一方面則必須面對自身及族羣的現實困境，無論是深情的疏離，或是舉重若輕的生命承受想像，在生活化的抒情語言裏潛藏一種莫名的不安、流離心緒。

　　本文以七字輩的房斯倪和劉藝婉、八字輩的陳凱祥和鄭傑文為例，抽樣分析了這些作者及其作品，具體論證這幾位在詩藝上的特徵，一般而言，他們的詩語言具備日常生活書寫的特色，表現後現代的諧擬趣味，表達出對生命體驗的省思，也切入個人身份屬性的複雜想像，可以作為這個寫作羣體的標杆。

　　馬華新世代詩作語言，變異及其限度，在當代現實生活中牽涉到很多歷史政治因素。弔詭的是，在馬來西亞政治現實相較開放的今日，和前輩詩人相比，新世代詩人作家文本的「去政治化」追求是一個重大特徵，尤其是八字輩書寫的創傷記憶的缺席、抗爭政治的消失、感時憂國精神的匱乏、日常生活敘事的突顯、回歸純粹詩歌等等傾向，所牽涉的層面既深且廣。這不但是一個美學問題，更是一個文化政治的問題，值得論者深入探討。

▸ 表一：《蕉風》第 489 期至 513 期發表詩作的作者

第 489 期
　　四、五字輩：沙禽、黃遠雄／七字輩：房斯倪、曾翎龍、駱雨慧

第 490 期
　　六字輩：路加
　　七字輩：楊嘉仁、曾翎龍、駱雨慧、木焱、冼文光、林健文、游以飄、
　　　　　　劉藝婉、房斯倪、周若濤、許世強／八字輩：謝明成

第 491 期
　　四、五字輩：沙河、方昂／六字輩：路加／七字輩：冼文光、許世強

第 492 期
　　六字輩：路加
　　七字輩：黃惠婉、楊嘉仁、木焱、龔萬輝、房斯倪、周若濤、翁弦尉

第 493 期
　　四、五字輩：何啟良／六字輩：夏紹華
　　七字輩：木焱、冼文光、劉藝婉

第 494 期
　　六字輩：陳大為、呂育陶、李敬德、李國七
　　七字輩：劉藝婉、冼文光、許世強、孫松清、駱雨慧、木焱

第 495 期
　　六字輩：楊川、王濤／七字輩：木焱、林明發
　　八字輩：謝明成、陳凱祥、黃樹發、林韋地、孫松清、堂詰科德、
　　　　　　林頡轞、李宣春

第 496 期
　　四、五字輩：沙河／六字輩：陳強華、冬陽、路加、王濤
　　七字輩：木焱／八字輩：林韋地、鄭彩萍、謝佳霖、藍海韻、方肯

第 497 期
　　四、五字輩：李有成／六字輩：楊川
　　七字輩：無花、陳海豐、楊邦尼、趙少傑、劉藝婉、房斯倪、木焱、林耀飛

第 498 期
　　四、五字輩：梅淑貞／六字輩：陳強華
　　七字輩：張惠思、劉富良／八字輩：黃榮水

第 499 期

四、五字輩：黃遠雄／七字輩：劉富良，趙少傑，無花，吳龍川

八字輩：陳文恬

第 500 期

四、五字輩：黃遠雄／六字輩：楊川、陳強華、李敬德

七字輩：游以飄、冼文光、木焱、許夢生（尼雅）／八字輩：N 小姐

第 501 期

四、五字輩：王潤華／六字輩：陳強華、王濤

七字輩：翁弦尉、冼文光、劉富良、木焱

八字輩：方安、黎良生、鄭傑文、陳勇健

第 502 期

六字輩：陳強華／七字輩：冼文光、趙少傑

八字輩：方安、陳偉哲、蔡穎英

第 503 期

四、五字輩：淡瑩、何啟良、陳慧樺、李宗舜

七字輩：游以飄、冼文光、溫綺雯

八字輩：方安、陳偉哲、陳凱祥、鄭傑文、陳勇健、深韓、黑色、
　　　　蔡穎英、桂薇

第 504 期

四、五字輩：黃遠雄、李宗舜／七字輩：冼文光、房斯倪

八字輩：蔡穎英、陳勇健、毛澤、ENYA

第 505 期

四、五字輩：沙禽、沙河、陳慧樺／七字輩：冼文光

八字輩：陳偉哲／九字輩：鄭羽倫

第 506 期

四、五字輩：淡瑩、李宗舜、王潤華、陳慧樺／六字輩：祝家華

七字輩：冼文光、邢詒旺／八字輩：陳勇健、林頡轢

九字輩：張勃星、湯儀恒、羅樂詩、李聖祥

第 507 期

四、五字輩：王潤華、陳慧樺、黃遠雄、李宗舜

七字輩：冼文光、許通元、邢詒旺

八字輩：蔡穎英、陳勇健／九字輩：龍坤

第 508 期

　　四、五字輩：淡瑩、洪泉、陳慧樺／六字輩：夏紹華

　　七字輩：冼文光、邢詒旺、羅志強（羅羅）、房斯倪

　　八字輩：蔡穎英、黃麗麗

　　九字輩：劉建緝、張逸騰、黎競檜、鄭羽倫、莫凱賢

第 509 期

　　四、五字輩：沙禽、陳慧樺／七字輩：游以飄

　　八字輩：陳勇健、陳偉哲、方安、科科

第 510 期

　　七字輩：房斯倪／八字輩：陳偉哲

第 511 期

　　四、五字輩：淡瑩、黃遠雄／八字輩：陳勇健

第 513 期

　　四、五字輩：方昂、黃遠雄

　　六字輩：辛金順、呂育陶、鄭云城、夏紹華、謝雙發

　　七字輩：張光前、周若鵬、房斯倪、邢詒旺、冼文光、源樵、劉富良、
　　　　　　許通元、游以飄

▶ 表二：《蕉風》第 482 期至 488 期發表詩作的作者

第 482 期

　　三至五字輩：葉嘯／六字輩：張光達、楊川、劉育龍、張永修、張美增

　　七字輩：邱琲鈞、房斯倪、劉富良、許通元、莫澤明、曹偉、林惠洲

第 483 期

　　三至五字輩：小曼／六字輩：柴可夫

　　七字輩：張瑋栩、周擎宇、林健文、翁弦尉、房斯倪、劉富良、曹偉

第 484 期（詩專號）

　　三至五字輩：陳瑞獻、何乃健、王潤華、田思、李宗舜、小曼、白垚、
　　　　　　　葉嘯、李壽章、傅承得

　　六字輩：呂育陶、宋飛龍、陳強華、劉育龍、張永修、張光達、柴可
　　　　　　夫、王德龍、鄭云城、林武聰

七字輩：楊嘉仁、房斯倪、周擎宇、林健文、翁弦尉、張瑋栩、楊康、
邱琲鈞、許通元、劉富良、林惠洲

第 485 期

三至五字輩：楊際光／六字輩：程可欣、李敬德、張永修

七字輩：莫澤明

第 486 期

六字輩：李笙、辛金順、夏紹華、李敬德、柴可夫

七字輩：林健文、張惠思

第 487 期

六字輩：李敬德、辛金順、李笙、張光達、張永修

七字輩：劉富良、張惠思、楊嘉仁、莫澤明

第 488 期（休刊號）

三至五字輩：黃遠雄

六字輩：路加、龔偉成、宋飛龍、辛金順、李國七、柴可夫、鄭云城、
巫蕓香、林武聰

七字輩：林健文、翁弦尉、房斯倪、邱琲鈞、莫澤明、王偉基、曾翎
龍、劉富良

▶ 表三：《蕉風》第 489 期至 513 期詩輯、文學專題與詩論

第 489 期

詩輯：沙禽詩輯／文學專題：蔡明亮專題

第 490 期

文學專題：二十一世紀的新馬兩岸：新生代的版圖

第 491 期

文學專題：虹影專輯

第 492 期

文學專題：文學獎拾遺專輯

詩論：陳鵬翔〈張錯詩歌中的文化屬性／認同與主體性〉

第 493 期

文學專題：性別／越界，愛人同志專輯

第 494 期

文學專題：李天葆的小說世界、馬華文學最 X 特輯

第 495 期

文學專題：搖搖頭八字輩特輯

第 496 期

文學專題：北馬作家專輯、搖搖頭八字輩展續輯

第 497 期

文學專題：國境以南：新山地方誌書寫

第 498 期

文學專題：紀念特輯：雨川、游川

詩論：黃琦旺〈離境之後──0.00 之讀法：關於《不是寫給你的》〉

第 499 期

文學專題：村上春樹特輯

詩論：張光達〈在城市的鏡像裏，一對幽浮的眼睛游過：讀劉富良詩
　　　集《零的睡眠》〉

第 500 期

詩輯：黃遠雄專輯、北島專輯／文學專題：蕉風年華五○○專題

第 501 期

文學專題：翁弦尉專輯／詩論：田思〈夢羔子的咏物詩〉

第 502 期

文學專題：馬華飲食文學

第 503 期

詩輯：溫綺雯詩字小輯

文學專題：新加坡華文現代主義文學運動研究專輯

詩論：張光達〈切割重組的詩學：閱讀趙少傑的剪貼詩〉、溫綺雯〈異
　　　域時空的反抗—闡釋多多海外創作兩首〉、朱文斌〈詞語之悟

與存在之思：對林幸謙詩作的一種解讀〉

第 504 期

文學專題：林永得專輯

第 505 期

文學專題：搖滾與馬華文化／學

第 506 期

文學專題：九字輩專輯、南方大學學院特輯

第 507 期

文學專題：南風起紙上詩展、華語語系專題

第 508 期

文學專題：南方詩歌節

第 509 期

文學專題：黃錦樹與馬共書寫、商晚筠逝世二十週年紀念專題

第 510 期

文學專題：白先勇特輯、九字輩專題

詩論：黃琦旺〈戰後現代：威北華創作風格再思〉

第 511 期

文學專題：李永平專題、蕉風論文專題

第 512 期

文學專題：蕉風小說專號、跨性別小說特輯

第 513 期

文學專題：政治與文學專輯、馬華作家紀念特輯

徵引文獻

蔡源煌(1989)〈從現代主義到後現代主義〉。《蕉風》no.422 (Jan.): 3-6。

陳慧樺(1988)〈關於後現代主義與解構主義〉。《蕉風》no.415 (June): 13。

陳凱祥(2011)〈傾斜了整個地平線〉。《蕉風》no.503 (Mar.): 120。

房斯倪(2007)〈日照仿似當天〉。《蕉風》no.497 (Jan.): 66。

房斯倪(2011)〈待產〉。《蕉風》no.504 (Dec.): 封底內頁。

馮垂華、盧姵伊（整理）(2013)〈起立，敬禮，九字輩新生始業禮〉。《蕉風》no.506 (May): 8-14。

賀淑芳(2013)〈《蕉風》的本土認同與家園想像初探(1955-1959)〉。《中山人文學報》no.35 (July): 109-133。

何暐義(1991)〈跨越時空的設計者：專訪林燿德〉。《蕉風》no. 444 (Oct.): 12-17。

黃錦樹(1997)《馬華文學與中國性》（臺北：元尊文化）。

黃錦樹、張錦忠、李宗舜（編）(2014)《我們留臺那些年》（八打靈再也：有人出版社）。

蕉風社(1955)〈春風吹遍綠洲〉。《蕉風》no.1 (Nov.): 2。

藍海韻(2006)〈無聲的，進行式〉。《蕉風》no.496 (July): 65。

林春美(2009)《性別與本土：在地的馬華文學論述》（雪蘭莪州黑風洞：大將出版社）。

劉藝婉(2003)〈漂泊是美麗的哀愁嗎？〉。《蕉風》no.490 (June): 42。

劉藝婉(2007)〈野種〉。《蕉風》no.497 (Jan.): 64。

木手(2013)〈在複雜之外：中國九〇後詩歌觀察〉。《蕉風》no.506 (May): 42-47。

蘇燦雲(1989)〈何倫‧巴特的正文理論〉。《蕉風》no.428 (July): 17-25。

湯儀恒(2013)〈無詩〉。《蕉風》no.506 (May): 23。

張光達(2003)〈新生代詩人的書寫場域：後現代性、政治性與多重敘事／語言〉。《蕉風》no.490 (June): 26-31。

張光達(2006)〈馬華八字輩發聲：以《蕉風》四九五特輯為例〉。《蕉風》no.496 (July): 57-59。

張光達(2009)《馬華當代詩論：政治性、後現代性與文化屬性》（臺北：秀威資訊科技）。

張惠思(2007)〈陣雨般的棱柱：試論劉藝婉詩中的冷抒情、城市描摹術

與內在抗衡〉。劉藝婉（著）《不是寫給你的（然而你不認為）》（雪蘭莪州黑風洞：大將出版社），1-14。

張錦忠(1987)〈當代‧臺灣年輕詩人‧夏宇〉。《蕉風》no.407 (Sept.): 10-11。

張錦忠(1988)〈略談「解構主義」〉。《蕉風》no.411 (Feb.): 2-3。

張錦忠(1988a)〈譯介波赫士問題舉隅〉。《蕉風》no.417 (Aug.): 12-14。

鄭傑文(2011)〈關於思念〉。《蕉風》no. 503 (Mar): 121。

後　記

《蕉風》研究、美援與史料問題

再冷戰的年代

《蕉風》研究、美援與史料問題

────────

張錦忠

　　一九五五年十一月《蕉風》創刊於新加坡，彼時馬來亞仍未獨立，新加坡還是海峽殖民地。《蕉風》創刊主編方天一方面鼓吹「純馬來亞化」的文藝編輯策略，一方面自己身體力行，實踐寫實主義的書寫計畫（短篇小說、民間傳說采風），於是「純馬來亞化」就是直面南洋的環境、風土、社會、人物，體現其中的地方感性。日後方天北返香江，再離散北半球加拿大。在方天離開時，《蕉風》還是「半月刊」，之後由姚拓、彭子敦、白垚分工執掌編務，到了一九六〇年，契可夫的景仰者黃思騁南來，成為《蕉風》的編者，一年後由另一位南來小說家黃崖接手。那時《蕉風》改為「月刊」已有兩年之久，月刊的《蕉風》一直持續到一九八九年十二月，人力財力實在無法支撐下去了，才從一九九〇年一月的第四三四期開始改為雙月刊（編者為許友彬，執行編務的伍梅彩[韻兒]編至該期後去職）。雙月刊於一九九九年一月，第四八八期出版後停刊。

　　上文的敘述其實涉及幾個史料問題：（一）《蕉風》為何創刊，主編為何是方天？他何時抵星？後何時離開《蕉風》，乃至香港以及友聯。（二）黃思騁編《虎報》，是在編《蕉風》同時嗎？他何時南來？後何時或為何到中化中學任教，何時返港？（三）黃崖何時接編《蕉風》？後來編至哪一期？何以離開友聯另創《星報》週刊？（四）在方天、黃思騁、黃崖之間的「零碎時間」或「間隔時間」，「補位」的姚拓、彭子敦、白垚的角色與工作是甚麼？

　　這些問題看似瑣碎，但絕非無關緊要，也可歸納為《蕉風》研究的 問題的一部分。研究《蕉風》，關注、議題、面向與方法論眾多，當然不是只有史料問題；晚近的討論即多涉及編者任期與友聯美援。編者任期關涉刊物的分期研究。分期或斷代，如果以某編者主編或執編的起訖時間來定奪，那麼上述問題就很重要了。就算是以年代為準，每個時期都會有編者跨年代的情形，所以首先要弄清楚編者的起訖時間。問題是那一代的友聯人或非友聯人多已作古，早期的編輯史的考證已十分困難，確認誰編到哪一期並非易事。

　　《蕉風》如何分期或編者及其任期考證需要思索的問題不少。例如，從創刊號到第四八八期，從方天到林春美，《蕉風》編輯有哪些人，各人從何時編到何時，負責工作為何？黃崖一編就近十年，見證馬來西亞成立與星馬分家。那時《蕉風》已搬到吉隆坡，原來的編委已沒在運作。黃崖自己也是詩人，大概不需白垚當詩版編輯。黃崖執掌編務期間刊登不少港臺作家作品，《蕉風》儼然是東南亞華語圈(Sinophone sphere)的現代文學中心，可見不同編者當家，刊物的格局與視野也有所不同。因此，確認某時期編者是誰、其編輯方針為何、編到何時都是重要問題。 《蕉風》研究的另一個熱門問題是美援問題。廣義的美援是進行式，特別是軍事美援，依然在世界各地發生。但對冷戰的回顧、反思所談多為「美援文化」（或文化美援）。論者多對在冷戰的年代，文化美援透過甚麼管道或方式進行感到興趣。《蕉風》與美援的關係，當然可以有許多聯想；對我來說，跟《蕉風》較為相關的是，友聯機構的美援經費裏頭，花多少在《蕉風》的業務與人事支出，從何時開始，到何時結束。《蕉風》創刊之後，美援的說法就已繪聲繪影，然而在《蕉風》創刊的一九五五年，離二戰結束冷戰開打也不過十年，歐美民主陣營與蘇中共產陣營意識型態之爭如火如荼，局部熱戰也在進行，思想戰爭、諜戰更不在話下，海外活動當然需要美元盧布。馬華左派陣營指控《蕉風》拿美援反而更像國共內戰的延長賽（黃錦樹也在本書緒論中說：「『國共之爭』即便在中共建國之後，也還在殖民地星馬延續著，激烈的爭奪著文化主導權。」）冷戰更多時候打的是代理人的戰爭，所以有亞洲基金會援助在地民間單位的各種計畫，用以圍

堵馬列主義的散播。在這種背景之下，臺灣的反共文化產業、香港非國非共的第三勢力，接受美國政府非政府組織經費援助，以資維持營運活動，正是東西冷戰結構的一環，其中包括臺灣的僑教政策。至於亞洲基金會等非政府組織的經費來源（中情局或其他），恐怕不是這些受援單位所能知曉的。

過去《蕉風》的重要關鍵人物，方天沒有留下回憶文字、黃崖離開友聯後曾惡言相向，但也未見美援說明，姚拓的自傳避而不談、白垚的自傳體文本亦未多言，陳思明的回憶錄沒有在他生前整理完成，都是憾事。七〇、八〇年代擔任《蕉風》編者的人（包括陳瑞獻、李有成、周喚、川谷、悄凌、梅淑貞、紫一思、伍梅彩、許友彬與我）對美援傳聞當然不會沒有耳聞，但與工作並無直接關係，也未曾對工作造成干擾。如果我們的文學理念、品味或編刊物的風格，跟歐美當道的文學藝術思潮一致，那也是我們的文學養成所致，而不是配合我們的僱主（友聯機構）或美援贊助機構的指令行事。以民主或自由、平等、博愛為普世價值也是五四以來許多人的想法。當年姚拓對美援傳聞閃爍其詞，或白垚沒有直接回應，自有他們的理由，雖然讀他們的自傳文最希望看到裏頭有個說法，但他們的「不說」或「不能說」，其實也是一種「說」。

但是對我而言，歷史的事實不該也無法迴避，歷史記憶更毋需壓抑。《蕉風》的美援問題當然也是史料問題。今天我們理應藉助各種解密的檔案文件或口述歷史，回到歷史「現場」，呈現戰後馬華文學的冷戰文化面向，同時也理解文化美援在香港或星馬「綠背文化」的功效與侷限，包括「冷戰現代主義」（即論者如班海瑟[Greg Barnhisel]所謂的 Cold War Modernism）。並且進一步思考其他問題，例如，在友聯接受美援的年代，《蕉風》及其編者做了甚麼，美援友聯到何時結束，結束之後，友聯如何因應文學刊物營運經費困境等等。又例如，如果星馬友聯的美援在七〇年代初或更早停止，我們也可以推論，友聯旗下的《學生周報》在當時停刊，除了大環境（五一三事件之後臨來的土著主義時代）之外，或跟美援終止不無關係。不過，由於讀者的不捨，在精簡人力之後，《學生周報》以改為月刊的方式復刊（是為《學〔生周〕報月刊》；七〇年代中更脫離友聯

母體獨立營運，姚拓、白垚雖是股東，但學報月刊社並非友聯底下的imprint）。《蕉風》在七〇年代，基本上就是每期一千本上下的印量，基本訂戶兩三百人的規模，即時後來（八〇年代中葉），還是訂戶兩百人上下，印量八百到一千之間。說《蕉風》彼時每期銷量一千五百本是以印量為銷量的說法。《蕉風》的人力方面，「編輯部」經常是「半人」或「無人」編輯「部」。「半人」是指《蕉風》編輯經常是由《學生周報》編者兼任，有時候是「老蕉風」當義務編輯，故是「無人編輯部」。換句話說，從沒有美援的七〇年代到停刊的九〇年代，友聯的確也支持了這份刊物長達二十年之久。之間當然不是沒有人力經費的問題，也不是沒有友聯的董事提議停刊《蕉風》，但姚拓、白垚或陳思明總將停刊動議擋下。這份沒有盈利的刊物能支撐到友聯歇業，也不容易了。

因此，在這個「再冷戰」的時代研究《蕉風》，勢必要從不同角度來看美援與友聯的歷史檔案、重探各種歷史材料、勘繪各時期的刊物主調、再脈絡化析讀重要作家作品、《蕉風》在馬華文學場域中的位置，以及與境內國外其他文學系統的互動。舊《蕉風》從創刊到停刊，共出版了四百八十八期，歷時四十四年，然而停刊十七年後，才有二〇一六年八月由臺灣的國立中山大學人文研究中心、馬來西亞的拉曼大學中華研究中心與馬來西亞留臺聯總合辦的「文學、傳播與影響：《蕉風》與馬華現代主義文學思潮」國際學術研討會，恐怕資料取得、查證不易也是原因，當然也跟馬華學界的評論與研究能量不夠強大脫離不了干係。如果不是撰寫學位論文，有興趣以那四十四年的《蕉風》為研究對象的人恐怕不多，這也解釋了這本《冷戰、本土化與現代性：〈蕉風〉研究論文集》裏頭賀淑芳、郭馨蔚論文的產出脈絡；她們研究《蕉風》的博碩論分別來自星、臺大學，而非馬來西亞的大學中文系。

林春美的《〈蕉風〉與非左翼的馬華文學》（臺北：時報文化出版／浮羅人文書系，2021）可以說是第一本《蕉風》研究專書。書中篇章回應了上述美援問題，也分論創刊後的純馬來亞化、六〇年代的馬華文學第一波現代主義浪潮，並收入探討《蕉風》編者與重要作家的專論。作為第二本《蕉風》研究專書，《冷戰、本土化與現代性：〈蕉風〉研究論文集》的內

容由論述獨立前後的刊物編輯路線及其受冷戰影響的文藝體制、涉及方天、白垚、黃崖、陳瑞獻四位不同時期重要編者的篇章、臺灣與馬華文學關係及其他（包括復刊後的新《蕉風》）的結構組成，大體上呈現了不同時期的《蕉風》面貌，或多或少提供了前文所言「幾個史料問題」的答案，也承續了林著所展開的議題。

這本《蕉風》研究論文集的源頭為五年前的那個研討會。會議合辦人李樹枝會後提議編一本不限於原研討會論文的《蕉風》研究論集，並熱心籌募經費（感謝三十多年前有緣結識的繼程法師贊助出版費用，他是《蕉風》八〇年代下半葉的專欄作者），我也在返馬時找了三三出版社的高慧鈴來合作出版，以利論文集在馬流通。慧鈴是多年來的出版夥伴，對書很有感情。樹枝是研討會承辦人，我是「前蕉風編輯」，為免球員兼裁判之嫌，特別情商老友錦樹加入編輯陣容，他也寫了洞察入微的緒論；錦樹是「蕉風局外人」，是在「《蕉風》雙月刊時期」涉足文壇的後浪，對馬華文學自有其客觀美學判準。當初的研討會論文經過篩選之後，適用的篇章不算多，編者於是另覓相關文章，錦樹也提供了許多建議。編者大略依論文題旨方向分輯，本書遂有現在這番面貌。

二〇二〇年以來，新冠病毒凌虐全球，出版、印刷、物流生態皆深受疫情影響，編者考量再三，遂決定《蕉風》研究論文集分別印行臺馬版，以利相關作業之執行。過去一年來，年輕的同鄉葉福炎協助查詢資料、排版、聯繫各篇論文作者等事務，勞苦功高，這裏要謝謝他。在臺灣版論文集的最後校閱校正階段，「離散／現代性文化研究室」的兩位助理謝沛瑩與黃士豪幫了最大的忙，要特別謝謝他們。從起意編書到出版，光陰荏苒，數年的時光就這樣耗掉了，也頗令人感慨歲月催人老。

—— 5 Sept. 2021 左營

論文出處

（按發表時間排列）

林春美(2011-2012)〈獨立前的《蕉風》與馬來亞之國族想像〉。《南方華裔研究雜誌 │ *Chinese South Diaspora Studies Journal*》vol.5:201-208 (chl.anu.edu.au/chinese-southern-diaspora-studies-publications)。

張錦忠(2013)〈想像一個前衛的共同體：陳瑞獻與星馬華語語系文學的在地現代主義，或，馬華現代文學運動 2.0〉。「眾聲喧『華』：華語文學的想像共同體」國際學術研討會，18-19 Dec.，中國現代文學學會、國立東華大學華文文學系、國立臺灣文學館，臺北。

莊華興(2016)〈戰後馬華（民國）文學遺址：文學史再勘察〉。《臺灣東南亞學刊》11.1 (Apr.): 7-30。

郭馨蔚(2016)《臺灣、馬華現代主義思潮的交流：以《蕉風》為研究對象(1955-1977)》。碩士論文，國立成功大學臺灣文學系，臺南，41-121。

張光達(2016)〈當代詩作的變異及其限度：以新世紀《蕉風》的詩作為探討中心〉。《中國現代文學》no.30 (Dec.): 177-198。

李樹枝(2017)〈升起現代文藝的大纛：《蕉風》余光中與馬華現代主義文學〉。《蕉風》no.511 (July): 56-66。

黃琦旺(2017)〈反叛文學運動誰在反叛？——談戰後馬來亞的新寫實及獨立前後《蕉風》的「現代」〉。《蕉風》no.511 (July): 67-81。

賀淑芳(2017)《〈蕉風〉創刊初期(1955-1960)的文學觀遞變》。博士論文，南洋理工大學中文系，新加坡，90-122。

林春美(2018)〈身世的杜撰與建構：白垚再南洋〉。張曉威、張錦忠（編）：《華語語系與南洋書寫：臺灣與星馬華文文學及文化論集》（臺北：漢語研究中心），35-54。

黃國華(2019)〈蕉風、采風、食風：論馬來亞獨立前夕物體系與國家認同

314 □ 論文出處

的重構〉。熊婷惠、張斯翔、葉福炎（編）:《異代新聲:馬華文學與
文化研究論集》（高雄:國立中山大學人文研究中心），55-84。
鄧觀傑(2021)《華文現代主義的旅行與變貌:以上海、香港、南洋為路徑
(1930-1970)》。碩士論文，國立政治大學中國文學系，臺北，119-154。
王梅香(2022)〈香港友聯與馬華文化生產:以《蕉風》與《學生周報》為
例(1955-1969)〉中關於《學生周報》的部分出自〈東南亞區域政治下
的臺灣文學傳播:以馬來西亞《學生周報》為例(1959-1966)〉。「臺港
文藝與跨文化交流」工作坊，9-10 Dec. 2016，國立清華大學臺灣文
學研究所、國立清華大學亞太／文化研究中心，新竹。本文其他內
容未發表。

論文作者簡介

◎王梅香，國立清華大學社會學博士、國立中山大學社會學系副教授、
　文化研究學會理事。專長為文化社會學、藝術社會學和東亞文化冷戰
　研究。教授「閱讀與寫作」、「藝術社會學」、「社會調查與研究方法」
　和「報導文學與社區發展」等課程。著有《隱蔽權力：美援文藝體制
　下的臺港文學(1950-1962)》(2015)及論文多篇。

◎莊華興，現任馬來西亞博特拉大學中文學程副教授。學術領域為馬華
　文學、華-馬比較文學、翻譯研究。以中文與馬來文撰寫論文，著有《馬
　來新文學研究》、《國家文學：宰制與回應》、《回到馬來亞：華馬小說
　七十年》（與張錦忠、黃錦樹合編）以及論文多篇，並以馬來文撰寫學
　術專書多種。

◎黃琦旺，中興大學畢業，復旦大學文學博士。現為南方大學學院中文
　系助理教授，研究領域為現當代華文文學，目前致力研究與整理馬華
　文學作品。著有散文集《褪色》(2017)，另編著有《在那光明的季節
　裏：一九七一年香港銀星藝術團吉隆坡賑災義演始末》(2014)。

◎林春美，馬來西亞檳城人。新加坡國立大學中文系博士，現任博特拉
　大學中文學程副教授。著有論文集《性別與本土：在地的馬華文學論
　述》、《〈蕉風〉與非左翼的馬華文學》，散文集《給古人寫信》、《過而
　不往》；另與他人合編有《辣味馬華文學：九〇年代馬華文學爭議性
　課題選》、《馬華佛教散文選(1982-2010)》、《與島漂流：馬華當代散文
　選(2000-2012)》、《爬樹的羊：馬華當代散文選(2013-2016)》、《野芒果：
　馬華當代小說選(2013-2016)》等書。

◎黃國華，政治大學中文所博士生，研究興趣包括華文小說、華語電影與近現代報刊。著有碩士論文《浮城・鬼城・滅城：二十世紀末以來華文小說中的城市想像》，論文散見《中國文學研究》、《依大中文與教育學刊》、《中外文學》等期刊。

◎賀淑芳，一九七〇年出生，新加坡南洋理工大學中文博士。曾任教於馬來西亞拉曼大學中文系，現為臺北藝術大學文學跨域創作研究所助理教授。著有小說集《迷宮毯子》與《湖面如鏡》。

◎鄧觀傑，臺灣大學中文系學士、政治大學中文所碩士。研究領域為馬華文學、華文文學與現代主義。著有小說集《廢墟的故事》。

◎張錦忠，生於馬來西亞彭亨州，一九八〇年代初來臺。臺灣師範大學英語系畢業，臺灣大學外國文學博士，現為國立中山大學外文系教授。著有短篇小說集《壁虎》、詩集《像河那樣他是自己的靜默》、隨筆集《時光如此遙遠》與《查爾斯河畔的雁聲》。

◎郭馨蔚，成功大學臺灣文學所碩士，著有碩士論文《臺灣、馬華現代主義思潮的交流：以〈蕉風〉為研究對象(1955-1977)》。在學期間曾任成大臺文所學會公關、「五〇年代以來民間演藝樣貌轉變的口述史與影像紀錄」計畫研究助理，並協辦成清研究生研討會。

◎李樹枝，臺灣師範大學英語學系畢業，馬來西亞拉曼大學中文系博士。現任拉曼大學中文系助理教授。著有《由島至島：余光中對馬華作家的影響研究》、《花開成塔：馬華文學論述》；編有論文集《時代、典律、本土性：馬華現代詩論述》（與辛金順合編）。

◎張光達，馬來亞大學畢業。著有《風雨中的一枝筆》、《馬華現代詩論：時代性質與文化屬性》、《馬華當代詩論：政治性、後現代性與文化屬性》、《馬華文學批評大系：張光達》，另編有《辣味馬華文學：九〇年代馬華文學爭論性課題文選》（與張永修、林春美合編）。

索引

目　次

本書在臺灣印刷
Printed and bound in Taiwan
高雄市新王牌印刷事業有限公司承印
2022 年 4 月初版一刷 平裝
開本：158x224　　1/25
字數：251,572　印張：12　印數：1-300 冊

國家圖書館出版品預行編目(CIP)資料

冷戰、本土化與現代性:《蕉風》研究論文集 /
張錦忠, 黃錦樹, 李樹枝編. -- 初版. -- 高雄市:
中山大學人文研究中心. 2022.04
面; 公分.
ISBN: 978-986-06276-9-5（平裝）
1.海外華文文學　2.文學評論　3.文集　4.馬來西亞
850.92　　　　　　　　　　　　　　110021211